KB214797

이 책이 지금 한국에 번역 출간되는 것은 우연이 아니다. 한국사회에서도 종교에 대한 이해가 교리와 교권 중심의 시각에서 벗어나 사회문화 현상으로 다뤄지기 시작했다. 한국 언론이나 대중문화 등에서 종교를 다루는 방식들과 인터넷 및 소셜 미디어에서 이를 수용하고 소통하는 것을 보라. 종교에 대한 이러한 문화적 재현을 두고 일부 종교인의 반응은 그것이 종교의 본질을 왜곡한다고 우려를 표하기도 한다. 그러나 종교를 사회문화 현상으로 이해한다 해서 그 종교의 신성을 훼손하는 것이 아니다. 오히려 그 종교를 더욱 입체적으로 바라볼 수 있도록 해주며, 독자들에게 종교의 본질과 문화적 영역을 구분할 수 있는 안목을 제공한다.

보스턴 대학교 종교학과 교수이자 유명 베스트셀러 작가인 스티븐 프로테로는 미국의 종교에 관한 다양한 글을 써왔다. 이 책은 미국의 역사적 맥락 속에서 기독교의 '예수'에 대한 이미지가 어떻게 미국 사회 속 상징적인 아이콘으로 형성되어왔는지를 살핀다. 책의 전반부에서는 미국 백인 그리스도인의 인식 변화를 중심으로 살피고 있으며, 후반부에서는 그 밖의 다양한 구성원 집단인 모르몬교, 흑인, 유대인, 동양인 등으로 범위를 확장해 나간다. 만약 독자들이 '기독교란 무엇인가'에 대하여 궁금하다면 이 책을 읽고 실망할지 모른다. 그러나 미국이라는 사회를 이해하고 특별히 다양한 구성원들이 기독교를 어떻게 이해하고 소비하는지를 알고 싶다면 이 책은 훌륭한 선택이 될 것이다.

김상덕 _ 한국기독교사회문제연구원 연구실장, 명지대학교 객원교수

매우 미국적 상황에서 쓰인 책이다. 미국 건국의 정신적 아버지와 같은 존 애덤스, 존 퀸시 애덤스, 토머스 제퍼슨, 벤저민 프랭클린이 이신론(理神論, Deism)자들이라는 사실을 알면 이 책이 흥미로울 것이다. 토머스 제퍼슨의 인도 아래 미국인들의 상당수가 자기 소견에 좋을 대로 자신들이 만들고 싶은 예수, 자신들에게 평안한 예수를 만들어 믿고 사랑한다. 이 책은 이처럼 다문화, 다종교, 다인종에도 불구하고 예수가 영원한 아이콘으로 남아 있는 독특한 나라인 미국적 상황을 배경으로 저술되었다. 달리 말하자면 저자는 미국 사회 저변에 깔린 종교 현상을 창의적 상상력을 동원하여 유머러스하게 다층적으로 그려낸다. 이 책을 읽는 사람들은 마치 로샤 검사(Rorschach test)

를 받는 듯한 기분이 든다. 적어도 별종 미국인 그리스도인에게는 예수가 성현(聖賢), 사랑스러운 구주, 남성다운 구속자, 슈퍼스타로 부활하며, 흑인 교회, 모르몬 교회, 미국 유대교, 힌두교, 불교와 같은 기독교 외부에서는 예수가 모르몬교도들의 맏형, 흑인들의 모세, 랍비, 동양인들의 그리스도 등으로 환생한다.

이 책은 성경적 예수나 역사적 예수에 관한 책이 아니다. 조직신학 책도 성경신학 책도 아니다. 그런 책이라기보다는 종교적 아이콘으로서 예수가 일상적 종교 생활에 어떻게 작동하는지를 기막히게 보여주는 종교문화사적 발칙한 시도다. 그래서 도발적인 자극과 함께 자지러지는 재미를 선사한다. 포스트크리스텐덤 시대에 들어선 한국기독교의 미래 모습을 보여줄지도 모른다는 생각이 내 머릿속에서 떠나지 않는다. 보살 예수, 옥황상제 예수, 성균관 예수, 무당박수 예수, 비트코인 예수, 인터넷 예수, 유튜버 예수 등 문화적 한국 예수들이 익살스럽게 가정마다 임재할지도 모른다. 다가올 미래를 준비하라는 나팔소리로 들릴 것이다.

류호준 _ 백석대학교 신학대학원 은퇴교수

"너희는 나를 누구라 하느냐?" 제자들에게 하신 예수의 이 질문은 지금도 계속되고 있다. 베드로가 대답한 모범답안을 넘어 지난 2천 년 동안 예수는 각 사람의 상황과 문화 가운데 다양하게 수용되었다. 본서는 교리적 예수와 역사적 예수를 넘어 문화의 예수를 보여준다. 예수는 미국의 중요한 역사적 사건들뿐 아니라 보편적 미국인들의 일상에 지속적으로 존재감을 드러내신다. 그분은 누군가에게는 정치가이며 혁명가이고, 또 다른 이에게는 탁월한 사업가로서의 모델이다. 또 지혜를 전하는 구루이며 탁월한 아티스트이시기도 하다. 미국 대중문화 속에 그분은 지금까지 늘 '슈퍼스타'이며 '슈퍼히어로'이셨다. 저자는 미국인들의 종교뿐 아니라 일상 속에서 예수의 흔적을 따라가며 독자들에게 기독론 연구의 새로운 가능성을 제시한다. 어디 미국인들뿐이겠는가? 그분은 세계 곳곳의 다양한 문화 속에 지금도 계속 성육신하고 계신지도 모른다.

윤영훈 _ 성결대학교

아주 흥미진진한 책이다. 프로테로의 이 책은 미국 역사와 문화, 사람들의 인식 속에서 '예수'가 어떻게 수용되고, 이해되고, 소비되고, 숭배되었는지를 시공간을 넘나들며 풍성한 사례를 들어 묘사한다. 그에 의하면, 미국이 "기독교 국가"냐, 아니면 "다원주의 국가"냐를 놓고 지난 수십 년간 격렬한 논쟁이 벌어졌지만, 그 어느 쪽도 승리하지 못했다. 미국은 그 둘 모두이기도 하고, 모두가 아니기도 하기 때문이다. 그러나 미국이 '기독교'가 아니라 '예수'의 나라인 것은 분명하다. 기독교인, 무신론자, 타종교인, 흑인, 백인, 여성, 남성, 이민자, 운동선수, 영화배우, 심지어 KKK단마저도, 그들만의 고유한 예수 아이콘을 만들어 활용하고 소비한다. '미국 예수'의 다양한 문화적 면모를 빼어나게 그려낸 수작 다큐멘터리다.

이재근 _ 웨스트민스터신학대학원대학교

이 책은 미국 역사와 문화 250년간 예수가 문화적으로 성육화한 다양한 시대의 앞마당과 뒷골목 풍경을 마치 만화경처럼 흥미진진하게 펼쳐 보여준다. 미국의 정신을 구축한 토머스 제퍼슨의 예수 이해로부터 시작하여 개척기 청교도, 복음주의, 자유주의, 예수 세미나, 여성주의, 남성주의, 사회복음, 흑인 예수 등을 거치고 퀘이커와 모르몬교를 경유하여 대중문화 속에서 할리우드 예수로 부활을 거듭하다가, 마침내 무함마드의 예수, 힌두교의 요가 수행자 예수, 불교적 예수로 환생하기까지 이 책은 복잡하게 얽히고설킨 미국 내의 인종과 민족, 계급과 성, 종교와 문화 예술이 어떻게 예수를 변화무쌍하게 재구성해나갔는지 종횡무진 섭렵하면서 그 층층면면을 스냅사진처럼 찍어낸다. 여전히 인구 85%의 기독교인을 보유하면서 예수의 풍성한 버전들을 생산해낸 이 문화 공룡 미국의 또 다른 속내가 이 책의 구석구석에 숨어 보석처럼 빛난다. 미국이라는 나라를 제대로 자세하게 알기 위해, 무엇보다 재미있게 즐기면서 미국의 숨겨진 문화적 저력을 살피고 예수로 소급되는 그 미제 기독교의 뿌리를 배워 극복하기 위해서라도 이 책은 필독할 만한 가치가 있다.

차정식 _ 한일장신대학교 신학과, 한국신약학회 회장

『아메리칸 지저스』는 신학과 세속 문화의 분리를 무너뜨리려는 다양한 시각을 제공한다.

샤론 얼만 _「보스턴 글로브」

프로테로는 상상력이 풍부한 광범위한 연구를 통해 미국의 예수에 대한 탐구를 수행하며, 학자가 아닌 사람들의 마음을 끌 수 있도록 그가 발견한 내용을 명료하고 생생한 언어로 기록한다. 그는 책, 그림, 영화, 설교, 찬송가 등 다양한 자료들을 조사해서 그리스도인과 비그리스도인 모두에게 속한…예수에 대해 관대하고 때로는 재치 있는 전경을 제공한다.

유진 맥카라허 _「시카고 트리뷴」

예수에 대한 유대교의 태도 변화에 관한 장만으로도 이 책값을 지불할 가치가 있다.

잭 마일스 _「예루살렘 포스트」

대중문화를 강조하는 미국 문화를 통해 예수라는 인물이 신학적 연결 또는 교회와의 연결에서 분리되어, 거의 모든 것을 홍보하는 아이콘이 된 다양한 방식을 보여주는 매혹적인 유희다.

「퍼스트 씽스」

미국 문화의 역사를 통한 재치 있고, 재미있고, 눈을 번쩍 뜨게 하는 유희다.

「라이브러리 저널」

거의 모든 페이지마다 미국의 종교 역사의 어떤 구석을 신선하게 묘사한다.

「퍼블리셔스 위클리」

하나님의 아들이 어떻게 이 나라에 가장 널리 퍼져 있고 유연한 유명인사가 되었는지를 기록하는…매력 있는 책이다.

론 찰스 _「크리스천 사이언스 모니터」

신중하게 주장되고 인상적으로 연구된, 잘 쓰인 책이다.

마이클 매싱 _「뉴욕 타임즈」

『아메리칸 지저스』는 일반 독자들에게는 매혹적인 개요를 제공하며, 신자들에게는 예수의 영원한 힘과 영광에 대한 증언이고, 회의론자들에게는 얼간이들이 참 많다는 증거다. 이 책에는 예수 그리스도라는 전통적인 인물에 흑인 모세 예수, 유대인 예수, 힌두교 현자 예수, 하이트 애시베리 히피 예수가 가세하는데, 이 책이 양장본으로 나오자마자 완전히 새로운 미국 역사 탐구이자 최근에 영어로 나온 예수에 관한 책 중 가장 사랑스러운 책이라고 칭찬받았다.

저자는 미국에서 변화하는 예수의 이미지는 이를 통해 국가의 문화를 바라볼 수 있는 일종의 유리창이라고 주장한다. 대부분의 기독교 신자들이 전통적인 믿음을 고수함에도 불구하고 다른 사람들은 예수에게 민중의 영웅, 행상인, 또는 대항문화 아이콘으로서의 선도적 역할을 부여한다. 미국의 설립 때부터 그랬다. 토머스 제퍼슨은 예수에 관한 진정한 자료를 거짓된 자료로부터 구분해 내기 위해 가위로 신약성서를 잘라냈다. 유대교, 불교, 무슬림 신자들은 예수를 자신들의 전통에 꿰맞췄다. 사람들은 예수를 무대와 스크린 그리고 성지 체험 테마파크에 적응시켰다. 이 책은 "우리를 우리의 공유된 종교 유산의 예기치 않은 구석들로 데려다주는, 생생하고, 빛을 비춰주며 접근성이 뛰어난 연구물이다.…일반 독자들에게 이 책은 매혹적인 개관을 제공한다."

댄 크라이어 _「뉴스데이」

프로테로는 아주 음흉하다. 그는 노래, 이야기와 영성 안에 예수에 대해 설명하는, 겉보기에는 인기 있고 때로는 재미있는 자신의 내러티브 안에 미국 종교 자체에 대한 상당히 자세한 역사를 심어 놓았다.

R. 스콧 애플비 _「뉴욕 타임즈」

American Jesus

How the Son of God Became a National Icon

Stephen Prothero

AMERICAN JESUS

아메리칸

 하나님의  아들이

 어떻게  미국의

 ★ 아이콘이  되었는가

스티븐 프로테로 지음   노동래 옮김

지 저 스

HOW THE SON OF GOD BECAME A NATIONAL ICON

새물결플러스

★ 목차

AMERICAN JESUS

HOW THE SON OF GOD BECAME A NATIONAL ICON

20세기 초 작품으로 보이는 작가 미상의 "최후의 만찬" 문신을 한 여성의 사진이 실린 이 우편엽서는 사람들이 어느 정도까지 예수에 대한 자신의 헌신을 구체화할 수 있는지 보여준다

_일리노이주 휘턴 소재 빌리 그레이엄 센터 뮤지엄 제공

개요

크리스마스 때마다 미국의 모든 마을과 도시에서는 공공장소에 설치된 성탄 장면에서 예수가 재탄생한다. 자유주의자들은 거의 언제나 공공장소에 종교를 전시하는 것의 합헌성에 대해 도전하며 법원들로 하여금 수정헌법 제1조를 어떻게 해석할지 재고하게 한다. 헌법학과 관련한 이 문제의 근저에는 이 나라의 종교적 성격이라는 똑같이 어려운 문제가 놓여 있다. 미국은 종교 국가인가, 세속 국가인가? 미국은 기독교 국가인가, 유대-기독교 국가인가? 또는 조지 W. 부시 대통령이 제안한 바와 같이 하나의 유대-기독교-이슬람 신 아래에 있는 아브라함 국가인가?

모든 방면으로의 증거들이 널려 있다는 점이 미국의 종교적 성격 문제를 재미있게 만든다(그리고 이 문제가 촉발하는 논쟁이 지속되게 한다). 1797년에 서명된 트리폴리(현재는 리비아에 소속되어 있음)와의 조약에서 미국은 이슬람과 다투지 않기로 서약했는데, 200년도 더 지난 뒤인 작금의 미국의 지도자들도 그렇게 할 것이다. 그 조약은 이렇게 말한다. "미합중국 정부는 어떤 의미에서도 기독교라는 종교에 기초하지 않았다." 교회와 국가의 분리를 옹호하는 자유주의자들은 이 애매한 조약을 거듭 인용한다. 물론 정교 분리를 비판하는 보수주의자들은 "인류의 구속자"를 찬미하며, 미국을 "기독교 국가"로 부르는 1892년 미국 대법원의 의견 등 자신의 입장을 지지하

는 텍스트들을 갖고 있다.[1]

법률과 외교라는 공식적인 수사에서 벗어나면 미국의 종교 역사 분야에서의 논쟁은 대개 개신교와 다원주의라는 축을 중심으로 전개되었지만, 이곳에서도 논쟁이 계속된다. 여러 세대 동안 미국 종교사학자들은 거의 전적으로 미국의 개신교인들에 대해서만 썼다. 최초의 미국 종교 연대기 기록자가 되기 전에 장로교 선교사로 활동했던 로버트 베어드는 자신의 1844년 저서를 『미국의 종교』(Religion in America)라 불렀지만, 그가 다룬 주제는 사실 미국의 개신교(뉴잉글랜드에 정착한 청교도들과 청교도 신학을 밀쳐내고 복음주의 시대로 들어가게 한 부흥운동자들)였다. 베어드에게는 이 청교도들과 부흥 운동자들이 펼친 드라마는 섭리의 하나님이 따로 떼어 둔 약속의 땅, 곧 아름다운 개신교의 나라인 미국에 대한 신성한 심부름이었다.

1950년대에 유대인 사회학자 윌 허버그는 100년 이상 유럽에서 들어온 가톨릭과 유대인 이민자들에 의해 미국의 종교 지형이 완전히 바뀌었음을 감지했다. 이 이민자들과 그들의 종교가 미국의 개신교 신화 속으로 통합될 수 있을 것인가? 『개신교, 가톨릭, 유대교』(Protestant, Catholic, Jew. 1995)에서 허버그는 이 질문에 강한 어조로 '그렇다'고 답했다. 그는 개신교, 가톨릭, 유대교는 하나님(God)을 공경하고 민주주의를 소중히 여기는 애국적 신앙을 공유하는 3개 분파가 되었다고 주장했다. 허버그의 "3중 용광로" 이론은 1950년대에 널리 회자되었으며, 같은 시기 미국의 의회는 충성 맹세에 "하나님의 가호 아래(under God)"라는 말을 삽입했다. 그러나 1960년대에 이르러 이 이론이 편협해 보이기 시작했다. 1965년에 입법부가 아시

---

1   Hunter Miller 편, *Treaties and Other International Acts of the United States of America*, vol.
    2. Documents 1–40, 1776–1818 (Washington: Government Printing Office, 1931), 365:
    Holy Trinity Church v. U.S. 143 U.S. 457 (1892).

아 출신에게 이민 문호를 개방해서 대법원 판사 윌리엄 더글러스로 하여금 미국은 더 이상 단지 기독교 또는 심지어 유대-기독교 국가가 아니고 "불교, 유교 및 도교 국가"이기도 하다고 결정하도록 자극했다.[2]

지난 몇 십 년 동안, 학자들은 이 나라의 종교들을 연구해서 힌두교, 불교, 초월적 명상, 산테리아, 접신술과 모르몬교에 대한 이해를 넓히고 있다. 그 과정에서 베어드와 그의 후계자들의 낡은 개신교 패러다임은 새로운 다원주의 패러다임에 길을 내줬다. 이 패러다임에서 언덕 위에 자리 잡은 미국의 도시들에는 교회의 철탑들과 이슬람 사원의 미나렛들이 나란히 우뚝 서 있다. 즉 미국은 아름다운 다원주의자들의 나라가 되었다.

종교적 "아웃사이더들"에 대한 이처럼 새로운 관심은 『종교적인, 새로운 미국』(A New Religious America. 2001)에서 최근의 아시아 출신 이민자들이 미국을 "지구상에서 종교적으로 가장 다원화된 나라"로 만들었다고 주장한 하버드 대학교 교수인 다이애나 L. 에크의 저서에서 가장 두드러진다. 에크가 묘사하는 미국에서는 힌두교 사제들과 무슬림 성직자들이 미국 의회의 회기를 개시하고, 자이나 교도들이 한때는 루터교 신자들이 점유했던 사원에 모여든다. 더구나 그녀의 견해에서는 "기독교 국가로서 미국이라는 아이디어는 종교적 자유라는 미국의 건국 원칙의 문자는 아니더라도 정신에 반하기" 때문에, 이러한 다원주의적 현실은 아주 좋은 현상이다.[3]

『종교적인, 새로운 미국』에 대한 리뷰에서 펜실베이니아 주립대학교 교수인 필립 젠킨스는 에크의 책의 유일한 문제는 "그 책이 완전히 틀

---

2 *United States v. Seeger*, 380 U.S. 163 (1965).

3 Diana L. Eck, *A New Religious America: How a "Christian Country" Has Become the World's Most Religiously Diverse Nation* (San Francisco: HarperSanFrancisco, 2001), 4, 46.

렸다"는 것이라고 썼다. 젠킨스는 1965년 이후의 이민 붐이 종교적 지형을 바꾸고 있는 것은 사실이지만, 이는 미국을 덜 기독교적으로 만드는 것이 아니라 더 기독교적으로 만든다고 주장한다. 결국 라틴 아메리카 국가 출신 이민자들의 대다수는 가톨릭 또는 오순절파 신자들이고, 아시아 이민자들에게도 기독교가 널리 퍼져 있다. 젠킨스는 미국의 종교 다양성은 미국인들의 보수적인 기독교에 대한 헌신으로 어려움을 겪는 자유주의 학자들과 기타 지식인들에 의해 영속화된 신화라고 결론을 내린다.[4]

역사가들은 자신의 저서가 당대의 관심사에 대해 마구잡이로 서술한 것이 아니라고 믿고 싶어한다. 그러나 '기독교 국가 미국' 논쟁의 양쪽 모두에 객관성이 결여되어 있다. 논쟁 참여자들은 흔히 현상을 당위와 혼동해서 서술과 규범 사이를 오락가락한다. 그들은 또한 어떤 국가가 한 측면에서는 기독교적이면서 다른 측면에서는 세속적일 수도 있음을 잊고서, 인구통계학적·법적·문화적 질문들을 융합한다. 대개 미국을 다종교 국가로 이해하는 사람들은 법률에 초점을 맞추고 종교적 "아웃사이더들"을 성원하는 반면, 미국의 기독교적 성격을 강조하는 이들은 인구통계학에 초점을 맞추며 "인사이더들"과 동맹을 맺는다. 한 그룹에게는 기독교의 지배(실제로 그러하든, 그렇게 인식되든)가 문제인 반면, 다른 그룹에게는 그것이 해법이다.

이 접근법들 모두 많은 것을 놓치고 있다. 미국이 기독교 국가라고 주장하는 진영은 미국에서의 기독교 이외의 종교들의 활력을 간과하고 있고, 미국이 다종교 사회라고 주장하는 진영은 기독교 다수파에 의해 행사되는

---

4   Philip Jenkins, "A New Religious America," *First Things* 125 (August/September 2002), 25-28: 또한 John Neuhaus, "One Nation Under Many Gods," *First Things* 116 (October 2001),. 71-79도 보라.

공권력을 외면한다. 양측 모두 인사이더들과 아웃사이더들이 얼마나 광범위하게 서로를 모방하는지 알지 못한다. 즉 불교도, 힌두교도, 무슬림들은 기독교의 규범과 조직 형태를 채택하고 있고, 감리교, 침례교, 장로교들은 은밀하게나마 아시아 종교들의 신념과 관행들을 채택하고 있다(현재 미국 그리스도인들의 거의 1/4이 환생을 믿는다).[5]

오늘날 미국은 종교 구매자들로 하여금 세계의 모든 위대한 종교들 중에서 선택할 수 있게 해주고, 각 종교들 안에서도 다양한 메뉴를 제공하고 있는 영적 슈퍼마켓이 확산되고 있음을 자랑한다. 미국에는 2천 개의 모스크가 있고, 600개가 넘는 힌두교 회관이 있다. 로스앤젤레스 지역에만도 미국 본토 태생 개종자, 베트남인, 일본인, 대만인, 버마인, 한국인, 티베트인들을 위한 센터 등 최소 200개의 불교 센터들이 있다. 이러한 종교 사원들에서 신자들은 자신의 종교 전통을 미국 상황에 적응시킨다. 그러나 불교 (1997년), 요가(2001년) 그리고 명상(2003년)에 관한 최근의 「타임」 커버스토리가 증명하는 바와 같이, 아시아 종교 전통들은 명상 및 요가 교실, 풍수와 무술 수련 등 사원 담장 밖에서도 영향력을 행사하고 있다.

이 모든 종교 다양성에도 불구하고 현재 미국에는 세계 역사상 다른 어떤 나라보다도 그리스도인들이 많다는 사실이 흐려져서는 안 된다. 지금은 유명한 사건이 되어버린, 1831년의 미국 여행을 마치고 프랑스 사람인 알렉시 드 토크빌은 이렇게 썼다. "미국에서보다 기독교가 사람들의 영혼에 큰 영향을 유지하고 있는 나라는 이 세상에 아무 곳도 없다."[6] 그렇지만

---

5 Humphrey Taylor, "대다수가 자신은 천국에 갈 것으로 믿는다. 50명 중 한 명만이 자신은 지옥에 갈 것으로 믿는다"(Harris 조사 #41 August 12, 1998), HarrisInteractive, http://www.harrisinteractive.com/harris_ppll/index.asp?PID=167.

6 Alexis de Toqueville, *Democracy in America* (Henry Reeve 역; London: Saunders and

이 같은 관찰이 과거에만 해당하는 것은 아니다. 오늘날 미국의 상위 10대 교파들은 모두 기독교 교파들이고 종교인의 약 85%가 기독교 신자들이다. 그리고 그리스도인들은 공적 영역에서 특권적 지위를 누린다. 미국에는 성공회 신자보다 무슬림이 많을 가능성이 있지만, 108대 의회에는 성공회 신자가 무슬림 신자보다 압도적으로 많다(정확하게는 44대 0이다). 국가 차원에서, 미국인들은 크리스마스는 기념하지만 석가 탄신일인 사월 초파일은 기념하지 않는다. 그리고 미국인들이 누리는 종교 다양성은 언제나 기독교적 맥락으로 설명될 수 있는 테두리 안에서만 인정되고 있다. 미국에서 불교 신자들은 자유롭게 불교 신자로 살 수 있지만, 언제나 그들의 전통을 기독교 규범과 조직 형태에 맞춘다. 즉 그들은 자기들의 절을 "교회"라 부르고, 선사(禪師)를 선출하고, "앞으로, 불교도 군인들이여"와 같은 찬불가를 부르고, 배고픈 사람들과 노숙자들을 돌보며, 양심이 이끄는 대로 따른다.

이 모든 사실(다양성과 기독교의 지배)을 이성적으로 설명하는 유일한 방법은 기독교 국가인 미국과 종교 다원 국가인 미국, 미국의 사실상의 종교성과 법률상의 세속성 사이에서 하나를 선택하기를 거부하는 것이다. 미국 문화는 오랫동안 기독교적이면서도 다원적이었고, 종교적이면서도 세속적이었으며, 미국 종교 역사의 활력의 많은 부분은 이 역설에서 나온다. 미국에서 기독교와 비기독교 모두를 진지하게 고려하지 않는 종교 이야기는 미국의 종교 현실을 설명하는 만큼이나 사실을 흐리게 한다.

Otley, 1835), 17장, http://xroads.virginia.edu/~HYPER/DETOC/religion/ch1_17.htm.

문화적 예수 탐구

미국 종교에 관한 이 특별한 이야기의 주제는 예수, 보다 정확하게는 미국인들이 이해하고 있는 예수다. 그래서 표면적으로는 이 책이 미국을 기독교 국가로 보는 진영에 속하는 것으로 보일 것이다. 그러나 예수에 대한 가장 흥미로운 평가 중 많은 부분이 교회 밖에서 출현했다. 즉 음악, 영화, 문학에서, 그리고 유대교 신자, 힌두교 신자, 불교 신자, 종교가 없는 사람들에게서 출현했다. 그러므로 미국의 예수를 탐구하기 위해서는 조사를 기독교에 제한해서는 안 된다. 미국의 기독교가 어떻게 그리스도인들과 비그리스도인들 모두에 의해 형성되었는지, 그리고 다양한 미국의 종교 경험들이 어떻게 기독교 메시지의 공적인 힘에 의해 형성되었는지 조사해야 한다. 마지막으로, 모든 유형의 미국인들이 어떻게 나사렛 사람을 자신의 이미지에 따라 만들어냈는지를 알기 위해서는 거울을 통해 미국 문화의 만화경(萬華鏡)적 성격을 조사해야 한다.

미국의 예수 탐구를 시작할 만한 지점은 많지만, 4세기의 라오디게아 공회의(Council of Laodicea)가 가장 적절한 출발점일 것이다. 그 회의에서 초기 그리스도인들은 기독교 성경의 정경을 확정했다. 일부는 2세기의 신학자인 마르키온을 따라 하나의 진정한 교회는 하나의 진정한 복음서만을 가져야 한다고 주장했다. 다른 이들은 마르키온의 동시대 사람인 이레나이우스를 인용해서 네 개의 복음서(지구의 각 구석에 하나씩)를 옹호했다. 불가사의하게도 이레나이우스가 득세했다. 포스트모던 시대의 유행으로 지식인들이 다의성과 모호성으로 향하게 되기 오래 전에, 라오디게아 회의의 그리스도인들은 그들의 정경 안에 예수의 삶에 대한 4개의 다른 관점들을 포함시켰다. 그러니 (요한복음을 제외한) 각각의 복음서에서 예수가 "사람들이

나를 누구라 하느냐?"라고 물었을 때, 그가 간단한 답변을 듣지 못한 것이 놀랄 일은 아니다. 세례 요한이라 하는 사람들도 있었고, 엘리야라고 하는 사람들도 있었다. 어떤 사람들은 예언자들 중 하나라고 했다. 베드로는 예수가 그리스도라고 말했지만, 그 대답이 그 문제를 해결하지는 않았다. 그리고 신약성서가 더 많이 기록됨에 따라 그 질문에 대한 답변의 대안들이 늘어났다.

예수의 이미지 증식은 정경의 확정으로도, 심지어 십자군이나 종교개혁으로도 끝나지 않았다. 예수는 "어제나 오늘이나 영원토록 동일할"지 몰라도(히 13:8), 그에 대한 미국인들의 묘사는 시대마다 그리고 공동체마다 달랐다. 뒤의 장들에서 명확히 설명하는 바와 같이 빅토리아 시대의 복음 전도자들의 마음에 거주했던 친절한 예수는 엄격한 청교도 성직자들에게서는 거의 인식되지 않았으며, 오늘날 모르몬교의 장형과 흑인 교회의 흑인 모세 사이에는 큰 차이가 있다. 최소한 미국에서는 예수는 변치 않는 만세 반석 위에 서 있는 것이 아니라 경제 상황, 정치적 계산, 문화적 추세라는 움직이는 모래 위에 서 있다. 바울이 "아무쪼록 몇 사람이라도 구원하고자" 자신이 "여러 사람에게 여러 모습"이 되었다고 기록한 바와 같이(고전 9:22), 미국의 예수는 카멜레온과 같은 존재가 되었다. 그리스도인들은 예수를 흑인과 백인으로, 남성과 여성으로, 이성애자와 동성애자로, 사회주의자와 자본주의자로, 평화주의자와 전사(戰士)로, KKK 단원과 시민권 운동자로 묘사해왔다.

그러나 이 미국의 예수는 단지 그리스도인들만의 관심사가 아니었다. 확실히 예수에 대한 미국인들의 개념의 대부분은 그리스도인들에 의해 생산되고 소비된다. 그러나 그리스도인들이 예수를 국가의 의제에 올려놓을 수 있는 힘으로 인해 다른 종교 신자들도 예수에 대한 의견을 개진할 수밖에 없게 되었다. 19세기 말의 미국의 유대교에 대해 얘기하면서, 신약학자인 새뮤얼 샌드멜은 "미국의 자유를 누리는 어떤 유대교 신자도 어떤 방식으로든 기독교와 예수에 대처하지 않을 수 없다"는 것을 발견했다.[7] 미국의 유대교 신자들만 그런 것이 아니다. 흑인 무슬림들과 백인 불교도들도 예수에 대처함으로써 미국(그리고 자신의 정체성)에 대처해왔다. 더구나 교회, 회당, 모스크, 절 밖에서 미국의 예수는 세속적인 영역이라고 간주되는 TV와 영화 등으로도 진출했다. 그 과정에서 예수는 운동선수, 예술 애호가, 일부다처주의자, 독신주의자, 광고업자, 등산가, 힌두의 신, 성불(成佛)할 사람이 되었다.

이 모든 사실들은 예수가 미국의 역사를 갖고 있다고 말한다. 예수를 미국 문화의 거울로 내세우는 것은 계속 변하는 국민 정서에 대한 로샤 검사(Rorschach test)를 수행하는 것이다. 미국인들은 예수에게서 그들 자신의 희망과 공포의 표현을 보았다. 즉 그것은 어떤 "완전히 다른" 신이 아니라 자신들과 자기 나라에 대한 반영이기도 했다. 이 책은 이러한 희망과 공포들을 조사하며, 미국인들이 예수에 관해 뭐라고 말했는지에 대해서뿐만 아니라 유연하고 다양한 형태의 예수가 미국에 대해 뭐라고 말하는지에 대해서도 탐구한다. 이 책의 주제는 신자들의 "살아 계신 그리스도"도 아니고, 학자들의 "역사적 예수"도 아니다. 이 책은 예수가 정확히 누구인지에 대해서는 아무것도 얘기하지 않는데, 그 점에 대해 침묵한다는 점이 이 책이 예수에 대해 탐구하는 최근의 많은 책들과 다른 점이다. 나는 고대 팔레스타인이나 기독교 국가 미국에 속한 것이 아니라 우리 그리스도인이나 비그리

---

7   Samuel Sandmel, "Isaac Mayer Wise's 'Jesus Himself,'" American Jewish Archives 편, *Essays in American Jewish History* (New York: Ktav Publishing House, 1975), 357에 수록된 글.

스도인 모두에게 속한 문화적 예수를 탐구하고자 한다. 나는 미국의 예수, 곧 미국 문화라는 잡탕 성경 주석 안에서 거듭 해석되면서 바르게 이해되고 잘못 이해되어 왔던 예수를 연구하고자 한다.

나는 여기서 의도적으로 **예수**라는 이름을 사용하는데, 이는 내가 신학적 표시로서의 그리스도가 아니라 예수라는 인간에 초점을 맞추기 때문이다. 마치 예수는 그에게 주어진 이름이고 그리스도는 성이기라도 한 것처럼 사람들은 그를 흔히 "예수 그리스도"라고 부른다. 그러나 그리스도는 직책이다. "크라이스트"는 (히브리어) "메시아"에 해당하는 그리스어(kristos)의 영어식 표기다. 그러므로 예수 그리스도라고 부르는 것은 단순히 특정 개인의 이름을 부르는 것만이 아니라, 그 사람의 지위를 유대인들이 오랫동안 기다렸던 해방자로 인정하는 것이다. 보다 넓게 말하자면, 그리스도라는 직함은—다른 무엇보다도—성부 및 성령과 더불어 삼위일체 안에서의 상대적 지위, 그의 신성과 인성의 연합, 하나님의 아들 및 사람의 아들(인자)과 같은 관련 호칭들의 의미에 관한 기독론적 논쟁을 불러일으키는 신학 용어다.

비록 신학자들의 기독론이 여기에 영향을 주기는 하지만, 이 책은 미국의 신학 역사가 아니다. 이 책은 확실히 선교 소책자들과 신학 논문들에 나오는 예수의 이미지를 사용하기도 하지만 소설, 영화, 자서전, 뮤지컬, 찬송가, 영가, 시각 예술에 나오는 이미지도 사용한다. 이 자료들에서 나는 구세주 그리스도의 성격과 기능이 아니라 인간 예수의 특성과 성격에 대한 증거를 탐구했다. 나는 예수가 이러저러한 신학 체계와 어떻게 연결되는지가 아니라, 미국인들이 어떻게 예수와 관련되는지를 이해하기 원한다. 나는 미국인들이 예수를 어떻게 생각하는지(그가 냉담한지 친화적인지, 뚱한지 쾌활한지, 남성적인지 여성적인지, 못 생겼는지 잘 생겼는지) 알기를 원한다. 나는 형이상학이 아니라 인간에 관심이 있다.

미국의 종교 혁명

믿기 어려울지 모르지만, 예수가 기독교 가정에서조차 언제나 잘 알려진 이름이었던 것은 아니다. 독립전쟁 전에 그리스도인들은 뚜렷한 소수파였다. 뉴잉글랜드와 중부 식민지(오늘날의 뉴욕, 뉴저지, 델라웨어, 펜실베이니아)에서는 다섯 명 중 한 명만 교회에 다녔다. 남부에서는 그 비율이 훨씬 낮았는데(대략 여덟 명 중 한 명꼴), 그 이유는 다섯 명의 주민 중 두 명이 넘었던 노예들 중 개종한 숫자가 아직 유의미하지 않았기 때문이었다. 더구나 그리스도인들이었던 식민지 주민들은 예수 때문에 이렇다 할 존중을 받은 것도 아니었다. 식민지 그리스도인들은 하나님의 전적 주권과 인간의 전적 타락을 강조한 장 칼뱅의 개혁 신학에 영향을 받아서 대개 그들의 신앙심을 주로 삼위의 첫째 위격(성부)에 초점을 맞췄는데, 그들은 성부를 멀리 있지만 강력한 지배자로 두려워했다. 그들의 종교 교육에서는 구약성서가 신약성서보다 우세했으며, 성자 예수는 성부 하나님의 그림자 안에 가려졌다. 예수가 인간의 죗값을 지불하기 위해 십자가 위에서 죽었고, 분노한 아버지의 종교적 심판을 만족시킨 중재자라는 점은 사실이다. 그러나 예수는 사람으로서보다는 원리로서의 기능을 더 발휘했다. 북아메리카가 낳은 가장 훌륭한 신학자 중 한 사람인 조너선 에드워즈는 이처럼 급진적으로 성자를 성부에 종속시키면 삼위 위격들의 동일성에 대한 오랜 기독교 신앙을 훼손할 수도 있다며 안타까워했다. 그러나 에드워즈조차도 예수를 종종 인격적 특질보다는 추상 명사("무한한 정의와 무한한 은혜" 및 "무한한 위엄과 초월적 온유"와 같이 짝을 이룬 "탁월성")를 통해 묘사했다.[8] 청교도 신학에서는 그리스도는 제한된 역할만 담당하고 예수는 거의 아무 역할도 담당하지 않는다.

오늘날은 상황이 아주 다르다. 교회에 다니는 것이 일반적이며(미국인들은 다섯 명 중 약 세 명이 교회와 관련을 맺고 있다) 모든 교파의 그리스도인들이 예수에 대한 사랑을 아끼지 않는다. 대부분의 유럽 국가들에서는 기독교가 한물갔으며, 예수는 그저 호기심의 대상일 뿐이다. 예를 들어 스웨덴에서는 스웨덴 교회에 열심히 출석하는 사람 한 명당 대략 두 명의 무신론자들이 있다. 영국에서는 인구의 절반이 넘는 사람들이 종교가 없다고 응답하고 있으며, 다섯 명 중 한 명이 넘는 사람들이 예수가 존재했다는 사실을 부인한다. 이와 대조적으로 미국에서는 세 명 중 두 명이 넘는 시민들이 "예수 그리스도께 개인적으로 헌신"을 다짐했다고 말하며, 대략 네 명 중 세 명이 예수의 존재를 느꼈다고 말한다.[9]

그러나 예수는 그리스도인들의 전유물이 아니다. 여론조사에 의하면 미국의 모든 종교 신자들은 예수를 "압도적으로 우호적으로" 보며, 예수는 "종교 교육을 받지 않은 사람들에게도 강력한 발판을 가지고 있다." 놀랍게도 미국의 비그리스도인들 중 거의 절반은 예수가 동정녀에게서 태어났고,

---

8   Jonathan Edwards, "The Excellency of Christ," Thomas H. Johnson and Clarence H. Faust 편, *Jonathan Edwards: Representative Selections* (New York: American Book Company, 1935), 121, 123에 실린 글.

9   Magnus Hagevi, "Religiosity and Swedish Opinion on the European Union," *Journal for the Scientific Study f Religion* 41:4 (2002), 763; "More Evidence that Britain Lacks Faith," *Catholic World News* (December 16, 1999), http://www.cwnews.com/Browse/1999/12/11822.htm; GeorgeBarna, *The Index of Leading Spiritual Indicators* (Dallas: Word Publishing, 1996), 3; George Gallup, Jr., and George O'Connell, *Who Do Americans Say That I Am?* (Philadelphia: Westminster Press, 1986), 119.

죽은 자 가운데서 살아났음을 믿는다. 미국에서는 무신론자들과 불교 신자들이 활발하게 예수의 이미지를 생산 및 소비하고 있으며, 예수는 여러 면에서 보편적인 문화적 화폐로 기능한다. 힌두교 신자는 예수를 비쉬누 신의 아바타라고 말할 것이다. 유대인에게 물으면 예수는 위대한 랍비였다는 대답을 들을 것이다. 1925년의 베스트셀러 소설에서 브루스 바튼은 예수를 『미지의 인물』(*The Man Nobody Knows*)로 묘사했다. 오늘날 예수는 아무도 미워하지 않는 인간이다.[10]

예수는 또한 미국 대중문화의 도처에 존재한다. 라디오에서는 믹 재거와 보노가 부처를 찾다가 예수를 발견한 것에 관해 노래한다. 극장에서는 예수 영화들이 몇 년마다 개봉되고, 브로드웨이에서도 예수 연극과 뮤지컬들이 상연을 거듭한다. 독자들도 예수에 대한 왕성한 식욕을 보인다. 의회 도서관에는 다른 어떤 역사적 인물에 대한 책보다 예수에 관한 책들이 많이 있는데(약 17,000권), 예수에 관한 책은 차순위자(셰익스피어)에 관한 책보다 약 두 배 많으며 또한 빠르게 늘어나고 있다.

마지막으로, 예수는 미국의 부착물로서 고속도로 게시판, 범퍼 스티커, 심지어 문신에도 등장한다. 예수를 "왕의 왕, 주의 주"로 표시한 자주색 덮개를 갖춘 열기구가 서부의 주들을 횡단하는 모습도 볼 수 있다. 디즈니월드에서 멀지 않은 곳에 성지 체험(Holy Land Experience)이라 불리는 예수 테마 파크가 있다. 아칸소주의 유레카스프링스에 부활한 그리스도의 7층 입상인 "오자크의 그리스도"가 우뚝 서 있다. 이 입상은 270미터짜리 예수 입상을 세우려 한 TV 전도사 오랄 로버츠의 꿈처럼(이 꿈은 자금 부족으로

---

10   Gallup and O'connell, *Who Do Americans Say That I AM?*, 69, 83; Taylor, "Large Majority of People Believe They Will Go to Heaven."

1980년대 초에 포기되었다) 일부 미국인들이 큰 것을 위대한 것으로 착각하는 경향을 보여준다. 그럼에도 불구하고 이 입상은 예수가 문화적으로 미국 전 지역 및 전 국민의 정서 안으로 깊이 확산되어 있음도 보여준다.

어떻게 이런 일이 일어났는가? 어떻게 하나님의 아들이 제리 폴웰과 달라이 라마 모두에게 사랑받는 전국적 아이콘이 되었는가? 미국이 어떻게 예수 국가가 되었는가? 이러한 질문들은 이 책을 인도하는 질문들로서, 미국의 예수가 추상적인 원칙에서 구체적인 사람, 한 인물(personality), 유명 인사 그리고 궁극적으로 아이콘으로 발전한 과정을 표시한다.

그 이야기—포로와 자유 이야기—에 대한 서막은 고대 지중해에서 시작하는데, 거기서 예수는 성경, 신조, 로마 가톨릭과 동방 정교회의 제의 속에서 지속되었다. 시간이 지나면서 신학자들은 인간 예수를 신성이 인성을 압도하는 형이상학적인 추상 관념으로 만들었다. 그 결과 많은 로마 가톨릭 교도들에게는 예수가 성부 및 성모 마리아 같은 성인들에 가려져 대중의 시야에서 밀려나게 되었다. 르네상스와 종교개혁 시기에 그리스도인들은 예수의 인성을 재발견했지만, 북미의 영국 식민지를 지배하게 된 기독교 종파는 계속 형이상학적 그리스도를 고수했다. 장 칼뱅의 신학 구조는 전적으로 주권자 하나님과 타락한 인간 사이의 긴장의 극대화에 의존했다. 칼뱅이 세운 집에는 신이면서 인간이었던 손님이 묵을 곳이 별로 없었다.

18세기에 계몽주의가 시작되어 유럽과 미국의 회의주의자들은 이성과 경험을 채용해서 성경과 신조에 대한 믿음을 훼파하고 교회의 전통을 조금씩 제거하기 시작했다. 전통에 대한 이러한 공격이 예수를 말살할 수도 있었겠지만 사실은 그렇지 않았다. 오히려 그것은 예수를 해방시켜 예수로 하여금 전통적 기독교의 믿음과 관행들을 포용할 수 없었던 사람들의 영웅이 되게 했다. 토머스 제퍼슨은 만일 그가 예수를 믿든지 거부하든지 양자택일하라는 요구를 받았더라면 예수를 거절할 수밖에 없었을 것이다. 그러나 정치에서와 같이 종교에서도 대담했던 제퍼슨은 그리스도인들에게 배타적인 해석자 역할을 할 권리를 부여하지 않았다. 그는 그리스도를 받아들일 수는 없었지만 예수를 존경하기로 결정했다. 제퍼슨이 백악관 집무실에 앉아서 손에 면도날을 들고 자신의 성경책을 도려내기 시작했을 때 미국의 예수가 태어났다.

곧이어 그리스도인들도 예수의 신성에 비해 예수의 인성을 강조하기 시작했다. 1791년에 수정헌법 제1조가 승인되어 열린 자유로운 영적 시장에서 대중주의 설교자들은 예수를 인간화함으로써 교구민들의 마음을 얻고자 경쟁했다. 그들은 점차 자신들을 불편하게 하는 믿음과 관행들로부터 예수(와 자신들)를 분리했다. 자유, 평등, 우애라는 혁명적 수사에 영감을 받은 복음주의적 청교도는 칼뱅주의에 대한 제퍼슨의 저항에 기독교의 옷을 입힘으로써 이를 대중화시켰다. 제퍼슨은 기독교 없이 예수를 포용한 반면, 그들은 칼뱅주의 없이 기독교를 포용해서 예정 교리가 인간의 자유와 신의 자비에 어긋난다며 이를 거부했다. 그들은 예수가 일부만을 위해서가 아니라 모든 사람을 위해 이 땅에 왔으며, 모든 사람은 예수가 은혜로 제공하는 구원을 받아들이든지 거절할 자유가 있다고 주장했다. 19세기 초반의 제2차 대각성기 부흥을 통해 이들 복음주의 열성분자들은 기독교를 민주적으로 만들었고, 미국을 기독교화했다. 그래서 미국의 종교 혁명이 시작되었는데, 독립전쟁이 영국 국왕 조지 3세로부터 식민지를 해방시켰듯이 미국의 종교 혁명은 칼뱅으로부터 예수를 해방시켰다. 초기의 정치적 봉기가 새로운 국가를 탄생시켰다면, 이 영적 혁명은 더 이상 진노하는 성부가 아니라 사랑하는 성자에 중점을 둔 새로운 형태의 미국 종교를 탄생시켰다.

미국의 이 종교 혁명은 세 단계로 진행되었는데, 이 단계들은 서로 겹

쳤다. 19세기 초반에 복음주의자들은 먼저 예수를 칼뱅으로부터 해방시키고 이어서 신조로부터 해방시켰다. 예수의 신성을 부인하는 사람은 거의 없었지만, 미국인들은 예수의 인성을 강조했다. 그들은 예수를 복잡한 신학 체계로부터 자신들이 본받을 수 있는 덕을 갖추고 있고, 자신들이 이해할 수 있는 마음을 갖고 있고, 자신들이 사랑할 수 있는 특질들을 지니고 있는 가깝고도 귀한 사람으로 변화시켰다. 그 과정에서 그들은 대담하게도 예수를 삼위일체 가운데 성부보다 우월한 자리에 두었다.

두 번째 단계는 남북전쟁 직후의 몇 십 년 동안에 절정을 이뤘다. 이번에는 자유주의적인 개신교인들이 선봉에 섰다. 다원주의, 비교 종교, 성서 비평의 정보로 무장한 그들은 예수를 성경에서 떼어내고, 종교 개혁의 표어인 '오직 성경'을 '오직 예수'로 대체했다. 믿음을 로마 가톨릭처럼 성경과 전통에 기초하거나 초기 개신교도들처럼 성경에 두는 대신, 그들은 예수를 유일한 권위로 삼았다. "예수에게로 돌아가자"가 그들의 새로운 표어가 되었고, "오직 예수"가 그들의 새로운 찬송이 되었다.

종교개혁의 세 번째 단계는 예수에 대한 제퍼슨의 견해를 완성해서 예수를 기독교 자체로부터 해방시켰다. 기독교 밖에서의 예수 신앙 창시자인 제퍼슨에게서 시작된 이 단계는 1860년대에서 1930년대 사이의 유대인 작가와 랍비들에 의해 한층 진전되었다. 이 단계는 1965년 이후 이민 붐의 한가운데서 힌두교도들과 불교도들이(최소한 자신의 목적상) 예수를 기독교 전통에서 떼어내 대담하게 자기들 중의 하나로 채택함으로써 완성되었다.

파울라 프레드릭슨은 『예수에서 그리스도까지』(*From Jesus to Christ*, 1988)에서 초기 교회가 어떻게 인간 예수를 신조의 그리스도로 변화시켰는지 묘사했다. 미국에서는 미국인들이 그 절차를 뒤집었다. 미국에서는 칼뱅주의의 그리스도, 신조의 그리스도 그리고 성경의 그리스도를 거절할 수 있게 되었기 때문에 예정, 삼위일체 또는 성경의 무오성을 믿을 수 없었던 사람들도 예수께 접근할 수 있게 되었다. 미국인들은 예수를 기독교 자체로부터 떼어냈기 때문에 비그리스도인들에게도 예수에 대한 신앙이 가능해졌다. 물론 미국인들이 모두 이처럼 멀리 나간 것은 아니다. (제퍼슨의 백악관에서 태어나 복음주의자들과 자유주의적 개신교인들에게 양육된) 미국의 예수가 자신의 기독교적 배경에 등을 돌리고 다종교의 미국에서 자립한 뒤 보수적인 신자들은 많은 사람들이 아직도 기독교 국가라고 믿고 있는 미국으로 그를 다시 불러들였다. 그러나 램프의 요정 지니는 이미 램프에서 나왔으며, 미국의 모든 종교 신자들(그리고 불신자들)은 자신의 소원을 들어주기만 하면 어떤 예수든 자유롭게 받아들인다.

부활과 환생

미국의 예수에 관한 인공물들은 수백만 개에 달하며, 책 한 권으로 이들을 모두 다룰 수는 없다. 따라서 나는 이 작업이 필요상 선택적이고 특수할 수밖에 없음을 인정한다. 나는 여기서 아메리카 원주민들의 예수와 히스패닉의 예수를 무시하며, 로마 가톨릭, 감독제, 루터파와 같은 예전(Liturgical) 전통에는 별로 주의를 기울이지 않는다. 나는 로버트 고스의 책 『예수는 행동했다』(*Jesus Acted Up*, 1993)와 테렌스 맥널리의 연극 "코르푸스 크리스티"(*Corpus Christi*, 1998)에 나오는 동성애자 예수에 대해서는 아무런 언급을 하지 않는다. 나는 또한 예수는 "이 땅을 밟았던 가장 과학적인 사람"이었다는 크리스찬 사이언스의 창시자 매리 베이커 에디의 주장도 탐구하지 않으며, 예수가 막달라 마리아와 성관계를 맺었다는(또는 최소한 이를 꿈꿨다는) 『그리스도 최후의 유혹』(*The Last Temptation of Christ*, 1988)에 나오는 도발도 탐구하지 않는다.[11] 이 방대한 주제를 택하는 다른 저자는 틀림없이 내 책과는 아주 다른 책을 쓸 것이다.

이 책은 2부로 나뉜다. "1부: 부활"은 4개 장에 걸쳐 그리스도인, 특히 개신교인 사이에서 일어난 예수에 대한 재각성을 연대순으로 탐구한다. "2부: 환생"에서는 흑인 교회, 예수 그리스도 후기성도교회, 미국 유대교, 힌두교, 불교 등 기독교 외부에서의 예수의 환생에 초점을 맞춘다.

부활 교리는 유대 전통에서 시작되었지만, 가장 일반적으로는 죽음에 대한 예수의 승리를 자신들의 예전과 신학의 중심으로 만든 그리스도인들과 관련이 있다. 신약의 부활 이야기들은 예수가 갈릴리에서 막달라 마리아, 베드로 그리고 초기 교회 공동체의 다른 구성원들에게 나타난 것으로 묘사한다. 그들은 예수의 기적적인 부활을 예수가—그의 영광스러운 승천을 통해 강조되는 지위인—부활하신 주님이라는 독특한 지위를 갖고 있다는 증거로 해석했다. 이 책의 처음 4개 장들은 이러한 종류의 부활—비록 이번에는 미국 안에서 벌어진 현상이기는 하지만 기독교 공동체 안에서 예수에게 새로운 생명을 부여하려는 노력들—을 탐구한다. 이 장들에 나오는 그리스도인들은 예수가 누구인가에 관해 종종 동의하지 않지만, 그들은 모두 신성한 역사에서 예수가 독특한 지위에 있는 인물이라는 점을 인정한다. 그들의 예수는 신약의 예수이며, 그들의 해석은 미국적 상황과 성경 텍스트의 결합에서 나온다. 더구나 이 공동체들은 대개 공권력을 장악하려고 노력하기보다는 공권력을 옹호하기 때문에, 예수에 대한 그들의 재해석

---

11   Mary Baker Eddy, *Science and Health with Key to the Scriptures* (Boston: The First Church of Christ, Scientist, 1994), 313.

은 종종 기성 사회 정치 제도에 의문을 제기하기보다는 이를 지지한다.

환생은 죽음 뒤의 삶에 대해 판이한 그림을 제공한다. 아시아 종교들에서 보편적인 이 교리는 인간의 상황을 생명, 죽음, 재탄생의 사이클로 묘사하는데 그 안에서 개인의 영혼은 각자의 죽음 뒤 대개 업보 이론에 따라 새로운 장소와 시간에서 새로운 몸을 찾는다. 이 책 제2부의 4개 장들은 백인들의 개신교 외부에서 작동되는 공동체들을 다룬다. 이 공동체들의 대부분은 예수를 교회의 몸 안에서 부활시키기를 거부하고, 대신 다른 종교 안에서 그에게 새로운 집을 만들어준다. 더구나 그들은 대개 예수를 다른 종교 거장들의 위에 두는 것이 아니라 그들과 나란히 두고, 세상의 유일한 구주라고 칭해지는 그의 지위를 거부한다. 이 장들에 포함된 신자들 중 일부, 특히 흑인 교회와 예수 그리스도 후기성도교회 신도들은 이 책의 제 1부에서 설명한 백인 개신교도들과 공통점이 많다. 그들도 신약성서에 의존해서 예수를 해석하지만, 그들은 히브리 성경에 훨씬 더 많이 의존한다. 그 결과 그들은 예수를 기독교 세계이면서도 종종 히브리 세계인 곳으로 옮겨 놓는다. 더욱이 그들의 예수 해석은 지배적인 문화를 옹호하기보다는 이를 비판할 수도 있다.

미국의 예수에 대한 그러한 접근법은 미국의 다수파 그리스도인들과 종교적 소수파 그리고 미국 국민들의 종교적 및 세속적 헌신 모두에 공정을 기하기 위한 시도다. 종교적 내부자들이 예수를 문화적으로 불가피한 요소로 만들 수 있었기 때문에 예수는 미국에서 중요한 인물이 되었다. 외부인들이 예수를 자신의 방식대로 자유롭게 해석할 수 있는 자유를 누렸기 때문에 예수는 전국적 아이콘이 되었다. 이를 달리 표현하자면, 기독교 내부자들에게는 다른 사람들에게 예수를 해석**하라고** 지시할 권한이 있었지만, 그들이 예수를 **어떻게** 해석할지 지시할 권한은 없었다. 미국에서는 프레더릭 더글러스와 랍비 스티븐 와이즈, 스와미 요가난다, 맬컴 엑스 같은 사상가들이 대담하게 기독교와 예수교를 구분했다. 그리고 그들은 기독교를 거부한 반면, 예수교를 자신들의 종교로 받아들였다. 그들 중 일부는 훨씬 더 대담하게도 자신들이 그리스도인들보다 예수를 더 잘 이해한다고 주장했다. 물론 모든 미국인들이 이렇게까지 멀리 나간 것은 아니다. 오늘날 미국 시민들의 대다수는 헌신된 그리스도인들이다. 그러나 어느 그룹도 독점적 해석권을 가지고 있지 않다. 누구든지 예수를 자신의 방식대로 이해할 자유가 있다. 그리고 미국인들은 그 자유를 열정적으로 행사해왔다.

1부

부활

HOW THE SON OF GOD BECAME A NATIONAL ICON

클리포드 데이비스의 익살스러운 그림 "순응자"(*The Conformist*)는 워너 샐먼의 대표작 "그리스도의 두상"과 예수를 보수적인 CEO로 그리려는 브루스 바튼 등의 노력을 상기시킨다.

_캔버스에 그린 알키드 화, 클리포드 데이비스에 의해 2003년에 저작권 등록됨

1장   성현

토머스 제퍼슨은 오늘날 미국에서 독립선언문 작성자, 수정헌법 제1조 입
안자 그리고 미국시민종교의 성자 중 한 사람으로 추앙되고 있다. 인종에
대한 그의 견해 및 그의 노예였던 샐리 해밍스와의 관계에 대해서는 의문
이 상존하지만, 그는 개인의 자유에 대한 미국의 위대한 옹호자 중 한 사람
으로 널리 존경받는다. 제퍼슨의 명성은 그의 생존 시에는 사뭇 달랐다. 사
실 미국의 제3대 대통령은 당대에는 가장 극단적인 정치가들 중 한 명이
었다. 19세기가 시작될 무렵에 사람들은 그를 사랑하거나 미워했는데, 그
의 적들에게는 그의 비전통적인 종교(또는 불신앙)가 가장 역겨운 요소였다.

　뉴잉글랜드의 성직자들은 제퍼슨이 낙선했던 1796년 선거 유세 기
간 중 그를 무신론자라고 비난했다. 존 애덤스 대통령과 맞붙어 승리한
1800년 선거에서, 그는 미국의 정치인들에게서는 좀처럼 볼 수 없는 심한
인신 공격을 견뎌냈다. 제퍼슨의 반대자인 연방주의자들은 농경 생활에
대한 그의 구시대적 향수가 상업 경제를 죽일 것이라며 그를 바보와 겁쟁
이라고 욕했다. 그러나 인격 살인의 많은 부분은 제퍼슨의 비정통적인 신
앙에 집중되었다. 연방주의자들에 의하면 제퍼슨은 미국을 몰락시킬 것이
틀림없는, 프랑스의 이성이라는 여신과 놀아나는 이교도이자 과격파였다.
뉴욕 출신 네덜란드 개혁교회 목사인 윌리엄 린은 "기독교 국가에서 기독

교에 대한 공공연한 적을 선출하는 것은 이 나라의 퇴보와…신에 대한 반항의 무서운 증상일 것"이라고 경고했다. 그는 그렇게 되면 "종교를 파괴하고, 악덕을 들여오며, 사회의 모든 유대를 느슨하게 할 것이다"라고 주장했다. 그러나 모든 종교적 정치활동들이 그 방향으로 간 것은 아니었다. 제퍼슨이 승리한 뒤, 공화당 지지자인 아브라함 비숍은 "한때는 모욕당했다가 이제 미합중국의 대통령이 된 걸출한 지도자"를 "한때는 모욕당했다가 이제 우주의 통치자가 된 존재"에 비유했다. 그러고 나서 아브라함은 제퍼슨에 반대표를 던진 사람들을 가리켜 예수를 자신의 구주로 받아들이기를 거부한 사람들에 비유했다.[1]

오늘날 우리는 제퍼슨의 신앙에 관해 독립전쟁 시대의 다른 정치가들의 신앙에 관해서만큼 잘 알고 있다. 그러나 당시 그의 신앙은 꼭꼭 숨겨진 비밀이었다. 수정헌법 제1조에 "교회와 국가의 분리 장벽"이라는 비유를 덧붙인 사람은 또한 공적 영역과 사적 영역의 장벽도 신봉했으며, 그는 종교를 사적 영역으로 좌천시켰다. 제퍼슨은 1814년의 편지에서 이렇게 썼다. "종교에 대한 우리의 특별한 원칙은 우리가 신 앞에서만 책임을 진다는 것이다. 나는 누구의 종교도 물어보지 않으며, 누구의 종교도 내 종교와 마찰을 일으키지 않는다."[2]

이 "물어보지 않고, 말하지 않는다"는 정책으로 인해 반대자들은 제

---

1   William Linn, *Serious Considerations on the Election of a President: Addressed to the Citizens of the United States* (New York: John Furman, 1800), 24-27; Abraham Bishop, *Oration Delivered in Wallingford on the 11th of March 1801, Before the Republicans of the State of Connecticut, at Their General Thanksgiving for the Election of Thomas Jefferson* (New Haven: William W. Morse, 1801), 7

2   Dickinson W. Adams 편, *Jefferson's Extracts from the Gospels* (Princeton, N.J.: Princeton University Press, 1983), 360.

퍼슨이 신앙이 없다고 의심했지만, 이에 대해 비판하기가 어려웠다. 그래서 그들은 제퍼슨이 펴낸 유일한 책인『버지니아주에 관한 주석』(Notes on the State of Virginia, 1782)을 꼼꼼히 살폈다. 그 책에서 제퍼슨은 지금은 유명해진 다음과 같은 구절인 "내 이웃이 20명의 신이 있다고 하든 신이 없다고 하든 간에 그것은 내게 피해를 주지 않는다. 그것은 내 돈을 빼앗아 가지도 않고, 내 다리를 부러뜨리지도 않는다"에서 종교 권력을 공격하고 종교의 자유를 방어했다. 애덤스의 지지자들은 이 말이 이단과 무정부 상태의 동류라고 주장했다. 린은 "내 이웃이 일단 신이 없음을 확신하게 되면 "그들은 곧 내 돈을 빼앗아 갈 것이고, 내 **다리**뿐만 아니라 **목**도 부러뜨릴 것이다. 신이 없다면 법도 없다"라며 흥분했다. 똑같이 놀란 "그리스도인 연방주의자"는 제퍼슨이 선출될 전망이 우세해지자 이를 미국에서 기독교 국가의 종말이 시작되는 것으로 보았다. 그는 다음과 같이 썼다. "진지하고 지각이 있는 사람이라면 제퍼슨이 선출되고 과격파가 권력을 잡을 경우 암살자의 칼로부터 우리의 생명을 지켜주고, 유혹과 폭력으로부터 우리의 아내들과 딸들의 정숙을 지켜주며, 약탈과 노략질로부터 우리의 재산을 지켜주고, 우리의 종교를 경멸과 모욕으로부터 보호해줄 도덕이 짓밟히고 파열되지 않으리라고 생각할 수 있겠는가?" 그런 비난들이 제퍼슨의 백악관 입성을 막지는 못했지만, 그로 인해 연방주의자들은 선거 후 광란에 빠지게 되었다. 제퍼슨 대통령이 성경의 허영을 소각하는 칙령을 발표했다는 소문이 돈 뒤 뉴잉글랜드 주부들은 성경이 제퍼슨의 자유사상의 불길에 의해 불태워지지 않게끔 성경을 우물 속에 숨겼다고 한다.[3]

특이하게도 제퍼슨이 자기를 비판하는 사람들에게 직접 대응하지는

---

3   Linn, *Serious Considerations*, 19; Adams 편, *Jefferson's Extracts*, 11.

않았지만 그는 방어책을 강구했다. 필라델피아의 물리학자인 벤자민 러쉬와 영국의 과학자인 조지프 프리스틀리 같은 친구들에게 보낸 일련의 편지에서 그는 자신의 신앙을 상당히 자세하게 묘사했다. 가장 유명한(1803년에 러시에게 보낸 편지에 동봉된) "다른 교리와 비교했을 때 예수 교리의 장점에 관한 추정의 개요"(Syllabus of an Estimate on the Merit of the Doctrines of Jesus, Compared with Those of Others)가 포함되어 있는 이 개인 서신은 제퍼슨이 ─ 어느 자서전 작가가 표현한 바와 같이 ─ "미국의 모든 대통령 중에서 신학적으로 가장 자의식이 강했을" 수도 있음을 보여준다.[4] 또한 이 편지는 예수에 대한 또는 보다 정확하게는 예수의 도덕적 가르침에 대한 제퍼슨의 깊은 헌신도 보여주는데, 제퍼슨에게는 예수의 도덕적 가르침이 참된 종교의 본질이었다. 일부 해석가들은 제퍼슨이 무신론자라는 비판에 대응하기 위한 정치적 의도에서 이러한 개인 서신들을 흘렸다고 묘사했다. 그런 판단은 너무 가혹하다. 제퍼슨은 자신의 신앙이 비정통적이라는 뉴스가 완전히 사적인 영역에 머무르지는 않으리라는 점을 알았을 것이다. 그러나 그의 편지들 자체는 그의 예수에 대한 신앙의 진정성과 깊이를 잘 보여준다.

"성현 중 으뜸"

제퍼슨(1743-1826)은 성공회에서 나고 자랐으며 결코 그 점을 공식적으로 부인하지 않았다. 그러나 그는 어렸을 때 삼위일체 교리를 포함한 성공회

---

4   Edwin S. Gaustad, *Sworn on the Altar of God: A Religious Biography of Thomas Jefferson* (Grand Rapids, Mich.: Eerdmans, 1996), xiii.

의 근본적인 신조들에 의문을 품기 시작했다. 계몽주의 합리주의자들의 신학 서적들에 몰두한 뒤 그는 십대 후반에 종교를 완전히 버릴까 생각했었다. 그러나 영국의 유니테리언주의자인 조지프 프리스틀리의 책들, 특히 『기독교 변질의 역사』(An History of the Corruptions of Christianity, 1782), 『예수 그리스도에 관한 초기 의견의 역사』(An History of Early Opinions Concerning Jesus Christ, 1786) 그리고 『소크라테스와 예수의 비교』(Socrates and Jesus Compared, 1803)는 제퍼슨에게 종교와 이성, 신앙과 상식 사이에서 양자택일할 필요가 없음을 확신시켰다.

1794년에 영국에서 미국으로 건너온 뒤 제퍼슨과 친구가 된 프리스틀리는 과학자였다가 신학자가 된 인물로서 이성과 상식의 빛에 비추어 종교에 접근하는 자신의 방법론에 자부심을 갖고 있었다. 그러나 그는 신화라고 설명할 수밖에 없는 것들 위에 자신의 신학 체계를 구축했다. 그 신화에 따르면 예수교는 단순하면서도 최고였다. 예수교는 하나의 신을 확언했고, 내세를 가르쳤으며, 도덕적 삶을 주장했다. 그러나 바울과 복음서 저자들부터 시작해서 이후의 그리스도인들은 예수의 단순한 종교를 강탈하여 그 위에 복잡한 교리들과 공허한 의식들(rites)을 덧칠했다. 이 문제에 대한 해법은 새로운 쿠데타를 일으키는 것이었다. 기독교는 오래 전에 예수를 타도했다. 이제 예수의 지지자들이 기독교를 타도할 차례였다.

종교에 관한 개인 서신들에서 제퍼슨은 프리스틀리를 추종했다. 그는 예수가 "유순하고, 친절하며, 인내심이 있고, 확고하고, 사심이 없고, 가장 감명적이며" 예수의 도덕 체계는 "인간이 가르친 도덕 체계 중 가장 완벽하고 멋진" 체계라고 칭찬했다. 그리고 나서 그는 "예수가 가르쳤던 단순한 원칙들에 그리스 궤변론자의 신비주의를 주입하고, 이 원칙들을 미묘한 사항들 속으로 사라지게 하고, 전문 용어들로 이 원칙들을 모호하게 해서 착한 사람들로 하여금 이 원칙들을 완전히 거절하고 예수를 사기꾼으로 보게 하는 지경까지 만듦으로써 이 단순한 원칙을 정교하게 만들고 왜곡시키는 데 이해관계가 있는 도식적인 추종자들의 변질"을 질책했다. 제퍼슨의 이 변질 목록은 원죄, 동정녀 탄생, 속죄, 예정, 믿음에 의한 구원, 화체설(transubstantiation. 성체 성사에서 빵과 포도주의 형상은 그대로이나 본질은 예수의 살과 피로 완전히 실체화한다는 설―역자 주), 몸의 부활, 삼위일체에 이르기까지 방대하다. 제퍼슨은 1813년에 "이제 진지한 사람이라면 아무도 '셋이 하나이고 하나가 셋인데, 그럼에도 하나는 셋이 아니고 셋은 하나가 아니다'라는 플라톤적 신비주의를 믿는 체하지 않는다"라고 썼다. 그러한 삼위일체 궤변은 왕들이 공화정에서 담당했던 극악무도한 역할을 제퍼슨의 영적 세계에서 담당했던 성직자들과 사역자들의 견고한 기득권에만 도움이 되었다. 제퍼슨은 이 독재자들은 "부와 권력을 자신들의 전유물로 삼기 위해" 예수의 순수한 도덕을 "인류를 노예로 만드는 엔진"으로 왜곡시켰다고 썼다.[5]

제퍼슨은 이 질병에 대한 치료법은 1776년의 [미국의 독립선언] 사건처럼 급진적인 종교 혁명, 즉 신조와 의식이라는 영적 노예제도를 폐지하고 순수하고 원시적인 예수의 가르침으로 돌아가는 것이라고 주장했다. 여기까지는 영락없는 프리스틀리였다. 그러나 최소한 한 가지 중요한 점에서 제퍼슨은 유니테리언주의자인 자기의 친구보다 더 급진적이었다. 그는 하나님이 예수에게 기적을 행할 능력과 죽음에서 살아날 능력을 부여했다는 프리스틀리의 소키누스파 입장을 거부했다. 제퍼슨은 기적은 이성의 요구와 자연 법칙에 대한 모욕이며 예수는 기적을 하나도 일으키지 않았다고

---

5   Adams 편, *Jefferson's Extracts*, 333, 347, 345.

주장했다. 예수를 기적을 일으키는 사람으로 보기를 거부하는 제퍼슨의 입장으로 인해 그를 자연신론자로 볼 수도 있겠지만, 그가 초자연주의를 반대했다고 해서 예수에 대한 그의 평가가 달라진 것은 아니었다. 사실 제퍼슨은 그의 영국인 동료보다 예수를 더 극구 칭찬했다. 제퍼슨의 말로 표현하자면 예수는 "성현 중 으뜸"이었다.[6]

바울과 그의 후계자들에 의해 이 탁월한 현자의 종교가 변질됐다는 그의 견해에 비춰볼 때, 제퍼슨이 신약성서도 변질된 것으로 보는 것은 놀랄일이 아니다. 예수 자신은 아무 책도 저술하지 않았음을 주목하면서, 그는 복음서들은 "가장 교육을 받지 않고 무식한 사람들"에 의해 쓰였다고 주장했다. 그 결과 예수의 가르침들은 "훼손되고, 잘못 진술되었으며, 종종 이해할 수 없게" 되었다. "아타나시오스의 형이상학적 추상화와 칼뱅의 광적인 헛소리"를 뚫고 예수의 진정한 가르침으로 되돌아가려면 분별력이 있는 사람이 필요했지만 제퍼슨은 자신을 이 일에 적임자로 보았다.[7]

제퍼슨의 면도날

1804년 1월 20일, 제퍼슨은 필라델피아의 서적 판매상에게 같은 번역, 같은 판의 흠정역본 신약성서 2권을 주문했다. 약 2주 뒤 그는 1790년대에 더블린의 조지 그리어슨에 의해 출판된 거의 같은 부피의 책 두 권을 받았다. 제퍼슨은 현직 대통령으로서 성경 읽기 외에도 할 일이 많았다. 그는

---

6   Ibid., 369.

7   Ibid., 333, 413.

직전에 루이지애나주를 매입해서 미국의 영토를 두 배로 늘려 놓았고, 영국은 프랑스와 전쟁 중이었다. 그러나 그는 짬을 내서 손에 면도날을 들고서 두 권의 성경책을 갖고 자신의 책상 앞에 앉았다. 그의 목표는 신약성서에서 바울과 바울의 "플라톤화하는 계승자들"이 변질시킨 부분을 잘라내 성현 예수의 단순한 복음을 기록한 부분만 남겨두는 것이었다. 그래서 제퍼슨은 자기의 성경에서 자신이 진정한 예수의 복음이라고 생각하는 구절들을 잘라서 이 구절들을 타블로이드 크기 종이(이 크기의 종이는 당시의 목사들에게 인기가 있었다)에 붙이기 시작했다. 부스러기들이 백악관 집무실 바닥에 문자적으로 떨어졌다.

성경의 알곡과 쭉정이를 나눈다는 것은 제퍼슨만큼 영리하지 않은 사람들에게는 불가능한 일이었을지도 모른다. 사실 약 200년 뒤의 예수 세미나에서는 수백 명의 연구자들이 약 10년에 걸친 노력을 기울인 끝에 제퍼슨이 한 일과 거의 같은 결과를 내놨다. 그러나 제퍼슨에게는 그 일이 이틀 또는 사흘 저녁 밖에 걸리지 않았다(그것도 자신의 낮 동안의 업무를 마무리한 뒤에 말이다). 사실 그에게는 그 일이 "명백하고 쉬웠다." 그는 나중에 예수의 진정한 말씀은 "퇴비 더미 속에서 다이아몬드를 구별해내기만큼 쉬웠다"라고 썼다[8]

제퍼슨은 자신의 작은 성서를 "나사렛 예수의 철학"이라 불렀으며 긴 소제목에서 그 책은 "인디언들이 그들의 이해 수준을 넘는 사실이나 신앙 문제들로 당황하지 않고 사용하도록 만들기 위한" 의도였다고 말했다. 일부는 이 소제목을 문자적으로 받아들여서 제퍼슨이 이 책을 아메리카 원주민들을 교화하기 위해 편찬했다고 생각했다. 그러나 그 부제(副題)는 사실

---

8   Ibid., 352, 392, 352.

은 그의 연방주의자 비판자들, 특히 제퍼슨의 견해로는 칼뱅주의의 복잡성에 대한 맹목적 충성으로 인해 단순한 예수 신앙을 보지 못하는 뉴잉글랜드의 회중교회 목사들에 대한 신랄한 비난이었다. 이러한 "가짜 그리스도인들"은 자신의 세력을 확대하기만을 위해 예수에게 "사기꾼의 넝마"라는 옷을 입혔다. 제퍼슨의 책은 이 넝마들을 벗겨내고 예수에게 다시금 갈릴리의 현자라는 단순한 옷을 입혔다.[9]

제퍼슨이 예수의 음성과 이후의 변질을 구분하기 위해 자신이 어떤 기록은 남겨두고 어떤 기록은 제외했는지에 대한 원칙을 설명하지는 않았지만 이를 분간하기는 아주 쉽다. 그는 예수의 동정녀 탄생, 십자가 처형, 부활 및 승천과 관련된 모든 기적들과 전설들을 삭제했다. 달리 말하자면 그는 약간의 초자연주의의 기미라도 있는 구절은 모두 백악관 바닥에 버렸다. 순전히 예수의 말들로 구성된 외경인 도마복음(제퍼슨에게는 알려지지 않았다)과 같이 심하게 줄어든 텍스트만 살아남았다. 제퍼슨의 책에서 예수는 하나님께 기도했고 내세를 긍정했지만, 그는 구유에 태어나지도 않았고 다른 사람의 죄를 대속하기 위해 죽지도 않았다. 사실 그는 갈릴리 주변을 돌아다니며 간결한 도덕 격언들을 전했을 뿐이다. 제퍼슨은 "나사렛 예수의 철학"을 "귀중한 약간의 윤리"로 규정했는데, 그것은 얇은 책이었다. 사실 복음서의 10개 절 중 약 한 개 절만이 제퍼슨의 면도날에서 살아남았다.[10]

1819년 또는 1820년에 제퍼슨은 삭제를 통해 두 번째 성경을 편찬해서 이를 "나사렛 예수의 생애와 교훈"이라고 불렀다. 제퍼슨 성경으로 널

---

9   Ibid., 55, 375, 369.
10   Ibid., 365.

리 알려진 이 텍스트는 종종 "나사렛 예수의 철학"과 혼동되는데 이는 이 책도 오려붙인 책이고 그 "나사렛 예수의 철학" 원본 책이 발견된 적이 없기 때문이다.[11] 그러나 제퍼슨의 두 성경은 판이하다. 1904년에 미국 의회에 의해 출판되고 현재는 워싱턴 D.C.의 스미소니언 미국역사박물관에 보관 중인 "나사렛 예수의 생애와 교훈"에서 제퍼슨은 다시금 "천박한 무식, 불가능한 일들, 광신주의 그리고 위조" 구절들을 잘라냈다.[12] 그러나 제퍼슨은 이번에는 예수의 진정한 말들과 함께 예수의 진정한 행동들을 포함시켰다. 영어로만 만들어진 "나사렛 예수의 철학"과는 달리, "나사렛 예수의 생애와 교훈"은 그 구절들을 영어뿐만 아니라 그리스어, 라틴어, 프랑스어로도 제시하였다. 마지막으로, 첫 번째 책은 주제별로 정리된 반면 두 번째 책은 연대순으로 구성되었다.

제퍼슨의 두 번째 성경은 "나사렛 예수의 철학"이라는 뼈에 어느 정도의 가죽을 붙였지만, 이 또한 빈약한 작품이었다. 최소한 신약성서에 익숙한 독자들에게는 이 책은 갑자기 시작하고 갑자기 끝난다. 요한복음처럼 예수를 영원한 말씀으로 제시하는 데서부터 시작하는 것이 아니라, 제퍼슨은 온 세상이 세금을 내야 한다는 카이사르의 포고령이라는 정치 경제 사안으로 시작한다. 그는 마태복음과 요한복음에서 취한, 다음과 같은 합성 구절로 자신의 이야기를 끝맺는다. "그들은 그곳에 예수를 눕혀 놓고, 큰 돌을 무덤 문에 굴려 놓고 떠났다." 이 장면들 사이에 천사도, 박사들도, 심지어 부활에 대한 암시도 없다.

---

11   이 텍스트는 제퍼슨이 그 책을 만들 때 사용했던 성경들과 제퍼슨이 두 번째 책에 포함시켰던, 생존한 절들의 목록을 포함한 다양한 출처들에 근거해서 Dickinson W. Adams에 의해 꼼꼼하게 모아졌다; Adans 편, *Jefferson's Extracts*, 45-53을 보라.

12   Adams 편, *Jefferson's Extracts*, 396.

기독교, 참과 거짓

"나사렛 예수의 철학"을 완성한 뒤 제퍼슨은 한 친구와의 서신에서 자기의 성경은 그리스도인으로서 자신의 진심을 보여준다고 주장했다. "그 책은 내가 진정한 그리스도인임을, 즉 예수의 원칙들의 제자임을 증명하는 문서다." 이전에 그는 벤자민 러시에게 다음과 같이 말해야 했다. "나는 예수가 원하는 방식의 그리스도인이라는 의미에서 그리스도인이다. 다른 원칙보다 예수의 원칙을 진실하게 준수하고, 예수에게 인간의 모든 탁월함을 부여하며, 예수가 다른 어떤 것도 주장하지 않았음을 믿는다는 의미에서 말이다." 제퍼슨이 참으로 그리스도인이었는지 여부는 당시나 지금이나 많은 논쟁이 되고 있다. 지난 200년 동안 제퍼슨은 무신론자, 불신자, 유신론자, 자연신론자, 유니테리언주의주의자, 성공회 신자, 향락주의자, 세속적 인본주의자로 불렸다. 사실 역사적 제퍼슨들의 목록은 역사적 예수들의 목록만큼이나 길다(그리고 창의적이다).[13]

제퍼슨의 신앙에 관해 가장 확실한 점은 그가 전통적인 그리스도인이 아니었다는 점이다. 제퍼슨은 381년 이후 압도적 다수의 그리스도인에게 정통으로 정의된 니케아 신조와, 예수를 "참 하나님이자 참 인간"으로 정의한 칼케돈 공의회(451년)의 예수에 대한 공식도 단호하게 거부했다. 그는 자신이 정치인으로 활동하는 기간 동안 미국의 종교 사상을 지배했던 예정과 같은 칼뱅주의자의 진리를 비웃었고, 특히 삼위일체 교리를 경멸했다(그는 삼위일체가 "더 이해하기 힘들다는 점에서만" 이교 신앙과 구별될 수 있는, "순전한 횡설수설"이자 "요술의 환상"이라고 했다). 제퍼슨의 견해로는 진정한 한 하나

---

13   Ibid., 365, 331.

님을 셋으로 나눠 놓은 성직자들의 능란한 손이 진정한 예수의 기독교를 소위 기독교 교회들의 "플라톤식 관념적 기독교"로 대체하는 데도 사용되었다.[14]

이후의 미국 역사에서 노예 폐지론자인 프레더릭 더글러스와 근본주의자인 그레샴 메이천 같은 다른 사상가들은 교회의 거짓 기독교와 예수의 진정한 기독교를 뚜렷이 구분하게 된다. 『미국인 노예 프레더릭 더글러스의 생애 이야기』(Narrative of the Life of Frederick Douglass, an American Slave, 1845)에서 더글러스는 "순수하고, 온화하며, 공정한 예수의 기독교"에 대한 자신의 사랑과 "부패하고, 노예 소유를 허용하며, 여성들을 채찍질하고, 요람을 약탈하고, 편파적이며, 위선적인 이 땅의 기독교"에 대한 그의 증오를 고백했다. 그는 미국의 "노예 소유를 허용하는 종교"와 "그리스도의 기독교" 사이에 커다란 차이가 있다고 보았다. 사실 그 간극은 "하나를 좋고, 순수하고, 거룩한 것으로 받아들이면 필연적으로 다른 것을 나쁘고, 부패하고, 사악한 것으로 거부해야 할 정도로 넓었다." 노예제도보다는 현대주의(modernism)에 분노한 메이천은 근본주의의 초자연적 기독교와 개신교 현대주의자들의 자연주의적 신앙(그는 이를 자유주의자라 불렀다) 사이의 경계를 확실히 했다. 그는 『기독교와 자유주의』(Christianity and Liberalism, 1923)에서 이 두 대안들은 2개의 다른 형태의 기독교가 아니라, 2개의 완전히 다른 형태의 종교라고 주장했다. 그는 자유주의는 "철저하게 반(反)기독교적이다"라고 주장했다.[15]

---

14 Ibid., 375, 409, 401,353.

15 Milton C. Sernett 편, *Afro-American Religious History* (Durham, N.C.: Duke University Press, 1985), 104; H. Shelton Smith et al. 편, *American Christianity: An Historical Interpretation with Representative Documents* (New York: Charles Scribner's Sons, 1963),

제퍼슨에게는 진정한 그리스도인들과 관념적 사기꾼들 사이의 선택도 극명했다. 더글러스와 메이천을 예기한 제퍼슨은 자신을 비방하는 사람들을 가짜 신앙을 퍼뜨리는 사기꾼으로 일축하면서, 자신이 진정한 기독교를 대표한다고 주장했다. 아타나시오스(니케아 신조의 옹호자)와 칼뱅은 "무함마드의 종교에 낯설듯이 기독교에도 낯선 인물이고 광란적인 미친 상상으로 구성된 가짜 종교를 가르치는, 기독교 명칭 찬탈자들"일 뿐이었다. 미국의 연방주의자 목사들도 마찬가지였다. 제퍼슨은 이 "가짜 그리스도인들과 협잡꾼들"이 "진정한 적그리스도"라며 분개했다.[16]

제퍼슨의 종교적 천재성은 예수를 역사적 기독교로부터 분리해서 생각하는 능력이었다. 만일 제퍼슨이 강력한 국교가 그 핵심 상징들이 어떻게 해석되어야 할지 정할 수 있었던 다른 나라에서 살았더라면, (그의 많은 프랑스 친구들이 그랬던 것처럼) 그는 아마도 기독교와 예수 모두를 거부하고 말았을 것이다. 그러나 미국에서는 국교가 연방 차원에서는 금지되었고, 주들에서는 빈사 상태였다. 그래서 그는 교회들에 신세지지 않은 예수 신앙을 상상할 수 있었다. 제퍼슨은 "종교를 만든 사람들이 예수의 원칙들을 너무도 왜곡시키고 변형시켜 성급하게 이 종교의 창시자를 사기꾼으로 선언하게 할 지경으로까지 이 원칙들을 신비주의, 공상, 허위로 감싸고 괴물 같고 상상할 수 없는 형태로 희화화했다"라고 주장했다.[17] 그러나 제퍼슨 자신은 속으려 하지 않았다.

제퍼슨의 반대자들이 이를 알았더라면 그들은 그런 수사(그리고 그런 당

2.349.

16   Adams 편, *Jefferson's Extracts*, 405, 375, 345.

17   Ibid., 403.

돌함)를 무정하고 당치 않다고 비난했을 것이다. 그래서 보수적인 그리스도인들과 세속적인 인본주의자들 모두 이제 "버지니아의 볼테르"를 세속적인 미국의 선구자로 보는 것도 어느 정도는 정당하다. 그러나 21세기의 미국은 전혀 세속적이지 않으며, 제퍼슨은 참으로 신앙심이 깊은 사람이었다. 확실히 제퍼슨은 전통적인 그리스도인이 아니었다. 그는 무신론자도 아니었다. 사실 그는 무신론을 비합리적이라고 생각했고 유일신론이 자연스러운 유일한 신앙이라고 보았다. 이 점에서 그는 프랑스의 급진적인 계몽주의가 아니라 자기 조국의 온건한 계몽주의의 전형이 되었다. 자유사상가인 토머스 페인은 자신이 "마치 사람이 어깨에 도끼를 메고 숲에 들어가 나무들을 쓰러뜨린 것처럼 성경 속으로" 들어갔다고 자랑한 반면, 제퍼슨은 큰 가위들과 가지 치는 고리들을 들고 신약 성경 속으로 들어가 남은 텍스트가 살아 숨쉬도록 죽은 나무들을 잘라냈다. 사실 그의 이성적인 종교는 미국의 본류 밖의 작은 개울들로 흘렀지만 이단은 다른 형태의 신앙이며, 정통과 마찬가지로 그 모습 그대로, 즉 신앙생활의 한 가지 방법으로 인정되어야 한다. 제퍼슨은 불신자, 무신론자, 심지어 적그리스도로 불렸다. 그의 정체는 예수의 추종자, 또는 적어도 제퍼슨과 같은 지도자가 따를 수 있는 합리적인 부류의 예수의 추종자였다.[18]

---

18   Isaac Kramnick and R. Laurence Moore, *The Godless Constitution: The Case Against Religious Correctness* (New York: W. W. Norton, 1996), 95; Gaustad, *Sworn on the Altar of God*, 131.

위대한 도덕 교사

1822년에 제퍼슨에게 보낸 편지에서 유니테리언주의자인 제임스 스미스는 예수를 가리켜 "전 세계에서 가장 완벽한 공화주의의 모델"이라고 불렀다. 제퍼슨의 예수도 공화주의자, 즉 자유, 우애, 평등의 복음을 팔레스타인에 전파하고 제퍼슨 같은 사도들을 통해 미국에도 전파한 위대한 도덕 교사 였다.[19]

제퍼슨에게는 예수는 신이 아니라 인간이었으며, 자기 마음에 꼭 드는 인간이었다. 제퍼슨은 1816년에 쓴 편지에서 "하나님을 경외하고 이웃을 사랑하라"가 "모든 종교의 골자"라고 썼다. 그래서 제퍼슨의 예수는 무엇 보다도 윤리 안내자였다. 하나님은 예수로 하여금 십자가에서 죽어서 사람 들의 죄를 속죄하라고 보낸 것이 아니라, 사람들을 가르치라고 보냈다. 그 는 구원하러 온 것이 아니라 가르치러 왔다. 즉 그는 가르침에 의해 구원하 러 왔다. 간단히 말해서 제퍼슨의 예수는 성현 중 한 명이었다. 예수의 도덕 철학은 "고대 철학자들의 철학보다 더 순수하고, 정확하며, 우수했다." 그 리고 그 철학에 들어 있는 어떤 내용도 종교나 과학과 모순되지 않았다.[20]

예수의 종교 이해는 예수 당대의 종교 당국과 갈등을 빚었기 때문에 그는 필연적으로 도덕 철학 교사였을 뿐 아니라 유대교 개혁자였다. 모세 는 "잔인하고, 복수심에 불타고, 변덕스럽고, 불공정한 무서운 성격을 지 닌 존재"를 예배했지만, 예수는 "지혜롭고, 정의롭고, 선한" 하나님을 예배 했다. 모세는 내세를 무시했지만 "예수는 이 교리를 강조했고 정확하게 가

---

19   Adams 편, *Jefferson's Extracts*, 410.
20   Ibid., 381, 330.

1장 성현 **51**

르쳤다." 모세는 "유대인들을 무익한 여러 의식들, 허례, 관습들로 속박"했
지만 예수는 "그러한 것들의 무익함과 하찮음을 드러냈으며", 참된 종교
의 위치를 의식(rite)에서 윤리로, 행동에서 의도로 옮겼다. 이 "위대한 히브
리 법규 개혁가"는 "보편적 인류애"에서 모세보다 우월함을 입증했다. 그
는 선민사상의 편협성을 거부하고 "친척과 친구, 이웃과 동족뿐만 아니라
모든 인류에게" 사랑을 베풀어야 한다고 요구하면서 모든 인류는 "사랑, 자
선, 평화, 공동의 필요와 공동의 도움 아래 한 가족"이라고 주장했다.[21]

누구나 특정 책들과 구절들을 강조하면서 다른 책들이나 구절들은 소
홀히 하는 "정경 안의 정경"을 채택해서 성경을 선택적으로 읽는다. 성경
전체를 하나님의 말씀으로 받아들이는 복음주의 그리스도인들이 구약에
비해 신약을 강조하는 경향(메이저 리그 투수가 홈경기에서만 등판하는 것에 해당
한다)은 잘 알려져 있다. 그러나 복음주의자들만 다른 부분은 손대지 않으
면서 성경의 일부 페이지들을 닳아 없어질 정도로 읽는 것은 아니다. 해방
신학자들은 시편보다 예언서들을 좋아하고 요한복음보다 누가복음을 좋아
하며, 근본주의자들은 출애굽기와 레위기보다 수난과 계시록에 초점을 맞
춘다. 제퍼슨의 "정경 안의 정경"은 복음서, 그것도 주로 마태, 마가 그리고
누가의 공관복음으로 구성되어 있다. 이 책들 안에서 제퍼슨은 예수의 말
들을 강조했다. 그리고 이러한 말들 중에서 제퍼슨이 가장 좋아한 부분은
산상수훈에서 나왔다.

제퍼슨은 "너는 그리스도를 누구라고 생각하느냐?"라는 설교가 포함
된 편지 한 통을 받았다. 그의 수줍어하는 답장은 그 질문에 대해 하나의
가능한 답변을 묘사했지만 그 답변은 확실히 제퍼슨 자신의 대답이었다.

---

21   Ibid., 396, 391, 334, 330.

제퍼슨은 예수가 "종교 일반을 개선하기 위한 진리의 전령이지만, 보다 즉각적으로는 자신의 동족들에게 절대자에 관해 보다 고상하고 가치 있는 아이디어들로 감동을 주고, 그들에게 보상과 처벌이라는 미래 상태 교리를 가르치며, 인류애를 주입시키는 진리의 전령"이라고 썼다. 제퍼슨은 예수의 가르침의 정수는 산상수훈에서 발견될 수 있다고 덧붙였는데, 그는 산상수훈을 "진정한 기독교의 특징"이라고 규정했다.[22]

오늘날 정교분리 옹호자로 기억되고 있기는 하지만, 제퍼슨은 사실상 당대의 모든 사람들에게 공유된 도덕 체계가 없으면 어떤 사회도 생존할 수 없으며 "아무리 순수한 도덕 체계라도" 신적 권위로 인가 받지 못한다면 생존할 수 없다는 견해를 피력했다. 그러나 그의 신앙 고백은 단지 실용적인 것(으르렁거리지 않도록 대중에게 던져준 뼈다귀)만은 아니었다. 제퍼슨은 매우 정교하게 만들어진 우주는 지적인 설계자의 마음에서 나왔음이 분명하다는 설계 논거에 의해 신의 존재를 확신했다. 그는 또한 하나님이 예수라는 인물에게 신적 승인을 나타내는 특질을 부여했음도 확신했다. 제퍼슨은 예수가 "모든 인간 중 가장 순진하고, 가장 자비롭고, 가장 설득력이 있고, 가장 뛰어난 인물"이라고 고백했다.[23]

1812년에 몬티첼로의 현인 제퍼슨은 원수를 사랑하라는 예수의 훈계를 따라 정치적 숙적인 존 애덤스와 화해했다. 곧 이어 두 사람은 종교를 포함한 광범위한 주제들을 놓고 편지를 교환했다. 어느 인상적인 편지에서 애덤스는 빈정대듯이 제퍼슨이 칼뱅주의자가 될 때까지 살았으면 좋겠다고 썼는데, 제퍼슨은 그의 소원이 이루어진다면 자신은 죽지 않을 거라고

---

22   Ibid., 414.
23   Ibid., 362.

대꾸했다. 제퍼슨은 칼뱅은 "사실은 무신론자였는데, 나는 그럴 수 없다. 그의 종교는 마귀 신앙이었다. 거짓 신을 예배한 사람이 있었다면 바로 칼뱅이 그랬다"라고 덧붙였다.[24]

애덤스는 그런 하나님을 예배하지 않았다. 프리스틀리와 마찬가지로 애덤스는 유니테리언주의주의자였으며 19세기 초의 유니테리언 논쟁이 절정에 달했을 때 제퍼슨과 서신을 교환했다. 1804년부터 1825년에 미국 유니테리언협회가 창설될 때까지 계속된 그 논쟁은—삼위일체 교리에 대해 언급하기는 했지만—인간의 본성에 집중되었다. 전통주의자들은 칼뱅이 주장한 인간의 전적 부패 교리를 긍정한 반면 유니테리언주의주의자들은 인간은 본질적으로 선하다는 긍정적인 견해를 옹호했다. 제퍼슨은 이 논쟁에 깊이 관여했으며 확고하게 반칼뱅주의 진영에 섰다. 자신에게 그 논쟁에 관한 팜플렛을 보내 준 데 대해 뉴햄프셔주 출신 의원에게 감사를 표하는 1818년 편지에서 제퍼슨은 개혁주의자들과 제휴했다. 16세기에 시작된 기독교의 "절반의 개혁"을 계속 추진한 데 대해 유니테리언주의자들을 칭찬한 뒤 그는 독일의 개혁자들에 의해 시작된 "쉽고 복잡하지 않은 그리스도의 교훈"의 회복이 미국의 유니테리언주의자들에게서 완성되기를 바라는 자신의 소망을 피력했다. 3년 뒤 제퍼슨은 한때는 연방주의자로서 그의 적이었던 토머스 피커링으로부터 미국의 유니테리언주의에 대한 결정적인 진술인 윌리엄 엘러리 채닝의 "유니테리언주의자의 기독교"에 관한 1819년 담론 사본을 받았다. 그로부터 1년 뒤, 벤자민 워터하우스라는 유니테리언주의자인 물리학 교수가 제퍼슨에게 유니테리언주의 논쟁에 관한 편지를 보냈다. 워터하우스에게 보낸 답장에서 제퍼슨은 제퍼슨 신조에

---

24   Ibid., 410.

대해 다음과 같은 간결한 요약을 제공했다.

1. 한 분 하나님께서 존재하시며, 그분은 완벽하시다.
2. 보상과 처벌의 미래 상태가 존재한다.
3. '온 마음을 다해 하나님을 사랑하고, 네 이웃을 네 자신과 같이 사랑하라'가 종교의 골자다.

그러고 나서 그는 "이제 미국에 사는 젊은이 중 유니테리언주의자로 죽지 않을 사람이 없다"라고 예언하면서 그 편지를 마무리했다.[25]

유니테리언주의자들은 이 구절을 통해 제퍼슨이 자신들 편임을 증명하려고 했다. 다른 이들은 이 편지, 특히 이 편지의 3중 신조를 자연신론적이라고 해석했다. 제퍼슨은 개인적인 글들에서 진정한 종교를 하나님, 내세 그리고 도덕적 삶으로 요약하는 명목적 종교를 거듭 확인했다. 자연신론자들은 대개 동일한 성 삼위일체에게 호소했는데, 따라서 제퍼슨을 그들 편이라고 해도 어느 정도는 정당하다. 그러나 종교에 관한 그의 글들에서 제퍼슨은 거듭해서, 심지어 과도하게 예수의 이름에 호소했는데 반해 자연신론자들은 일반적으로 그렇게 하기를 싫어한다. 확실히 제퍼슨은 무신론보다는 자연신론에 더 가까웠지만 그는 유니테리언주의에 훨씬 더 가까웠다. 제퍼슨이 오늘날 유니테리언 만인구원파 교회에 갔더라면(미국유니테리언협회는 1961년에 미국만인구원파교회와 합병했다)—그가 신도들 중 신학적으로 가장 보수적일 가능성이 높지만—그는 틀림없이 열렬히 환영 받았을 것이다. 그러나 제퍼슨은 이들 "초자연적 합리주의자들"이 긍정한 기적을 부

---

25   Ibid., 385, 406.

인했기 때문에 정확히 말해서 표준적인 유니테리언주의자는 아니었다.[26]

말년에 제퍼슨은 "나는 내가 아는 한 나 자신의 교파다"라고 썼다.[27] 이는 참으로 미국적인 자부심인데, 랠프 월도 에머슨, 헨리 애덤스 그리고 1960년대 이후 세대의 학부생 등 많은 이들이 이러한 주장을 되풀이했다. 그러나 대부분의 자부심과 마찬가지로 그 안에는 거짓말이 섞여 있다. 제퍼슨은 자신을 침례교인이나 감독교회 교인(Episcopalian)이라고 부르지 않은 것과 같은 이유로 자신을 유니테리언주의자라 부르기를 거북스러워했다. 그의 세심한 가계부에 따르면 제퍼슨은 1년에 감독교회 건축에 200달러, 장로교회에 60달러, 침례교회에 25달러 등 정규적으로 종교 헌금을 납부했다. 엄격한 경제적 의미에서 보면 제퍼슨은 장로교인이라기보다는 감독교회 교인에 더 가까웠으며, 침례교인에는 덜 가까웠다고도 할 수 있다. 그러나 이 헌금 내역은 또한 제퍼슨이 교파에 대한 불성실을 악덕이 아니라 미덕으로 보았다는 점도 보여준다.

확실히 종교적으로 다소 독립적이기는 했지만 제퍼슨은 무엇보다도 예수파였다. 그리고 그 파에는 많은 동조자가 있었다. 확실히 제퍼슨은 전통적인 기독교에는 충실하지 않았으며, 그 점에서는 신앙심이 없었다. 그러나 전통적 기독교에 대한 제퍼슨의 불성실은 그의 예수에 대한 찬미에서 비롯되었는데 제퍼슨에게는 예수의 도덕적 가르침이 모든 사람은 평등하게 창조되었다는 명제만큼이나 자명했다.

---

26   Conrad Wright, *The Liberal Christians: Essays on American Unitarian History* (Boston: Unitarian Universalist Association, 1970), 16.

27   Adams 편, *Jefferson's Extracts*, 387.

예수 세미나

미국의 종교에서 제퍼슨이 남긴 유산은 최소한 그가 미국의 정치에 미친 유산만큼이나 오래되었다. 미국의 종교 관행에 대한 기본 규칙을 세운 공은 누구보다도 제퍼슨에게 돌아간다. 오늘날 수정헌법 제1조에 기록되어 있는 자유주의에 대한 그의 헌신으로 인해 그의 조국은 전 세계에서 가장 기독교화된 나라가 되었다. 그러나 이는 미국에 오늘날 우리가 보고 있는 종교 다양성도 가져다주었다.

제퍼슨은 자신의 종교적 견해를 주로 혼자서만 간직했지만 미국이 확장됨에 따라 예수를 성현으로 이해하는 그의 견해가 확산되었는데, 이 점은 특히 유니테리언주의자, 개혁주의 유대인 그리고 자유주의적인 개신교인들에게 현저했다. 19세기말 무렵에는 그리스도인들과 비그리스도인들을 포함한 많은 미국인들이 예수를 의식과 신조로부터 떼어내 그의 속죄 죽음보다 모범적 삶이 더 중요하다는 점을 인정하기 시작했다. 오늘날 미국에는 제퍼슨과 마찬가지로 참된 종교의 정수는 올바른 생각보다 올바른 삶이며, 남을 섬기는 것이 가장 고상한 형태의 기도라고 믿는 "황금률 그리스도인들"로 가득 차 있다.[28]

제퍼슨의 영향은 예수 세미나의 경우에서 가장 명백하게 감지할 수 있는데, 이 세미나는 제퍼슨의 예수를 21세기에 전해주었다. 제퍼슨 자신과 마찬가지로 예수 세미나는 본질적으로 미국적이다. 이 세미나의 방법은 민주적이고, 그 목적은 자유이며, 그 관심은 예수다. 1985년 3월 캘리포니아

---

28   Nancy Ammerman, "Golden Rule Christianity: Lived Religion in the American Mainstream," David D. Hall 편, *Lived Religion in America: Toward a History of Practice* (Princeton, N.J.: Princeton University Press, 1997), 196-216에 실린 글.

주 버클리에서 최초로 모인 이 집단을 고무한 사람은 변절한 신약 학자이자 선동가를 자처하는 로버트 펑크였다. 한때 어린이 복음주의자였고 텍사스 시골 지방의 성경 대학 학생이었던 펑크는 아직 젊은 나이에 복음 설교에서 복음의 기원 연구로 방향을 수정했다. 반더빌트 대학교에서 박사 학위를 받은 뒤 그는 여러 기관에서 신약성서를 가르쳤고, 헬레니즘 시대의 그리스어 문법책을 썼으며, 성경학자들의 저명한 전문가단체인 세계성서학회(Society for Biblical Literature) 회장으로 활동했다. 자신의 설명에 의하면, 그는 신약 학자들의 편협한 세계와 그 방면의 전문용어들로 가득 찬 저널들에 염증을 느끼게 되었다. 그는 제리 폴웰 목사와 기타 "TV 복음전도사"들이 1980년에 로널드 레이건으로 하여금 대통령으로 선출되도록 도와주는 것을 오싹하게 지켜보았으며, 기독교 우파가 예수를 레이건의 공화당원으로 만들려고 시도할 때 그의 종교 연구 동료들이 트라피스트회 수사들처럼 잠자코 있었던 데 대해 환멸을 느꼈다. 한편 펑크는 자기의 사역 대상 청중이 보다 많아지기를 바랐다. 그는 예수 세미나에서 많은 청중을 발견했다.

펑크는 현대 공화당원들의 친구는 아니었지만 예수 세미나를 고전적인 공화제의 수사(修辭)로 묘사했다. 이 세미나의 예수 탐구는 "자유에 대한 탐구"였으며, 세 가지 해방을 염두에 두었다. 첫째 목표는 진정한 역사적 예수를 전통적인 기독교 신의 족쇄에서 해방시켜 예수로 하여금 베드로나 바울 또는 니케아 신조 기안자들에 의해 그에게 강요된 역할을 하지 않고 자기 자신이 될 수 있게 하는 것이었다. 두 번째 목표는 진정한 예수를 중생이라는 신화의 구속에서 자유롭게 하는 것이었다. 펑크는 "추종자들을 광적인 죄책감과 가책 그리고 헌금으로 몰아가는, 현대의 복음주의자들에 의해 상기된 신화적 예수의 희생자들인 수천 명, 아니 수백만 명의 미국인들이 있다"고 했다. "나는 인간에게 알려진 어떤 형태의 노예 제도만큼이나 폭력적일 수 있는 그 속박으로부터 내 동료 인간을 해방시키기를 열망한다." 마지막으로, 예수 세미나는 예수에 관한 최신 연구가 대중 매체의 관심을 끌게 함으로써 예수를 속세와 단절된 상아탑에서 해방시키려 했다.[29]

예수 세미나라는 드라마에서 펑크는 에이브러햄 링컨과 로빈 후드의 역할을 하면서 회원들에게는 합중국 군인들과 가신들의 역을 맡겼다. 그들은 힘을 합쳐 독단적인 기독교에 대한 맹목적인 헌신으로부터 미국인들을 해방시키고, 성서연구의 부요를 상아탑에서 평범한 미국인들에게 옮기곤 했다. 그 과정에서 가톨릭 신조와 기독교 우파의 그릇된 그리스도는 진정한 역사적 예수에게 굴복하곤 했다. 펑크는 그 결과는 "새로운 개혁"과 "새로운 복음"에 버금가며, 예수가 미국의 토양에서 다시 태어나게 될 것이라고 주장했다.[30]

펑크는 자신의 프로젝트를 혁명적인 용어로 묘사했지만 그 프로젝트는 사실 18세기에 자기들이 소중하게 생각한 이성과 상식의 가르침을 성경 공부에 적용하기 시작했던 계몽 철학자들의 정신이 소생한 것이었다. 독일의 신학자인 다비트 프리드리히 슈트라우스의 『예수의 삶』(*Das Leben Jesu*, 1835)과 프랑스의 회의론자인 에르네스트 르낭의 『예수의 생애』(*Vie de Jésus*, 1863)는 이 접근법을 보급해서 많은 유럽 학자들의 역사적 예수 탐구를 촉진했는데, 그러한 학자들 대부분은 자유주의 개신교인들이었다. 1909년에

---

29   Robert W. Funk, *Honest to Jesus: Jesus for a New Millennium* (San Francisco: HarperSanFrancisco, 1966), 19.

30   Ibid., 306; "The Opening Remarks of Jesus Seminar Founder Robert Funk," http://www.westarinstitute.org/Jesus_Seminar/Remarks/remarks.html.

아일랜드의 가톨릭 작가인 조지 티렐은 그들의 기여를 평가했는데, 그는 자유주의 개신교인들이 가톨릭 역사의 우물을 파내려가서 진정한 예수께 다다르려고 시도할 때마다 그들은 자기가 반사된 모습만을 발견할 수 있었다고 주장했다. 티렐은 "예수가 누구였든 간에 그는 결코 자유주의 개신교인은 아니었다"라며 그들에게 반대했다.[31]

그러한 비판들로 인해 역사적 예수 탐구는 1940년대 후반에 사해 두루마리의 발견으로 두 번째 탐구가 촉진될 때까지 약 반 세기 동안 정지되었는데, 두 번째 탐구는 현재 클레어몬트 대학교 명예 교수인 제임스 M. 로빈슨의 『역사적 예수에 대한 새로운 탐구』(A New Quest of the Historical Jesus, 1959)에 의해 선언되었다. 티렐의 회의주의(와 독일의 학자인 알베르트 슈바이처의 유사한 비판들)에게 혼이 난 터라 이 "새로운 탐구" 학자들(대부분 독일과 미국의 개신교인들)은 예수의 완전한 전기를 쓰려 하지 않았다. 대신 그들은 역사적 예수에 대해 자기들이 알 수 있는 약간의 내용과 교회가 살아 계신 그리스도에 대해 알고 있다고 주장하는 것을 서로 비교하는 것에 초점을 맞췄다. 이 기간의 예수 연구에 널리 퍼져 있던 실존주의 철학과 신정통주의 신학의 유행이 지나자 이 새로운 탐구는 1970년대 초에 끝이 났다. 펑크와 예수 세미나는 1980년대에 역사적 예수에 관한 세 번째 탐구를 주도했다. 그들이 역사적 예수를 연구하기 시작할 무렵에는 그러한 탐구가 시작된 지 100년이 넘었고, 그들은 오래된 주제를 끈질기게 붙들고 있는 셈이었다.

그렇지만 예수 세미나가 완전히 모방적인 것은 아니었다. 두 가지 점에서 이 작업은 이전의 탐구들과 구분된다. 첫째, 이는 유럽이 아니라 미

---

31   George Tyrrell, *Christianity at the Crossroads* (London: George Allen and Unwin, 1963), 22.

국에서 추진되었다. 에르네스트 르낭은 프랑스인이었고, 다비트 슈트라우스는 실존주의에 대한 관심으로(역사적 예수에 대한) 두 번째 탐구를 고취하였던 유명한 "탈신화론자"인 루돌프 불트만과 마찬가지로 독일인이었다. 이에 반해 펑크는 그의 대부분의 예수 세미나 회원들과 마찬가지로 미국인이다. 예수 세미나의 두 번째 특징은 홍보에 대한 집착이었다. 19세기의 "예수의 생애들"은 잘 팔렸는데, 그중 많은 부분은 논란의 여지가 있었다. 그러나 슈트라우스와 르낭은 솔직히 말해서 우연히 악명을 얻었다. 이와 대조적으로 펑크는 논쟁을 자초했다. 그는 단순히 동정녀 탄생을 부정하는 대신 예수를 "사생아 메시아"라고 불렀다. 그는 비유들이 현명할 뿐만 아니라 재치 있다고 말하는 대신 예수가 "최초의 생방송 코미디 쇼 배우"라고 말했다. 펑크는 예수가 인습 타파주의자라 믿었고 자신도 상황을 휘젓기 원했다. 그래서 19세기 중반에 "원초적 본능"(*Basic Instinct*)과 "쇼걸"(*Showgirls*)을 제작한 영화감독(그리고 그의 세미나 회원)인 파울 페르후번이 이 그룹이 발견한 사항에 기초한 인물 영화를 계획하고 있다는 소문이 돌 때 펑크는 그 소동을 가라앉히기 위한 어떤 노력도 기울이지 않았다.[32]

이 세미나의 첫 번째 프로젝트는 6년간 진행되었으며, 예수의 말들에 초점을 맞췄다. 회원들은 정경에 나오는 말들과 정경이 아닌 곳에 나오는 말들에 관한 논문들을 읽고 토론했다. 그 후 그들은 투표로 예수가 실제로 한 말을 결정했다. 예수가 한 말들에 대한 투표는 상당한 대담성을 필요로 하지만, 이 세미나가 채택한 방법은 특히 도발적이었다. 이 세미나는 회원들에게 단순히 '예/아니오'를 묻지 않았다. 대신 그들은 네 가지 색의 구슬

32   Funk, *Honest to Jesus*, 313; "Jesus and the New Christianity According to Funk," Radio
      National transcript(January 10, 2000), http://www.abc. net.au/rn/relig/spirit/stories/s
      196417.htm.

들 중 하나를 투표함에 넣도록 지시받았다. 그들은 "예수가 그렇게 말했거나 그에 아주 가깝게 말했다"면 빨간 구슬을 선택하고, "예수가 한 말이 전달 과정에서 다소 바뀌기는 했지만 그와 비슷하게 말했을 가능성이 높다"면 분홍색 구슬을 선택해야 했다. 나머지 두 대안은 회색("이 말들은 예수의 말이 아니지만, 그 아이디어는 예수 자신의 것이다")과 검정색("예수는 그렇게 말하지 않았다. 그 말은 기독교 공동체나 이후의 견해를 나타낸다")이었다.[33]

예수 전쟁

예수 세미나는 도발하기 위해 고안되었고, 실제로 도발했다. 이 세미나는 예수를 당대의 종교 당국들뿐만 아니라 현대 그리스도인들의 기대도 무시하는 "전복적인 현자"로 제시했다. 이 세미나의 예수는 (스스로를) 하나님이나 메시아라고 주장하지 않았다. 그리고 주기도문을 가르치지도 않았고 산상수훈을 전하지도 않았다. 그는 유대 회당보다는 그리스식 회의를 더 편안하다고 느꼈고, 본질적으로 도덕적 지혜의 현인이며, 그가 한 일보다 한 말이 더 중요한 현자다. 그리고 그가 한 말의 상당 부분은 200년 전에 토머스 제퍼슨이 예수가 한 말이라고 했던 말들이었다.

많은 그리스도인들은 사람이 주제넘게도 하나님의 말씀에 들어 있는 어떤 말이 예수가 한 말인지를 놓고 투표한다는 데 경악했다. 이 세미나의 방법보다 그들이 발견한 내용에 대해 반대하는 사람들도 있었다. 한 편지 발신인은 편집자에게 "예수는 누구였는가?"라고 물었다. "나는 성경의 대

33　Funk, *Honest to Jesus*, 8.

답을 지지할 것이다. 이사야 9:6은 그를 '기묘자, 모사, 전능하신 하나님, 영존하시는 아버지, 평강의 왕'이라고 묘사한다. 어떤 자유사상가도 이 진리를 개선할 수 없다." 또 다른 편지 작성자는 이렇게 썼다. "예수를 대중문화에 순응시키기보다, 하나님이 그에 대해 말씀하신 대로 받아들이자. 그는 하나님의 아들이라고 말이다."[34]

가장 날카로운 공격은 신약 학자들에게서 나왔는데, 이 세미나의 방법과 가정에 반대한 그들의 규합은 1990년대의 예수 전쟁 유발에 기여했다. 보스턴 대학교의 하워드 클락 키이는 이 세미나를 "현대 지성인들을 포용하기 위해 마귀, 기적, 미래 예측과 같은 특성이 없는" 예수를 발견하려고 작정한 "학문적 치욕"이라 불렀다. 복음주의 신학자인 칼 헨리 목사는 이 세미나의 방법에 반대했다. 그는 "학문적 이슈들을 민주적 투표에 의해 해결할 수 없다"고 했다. 또 다른 복음주의자인 애즈베리 신학교 교수 벤 위더링턴 3세는 예수 세미나가 교사가 아니라 그 가르침에 집착한다고 힐난했다. 그는 이 세미나가 골고다의 십자가에서 처형당한 인물을 제시하는 것이 아니라 "데이비드 레터먼이나 제이 르노와 함께 심야 쇼에 출연하는 것이 훨씬 더 나아 보이는 익살스런 "재담꾼"을 제시한다고 주장했다. 1994년에 즐거운 그리스도인 협회(Fellowship of Merry Christians)를 자처하는 그룹이 "속임수로 크리스마스 때 가장 집요하게 크리스마스 정신을 약화시키는" 그룹에게 매년 수여하는 수전노상(Scrooge Award)을 예수 세미나에게 수여했다.[35]

---

34 Ibid., 302; "Readers React to Jesus Story," *USA Weekend* (February 7, 1993), 13.

35 Jeffery L. Sheler, "What Did Jesus Really Say?" *U.S. News & World Report* (July 1, 1991), 57; Associated Press, "Biblical Scholars Vote on Origins of Parables" (March 10, 1986); Ben Witherington III, *The Jesus Quest: The Third Search for the Jew of Nazareth*, 2판

아마도 가장 중대한 비판은 예수 세미나가 유대인이 아닌 예수를 지지한다는 것이었다. 산타 바바라 소재 캘리포니아 대학교 신약 교수인 버거 A. 피어슨은 그 세미나가 "세속화 이념에 의해 주도되어서" 예수가 유대인이라는 사실에 대한 모든 세대의 학문들을 간과했다고 주장했다. 그 결과 유대인들의 관습과 동떨어지고, 역사와 무관하고, 시대착오적인 예수가 탄생했다. 피어슨은 "비유적으로 표현하자면 그 세미나는 예수의 할례 표시를 제거하는 수술인 강력한 포피 복원술을 시행했다"라고 썼다.[36]

근본주의자들과 학자들이 흥분한 것처럼 미디어는 이 세미나의 투표를 대통령 예비 선거와 헤비급 복싱 경기에 따르는 소동처럼 다뤘다. 「뉴욕 타임즈」는 "주기도문은 예수의 작품이 아니다"라는 머리기사를 게재한 반면, 「링구아 프랑카」는 그 그룹에 대해 냉소적으로 "구유를 치워 버리라"고 했다. 1993년에 인디애나주 개리에서 한 무리의 목회자들이 지역 신문에 실린 예수 세미나의 글에 화가 나서 항의 표시로 그 신문을 불태우기도 했다.

그 세미나가 계속 새로운 사실들을 발견해 감에 따라 미디어 게재가 점점 늘어났는데, 1993년에 『다섯 권의 복음서들: 예수의 진정한 말씀들을 찾아서』(The Five Gospels: The Search for the Authentic Words of Jesus)라는 책이 출판되자 미디어의 관심이 최고조에 달했다. 4권의 정경 복음서들과 외경 도마복음으로 구성된 이 "기념할 만한 판본"은 베스트셀러가 되었고 이로 인해 펑크와 예수 세미나가 유명해졌다. 이런 종류의 이전 성경들에서는 예수의

(Downers Grove, III.: Inter-Varsity Press, 1997), 57; "Jesus Seminar Awarded Scrooge Award by Group," *Arizona Republic* (December 24, 1994), B4.

36 Birger A. Pearson, "The Gospel According to the Jesus Seminar," http://id-www.ucsb.edu/fscf/library/pearson/seminar/js7.html.

모든 말이 빨간 색으로 표시되었다. 이 책은 같은 말들을 예수 세미나의 투표 결과에 따라 빨강, 분홍, 회색, 검정색으로 인쇄했다. 예수의 말로 알려진 말들 중 18퍼센트만 빨강 또는 분홍 등급을 받았다. 나머지 82퍼센트는 진짜가 아니라고(회색 또는 검정색) 간주되었다. (학자 판본이라고 불리는 이 새로운 번역본에서는 회화체를 사용했기 때문에 예수가 "빌어먹을"이라는 말을 한 것으로 표시되었지만) 예수는 최소한 이 복음서들에서 "나는 길이요, 진리요, 생명이다"라는 말은 하지 않았다. 사실 요한복음에서 "나는~"이라는 말이 나오는 부분에서 예수는 아무 말도 하지 않았다. 요한이 예수의 말이라고 기록한 말 중 빨강 등급을 받은 것은 하나도 없다.

예수 세미나는 1991년부터는 예수의 말에서 예수의 행동으로 방향을 돌렸다. "예수라면 어떻게 하실까?"(What Would Jesus Do?)라는 사고가 젊은 복음주의자들을 열광시킨 것처럼 예수 세미나는 같은 질문을 보다 학문적인 방식으로 제기했다. 회원들은 성경에 나오는 176개 사건들에 관한 논문들을 듣고서 그 사건들 각각의 진정성에 대해 투표했다. 그들은 궁극적으로 예수가 한 행동은 예수가 한 말보다 적다고 결정했다. 회원들이 고려한 모든 사건들 중에서 29개(전체의 16퍼센트)만이 빨강 또는 분홍 등급을 받았다. 예수 세미나의 두 번째 단계의 연구를 보고한 『예수의 행동들: 예수는 실제로 어떤 일을 했는가?』(The Acts of Jesus : What Did Jesus Really Do?, 1998)에 따르면 예수는 베들레헴에서 태어나지 않았고, 물 위를 걷지 않았으며, 부활하지 않았다. 최후의 일격으로서, 이 세미나 회원들은 의심하는 도마 이야기조차 의심했다.

펑크는 자신을 혁명적이라고 묘사했는데 실제로 그럴지도 모른다. 그러나 그는 또한 200년 전 제퍼슨에 의해 시작된 군사작전에서의 보병이기도 하다. 사실 제퍼슨의 성경의 관점에 비추어 보면 예수 세미나의 연구는 비뚤어진 두 번째 작품처럼 보인다. 제퍼슨과 마찬가지로 펑크와 그의 동료들은 예수의 말에 관한 책을 만들고 나서 예수의 말과 행동에 관한 책으로 옮겨갔다. 그들도 안으로부터 진정한 예수를 드러내기 위해 성경의 단락들에서 이질적인 자료를 줄여 나가는 방식의 차감을 통해 자신들의 예수를 만들어냈다.

그들의 예수는 1770년대의 철학자와 1970년대 히피의 잡종이었다. 즉 그는 성현 중 한 명이었지만 매력적인 성현이었다. 『예수의 행동들』(*Acts of Jesus*)에 따르면 예수는 절대로 사막의 금욕주의자가 아니었다. 사실 예수는 성대한 결혼식에 가서 최고의 음식을 먹고 마시며 흥청댈 수 있었던 "사회적으로 난잡한", "도시의 파티 출입자"였다. 펑크의 동료들은 "자신들에게 현대의 이해관계 및 관심사항들과 완전히 맞거나 조화되는 예수를 찾아내도록 주의하라고 훈계했다." 그들은 세심한 객관성과 역사적 정확성을 목표로 했다. 그러나 그들 대부분은 1950년대의 비트 운동(Beat movement)이나 1960년대의 청년 운동(youth movement) 연령층이었으며, 전체적으로 볼 때 잭 케루악이나 티모시 리어리 같은 대항문화 우상들의 그늘을 벗어날 수 없었다. 예수를 "파괴적인 현자"라고 부른 그들은 명사는 계몽주의에서 차용하고 형용사는 대항문화에서 훔쳐 왔다. 그들의 복음은 케루악의 실화 소설인 『길 위에서』(*On the Road*)를 연상시키며, 그들의 예수는 케루악의 반항아 영웅인 닐 캐서디의 정신에 홀린 듯했다. 캐서디(그리고 그 문제에서는 케루악)와 마찬가지로 예수는 자기 직업을 버리고 자신의 어머니를 존경하지 않으며 "길 위에서" "바람직하지 않은 수행원들"을 데리고 다닌 "사회적 비정상아", "말썽장이" 그리고 "순응하지 않는 사람"이었다. 그는 "천한 사람들, 가난한 사람들, 가치 없는 사람들, 죄인들, 사회 부적응자들, 처진 사람들, 낮은 사람들", 즉 비트족들이 낭만적으로 **농업 노동자**(fellaheen)라고 묘사한 그룹과 동일한 계층의 사람들과 어울리기를 좋아했다. 예언자라기보다는 시인이었고, 우상이라기보다는 인습 타파자였던 예수는 갈릴리판 위대한 현인이었다. 예수의 모친이 그가 미쳤다고 생각한 것도 무리는 아니었다.[37]

펑크는 자신의 예수를 "신앙심이 없고, 불손하고, 불경한" "세속적인 현자"라고 불렀다. 그는 또한 예수 세미나가 "기독교 신앙에 대한 완전히 세속적인 설명"을 제공했음을 인정했다. 그러나 그의 의제는 엄격히 지적이기만 한 것은 아니었으며 그가 자신이 "영적 여행" 중이라고 말할 때에는 그의 말을 믿지 않기가 어려웠다. 펑크는 자기가 거듭난 젊은이로서 "간접적 신앙"을 갖고 있다고 주장하는데, 확실히 그는 그보다 훨씬 멀리 나갔지만 이를 간접적 세속성과 바꾸지는 않았다.[38]

펑크의 말에는 1960년대 초의 "사해 두루마리" 신학적인 요소가 있는데, 1966년 출판된 그의 첫 번째 책은 확실히 신학에 대한 그러한 접근법을 따른다. 같은 해에 『급진 신학과 신의 죽음』(Radical Theology and the Death of God)에서 토머스 알티저와 윌리엄 해밀턴은 성육신에서의 예수의 **케노시스**(kenosis), 즉 자기 비움이라는 고대의 교리에 대한 현대적인 해석을 제시했다. 그들은 케노시스가 실제로 의미하는 바는 하나님이 자신의 초월성을 비워서 예수로 하여금 이 세상에 완전히 내재할 수 있도록 한 것이라고 주장한다. 최소한 알티저와 해밀턴에게는 성육신에 대한 이처럼 급진적인 재해석은 성과 속 사이의 구분을 폐지해서 예수로 하여금 완전한 인간

---

37 Funk, *Honest to Jesus*, 204, 192, 302, 59, 196; Robert W. Funk and the Jesus Seminar, *The Acts of Jesus: The Search for the Authentic Deeds of Jesus* (San Francisco: HarperSanFrancisco, 1998), 36, 33, 32.

38 Funk, *Honest to Jesus*, 302, 298, 9, 304.

이 될 수 있게 하고, 예수가 충심으로 그리고 거리낌 없이 삶을 누렸던 것처럼 그리스도인들로 하여금 인생을 향유하도록 해준다. 『예수에게 정직하라』(*Honest to Jesus*)에서 펑크는 "예수를 강등시키고", 그에게서 우상(icon)의 지위를 비우는 것에 대해 말한다. 그러나 그의 목적은 예수를 세속화하기보다는 그에게 새로운 영적 중요성을 부여하는 것이었다. 펑크는 진정한 예수가 다시 살아나기 위해서는 "신조의 그리스도"가 죽어야 한다고 주장한다. 예수를 신조, 성직자, 교회로부터 해방시키려는 펑크의 노력은 예수 자신을 해방시키려는 노력이기도 한 것으로 보인다. 펑크의 부활 후의 예수는―알티저 및 해밀턴의 예수와 마찬가지로―모든 사람으로 하여금 "전제적이자 징벌을 내리는 신에 대한 두려움 없이 삶을 누리고, 존재의 정수를 빨아먹고, 탐구하고, 찾아보고, 실험해 보고, 미지의 바다로 나아가도록" 장려한다.[39]

펑크는 자신의 웹 사이트에 "21개 주제들"을 포스팅하고 이를 마르틴 루터가 1517년 비텐베르크 대학 교회 문에 붙였다고 전해지는 95개 주제들과 비교해보라고 요청했다. 펑크의 선언문은 "형이상학 시대의 신은 죽었다"로 시작한다. 그리고 나서 원죄, 기적, 동정녀 탄생, 속죄, 부활과 예수의 재림을 일축한다. 이 "도래하는 철저한 개혁"을 어떻게 생각해야 할지는 알기 어렵다. 확실히 그 말은 부분적으로는 도발이고 부분적으로는 홍보다. 그러나 펑크의 글을 읽으면 그 배후의 희망과 신앙도 볼 수 있다. 펑크는 확실히 전통적인 믿음과 전통적인 기독교의 관행 대부분을 거절한다. 그는 기적을 행하는 예수의 능력을 부인하고, 복음서들을 잘라내 아주 조금만 남겨 놓는다. 그럼에도 불구하고 그는 신앙(확실히 해두자면 대안 신앙인

---

39   Ibid., 306, 20, 19.

데, 이 또한 신앙은 신앙이다)을 위해서 이 모든 일들을 한다. 펑크는 예수를 강등시키기에 대해 말하지만, 그의 "새로운 복음"은 철저하게 예수 중심적이며 역사적 예수와 그가 약속한 영적 해방에 초점을 맞춘다. 그는 기독교가 "무기력하며 쇠퇴하고 있다"고 말한다. 그러나 어린 시절 복음주의자였던 그는 기독교를 안락사시키려고 하지 않는다. 사실 그는 그리스도인들로 하여금 다시 한번 예수 자신의 순수하고 원시적인 가르침을 지향하도록 함으로써 기독교를 흔들어서 기독교에 다시 생명을 불어넣기를 희망한다.[40]

펑크는 『다섯 권의 복음서들』(The Five Gospels)을 케루악에게(또는 어느 비평가가 추천했듯이 P. T. 바넘에게) 헌정할 수도 있었지만 그렇게 하지 않았다. 대신 그는 그 책을 "하늘에 대한 우리의 견해를 영원히 바꾼" 갈릴레이, "역사적 예수에 대한 탐구를 개척한" 다비트 프리드리히 슈트라우스 그리고 "가위로 복음서들을 잘라내 오려 붙인" 토머스 제퍼슨 등 세 명의 동료 혁명가들에게 헌정했다.[41] 이 세 명 중에서 예수 세미나에 생명을 불어넣은 사람은 펑크의 동료들이 최초로 모이기 거의 200년 전에 영국의 국왕 조지 3세로부터뿐만 아니라 역사적 기독교의 불합리한 신조들과 공허한 의식들로부터의 독립을 선언했던 제퍼슨이었다. 슈트라우스 및 기타 선구적인 성경학자들과 같이 제퍼슨은 신약성서에 회의적인 시각으로 접근했다. 그러나 그는 슈트라우스가 태어나기도 전에 "나사렛 예수의 철학"을 펴냈다. 그는 훈련받은 성서 비평가는 아니었지만 미국의 최초의 성서 학자였으며 역

---

40   Robert W. Funk, 'The Coming Radical Reformation: Twenty-one Theses," http://www.westarinstitute.Org/Periodicals/4R_Articles/Funk_Theses/funk. theses.html; Funk, *Honest to Jesus*, 305.

41   Robert W. Funk, Roy W. Hoover, and the Jesus Seminar, *The Five Gospels: The Search for the Authentic Words of Jesus: New Translation and Commentary* (New York: Macmillan, 1993), v.

사적 예수를 찾아 나선 최초의 미국 시민이었다.

예수 국가

토머스 제퍼슨이 미국의 종교에 미친 영향은 막대하다고 말해도 무방하다. 그가 1825년에 사망할 당시는 정통이 아니었던 그의 신학적 견해는 오늘날에는 정통이 되어 있다. 오늘날 압도적 다수의 미국인들은 그들의 구주를 '완전한 신이자 완전한 사람'으로 보는 신조의 견해를 긍정하는 그리스도인들이다. 그럼에도 불구하고 그들은 좌파 및 우파 모두 예수와 기독교를 이해하기 위한 전략을 제퍼슨에게서 물려받았는데 이 전략이 계속 종교적 변화를 견인한다.

그 전략은 대담한 거부에서부터 시작된다. 그것은 종교개혁가가 예수를 기독교 전통과 동일시하기를 거절할 때 시작한다. 그 개혁가는 예수**의** 종교는 예수**에 관한** 종교와 다르며, 참으로 중요한 것은 예수가 실제로 한 일과 가르친 내용이라고 단언한다. 두 번째 단계는 기독교 전통 안에서 비합리적이거나, 시대에 뒤떨어졌거나, 비도덕적인 어떤 믿음이나 관행을 가려내는 것이다. 마지막 단계는 예수의 문화적 권위를 사용해서 이러한 믿음이나 관행을 진정한 기독교에 반한다고 비판하는 것, 즉 종교개혁을 요구하는 것이다. 이러한 대안적인 이해가 입지를 확보해감에 따라 예수는 점차 과거에 그가 움직일 자유를 구속했던 믿음, 관행, 제도로부터 풀려난다. 예수는 그를 여전히 예전처럼 보는 전통주의자들에게서 권위를 상실하지 않으면서도 혁신자들로부터 권위를 얻는다. 그의 권위가 확장되어감에 따라 그리스도인들은 그의 이름으로 이루어지는 개혁을 지지할 가능성이 더 높아지며, 이 사이클은 계속 반복된다.

그러나 이 힘은 단지 교회 안에서만 작동하는 것이 아니다. 이 힘은 미국 문화 안에서도 작동한다. 비그리스도인들도 비평을 위해 기독교의 믿음들과 관행들을 떼어내고, 그것들에 대항하여 예수의 권위를 내세울 수 있다. 그리고 거기서 멈출 필요도 없다. 사실 많은 사람들이 이에서 더 나아가 예수를 기독교 자체와 대립시킨다. 그들은 진정한 예수 종교는 기독교가 전혀 아니었다고 주장한다. 진정한 예수 종교는 유대교나 힌두교, 불교였다. 또는 전혀 종교가 아니었을 수도 있다. 어쩌면 예수는 불가지론자나 심지어 무신론자였을지도 모른다. 예수는 이런 식으로 기독교의 어떤 믿음 및 관행들로부터뿐만 아니라 기독교(그리고 어떤 경우에는 종교) 자체로부터 풀려난다. 그리고 이 전략이 성공할 때마다 예수가 더 많은 문화적 권위를 얻기 때문에 이 전략도 거대한 사이클 안에서 자체적으로 부양한다.

기독교를 부정하고 예수는 긍정하는 제퍼슨의 신앙은 확실히 하나의 수수께끼로 볼 수 있다. 그리고 "미국판 스핑크스"라 불리고 있는 제퍼슨을 종족 측면에서뿐만 아니라 종교적인 측면에서도 하나의 모순으로 볼 수도 있다.[42] 그러나 제퍼슨의 종교는 전혀 모순적이지 않다. 사실 그의 종교는 미국의 종교 역사를 관통하고 오늘날 우리와 함께하는 원동력을 대표한다. 제퍼슨은 예수에 대한 사랑에도 불구하고가 아니라 그 사랑 때문에 현재의 기독교를 미워했다. 그리고 그는 예수 신앙을 기독교 신앙으로부터 분리시킬 수 있었기 때문에 "모든 성현 중 으뜸"인 존재를 찬미하고, 존경하고, 아마도 사랑하기까지 할 수 있었다. 제퍼슨만 그런 것이 아니다. 오늘날 그리

---

42   Joseph J. Ellis, *American Sphinx: The Character of Thomas Jefferson* (New York: Alfred A. Knopf, 1997).

스도인들과 비그리스도인들을 포함한 수백만 명의 미국인들이 유사한 정서를 품고 있다. 이런 의미에서 제퍼슨은 미합중국의 창시자였을 뿐만 아니라 오늘날의 예수 국가의 창시자였다.

AMERICAN JESUS

HOW THE SON OF GOD BECAME A NATIONAL ICON

19세기의 커리어 앤드 이브스사의 그림인 "바다 위를 걷는 그리스도"는 예수
의 여성성을 강조한다.

2장 사랑스러운 구주

오늘날 미국에서는 거의 모든 그리스도인들이 예수의 백성이다. 새 신자들이 예수를 개인의 구주와 주님으로 영접함으로써 영접 초청에 응답하는 복음주의 부흥회에서 예수에 대한 헌신과 기독교 신앙은 명백히 연결되어 있다. 가난한 사람들과 궁핍한 사람들을 보살핌으로써 예수에 대한 자신의 헌신을 표현하는 자유주의 개신교인들과 가톨릭교인들 사이에서도 이러한 연결 관계가 명백하다. 사실 예수가 기독교와 아주 밀접하게 연결되어 있다 보니 예수를 신앙의 처음과 끝으로 존경하지 않는 종교 형태를 상상하기가 어렵다. 그러나 미국 기독교가 항상 예수 신앙이었던 것은 아니며, 미국이 항상 예수 국가였던 것도 아니다.

　기독교가 신세계 식민지에서 특별히 인기가 있었던 것은 아니었다. 영적 무관심이 17세기의 버지니아, 메릴랜드, 뉴욕, 뉴저지, 노스캐롤라이나와 사우스캐롤라이나주들에서 대세였다. 이 모든 곳에서 교회에 다니는 사람도 소수였고 교회도 적었다. 세례를 받지 않는 유아들이 많았고, 어린이들은 교리문답을 배우지 않았다. 퀘이커 교도들의 펜실베이니아주는 좀 더 경건했으며, 회중교회의 뉴잉글랜드주는 그보다 더 경건했다. 그러나 뉴잉글랜드주의 마을들에서도 그리스도인 비율은 상당히 달랐는데, 그리스도인이 성인의 2/3 이상인 곳이 있었는가 하면 1/5에도 못 미치는 곳도 있었다. 더욱이 뉴잉글랜드주의 신앙심이 기울어져서, 17세기말의 인크리즈 매더와 코튼 매더 같은 목사들은 기독교 신앙과 관행이 존 윈스럽이 신세계를 "언덕 위에 세워진 영적 도시"로 보았던 데서 벗어났다고 한탄하기에 이르렀다. 유명한 1740년대의 대각성은 도처에서 이러한 영적 쇠퇴를 강력하게 되돌렸지만 그 부흥은 많은 역사학자들의 주장만큼 널리 퍼지지는 않았다. 존 버틀러가 말한 바와 같이 매사추세츠, 코네티컷, 로드아일랜드, 펜실베이니아, 뉴저지와 버지니아주를 달궜던 부흥은 대체로 뉴햄프셔, 메릴랜드와 조지아주는 지나쳤으며, 뉴욕, 델라웨어, 노스캐롤라이나와 사우스캐롤라이나주에서는 기껏해야 미지근했다. 독립 전쟁 직전에 성인의 17%만이 그리스도인들이었고 영적인 무기력이 대세였다.[1]

그리스도인들조차도 예수에 대해 비교적 관심이 없었다. 물론 모든 그리스도인들이 유사하게 생각한 것은 아니었다. 뉴잉글랜드주에서는 회중교회가 우세했고 버지니아주에서는 성공회가 우세한 반면, 메릴랜드주에서는 로마 가톨릭이 장악했고, 펜실베이니아주는 비국교도에 대한 관용으로 칭송(과 멸시)을 받았다. 그럼에도 불구하고 지배적인 신학 학파가 있었다. 시드니 알스트럼에 의하면 "청교도주의가 1776년에 독립을 선언한 사람들의 85%의 도덕적·종교적 배경을 제공했다." 그리고 청교도들에게는 예수는 기껏해야 주변인이었다.[2]

---

1   Jon Butler, "Enthusiasm Described and Decried: The Great Awakening as Interpretive Fiction," Jon Butler and Harry S. Stout 편, *Religion in American History: A Reader* (New York: Oxford University Press, 1998), 112에 실린 글. 식민지 교회 멤버십에 대해서는 Finke and Stark, *The Churching of America* (New Brunswick, N.J.: Rutgers University Press, 1992), 22-53을 보라.

2   Sydney Ahlstorm, *A Religious History of the American People* (New Haven: Yale University Press, 1972), 124. 모든 청교도들이 유사하게 생각한 것도 아니었다. 청교도 안에서의 다

청교도주의는 종교 개혁자들 중 칼뱅주의자 진영에서 나왔는데 그들의 독특한 믿음과 관행들은 최소한 기독교적인 것만큼이나 히브리적이었다. 신세계의 청교도들은 여러 세대 동안 회중 예배 때 구약 시편 무반주곡 외에는 어떤 노래도 부르지 않았다. 그들의 언약 신학은 갈릴리보다는 이스라엘에서 단서를 얻어 성자 하나님과의 개인적인 관계가 아니라 공동체와 성부 하나님의 언약에 초점을 맞췄다. 1827년에 랠프 월도 에머슨은 자신의 시대를 "1인칭 단수의 시대"로 묘사했다.[3] 청교도들은 1인칭 복수의 시대에서 살았다.

대각성 시기 동안에 칼뱅주의자인 아이작 왓츠와 감리교도인 찰스 웨슬리가 쓴 예수 찬송가들이 독립 회중교회들에서 받아들여졌으며, 일부 부흥 운동을 지지하는 설교자들이 예수께 좀 더 초점을 맞추기 시작했다. 존 웨슬리(찰스 웨슬리의 형제이자 대서양 건너편의 감리교 거물)는 현저하게 현대적인 형태의 예수 신앙을 설교했는데, 그는 이를 고난 받는 종 예수에 관한 독일 모라비아교도들의 찬송가에서 도출했다. 그러나 "그리스도와 그분의 십자가에 못박히심"에 대한 웨슬리의 진지한 설교는 전혀 인기가 없었으며, 당대의 "위대한 순회 설교자"인 조지 휘트필드는 충직한 칼뱅주의자였다. 예수를 이해될 수 있는 분 또는 자신을 이해할 수 있는 분으로 보는 식민지 주민들은 별로 없었다. 예수를 사랑하고 그 대가로 사랑을 기대

양성은 다음 문헌을 보라. David D. Hall, *Worlds of Wonder, Days of Judgement: Popular Religious Belief in Early New England* (New York: Alfred A. Knopf, 1989); Janice Knight, *Orthodoxies in Massachusetts: Rereading American Puritanism* (Cambridge: Harvard University Press, 1994).

3   Ralph Waldo Emerson, *The Journals and Miscellaneous Notebooks of Ralph Waldo Emerson, Volume III, 1826-1832* (W. H. Gilman and A. R. Ferguson 편; Cambridge: Harvard University Press, 1963), 70.

한 사람도 별로 없었다. 대부분은 예수를 본받을 생각조차 하지 못했다. 물론 식민지의 설교들은 그리스도를 정규적으로 언급했지만 그 설교들 속에서 예수는 구체적인 인물이라기보다는 추상적인 원칙에 머물렀다. 청교도주의와 복음주의를 연결한 신학의 발전기에 조너선 에드워즈는 가끔 예수를 "친구"라 부르는 오늘날의 미국 교회의 특징인, 친밀한 예수 신앙에 대부분의 청교도 사상가들보다 가까이 다가갔다. 그러나 낸시 F. 코트가 언급한 바와 같이 당시의 친구 관계라는 용어는 종종 친척 관계를 의미했다. 그리고 에드워즈조차도 예수에 대해 많이 언급하지 않으면서도 사역을 잘 해낸 것으로 보인다.[4]

간단히 말해서 청교도들은 예수를 사랑하는 사람들이라기보다는 하나님을 두려워하는 사람들로서 하나님의 자비가 아니라 하나님의 영광, 성자가 아니라 성부에 집착했다. 청교도 신학의 논리는 신학자 칼 바르트가 나중에 『로마서 강해』에서 의로우신 하나님과 죄를 범한 인간 사이의 "무한한 질적 구분"이라고 묘사하게 되는 단초가 되었다.[5] 그 시스템에서는 그리스도에 대한 여지가 세심하게 제한되기는 했지만 그래도 어느 정도의 여지는 있었다. 예수는 선택 받은 죄인들을 화가 난 성부와 화해시키기 위해 고난 받고 십자가 위에서 죽으러 이 땅에 오신 성육신한 하나님이었다. 그

---

4 Nancy F. Cott, *The Bonds of Womanhood: "Woman's Sphere" in Nineteenth-Century New England,* 1780-1835 (New Haven: Yale University Press, 1977), 186. Daniel L. Pals에 의하면 Edwards는 "예수를 뛰어 넘어…우주적인 그리스도에게로 옮겨 가기로 결심한 듯하다. 그리고 그는 그리스도를 통해 하나님에 대한 순수하고 직접적인 이해로 나아가는 데 동일한 관심이 있는 것으로 보인다"("Several Christologies of the Great Awakening," *Anglican Theological Review* 72.4 [Fall 1990], 421).

5 Karl Barth, *The Epistle to the Romans* (Edwyn C. Hoskyns 역; New York: Oxford University Press, 1933), 10.

는 또한 기술적으로는 하나의 위격(person), 즉 삼위일체 교리에 따르면 하나님의 세 위격 중 두 번째 위격이었다. 그러나 호칭은 실제 존재와 다른 것으로서 식민지 시대에 그리스도는 명목상으로만 위격이었다.

독립 전쟁 이후의 반세기에 걸쳐 모든 것이 변하기 시작했다. 미국의 종교 역사에서 매우 중요한 이 시기에 미국의 영적 지형은 오늘날 우리가 보고 있는 형태를 띠기 시작했다. 1791년에 수정헌법 제1조가 승인된 뒤로 종교는 연방의 요구가 아니라 개인의 선택 문제가 되었다. 비록 회중교회 상설 명령(Congregational standing order)이 매사추세츠주에서 마지막으로 폐지된 1833년까지 국교가 남아 있기는 했지만 국교는 과거지사가 되었다. 국교의 공식적인 폐지로 유럽 스타일의 국교 시스템이 시장 모델로 대체되었는데, 이 시장 모델이 이후 미국 종교의 특징이 되었다. 이 새로운 영적 시장은 유례없는 종교적 창의성과 치열한 종교 간 경쟁을 낳았다.

역사학자들은 이제 미국이 언제 최초로 진정한 종교적 다양성을 보였는지에 대해 논쟁하고 있다. 이를 최근의 현상, 즉 1965년에 아시아로부터의 이민 개방의 결과로 보는 사람이 있는가 하면 식민지 시대―특히 네덜란드의 메노파와 독일의 침례교가 프랑스의 위그노 및 미국의 흑인 성공회들과 섞인 중부 식민지―로 거슬러 가는 사람도 있다. 미국의 종교는 윌리엄 허치슨이 "위대한 다양화"라 묘사했던 시기인 19세기 초 몇십 년 동안에 다양화에 직면했다(그리고 현재의 형태를 띠게 되었다). 허치슨에 의하면 식민지의 유럽인 중 95%는 최소한 명목적으로라도 개신교인들이었고 90%는 종교 개혁의 칼뱅주의자 진영에 뿌리를 두고 있었다. 이 중 85%는 "**영어를 사용하는** 칼뱅주의자 개신교인들"이었다. 남북 전쟁 뒤 그리고 특히 19세기가 시작된 뒤 인구 구성이 크게 바뀌었다. 서부 지역이 개척됨에 따라 유럽으로부터의 이민이 급증해서 1790년에 3백만 명이던 미국의 인구는 1850년에는 1,300만 명이 되었다. 이번에는 영국뿐 아니라 유럽 대륙에서도 새로운 이민자들이 들어왔는데 그들 중에는 루터교인들도 있었다.[6]

이 기간은 개신교인들이 아닌 이민자들이 최초로 대거 유입된 시기이기도 하였다. 미국의 유대인 공동체는 여전히 작았지만 전체 인구 대비 비중이 상당히 높아졌다. 로마 가톨릭 교도들도 개신교도들이 이를 우려할 정도로 쇄도해 들어왔다. 1800년에는 미국에 약 5만 명의 가톨릭 신자들이 있었는데 이후 50년 동안 가톨릭 공동체는 전체 인구보다 5배 빠르게 커져서 1850년에는 최소 1백만 명, 즉 모든 미국인들 중 약 5%에 도달했다.[7]

유럽에서 이식된 이런 종교들과 더불어 미국인들은 자체의 혼합 종교를 개발했다. 1830년대에 초월주의자들이 유니테리언주의자들로부터 갈라져 나와 개인 영혼의 주권, 야생의 신성함, 아시아 종교들의 진리를 주장했다. 같은 시기에 "성경이 말하는 곳에서" 말하고 "성경이 침묵하는 곳에서" 침묵하기로 맹세하면서 기독교를 신조 이전의 순수성으로 회복시키기 위한 노력으로 그리스도의 제자들(Disciples of Christ)이 결성되었다. 10년 뒤 심령술사들(Spiritualists)이 죽은 자들로부터 오는 메시지에 귀를 기울이기 시작했다. 한편 이상주의자들(Utopians)은 19세기 전반에 100개가 넘는 의도적인 공동체들을 설립했는데, 이러한 "미국산 종교" 중 가장 인기 있는 집단은 예수 그리스도 후기성도교회(모르몬교)다.[8]

---

6   William R. Hutchison, *Religious Pluralism in America: The Contentious History of a Founding Ideal* (New Haven: Yale University Press, 2003), 19-24.

7   William R. Hutchison, "Diversity and the Pluralist Ideal," Peter W. Williams, *Perspectives on American Religion and Culture* (Boston: Blackwell Publishers, 1999), 36-37에 실린 글.

8   Robert Richardson, *Memoirs of Alexander Campbell* (Philadelphia: J. B. Lippincott, 1868), 1:352; Paul Keith Conkin, *American Originals: Homemade Varieties of Christianity* (Chapel Hill: University of North Carolina Press, 1997).

이러한 다양한 종교 공동체들 사이에 새로운 자유의 정신이 확립되었다. 영국으로부터 독립한 뒤로 미국인들은 전통적인 기독교에 맞서 반항할 생각은 전혀 하지 않았다. 명백한 이유로 그들은 영국 국왕의 성공회를 거절했으며, 감독제주의로 알려진 이 교파를 장기적으로 침체하게 만들었다. 독립 전쟁 뒤에 퀘이커교, 메노파, 모라비아파와 같은 평화주의 교회들도 쇠퇴했다. 그러나 미국인들은 영국에 대한 충성파와 평화주의자들의 교파를 거절하는 데서 훨씬 더 나아갔다. 자유와 평등이라는 공화주의자들의 수사와 복종, 그리고 위계에 대한 대중의 반감에 고무된 그들은 목회자들의 권위, 신조의 진정성, 신학의 중요성도 거절했다. 물론 성경의 권위는 유지되었지만 이제 미국인들은 스스로 성경을 해석하겠다고 주장했다. 여기서 그들은 복음주의와 평등주의를 대담할 정도로 새롭게 결합한 대중주의 설교가라는 새로운 문화적 영웅의 도움을 받았다. 네이선 해치가 『미국 기독교의 민주화』(The Democratization of American Christianity)에서 주장한 바와 같이 이러한 종교 혁신가들은 엘리트 목회자들과 국교 그리고 낡은 신조들로부터의 종교적 독립을 선언함으로써 대중영합주의 성향을 보이는 그들의 교구민들을 매료시켰다. 개인의 의식과 대중영합주의 설교가 새로 결합해서 해석의 다양성으로 이어졌는데, 수정헌법 제1조가 종교의 자유를 보장한 점에 비춰볼 때 이러한 해석이 번창한 것도 놀랄 일이 아니다.

모든 사람이 국교 폐지가 이루어 놓은 결과들을 포용한 것은 아니었다. 1820년대 미국에 체류했고 『미국인들의 국내의 습관』(Domestic Manners of the Americans, 1832)에서 자신의 불운을 묘사한 프랜시스 트롤로프는 이런 상황이 마음에 들지 않았다. 그녀는 거의 끝이 없을 정도의 다양한 교파들이 "모든 종교 의식들로 하여금 멸시 받게 만드는 우울한 결과"를 가져왔다고 탄식했다. 이처럼 혼란스러운 상황은 그러지 않아도 확고한 국교

(특히 성공회파)의 효용에 대한 그녀의 신앙을 확인해주었지만, 이러한 상황에 좌절한 사람은 영국인만이 아니었다. 많은 미국인들이 자기들의 새로운 국가가 교파로 나누어질 것 같다고 우려했다. 국경과 시장 경제가 확대되고, 유례없는 지리적·사회적 이동을 고취해서 초기의 공화국이 해치가 말한 바와 같이 "미국 교회 역사상 가장 원심력이 강했던 시대"로 접어듦에 따라 이러한 우려도 강해졌다.[9]

복음주의 세기

그러나 이 원심분리기에서 혼란이 나온 것이 아니라 기독교화가 나왔다. 미국인들은 자유사상가나 자연신론자가 됨으로써가 아니라 식민지에서는 거의 관찰되지 않았던 열정을 갖고 기독교를 포용함으로써 새로운 종교적 자유에 탐닉했다. 이처럼 새로운 영적 활력은 공장과 농장 옆에 교회가 우뚝 서 있는 풍경에서 가장 가시적으로 드러난다. 1776년에는 497개였던 침례교의 교회 수는 1850년에는 9,375개로 거의 20배 급증했다. 감리교는 훨씬 더 폭발적으로 성장해서 같은 기간 동안 겨우 65개 교회에서 13,280개 교회로 늘어났다. 최초로 철저한 종교적 다양성을 추구했던 국가는 동시에 그 국민들을 기독교화하기도 했다.

초기 미국인들이 소용돌이의 한 가운데서 종교의 중심을 발견하기는 어려웠지만, 돌이켜보면 19세기 첫 1/3의 기간 동안 새로운 유형의 개신

---

9   Frances Trollope, *Domestic Manners of the Americans* (New York: Alfred A. Knopf, 1949), 108; Nathan O. Hatch, *The Democratization of American Christianity* (New Haven: Yale University Press, 1989), 15.

교가 중심 무대를 차지했다. 새로운 국가가 기독교를 포용함에 따라 새로운 스타일의 예수 친화적인 기독교가 이 나라의 비공식적인 국교로 떠올라 남북 전쟁이 벌어질 때까지 미국인들의 종교 생활을 지배했다. 토크빌은 이 새로운 스타일을 "민주주의적·공화주의적 종교"라고 불렀다.[10] 우리는 현재 이를 복음주의라 부르는데 1830년대가 되자 복음주의의 독특한 열정과 평등주의의 결합, 부흥 운동과 공화주의의 결합, 성서주의와 상식의 결합이 대다수 미국인들의 사생활과 공적 생활을 지배하게 되었다. 장로교, 회중교회, 그리스도의 제자들은 모두 복음주의자들이었다. 18세기 후반과 19세기 초반의 부흥 기간 동안에 최초로 집단적으로 기독교를 받아들인 많은 아프리카계 미국인들도 복음주의자들이었다. 감리교와 침례교에서도 복음주의가 지배적이었는데, 이들은 다른 어느 교파보다도 복음주의의 교세를 신생 공화국에 더 많이 확산시켰다. 그들의 "'사람들을 거꾸러뜨리는' 거룩한 힘"은 감리교도 역사가인 존 위거가 "성공하기 위해 열심히 노력하는 중산층"이라고 묘사한 흑인, 여성, 유망한 숙련공, 상인, 농부 계급을 포함한 폭넓은 계층의 평범한 미국인들의 흥미를 끌었다. 다른 교파의 성직자는 대개 평생 동안 한 교회에 눌러 앉았지만, 감리교 순회 목사들과 침례교 농부 설교자들은 불어나는 인구와 함께 이동했다. 신생 국가 자체와 마찬가지로 쉬지 않고 돌아다니는 이 개척자들은 감리교와 침례교를 미국의 2대 개신교 교파로 만들었는데, 이 교파들은 오늘날에도 이 지위를 유지하고 있다.[11]

---

10   Alexis de Tocqueville, *Democracy in America*, 17장, http://xroads.virginia. edu/~HYPER/DETOC/1_chl7.htm.

11   John H. Wigger, *Taking Heaven by Storm: Methodism and the Rise of Popular Christianity in America* (New York: Oxford University Press, 1998), 79, 5.

이처럼 활발한 활동을 통해 복음주의는 미국의 지배적인 종교 세력이 되었을 뿐 아니라 중요한 문화적 세력도 되었다. 리처드 카워딘에 의하면 19세기 중반 무렵에 복음주의자들은 "미국 사회에서 최대의 그리고 가장 강력한 하위문화"가 되었다. 마크 놀의 말을 빌리면 "공화국 수립 뒤 75년 동안 다른 어떤 조직화된 가치 촉진자, 다른 어떤 출판물 제작자, 다른 어떤 대중음악이나 강력한 대중적 표상의 원천 또는 다른 어떤 내면생활의 위로 자(또는 선동가)도 복음주의 교회들의 조직화된 힘에 근접하지 못했다." 제 퍼슨이 선출된 1800년부터 시어도어 루스벨트가 『거친 기수들』(*The Rough Riders*)을 출간한 1899년까지의 100년이 널리 "복음주의 세기"라 불리는 데 는 그만한 이유가 있다.[12]

복음주의자들은 그들의 청교도 선조들과 마찬가지로 성경의 신적 영 감을 긍정했다. 그러나 일부 복음주의자들에게는 성경주의와 신조주의는 양립할 수 없었다. 19세기 초에 회복주의자들(Restorationists)이 "성경 외에 는 어떤 신조도 없다"라고 설교하기 시작했다. 알렉산더 캠벨은 "우리는 신 약 성경주의 외에는 칼뱅주의, 아르미니우스주의, 아리우스주의, 소키누스 주의(Socianism), 삼위일체론, 유니테리언주의, 자연신론 또는 종파주의 등 어떤 것도 옹호하지 않는다"라고 설명했다. 그리고 아프리카감리교감독교 회의 대니얼 알렉산더 페인 감독이 그의 신앙을 "성경에, 전체 성경에, 오 직 성경에만" 두겠다고 약속했을 때 그의 대다수 복음주의 형제들(흑인과 백 인 모두)은 "아멘"으로 화답했다.[13]

---

12   Richard J. Carwardine, *Evangelicals and Politics in Antebellum America* (New Haven: Yale University Press, 1993), 44 ; Mark A. Noll, *America's God: From Jonathan Edwards to Abraham Lincoln* (New York: Oxford University Press, 2002), 197.

13   Paul C. Gutjahr, *An American Bible: A History of the Good Book in the United States, 1777-*

진심에서 우러난 개종("중생")에 대한 청교도주의적 강조는 복음주의의 또 하나의 특징이었다. 그러나 복음주의자들은 청교도들보다 신앙을 더 주관적인 것으로 만들어서 신앙의 방향을 교리에서 경험으로 돌리게 했으며, 신앙을 개인의 사적인 각성에 뿌리를 두게 했다. W. E. B. 뒤 부아는 노예 종교에는 "설교자, 음악, 열광"의 세 가지 특징이 있다고 썼다.[14] 복음주의도 마찬가지라고 할 수 있는데, 복음주의는 최소한 19세기 전반에는 설교와 노래에 엄청난 열정을 쏟아 부었다.

복음주의자들은 제퍼슨이 "광적인 허풍"이라고 조롱했던 칼뱅주의 교리를 완화하거나 거부했다는 점에서는 청교도 유산과 갈라섰다.[15] 일부 복음주의자들은—특히 남부에서는 19세기말까지 칼뱅주의를 고수했지만—대부분 아르미니우스주의로 이동했다. 16세기 네덜란드 신학자인 야코부스 아르미니우스의 이름을 딴 아르미니우스주의자들은 2중 예정(그들은 하나님이 모든 사람이 태어나기 전에 천국에 가거나 지옥에 가도록 정해 두었다고 가르쳤다)을 신의 사랑, 인간의 자유 그리고 상식에 대한 모욕이라고 비판했다. 왕들을 시민으로 만들고 시민들을 왕들로 만들기로 서약한, 자유를 사랑하는 나라에서 칼뱅의 운명론은 어울리지 않는 것으로 보였다. 그래서 복음주의자들은 칼뱅의 하나님을 새로운 조지 3세로 간주했으며, 멀리 떨어져 있고 변덕스러운 또 다른 왕으로부터 독립을 선언하고, 예수를 그리스도인들의 삶의 중심에 두었다. 예수는 지위가 높고 권력을 가진 사람만을 위해

1880 (Stanford: Stanford University Press, 1999), 102; Daniel A. Payne, *Recollections of Seventy Years* (New York: Arno Press, 1968), 234.

14 W.E.B. Du Bois, *The Souls of Black Folk*, 10장, http://xroads. virginia.edu/~HYPER/DUBOIS/ch10.html.

15 Adams 편, *Jefferson's Extracts*, 413.

서가 아니라 모든 사람을 위해서 죽었다. 그리고 각각의 개인들에게는 예수의 은혜로운 구원 제의를 받아들이거나 거절할 자유가 있다.

미국인들에게 매우 중요한 선택 기회를 주기 위해서 복음주의자들은 열심히 좋은 소식을 전했다. 그들은 성경을 펴내고 소책자를 배포했다. 그들은 가정에서 기독교적 품성을 배양했다. 그들은 변경에 선교사들을 보냈다. 무엇보다도 그들은 부흥을 일으켰다. 물론 부흥은 전혀 새로운 것이 아니었다. 그들은 제1차 대각성 기간 동안에 대체로―조너선 에드워즈의 말로 표현하자면―"하나님의 놀라운 일들"을 받았다. 19세기 초의 제2차 대각성 기간에는 아무도 부흥에 놀라지 않았다. 당대의 빌리 그레이엄이었던(그리고 그레이엄과 마찬가지로 확고한 아르미니우스주의자였던) 찰스 그랜디슨 피니에 의하면 부흥은 잘 계획하고, 열심히 일하며, 영리하게 광고함으로써 찾아오는 인간의 노력이었다. 개종은 피니가 "새로운 수단들"이라고 언급한 건전한 부흥 운동가의 기법을 기꺼이 채용하려는 복음주의자들에게 거의 보장된 것이나 마찬가지였다.

모두가 새로운 부흥 운동을 환영한 것은 아니었다. 성례 옹호자이자 메르세스부르크 신학의 지도자 중 한 명인 존 W. 네빈은 피니의 유명한 "갈망하는 벤치"(추수할 준비가 된 죄인들을 위해 지정된 맨 앞 줄)와 같은 "새로운 수단들"과 여성들에게 자기 영혼의 개인적인 각성에 대해 공개적으로 간증하도록 허용하는 그의 관행을 비난했다. 또한 부흥이 성례의 가치를 떨어뜨린다고 믿었던 루터파 및 감독파와 같이 예전을 중시하는 개신교 교파들도 이에 반대했다. 그러나 반대자들은 예외였고 개신교인들은 대체로 그리스도인들의 생활의 주된 수단으로 설득이 강요를 대체한 국가에서 부흥의 필요성을 열렬히 받아들였다.

새로운 부흥 운동의 한 가지 뚜렷한 표지는 네이선 해치가 "주인인 청중"이라고 부른 현상이었다. 물론 감리교도인 로렌조 다우와 침례교도인 존 리랜드 같은 대중 설교가들이 사람들의 영혼을 얻는 데 중요한 역할을 했다. 그러나 제2차 대각성은 생산자보다는 소비자에 의해, 공급보다는 수요에 의해 주도되었다. 다우와 리렌드 같은 대중 설교자들은 해치가 "지도자들이 잘난 체하지 않기를 바랐으며, 교리가 자명하고 실제적이기를 바랐다"라고 쓴 까다로운 청중들에게 인정 받았다. 급속도로 시장이 주도해 가는 사회에서 19세기 초반의 설교자들은 다른 설교자들과 경쟁할 뿐만 아니라 유원지와 도시에서의 세속적 쾌락과도 경쟁해야만 했다. 이렇게 해서 설교자들은 엔터테인먼트의 세계에 발을 들여놓게 되었고, 그들의 설교를 성경의 영원한 진리만이 아니라 변덕스러운 대중의 욕구 변화에도 맞추게 되었다.[16]

　　이러한 설교자들이 설교를 읽던 구식 스타일에서 보다 매력이 있는 즉흥 연설 스타일로 어떻게 옮겨갔는지에 대해 많은 글이 쓰였다. 그런데 보다 중요한 변화인 이야기 설교 부상에 대해서는 주의를 기울인 사람이 그리 많지 않았다. 티모시 플린트라는 뉴잉글랜드의 목사는 1826년 저술에서 국경에서의 "설교 혁명"에 대해 증언했다. 플린트는 "수천 명이 교리화하고, 정의하고, 논쟁하는 설교자들에게서 떠나 많은 일상 언어, 이미지, 예화를 채용하는 설교자들에게 몰려들었다"라고 썼다. 설교단에서 교리가 내러티브에게 자리를 물려줌에 따라 설교자들과 교구민 모두 신학이나 교리보다는 예수의 생애에 점점 더 관심을 기울였다. 뉴잉글랜드에서는 이야기 설교가 남부와 서부에서만큼 빠르게 유행하지는 않았지만, 그곳에서조차 신자들은 "텍스트를 설명하고 은혜, 칭의, 속죄, 성화의 의미를 상세하게 나

16　　Hatch, *Democratization*, 125, 9.

뉘서 밝혀주기" 위한 예측 가능한 18세기 스타일의 장·절 설교에 싫증을 내게 되었다(랠프 월도 에머슨은 부분적으로는 유니테리언 설교자들의 텍스트, 설명, 증거 설교에 냉담해져서 유니테리언주의를 버리고 선험론자가 되었다).[17]

공화국 건국 초기에는 신학적으로 정확한 설교자보다 이야기를 잘하는 설교자들이 일종의 유명 인사가 되었는데 그들이 더 많이 울고, 더 많이 땀 흘리고, 이를 계속할수록 더 유명해지는 것 같았다. 이런 식으로 "주인인 청중"은 열성적으로 청중을 즐겁게 하는 설교자들을 낳았을 뿐만 아니라 새로운 형태의 개신교도 낳았다. 해치가 19세기 초의 미국인들은 잘난 체하지 않는 리더들과 자명한 교리를 원했다고 한 말은 옳은 말이다. 그러나 그들은 또한 자신들의 하나님이라고 부를 수 있는 하나님도 원했다. 감리교도들이 다음과 같은 인기 있는 가사를 노래했을 때, 그 노래는 예수를 왕으로 보는 칼뱅주의자의 견해를 상기시켰다. "불꽃같은 하나님의 사자들이/이 땅을 두루 다니며/이렇게 말하고 있네, '회개하고 두려워하라/왕이신 예수가 가까우니라!'"[18] 그들은 또한 자신들의 새로운 땅에서 새로운 예수의 도래를 선언하고 있었다.

17   David S. Reynolds, "From Doctrine to Narrative: The Rise of Pulpit Storytelling in America," *American Quarterly* 32.5 (Winter 1980), 487, 490에 실린 글.

18   Hatch, *Democratization*, 67.

오직 예수

14-16세기의 르네상스 기간에 그리스도인들은 예수의 인성을 강조했다. 성육신 교리의 재발견에 영감을 받은 화가들은―미술사가(美術史家)인 리오 스타인버그가 도발적으로 보여준 바와 같이―성기를 포함한 예수의 몸을 찬미했다. 그러나 그들의 목적은 예수에게 성적 매력을 부여하는 것이 아니라 예수에게 인간성을 부여하는 것, 즉 예수가 실제 세상에서, 그리고 실제 사람들 사이에서 살아 숨쉬도록 그를 추상적인 신조의 족쇄에서 구해내는 것이었다. 복음주의자들은 분명히 종교개혁의 후계자들이었지만, 그들은 예수를 주로 르네상스 인본주의에 비추어서 보았다.

19세기 복음주의자들은 르네상스 시대의 선배 복음주의자들과 마찬가지로 삼위일체 중 성부보다 성자에게 초점을 맞췄다. 칼뱅주의자들은 하나님과 인간 사이의 거리를 최대한 벌리려고 부단히 노력한 반면, 복음주의자들은 인간을 보다 신 같게 하고 하나님을 보다 인간 같게 해서 그 격차를 좁히려 했다. "인간은 여전히 죄인이었지만, 복음주의자들은 점차 자신의 죄를 상속된 것이 아니라 선택의 문제로 보았다. 이 점이 더 중요한데, 그들은 하나님을 인간의 관점에서 보기 시작했다. 그들은 구약성서보다는 신약성서에서 실마리를 취해서 하나님을 분노에 차 있고 멀리 떨어져 있는 존재로 보기를 거부했다. 그들은 예배할 가치가 있는 신은 사랑을 베풀고 가까이 있어야 한다고 주장했다.

복음주의자들이 하나님을 진노보다는 사랑과 더 관련시킬수록 성부 하나님은 더 뒷전으로 물러가고 성자 하나님이 더 두드러지게 되었다. 랠프 월도 에머슨은 예수에 대한 비판자가 아니었지만(에머슨의 말로 표현하자면 예수는 "진정한 예언자 무리"에 속했다) 1838년 무렵에는 "그리스도라는 인물에 대한 불쾌한 과장"에 싫증이 났다. 예수 부활론자라기보다는 환생론자에 더 가까웠던 에머슨은 모든 인간이 본질적으로 신적인 속성을 갖고 있다고 믿었다. 그 잠재력을 실현시킬 수 있었던 능력이 예수를 다른 인간들과 구분시켰다. 그러므로 예수에게 비위를 맞추는 것은 영적 자립에 대한 모욕이며, 그를 비판하는 것은 일종의 신성한 의무다. 에머슨은 1840년에 그의 일기에서 "영혼에 대한 신성한 의무의 행위, 사실상 아름다운 순례자라면 잘 이해할 행동으로서 그리스도의 얼굴에 침을 뱉는 것은 내 의무가 될 수도 있다"라고 썼다. 그 뒤 그는 1843년에 "당신들이 하도 좋은 예수에 대해 말해 대니 나는 그 이름만 들어도 지겨워 죽겠다"고 덧붙였다.[19]

미국인들이 예수에게 비위를 맞추는 것이 과장이었는지 또는 해로웠는지는 알 수 없다. 그러나 에머슨은 미국의 그리스도인들이 예수를 더 강조하고 있음을 알아차렸다. 도널드 스캇은 "1840년대가 되자 설교와 예배는 점차 그리스도라는 인물에 집중되었다"라고 주장했다. 1855년에 내슈빌 출신 침례교 활동가인 제임스 로빈슨 그레이브스는 "예수 외의 어떤 주인도 섬기지 않기로" 맹세했다. 1867년에 미시간 주의 회중교회주의자인 E. P. 파웰은 "지금은 교리 대신 연단과 단순한 경건 조직을 갈망하며, 칼뱅, 베자, 에드워즈와 같은 인간은 덜 추구하고 그리스도를 더 추구하는 시

---

19   Ralph Waldo Emerson, "Divinity School Address" (1838), http://www. emersoncentral. com/divaddr.htm; Emerson, *The Journals and Miscellaneous Notebooks of Ralph Waldo Emerson, Volume VII: 1838-1842* (A. W. Plumstead and Harrison Hayford 편, Cambridge: Harvard University Press, 1969), 348; Emerson, *The Journals and Miscellaneous Notebooks of Ralph Waldo Emerson, Volume VIII: 1841-1843* (William H. Gilman and J. E. Parsons 편, Cambridge: Harvard University Press, 1970), 337. Emerson 의 예수에 대해서는 Richard Wightman Fox, "Jefferson, Emerson, and Jesus," *Raritan* 22.2 (Fall 2002), 70-72를 보라.

대"라고 언급했다. 1879년에 쓴 자서전에서 뉴햄프셔주 콩코드의 나다니엘 부턴 목사는 자신이 1815년에 개종한 이래 미국 기독교에 찾아 온 변화를 회상했다. 그는 이렇게 썼다. "오늘날에는 율법의 저주하는 힘에 대해 별로 말하지 않는다. 흠모할 만한 하나님의 공의는 시야에서 사라지고 하나님의 자비가 강조된다. 전에는 죄인들은 '하나님께 굴복하라'고 요구되었다. 지금은 '예수께 오라'고 노래한다. '지금 바로 오라, 예수가 당신을 사랑하신다'라고 말이다."[20]

19세기 미국 복음주의자의 일기에 관한 연구에서 리처드 라비노비츠는 종교적 감각이 "교리주의"에서 "경건주의"로 많이 옮겨갔다는 상당한 증거를 발견했다. 라비노비츠는 이 경건주의의 "핵심적인 공상"은 "예수와의 친밀한 동행"이라고 주장했다. 이러한 친밀한 동행은 19세기의 신앙 매뉴얼과 신학 저술들에 분명하게 드러나 있다. 이러한 문헌들은 예수를 신앙생활의 중심에 두었는데, 이때 신앙생활을 하나님께 마음을 굴복시키는 것으로 정의하지 않고 예수께 마음을 기울이는 것으로 정의했다.[21]

일반인의 일기를 벗어나 신학 논문과 인기 소설들을 살펴보더라도 당시에 예수라는 별이 떠오르고 있었다. 자연과 인간 안에 신이 거주한다는 로맨틱한 비전에 영향을 받은 회중교회 사역자인 호레이스 부쉬넬은 예수를 기독교의 "중심인물이자 힘"이라고 묘사했다. 그는 "기독교는 더 나은 교리의 도래라기보다는 완벽한 인물의 도래"라고 설명한다. 그 이후의 인

---

20   Donald Scott, *From Office to Profession: The New England Ministry, 1750-1850* (Philadelphia: University of Pennsylvania Press, 1978), 178; Noll, America's God, 245; Richard Rabinowitz, *The Spiritual Self in Everyday Life: The Transformation of Personal Religious Experience in Nineteenth-Century New England* (Boston: Northeastern University Press, 1989), 200, 178.

21   Rabinowitz, *The Spiritual Self,* 177.

물들도 부쉬넬과 같은 취지의 말을 했다. 사회복음주의 개척자인 워싱턴 글래든은 "그리스도인의 삶"을 신조에 대한 충성이 아니라 "한 인물에 대한 헌신"이라고 정의했다. 해리엇 비처 스토는 "드레드"(Dred, 1856)라는 소설에서 같은 취지로 말했다. 당신의 신학이 무엇이냐는 설교자의 질문에 대해 스토의 여성 등장인물 중 한 명은 이렇게 대답했다. "나는 그리스도의 아름다움 외에는 어떤 것에 대해서도 아무런 견해가 없어요." 19세기 말의 "전권 대사"인―그리고 스토의 형제인―헨리 워드 비처는 "기독교의 천재성"은 교리, 의전 또는 제도에 있는 것이 아니라 예수라는 인물에 있음을 발견했다. 비처는 자신이 사역하는 플리머스 회중교회 회중에게 "나는 성경을 읽을 때 구약과 신약의 바울 서신들에서 많은 것을 얻지만 결국은 성경의 열매는 그리스도라는 점을 알고 있습니다. 내게는 나머지는 사과나무의 잎들과 같을 뿐입니다. 사과를 보면 나는 분명히 그 열매를 맺었던 나무가 있었음을 압니다. 그러나 그 뒤에 나는 열매만 생각하고, 그 외에는 아무것도 생각하지 않습니다"라고 말했다. "오직 성경"이 거의 300년 동안 개신교 종교 개혁의 주문이었지만, 미국인들은 "오직 예수"라는 새로운 표어를 향해 나아가고 있는 듯했다.[22]

예수(그의 지상 생애와 그의 영속적인 인격)에 대한 강조는 복음주의자들이 복음주의 세기 동안 연합을 유지했던 이유 중 하나다. 식민지의 청교도들

---

22   Horace Bushnell, *The Character of Jesus* (New York: Chautauqua Press, 1888), 7, 86; James Herman Whitmore, *Testimony of Nineteen Centuries to Jesus of Nazareth* (Norwich, Conn.: Henry Bill Publishing Company, 1892), 647, 385; Harriet Beecher Stowe, *Dred: A Tale of the Great Dismal Swamp* (New York: Penguin Books, 2000), 347; William G. McLoughlin, *The Meaning of Henry Ward Beecher: An Essay on the Shifting Values of Mid-Victorian America, 1840-1870* (New York: Alfred A. Knopf, 1970), 29; Henry Ward Beecher, "A Conversation about Christ," *Homiletic Review* 45.6 (June 1913), 490.

은 신학을 중심으로 연합했지만 독립전쟁 이후 수십 년이 지나는 동안 이전의 칼뱅주의 신학이라는 합의는 구닥다리가 되었다. 칼뱅주의를 새로운 국가의 민주적 현실에 적응시키려는 예일의 새로운 신성(New Divinity) 또는 수정 칼뱅주의 신학자들의 자작농 운동(yeoman efforts)으로 칼뱅주의의 수명은 연장되었지만 칼뱅주의의 주도권은 유지되지 못했다. "죄짐 맡은 우리 구주 어찌 좋은 친군지"(What a Friend We Have in Jesus, 1855)와 같은 찬송가들이 "여호와의 두려운 보좌 앞에"(Before Jehovah's Awful Throne, 1719) 같은 찬송가들을 밀어냄에 따라 칼뱅주의 신학은 예수 신앙에 굴복했다.

왜 이렇게 되었는지는 알기 어렵다. 역사적으로 중요한 변화가 하나의 이유만으로 일어나는 경우는 드문데 여기서는 원인들을 분리해내기가 특히 더 어렵다. 소비자주도 경제와 신중산층이 중요한 이유였다는 데는 의심할 나위가 없으며 미국의 자아개념 변화, 가족구성 변화, 과학발달, 성서비평, 비교종교도 중요한 역할을 했다. 예수 신앙은 종교 분야에서의 새로운 자유시장이라는 역동성에서도 출현했다. 모르몬교 창시자인 조셉 스미스 주니어는 자기가 19세기의 처음 4반세기 동안 뉴욕주 북부에서 자신에게 제시된 종교들의 표본을 수집했을 때 커다란 혼란을 겪었다고 인정했다. 여러 교파들이 있었는데 저마다 성경을 자기 방식대로 해석했다. 스미스는 "이 모든 교파들 중 누가 옳은가? 나는 이를 어떻게 할 수 있는가?"라고 물었다.[23] 그는 새로운 성경과 새로운 교회를 통해서 미국 종교에서의 "엄청난 다각화"에 대응했다. 그러나 대부분의 미국인들에게 그것은 대안이 아니었다. 최소한 19세기의 처음 수십 년 동안은 대부분은 침례교, 감리교, 장로교, 그리스도의 제자들 그리고 밀러주의자(Millerites)와 모

---

23   Joseph Smith-History 1:10, *Pearl of Great Price*에 수록된 글.

르몬교 사이에서 선택해야 된다고 생각했다. 그러나 19세기 중반 무렵에 설교자들은 보다 단순한 메시지를 제공함으로써 교파들의 새로운 바벨탑에 대응하기 시작했다. 그들은 예정, 자유의지, 성경 또는 세례(침례)를 마케팅하는 대신 종교 구매자들에게 예수와의 새로운 관계를 제공하기 시작했다.

이 관계는 인격적이었으므로, 설교자들은 예수가 사람이 되게 해야 했다. 그리고 그들은 이를 기쁘게 받아들여서 예수를 칼뱅의 복잡한 신학으로부터뿐만 아니라 교파들의 복잡한 행정 체제로부터도 분리시켰다. 복음주의자들이 그들의 신앙의 기반을 예수에게 더 많이 둘수록 예수는 더 인간이 되어가고 덜 신이 되어갔다. 복음주의자들은 점차 왕의 왕 예수 앞에서 위축되지 않고—성 보나벤투라의 말로 표현하자면—예수를 "알려지고, 사랑받고, 친밀해진" 사람으로 인식하고서 그에게 접근했다. 예수는 더 이상 방대한 신학 체계의 하나의 이정표가 아니라 19세기 중반에 살아서 숨쉬는 인간으로 등장했다.

이 점은 19세기 미국 종교의 진정한 혁명이었다. 미국주의의 부상(浮上) 또는 대중에 영합하는 설교자와 까다로운 청중의 출현을 훨씬 넘어서는 예수의 깨어남이 미국 역사 첫 세기의 주된 종교 현상이었다.

미국인들이 일단 기독교를 예수 신앙으로 보기 시작하자 그들은 미국을 예수 국가로 전환시키는 길로 접어들었다. 그러나 그들은 먼저 예수가 정확히 누구인지를 이해해야만 했다. 19세기 복음주의자들이 알고 사랑하고 모방해야 한다고 생각했던 이 인물은 누구였는가? 예수는 어떤 종류의 사람이었는가?

미국 종교의 여성화

이런 질문들에 대답하기 위해서는 19세기 초기 미국에서 예수를 알았고, 사랑했고, 모방했던 사람들을 살펴볼 필요가 있다. 지금까지 언급한 바와 같이 이들은 대부분 성경의 권위, 개인적인 개종의 필요, 부흥의 효능을 믿었던 복음주의 개신교인이었다. 그리고 대다수는 여성이었다. 물론 여성이 신도석을 차지하는 것이 전혀 이례적이지 않았다. 앤 브라우드가 언급한 바와 같이 사실상 미국 역사의 모든 종교 집단과 모든 시기에서 여성 신도가 남성 신도보다 많았다. 이르게는 1691년에 코튼 매더가 "세상에는 경건한 남성보다 경건한 여성이 훨씬 많다"고 불평했다. 그러나 교회들에서 여성 비율은 남북 전쟁 뒤에 상승했으며, 19세기 초에 계속 올라갔다. 공화국의 초기와 식민지 시대의 진정한 차이는 이제 여성들이 그들의 수적 우위를 영향력으로 바꾸기 시작했다는 점이다. 1700년대에는 회중이 여성화된 반면, 1800년대에는 예수가 여성화되었다.[24]

어떻게 "미국 종교의 여성화"가 일어났는지는 다소 논쟁거리다. 식민지 시대에는 칼뱅주의자의 하나님이 우주를 다스리듯이 아들들이 가부장이 되어 가정과 농장을 확고하게 다스리도록 양육되는 것이 표준이었다. 그러나 19세기 초 산업혁명 시기에는 남성들이 가족 농장에서 일하는 것이 아니라 공장에서 일하기 시작했다. 점차 여성들이 가사를 떠맡게 되었고, 가정은 더 이상 돈을 벌기 위해 노동하는 장소가 아니라 임금 노동을 위한

---

24 Cotton Mather, *Ornaments for the Daughters of Zion* (Boston: Samuel Phillips, 1691), 56-57; Richard D. Shiels, "The Feminization of American Congregationalism, 1730-1835," *American Quarterly* 33.1 (Spring 1981), 46-62. Ann Braude, *Women and American Religion*(New York: Oxford University Press, 2000)도 보라.

휴식처가 되었다. 그 과정에서 가족은 덜 가부장적으로 되고 보다 동료처럼 되었다. 특히 북동부의 백인 중산층 개신교인들 사이에서 "분리된 영역"이라는 새로운 엄격한 성역할 분리 이념이 확립되었다. 거기에서부터 이 이념이 흑인, 노동자 계급의 개신교인, 로마 가톨릭 신자, 유대교 신자 등 중산층이 되기를 열망하는 다양한 집단들로 확산되었다.[25]

이 이념이 여성을 가정이라는 사적 영역에 할당하고, 남성을 정치와 비즈니스라는 공적 영역에 할당했다. 한때는 미덕의 수호자였던 남성은 점차 비즈니스 세계에서는 미덕이지만 가정에서는 악덕인 공격성, 경쟁, 속임수를 연상시키는 존재가 되었다. 여성은 이제 복종과 같은 기독교 미덕의 모범을 보여주는 존재로 생각되었다. 전형적인 여성은 이제 더 이상 탐욕스럽고 유혹적인 하와가 아니라 경건하고, 순수하며, 침착한 마리아를 연상시켰다. 가사활동이 이루어지는 집에서 여성들은 재치 있게 자녀들을 그리스도인으로 키웠다. 여성들의 손에는 사과가 아니라 성경이 들려 있었고, 그들의 무릎에서 기독교 자체의 미래는 말할 것도 없고 미국의 미래가 양육되었다.

이러한 분리된 영역이라는 이념과 함께 새로운 형태의 경건이 출현해서 칼뱅주의와 부흥주의 모두에 대해 강력히 도전하고, 예수께 대한 헌신에 새로운 맥락을 제공했다. 1830년대 무렵부터 개신교와 가톨릭 모두 가정이 그리스도인의 생활의 중심으로 바뀌었으며 어머니들이 가정 신앙의 여대제사장이 되었다. 모든 교파의 그리스도인들은 자기 집을 종교 그림들

---

25 고전적인 "분리된 영역" 형성 이야기에는 다음 글이 포함된다. Barbara Welter, "The Cult of True Womanhood: 1820-1860," *American Quarterly* 18.2 (Summer 1966), 151-74; Linda K. Kerber, "Separate Spheres, Female Worlds, Womans Place: The Rhetoric of Women's History," *Journal of American History* 75.1 (June 1988), 9-39.

과 예수의 초상으로 장식했다. 어머니들이 자녀들에게 예수에 대해 가르칠 때 그들은 강한 자가 아니라 온유한 자에게 하나님의 축복을 제공하는 산 상수훈을 강조했으며 복종과 희생의 미덕을 보여주는 십자가 처형을 강조했다.[26]

"분리된 영역" 이념과 가정 신앙이 결합해서 여성들이 완전히 가정에만 묶여 있게 될 수도 있었겠지만 실제로는 그렇지 않았다. 여성들은 이 이념을 거부하면서도(공적 영역이 전적으로 남성의 탐욕과 교활함에 넘겨진다면 이 나라가 어떻게 되겠는가?) 이 이념의 권위에 의존해서 여성클럽, 여자대학, 여성 정치조직과 노동조직에 모였다. 이제 여성은 남성보다 도덕적·영적으로 뛰어나다고 여겨졌기 때문에 사회에서 여성의 영향력이 점점 더 소중해졌다. 많은 사람들이 통제되지 않고 제멋대로라고 생각했던 문화에 대항해서 개신교가 중심 역할을 하도록 고안된 다양한 초교파 자원봉사 단체가 부상하게끔 한 주요 세력은 여성들이었다. 이들 중 미국성서공회(1816년 설립), 미국주일학교연합(1824년 설립) 그리고 미국소책자협회(1825년 설립) 등과 같은 일부 단체들은 명백한 종교적 목적을 띠고 있었다. 미국금주협회(1826년 설립), 미국노예반대협회(1833년 설립)와 같은 단체들은 사회개혁에 초점을 맞췄다. 이러한 자원 봉사 단체들의 "자애로운 제국"에서 여성들이 대부분의 일을 처리했다.

또한 여성들은 집에서 나와 기도 모임과 부흥회에 참석했으며 당연히 교회에도 나갔다. 일부 여성들은 설교자가 되기도 했다. 그러나 기독교 미

---

26   Ann Douglas, *The Feminization of American Culture* (New York: Alfred A. Knopf, 1977); 그리고 Barbara Welter, "The Feminization of American Religion 1800-1860," Barbara Welter, *Dimity Convictions: The American Woman in the Nineteenth Century* (Athens: Ohio University Press, 1976), 83-102에 수록된 글을 보라.

덕의 주된 수호자라는 그들의 지위 덕분에 평신도 여성들도 교회에서 큰 영향력을 행사했다(그러한 영향력은 나아가 그들의 도덕적 권위와 영적 권위를 강화했다). 이전의 국교 체제에서는 사역자들이 교구민들의 관심사를 무시할 수도 있었다. 그러나 새로운 영적 시장에서는 성직자들이 신도들이 요구하는 것을 공급하는 경향이 있었다. 프린스턴 대학교의 사무엘 밀러 교수는 1827년에 "모든 교구에서 여성들은 일반적으로 정의하기는 어렵지만 저항할 수 없는 영향력을 가지고 있음"을 관찰했다. 그리고 그 영향력은 자석과 같은 성질이 있어서 여성은 끌어들이고 남성은 쫓아냈다. 1832년에 프랜시스 트롤로프는 "나는 종교가 여성에게 그렇게 영향력이 강하거나 남성에게 그렇게 영향력이 약한 나라를 본 적이 없고 그에 대해 읽어본 적도 없다"라고 썼다.[27]

가정, 교회 그리고 사회에서 여성의 영향력이 커짐에 따라 복음주의자들은 하나님을 남성적인 미덕들보다는 여성적인 미덕들과 결부시키기 시작했다. 설교자들은 구약의 호전성보다는 신약의 자비에 근거해 설교했고, 원죄나 신생아가 죽으면 지옥에 간다는 것과 같은 가혹한 칼뱅주의 교리들은 황급히 물러갔다. 하나님을 따뜻이 돌봐주는 어머니로 생각하기 시작하는 사람도 있었다. 셰이커 교도들은 신은 양성(兩性)이라고 말하고, 그들의 창시자 마더 앤 리를 여성 예수 그리스도의 도래로 제시했다. 같은 세기(19세기)의 뒤에 헬레나 블라바츠키와 신지론자들(Theosophists)은 신을 비인격적이고 성별이 없는 절대자라고 생각한 반면, 매리 베이커 에디와 크리

---

27   Samuel Miller, *Letters on Clerical Manners and Habits* (New York: n.p., 1827), 93-94; Welter, "The Cult of True Womanhood," 162. 여성 설교자들에 대해서는 Catherine A. Brekus, *Strangers and Pilgrims: Female Preaching in America, 1740-1845*(Chapel Hill: University of North Carolina Press, 1998)를 보라.

스천 사이언스 신도들은 "아버지-어머니 하나님"에게 기도를 드렸다.

예수의 여성화

미국 종교의 여성화의 중요한 효과 중 하나는 성자에 의해 성부가 무색해졌다는 것이다. 힌두교 변증자들은 오랫동안 숙달된 다신론자라도 한 번에 한 신만 예배할 수 있다고 주장해왔다. 이는 삼위일체파 그리스도인들에게도 해당하는 듯하다. 그들은 성부·성자·성령 하나님의 신성을 긍정하지만 자신의 대부분의 헌신을 세 분 중 한 분에게만 집중하는 듯하다. 식민지 시대의 청교도들에게는 그러한 헌신의 대상이 성부였다. 현대의 많은 오순절파들에게는 성령이 헌신의 대상이다. 19세기의 복음주의자들에게 그 대상은 성자였다. 그러나 남북 전쟁 전의 개신교인들은 예수에게 그들의 헌신을 보내는 데서 훨씬 더 나아갔다. 그들은 빅토리아 시대 여성의 이상형에 비추어 예수를 개조했다. 그들은 다른 미국인들이 여성과 남성을 구분했던 것과 같은 현격한 대조를 예수와 그의 성부에게 적용해서 예수를 경건하고, 순수하며, 사랑을 베풀고, 자비롭고, 온유하고, 겸손한 인물로 묘사했다.

이는 미국 기독교의 주요 변화 중 하나였지만 결코 갑작스러운 쿠데타는 아니었다. 제2차 대각성의 전체 기간 동안 많은 부흥주의자들은 계속 불과 유황을 설교했다. 예수라는 인물을 그리스도 직분으로 축소한 그들은 자기들의 구주를 오로지 속죄의 죽음의 관점에서만 정의했고, 속죄의 죽음은 하나님에 대한 빚을 지불한 것으로 묘사했다. 그들은 또한 계속 칼뱅주의자의 찬송을 부르면서 스티븐 마리니가 말한 바와 같이 "초기 미국 복음주의자들 중에는 많은 청교도들이 남아 있었다"는 것을 증명했다.[28] 미국 문화의 여성화는 더 일찍 시작되었을 수도 있지만 미국 종교의 여성화는 제 2차 대각성 뒤에야 시작되었다. 사실 그것은 부흥에 전혀 매료되지 않은 사역자들에 의해서 최초로 표현되었다.

헨리 워드 비처는 어린 시절에 칼뱅주의자 설교자인 엄한 부친 리만 비처의 가부장적인 개신교와 그가 겨우 세 살이었을 때 사망한 자애로운 모친의 종교라고 생각했던 모성적 개신교 사이에 끼어 있었다. 성인이 된 뒤 그는 자기가 모친에 대해 느꼈던 애정을 배반하지 않으면서도 선택 받은 사람으로서 부친을 대할 수 있게끔 진정으로 회심하기 위해 애썼다. 그는 비록 자신의 부친이 상상했을지도 모르는 정확한 형태로는 아니었지만 어느 해 5월 아침에 숲 속에서 이를 경험했다. 훗날 비처가 한 설명은 그의 자유주의 신학으로 채색되기는 했지만 그것이 우리가 입수할 수 있는 가장 정확한 설명이다. 이 설명은 비처의 변화와 미국의 종교가 이 시기에 겪고 있던 변화 모두를 증언해준다. 이를 다소 길게 인용할 가치가 있다.

> 하나님께서는 방황하는 내 영혼에 다음과 같은 아이디어를 보여주시기를 기뻐하셨다. 죄 가운데 있는 인간을 사랑하셔서 그를 죄에서 빠져나오도록 도와주시는 것이 하나님의 본성이다. 하나님께서는 그리스도에 대한 찬사에서나 율법 또는 구원의 계획에 따라 이렇게 하시는 것이 아니라 자신의 넓은 마음에서 이렇게 하신다. 하나님께서는 죄로 인해 미칠 정도로 화를 내시는 것이 아니라 이를 유감스럽게 생각하시는 분이다. 하나님께

---

28 Stephen Marini, "Hymnody as History: Early Evangelical Hymns and the Recovery of American Popular Religion," *Church History* 71.2 (June 2002), 305.

서는 죄인에 대해 분노하시는 것이 아니라 그를 가엾게 여기신다. 요약하자면 하나님께서는 내 어머니가 나를 대하듯이 나를 대하신다. 내가 잘못하면 어머니 눈에 눈물이 흘렀고, 어머니는 내가 잘못했을 때 가까이 오셔서 간곡한 사랑으로 기꺼이 나를 문제에서 꺼내주시곤 했다. 그리고 예수 그리스도께서는 그런 성향이 있으며, 그의 제자들이 잘못했을 때 예수께서는 그들을 자신에게 전보다 더 가까이 이끄셨고, 자만, 질투, 경쟁심 그리고 온갖 천박하고 세속적인 감정들이 제자들의 마음에서 곪아터지고 있을 때 예수께서는 이러한 연약함을 치유하는 약처럼 자신의 마음을 그들에게 열어 주셨음을 내가 발견했을 때—내가 사람을 연약함에서 강함으로, 불결함에서 선함으로, 천하고 비열한 모든 것에서 뛰어남으로 끌어올리는 것이 그리스도의 본성임을 발견했을 때—나는 내가 하나님을 발견했다고 생각했다.[29]

비처는 자연에서 자신의 사랑스러운 구주를 발견한 반면 그의 동시대인들 중 일부는 이미지에서 그를 발견했다. 판화의 발달로 인해 19세기 전반에 석판화들이 일반인이 구입할 수 있을만큼 저렴해졌고, 19세기 후반에는 망판화들도 저렴해졌다. 칼뱅주의의 사망(그리고 이와 함께 기독교 시각 문화에 대한 금지의 사망)으로 인기 있는 종교 그림이 널리 보급되도록 허용되었고, 이로써 이 가정 신앙 시대 동안의 미국 가정에 신성한 분위기가 덧붙여졌다. 삽화 책들과 집에 진열하기 적합한 그림들에 예수의 이미지가 만연해짐에 따라 미국인들은 점차 텍스트뿐만 아니라 이미지를 통해 하나님께 접근하

---

29   Gary Dorrien, *The Making of American Liberal Theology: Imagining Progressive Religion, 1805-1900* (Louisville, Ky.: Westminster John Knox Press, 2001), 185.

게 되었고, 이 이미지들은 그들의 헌신을 강화했다. 이렇게 대량 생산된 그림들에서 예수는 종종 연약한 아기나 통통하고 귀여운 아기로 표현되었다. 19세기에 크리스마스가 "미국 문화에서 주요 종교 행사"로 떠오른 것도 이러한 인식을 강화했다. "저 맑고 환한 밤중에"(1849)와 "오, 작은 마을 베들레헴"(1849) 같은 인기 있는 크리스마스 찬송가도 마찬가지였다.[30] 그러나 예수도 대체로 어머니같은 자세(pose)로 제시되었다. 19세기 미국의 가장 인기 있는 종교 이미지들 중 하나인 베른하르트 플록호스트의 "아이들을 축복하는 그리스도"(1885)는 유럽의 "마돈나와 아이" 그림들에서 빌려왔지만, 이 경우에는 흠모하는 그리스도의 무릎 위에 통통하고 귀여운 아기가 앉아 있다.

　이러한 어머니 같은 예수는 유서깊은 석판인쇄회사인 커리어 앤 이브스에 의해 특히 효과적으로 전파되었다. 오늘날에는 주로 유명한 증기선들과 대통령들의 사진으로 기억되는 커리어 앤 이브스는 또한 수백 장의 종교 석판화도 생산했다(미술사가인 데이비드 모건에 따르면 540점을 만들어냈다). 이 이미지들의 대부분은 개신교인들에게 팔렸지만, 상당수(모건의 계산에 따르면 229점)는 로마 가톨릭 구매자들에게 팔렸다.[31] 스페인어를 쓰는 가톨릭 교도들을 위해 만들어진 이미지인 "바다 위를 걷는 그리스도"(El Señor, Andando Sobre el Mar)는 물 위를 걷고 베드로를 바다에서 구원하는 극히 여성적인 예수를 묘사한다. 밝은 후광에 둘러싸인 그의 머리칼은 우아하게 다듬어졌다. 그의 얼굴은 아름답고, 그의 목과 손가락들은 길고 유약하다.

30　Leigh Eric Schmidt, *Consumer Rites: The Buying and Selling of American Holidays* (Princeton, N. J.: Princeton University Press, 1995), 182

31　David Morgan, *Protestants & Pictures: Religion, Visual Culture, and the Age of American Mass Production* (New York: Oxford University Press, 1999), 181.

길게 흘러내리는 그의 옷 아래로는 마치 그의 부드러움을 강조하려는 듯이 그의 넓은 엉덩이가 그림의 중심을 향해 불거져 있다. 이는 틀림없이 여성적인 구세주다.

그리스도인 양육

빅토리아 시대 미국의 가장 영향력 있는 신학자라고 할 수 있는 호레이스 부쉬넬도 예수를 여성화한 초기 인물 중 하나였다. 그와 동시대 인물인 비처와 마찬가지로 부쉬넬은 복음주의를 현대 세계에 맞추기 위해 노력했다. 조너선 에드워즈는 칼뱅주의와 복음주의에 양다리를 걸치고서 마음의 종교와 머리의 종교를 통합한 반면, 부쉬넬의 "점진적 정통"(Progressive Orthodoxy)은 자신이 소년 시절에 좋아했던 에머슨과 콜리지의 낭만주의와 자신이 예일 신학교 학생 시절에 배웠던 새로운 신성(New Divinity) 신학을 중재했다. 낭만주의자인 부쉬넬은 언어의 모호성에 탐닉해서 신조들과 심지어 성경까지도 시로 읽혀야 한다고 주장했다. 새로운 신성 신학자로서의 그는 십자가 처형을 참견하는 신에 대한 채무를 만족시키는 대리 지불이라고 보는 지배적인 견해를 거절했지만, 죄와 대속적인 속죄(vicarious atonement)를 설교했다. 부쉬넬은 속죄(atonement)를 배상금(ransom)과 동일시하는 대신 십자가를 기꺼이 인간과 함께 고통을 받으려 함으로써 하나님의 사랑을 보여준 구세주 사랑의 행위로 보았으며, 십자가가 도덕적 삶을 위한 모델을 제공한 것으로 보았다.

부쉬넬의 가장 독특한 신학적 입장은 자기개발에 대한 그의 이해였다. 부쉬넬은 공화국의 자수성가한 사람에게 관심이 없었다. 그는 또한 인기 부흥사들(그들은 에이브러햄 링컨의 말로 표현하자면 종종 자신들이 "싸우는 벌들"이라도 되는 것처럼 몸짓으로 표현했다)의 "미친 듯한 태도"에도 감동되지 않았다. 부쉬넬에 의하면 좋은 성품은 저절로 개발되거나, 미친 복음주의자에 의해 개발되거나, 의도가 좋은 자유주의자에 의해 개발되는 것이 아니라 잘 보살펴주는 어머니들에 의해 배양되었다. 『그리스도인의 양육에 관한 담화』(*Discourse on Christian Nurture*, 1847)에서 부쉬넬은 아이들로 하여금 하고 싶은 대로 행동하도록 내버려둔 채로 부흥운동 진영의 인위적인 압력하에 그들에게 새로운 마음을 불어넣으려고 하는 것은 어리석은 짓이라고 주장했다. 부쉬넬에 따르면 예수를 알게 되는 것은 사건이라기보다는 과정인데, 이는 가정에서 어머니에 의해 가장 효과적으로 수행되었다.[32]

이후 19세기에 하나의 이상으로 출현하게 될 용어인 **인격**(personality)과 마찬가지로, **성품**(character)은 개성(individuality)을 암시하게 되었다(성품은 한 사람을 다른 사람과 구별시키는 특질들의 총합으로 본다). 그렇지만 19세기 중반에는 이 용어는 불순응보다는 순응을 내포했다. 최소한 지도적인 개신교 사상가들에 의해 사용될 때에는, 성품이 좋은 사람은 기독교의 이상에 순응하고 기독교의 미덕을 보여주는 사람이었다. 보다 정확하게는 성품은 개신교의 이상과 미덕에 순응함을 의미했다. 사실 공화국 초기의 그리스도인의 성품 배양에 연료를 제공했던 에너지의 많은 부분은 가톨릭 이민자들에 대한 두려움에서 나왔다. 예컨대 가톨릭 교도들이 개신교의 금주 규범을 지키지 않는 것은 많은 사람들에게 이 나라의 안정성을 위협하는 것으로 보였다. 이 성품 개념을 이용해서(그리고 이후의 사기 이론을 예견하고서), 부쉬넬은 다루기 힘든 청소년에게 중생을 주입하려고 하는 것은 지는 싸움

---

32   Bushnell, *The Character of Jesus*, 38; Wigger, *Taking Heaven by Storm*, 48.

이라고 주장했다. 그에 의하면 아직 어리고 어머니의 보호를 받고 있는 동안에 그리스도인이 되게 할 필요가 있었다. 그런데 어머니들이 어떻게 자녀가 그리스도인의 성품을 갖도록 배양할 수 있는가? 그리고 그리스도인의 성품은 정확히 무엇인가? 부쉬넬은 예수께 향함으로써 이러한 질문에 대답했다.

복음주의 세기의 다른 많은 미국인과 마찬가지로 부쉬넬도 예수에게 사로잡혔다. 그에게는 기독교가 예수였고, 예수가 기독교였다. 그러나 예수에 관해 중요한 것은 그의 신학도, 그의 힘도 아니었다. 부쉬넬은 이렇게 썼다. "예수의 힘은 그의 성품과 분리된 그의 기적이나 가르침이 아니라 주로 그의 성품의 위엄에서 나온다. 기적은 주의를 끌 때 유용하고 그의 교리는 말을 통해서 진리에 대해 전달할 수 있는 최고의 계시로서 언제나 유용하지만, 복음의 가장 위대한 진리는 그리스도 자신이다."[33] 부쉬넬에 의하면 그리스도인이 된다는 것은 하나님과 인간으로서의 예수의 이중 성격이라는 형이상학을 이해하는 것이 아니었다. 그것은 예수의 성품을 깊이 생각하고, 자신을 그 성품에 일치시키는 것이었다. 그리스도를 본받는 이 과정에서 사고(思考)는 감정의 뒷전으로 밀려났다. 중요한 것은 예수와의 친밀한 유대를 발전시키는 것이었다. "우리는 하나님의 완벽하심에 대한 신학적 정의를 원하지 않는다. 우리는 우리가 인간이라고 느낄 수 있고, 우리가 충분히 받아들이고 사랑할 수 있는 친구를 원한다. 그분이 아주 가까이 오시게 하라."[34]

부쉬넬은 때때로 제2차 대각성 시기의 부흥 운동자들을 따라 예수를

33   Horace Bushnell, *Sermons for the New Life* (New York: Charles Scribner, 1858), 200.
34   Smith et al. 편, *American Christianity*, 2.273.

예컨대 "갈릴리의 촌스런 장사꾼"과 같은 대중주의자의 용어로 묘사했다. 그렇지만 부쉬넬은 예수의 남성적 속성보다 여성적 미덕들을 훨씬 더 강조했다. 『예수의 성품』(*The Character of Jesus*, 1861)에서 부쉬넬은 거듭해 자연으로부터의 비유를 통해서 예수를 묘사했다. 그리스도인의 성품 배양을 유기적으로 이해하는 것과 궤를 같이해서, 그는 예수의 성장을 꽃의 개화에 비유했다. 예수의 어린 시절은 "일종의 천상의 꽃"이었다. 그는 젊은 시절에는 "다른 세계에서 우리에게 날아온 향기"를 발산하는 "신성한 꽃"이었다. 죽을 때에 그는 "십자가 위에 축 늘어진, 짓이겨진 꽃"이었다.[35]

마리아에 의해 양육되고 예수에 의해 실현된 순응하는 성품은 친절하고, 겸손하며, 인내심이 있었다. 그 성품은 불평하거나 저항하지 않고 고통을 견디며, 언제나 하나님의 뜻에 굴복했다. 부쉬넬의 예수는 가난한 사람들을 동정했으며, 그들은 "예수를 자신의 친구로 알았다." 그는 세상의 성공을 갈망하지 않았고, 속임수가 전혀 없었다. 그의 성품이 발현될 때, 그는 죄뿐만 아니라 이기심도 없이 완전히 순수한 사람이 되었다. 부쉬넬에 따르면 예수는 "어떤 파괴적인 열정에 의해 행동하지도 않았고, 자기보다 못한 사람들에게 친절했으며. 아무에게도 잘못하거나 피해를 입히지 않은, 완전히 무해(無害)한 존재"였다. 죽을 때, 그는 "거룩하고, 무해하고, 더럽혀지지 않았다." 요컨대 예수는 부쉬넬이 "수동적 미덕"이라고 부른 것들을 완전히 보여준, 동정심이 있고 친구 같은 인간이었다.[36]

어머니들에게 그들의 구주를 본받으라 하고, 자녀들에게 자기 어머니를 본받으라고 한 부쉬넬의 촉구는 그의 시각을 대중문화로 전환한 많은

---

35   Bushnell, *The Character of Jesus*, 36, 10, 17.
36   Ibid., 44, 15, 17, 27.

조언 매뉴얼과 아동 도서들이 쏟아져 나오도록 하는 데 도움이 되었다. 그러나 부쉬넬은 여전히 신학자로 남아 있었는데, 19세기에 신학은 많은 미국인들에게 금기어(禁忌語)였다. 신학을 버리고 도덕성을 취했던 제퍼슨과 마찬가지로 부쉬넬이 살았던 당시의 복음주의자들은 급속도로 신학에서 경험으로, 그리고 경험에서 이야기하기로 전환하고 있었다. 헨리 스틸 커매거와 앤 더글러스 같은 역사가들은 이 시기의 "신학의 상실", 즉 종교계가 사고에서 감정으로 이동한 데 대해 한탄했다.[37] 그들에게 동의할지 여부는 칼뱅주의 신학을 어떻게 생각하는가에 달려 있다. 당시에 교리들은 대체로 남성 신학자들을 연상시켰고, 이야기들은 "휘갈겨 쓰는 여성들"을 연상시켰기 때문에 위의 역사가들에 대한 동의 여부는 여성을 어떻게 생각하는가에 의존할 수도 있다. 아무튼 복음주의 세기에 미국인들은 점차 신학을 진정한 종교에서 벗어난 것으로 보게 되었다. 부쉬넬과 비처의 여성적인 예수가 19세기 미국에서 진정으로 대중화되려면 신학 논문들보다 훨씬 더 접근하기 쉬운 형태로 성육신해야만 했다. 그는 교리에 대해 죽고, 이야기 형태로 부활할 필요가 있었다.

"이야기에 사족을 못 쓰다"

자기들 전후의 다른 많은 미국인들과 마찬가지로 복음주의 설교자들은 그들의 필요를 채워주고 그들의 욕구를 충족시켜주는 성경 구절을 골라 "정

---

37   Henry Steele Commager, *The American Mind* (New Haven: Yale University Press, 1950), 165; Douglas, *The Feminization of American Culture*, 121-64.

경 안의 정경"을 만들어 사역했다. 복음주의 설교자들은 곧장 예수의 윤리적인 말씀들로 나아가지 않고 예수에 관한 이야기들, 특히 그의 여성들과의 교류에 관한 이야기들을 강조했는데, 그들은 이 이야기들이 복음의 중심에 놓여있는 삶을 드러낼 것으로 믿었다. 사역자들은 이러한 성경 이야기들을 신선한 세부 내용과 새로운 갈등으로 윤색해서 청중을 즐겁게 했다. 그들은 또한 성경에서 더 나아가 그들 자신과 예수의 관계에 관한 일화들을 들려줬다. 해리엇 비처 스토는 1872년에 다음과 같이 썼다. "내게는 세상이 제2의 아동기로 돌아가고 있고, 이야기들에 사족을 못쓰는 것으로 보인다. 곧 모든 지도적인 성직자들은 자신의 신학을 일요일마다 설교단에서 들려 줄 일련의 이야기로 표현할 필요가 있을 것이다". 5년 뒤에 보스턴의 가장 사랑받는 설교가이자 남북 전쟁 이후 시기의 "설교단의 왕자들" 중 한 명인 필립스 브룩스는 (특히 스토로부터의) "인쇄 경쟁"이 한때 미국의 설교들을 지배했던 "진부한 문구와 추상적 개념의 단조로운 반복"을 거의 제거했다고 동의했다.[38]

이러한 새로운 설교 스타일이 등장한 것과 더불어 새로운 소책자들과 새로운 성경들이 나왔는데, 이 중 많은 책들이 아이들에 둘러싸인 예수나 아이들 자신의 이미지 삽화를 넣었다. 미국소책자협회의 유인물들에서는 교화(敎化)뿐 아니라 오락도 겨냥한 드라마가 교리를 눌렀다. 소책자 판매자들은 1센트짜리 신문 판촉자들을 모방해서 자기들의 상품을 "진정한 이야기들(authentic narratives)"이라고 선전했다."[39] 미국소책자협회는 제지, 인

---

38 Harriet Beecher Stowe, *My Wife and I* (New York: J. B. Ford and Company, 1871), 1-2;
    Phillips Brooks, *On Preaching* (New York: Seabury Press, 1964), 12.

39 David Paul Nord, "The Evangelical Origins of Mass Media in America, 1815-1835"
    Journalism Monographs 88 (May 1984), 22.

쇄, 유통 분야의 첨단 기법을 이용해서 이 나라를 예수로 뒤덮으려 했다. 미국성서공회도 유사한 기법을 이용해서 모든 가정에 성경이 비치되도록 노력했다.

왕성한 성경 구매자들인 미국인들은 처음에는 미국성서공회의 단순하고 저렴한 텍스트들에 만족했지만, 궁극적으로는 1846년에 처음 등장했을 때 1600장의 삽화(여성 그림이 많음)와 금박을 입힌 모로코 바인딩을 자랑한 하퍼의 삽화 성경과 같이 보다 사치스런 성경을 좋아하기 시작했다. 19세기에 출판된 인기 있는 대부분의 새 성경들(이 성경들은 종류가 매우 다양했다) 중 많은 성경들이 광범위한 주석, 차트, 설명, 스터디 가이드, 삽화들을 포함시켰다. 폴 거트자에 따르면 미국인들은 점점 더 이러한 추가 사항들을 요구하게 되었고, 많은 경우 텍스트 자체를 읽기보다 추가사항들을 보기를 더 좋아했다. 1810년대에 출판된 성경 중 16퍼센트만이 삽화를 포함하고 있었지만, 1870년대에는 59%가 삽화를 포함했다.[40]

새로운 이야기 설교, 이야기 소책자 그리고 삽화 성경에서 조금만 더 나아가면 새로운 인기 문학 장르인 종교 베스트셀러가 될 수 있었다. 성속의 새로운 결합은 매우 잘 어울렸다. 종교적 주제가 소설을 고상해지게끔 했고, 픽션은 종교에 재미를 불어넣었다. 이전의 개신교인들은 픽션(사실은 시각 예술을 포함한 모든 상상력의 작품)을 악마와 연결시켰지만, 당대의 개신교인들은 개종 경험에 관한 개인적 권고에 몰두해서 종교 이야기의 문이 열렸다. 19세기 전반에 복음주의자들은 픽션도 영적인 용도로 사용될 수 있음을 알게 되었다. 19세기 중반 무렵에는 그들은 피니의 "새로운 수단들"을 받아들인 것과 똑같은 실제적인 이유로, 즉 그 수단들이 죄인들을 예수

---

40   Gutjahr, *An American Bible*, 37.

께로 나아오게 하는 데 효과가 있었기 때문에 종교 소설들을 열렬히 포용했다.

그 결과 새로운 형태의 미국 대중문화가 탄생하고 종교적 주제를 띤 베스트셀러 소설들이 범람하게 되었다. 이 소설들의 대부분은 성직자나 여성들, 즉 앤 더글러스가 『미국 문화의 여성화』(*The Feminization of American Culture*)에서 종교의 여성화를 이끈 두 그룹이라고 적시했던 사람들이었다. 이 소설들은 모두 교리보다 경험에, 그리고 공식보다 감정에 우위를 두었다. 많은 소설들이 감상적인 개신교 전파를 위한 강력한 도구가 되었다. 예컨대 엘리자베스 스튜어트 펠프스의 『불화하는 문들』(*The Gates Ajar*, 1869)은 천국을 부엌과 생강 과자 및 서재와 심포니 오케스트라로 채워진 중산층 가정의 행복한 장소로 묘사했다.

19세기의 많은 인기 소설 중에는 명백히 그리스도의 모형인 여주인공들이 포함되었다. 가장 유명한 인물들은 해리엇 비처 스토의 『톰 아저씨의 오두막』(*Uncle Tom's Cabin*, 1852)에 나오는 꼬마 에바와 톰이었다. 이 19세기 베스트셀러 소설은 무엇보다 노예제도 폐지론자 소책자였다. 이 소설은 노예 제도의 인간적 비용을 매우 효과적으로 보여주었는데, 에이브러햄 링컨은 이 소설의 저자를 "이 위대한 전쟁을 시작하게 한 책을 쓴 작은 여인"이라고 불렀다고 전해진다. 그러나 스토의 가계에 비춰볼 때 『톰 아저씨의 오두막』이 종교적일 뿐만 아니라 노예 폐지론자의 고전이었으며, 미국 종교의 여성화에 대한 선도적인 예였다는 사실이 놀라운 일은 아니다.

"미국법의 그늘 아래서 그리고 그리스도의 십자가 그늘 아래서" 벌어지는 이 소설에서 스토는 그리스도인 가정을 자애로운 어머니들이 아침 식사와 함께 사랑을 베푸는 안식처로 묘사한다. 이 책에 나오는 여성들은 남성들보다 훨씬 더 고결하며, 남성들의 구원은 설교단을 두드려대는 설교자들의 과다한 불과 유황 설교보다 그들의 어머니들의 섬세한 영향에 더 좌우되었다. 한 여성은 "신약의 직접적인 구현이자 화신"으로 불렸지만, 이 책에서 진정으로 그리스도를 나타내는 인물들은 천사 같은 다섯 살 난 백인 소녀인 꼬마 에바와 흑인 노예인 톰 아저씨다. 두 인물 모두 19세기 미국에서 예수에게 덧붙인 여성적인 특질을 보여준다. 그들은 경건하고, 수동적이며, 순종적이고, 희생적이다. 그들은 생각하는 것보다 더 많이 느낀다. 그들은 받는 것보다 더 많이 준다. 그들은 또한 동료들에게 헌신한다. 사실 이 두 사람은 그들을 가르는 나이와 인종의 간극에도 불구하고 빠르게 친구가 된다. 결국 두 사람 모두 그리스도처럼 죽음으로써 자신을 내어 주는 하나님의 사랑의 복음의 열정과 확산을 개괄한다. 스토는 톰은 "검은 피부에 쌓인 모든 도덕적 및 기독교적 미덕"이며 꼬마 에바(공식적으로는 에반젤린[Evangeline])는 "에반젤(evangel)", 즉 복음 자체라고 썼다.[41]

스토 같은 감상적인 소설가들에게는 그 복음은 '하나님은 사랑'이시라는 것이었다. 더욱이 사람은 하나님의 형상대로 창조되었기 때문에 인간은 서로 사랑할 수 있고 예수를 사랑할 수도 있다. 이런 형태의 기독교는 신에 대한 정확한 교리에 관한 것이 아니다. 그것은 개인과 예수 사이 그리고 인간 자신들 사이의 진정 어린 인간관계에 관한 것이다. 『톰 아저씨의 오두막』과 그 시기의 감상적인 다른 소설들에서 이 관계들이 단절될 때, 즉 죽음이 아들을 어머니에게서 빼앗아 가거나, 노예 경매로 아버지를 그의 가족에게서 빼앗아 가거나, 무신론이 피조물을 창조주로부터 분리시키면 드라마의 흐름이 빨라진다. 그리고 『톰 아저씨의 오두막』의 끝 부분에서 노

41   Harriet Beecher Stowe, *Uncle Tom's Cabin: Or Life Among the Lowly* (1852; New York: Penguin Books, 1986), 45, 14, 16장, http://xroads. virginia.edu/~ HYPER/STOWE/ stowe.html.

예 소유를 찬성하는 무신론자인 시몬 리그리가 톰을 잔인하게 때려죽일 때
이 모든 요소들이 한데 모인다. 그러나 톰은 미워하기를 거절함으로써 승
리한다. 톰이 잔인하게 죽임당한다는 사실이 아니라, 그가 자신을 죽인 자
를 용서하고 끝까지 사랑한다는 사실이 그를 그리스도처럼 되게 한다. 그
사랑이 두 친구 캐시와 에멀린을 노예 상태에서 구하고, 다른 두 노예인 삼
보와 큄보를 기독교의 울타리 안으로 들어오게 한다. 이 소설보다 이전에
존재했고 이 소설을 유발했던 칼뱅주의와 마찬가지로, 이 소설에서 설교된
기독교는 죄, 고통, 구원에 관한 것이다. 여기서도 무죄한 사람들의 고통이
사악한 사람들을 그들의 죄에서 구원했다. 그러나 이 소설은 죄 있는 사람
들의 죄를 죄 없는 사람들에게 옮기는 대속의 논리를 따라서 구원하지 않
았다. 스토의 예수와 마찬가지로 톰과 에바는 자신을 내어 주는 사랑의 역
설적인 힘을 보여줌으로써 구원한다. 우리는 에바와 톰의 예를 볼 때 노예
제도의 사악함만을 보는 것이 아니라, 인간 안에 내주하는 하나님도 본다.
이 소설에서 예수 자신에 대해 유일하게 명시적으로 묘사한 부분은 그가
시각 장애인을 치료했고 어린아이들을 받아주었다고 언급하는 부분뿐이라
는 것은 우연이 아니다. 스토에 따르면 복음서에서 예수는 빅토리아 시대
여성의 희생적인 자아의 모범을 보여준다. 그의 존재를 마음속에 진정으로
느낀다면 증오에서 사랑으로, 죄에서 구원으로 거듭난 것이다.[42]

예수를 보다 명시적으로 각색한 다른 소설들도 이례적으로 잘 팔렸다.
유니테리언 사역자인 윌리엄 웨어는 종교와 상상력을 혼합하는 데 반대하
는 청교도의 강력한 편견 속에서 베스트셀러를 쓴 최초의 인물이었다. 그

---

42   Dan McKanan, *Identifying the Image of God: Radical Christians and Nonviolent Power in
      the Antebellum United States*(New York: Oxford University Press, 2002)를 보라.

의 『줄리안: 또는 유대의 경치』(*Julian: Or, Scenes in Judea*, 1841)는 앞으로 나오게 될 많은 예수 소설들의 기본 윤곽을 개발했다. 예수 자신이라는 기준을 취하는 대신(이 기준은 최소한 당분간은 설교와 성경의 배타적 영역에 머물렀다), 웨어는 (유니테리언주의자의 입장에서이기는 하지만) 궁극적으로 예수를 자신의 구주로 받아들인 회의론자였던 줄리안에 초점을 맞췄다. 새롭게 발견된 예수의 인기를 이용한 두 번째 소설인 『다윗가의 왕자』(*The Prince of the House of David*, 1855)도 사역자에 의해 쓰였는데, 이번에는 미시시피주의 감독교회 사제인 조지프 홀트 잉그레이엄이 나섰다. 웨어의 『줄리안』과 마찬가지로 잉그레이엄의 소설도 예수 자체를 바라보기를 회피했다. 마치 예수를 바라보면 일식이 눈에 미치는 위험만큼이나 큰 위험을 영혼에 가하기라도 하듯이 말이다. 이 소설도 어느 회의론자의 불신앙에서 (이번에는 감독주의의) 신앙으로의 순례에 초점을 맞추지만, 이 소설은 예수의 성품을 더 완전하게 발전시켰다. 잉그레이엄에게는 예수는 (무엇보다도) 극심한 두통을 견디는 등 영적으로뿐만 아니라 신체적으로도 고통을 받은, 동정심이 있는 신인(神人)이었다.

이 새로운 장르의 절정은 남북 전쟁 당시 장군이었던 루 월리스가 쓴 『벤허, 그리스도의 이야기』(*Ben-Hur, a Tale of the Christ*, 1880)였다. 월리스의 소설은 『톰 아저씨의 오두막』보다 더 많이 팔린 것으로 추정되는데, 그를 "시어스-로벅 픽션의 호메로스"라 놀리는 사람들도 있었다. "벤허" 영화(이 영화의 유명한 마차 경주 장면은 "스타워즈 에피소드 I"에도 나온다)와 마찬가지로, 이 소설은 종교와 오락의 밀접한 결합에 더이상 현기증을 느끼지 않는 시대의 산물로서 진정한 활극이었다. 『줄리안』, 『다윗가의 왕자』에서와 마찬가지로 이 소설에서 예수는 침착하게 기다리다가 절정 부분에서 개종을 촉진하기 위해서만 등장한다. 『벤허』가 종종 남성적인 소설이라고 묘사되기는 하지만, 월리스 장군의 예수는 여성적이다. 그는 "눈물이 글썽글썽하는 여성같은 얼굴"과 "가냘프고 굽은 몸과 긴 머리카락"의 소유자였다. (지지자들과 험담꾼들에 의해) 싸우도록 도발될 때, 이 "사랑과 평화"의 설교자는 칼을 들기를 거절했다. 월리스의 관찰에 의하면 그는 "가장 비호전적인 인물"이다.[43]

이 소설들 모두는 독자들에게 대리적인 영성을 제공했다. 이 소설들은 많은 사람에게 일요일 예배를 대체해서 사랑스러운 구주와 관련을 맺는 또 다른 방법을 제공했다. 그리고 어떤 사람에게는 교회에 대한 대체물과 성경에 대한 대체물을 제공했다.

예수의 생애 소설들

그리스도의 모형이면서 예수가 전면에 드러나지 않는 이런 소설들과 더불어 미국의 저자들은 보다 직접적으로 예수의 생애에 관한 글을 썼다. 이 장르는 영국 성공회파 소속인 폴 라이트의 『우리의 복되신 주님이자 구주이신 예수 그리스도의 새롭고 완전한 생애』(The New and Complete Life of Our Blessed Lord and Saviour, Jesus Christ, 1795)의 출판으로 미국에 최초로 도입되었지만, 예수께 관심을 가져서 교회에 나가기는 하지만 교회로부터 충분히 독립적이어서 자신들이 마태복음, 마가복음, 누가복음, 요한복음을 개선할

---

43   Allene Stuart Phy, "Retelling the Greatest Story Ever Told: Jesus in Popular Fiction,"
      Allene Stuart Phy 편, *The Bible and Popular Culture in America* (Philadelphia: Fortress
      Press, 1985), 48에 수록된 글; Lew Wallace, *Ben-Hur: A Tale of the Christ* (New York:
      Harper and Brothers, 1880), 523, 528.

수 있다고 믿었던 회의주의 학자들의 손에 의해 유럽에서 다듬어졌다. 슈트라우스의『예수의 삶』(Das Leben Jesu)과 르낭의『예수의 생애』(Vie de Jésus) 같은 개척기 작품들은 재빨리 영어로 번역되었으나(전자는 조지 엘리어트에 의해 번역됨), 어느 작품도 미국인들의 상상력을 사로잡지 못한 듯하다. 급진적인 유럽 계몽운동의 산물인 두 작품은 미국인들의 취향에는 너무 회의적이었다. 그래서 19세기 동안 미국 작가들은 경건하고 인기 있는 예수의 생애에 관한 작품들을 끝없이 만들어냈다. 어머니들이 자녀들에게 예수 이야기를 들려주도록 도움을 주기 위해서 그리고 성인 독자들을 만족시키기 위해서 삽화를 많이 수록한 작품이 많았다. 쇼토쿼의 뉴욕 타운에 있는 종교 휴양지의 그리스도 홀(테디 루스벨트가 한때 "미국에서 가장 미국다운 장소"라 불렀던, 자유주의적 개신교 교파의 요새)은 예수의 생애에 관한 수천 종의 소설을 수집했다. 이 시기의 감상적 소설들과 마찬가지로 이 책들 대부분은 남성 성직자나 여성 저자에 의해 쓰였다. 유니테리언주의자인 헨리 웨어 주니어(윌리엄 웨어의 아버지), 초월주의자인 제임스 프리먼 클라크, 장로교도인 토머스 드위트 탈매지, 그리고 회중주의자인 리만 애보트 모두 자신의 교구민에게 적합한 예수의 생애를 만들어냈다. 해리엇 비처 스토와 엘리자베스 스튜어트 펠프스(또 다른 베스트셀러 저자)는『주의 발자국』(Footsteps of the Master, 1877)과『예수 그리스도 이야기』(The Story of Jesus Christ, 1897)를 발표했다.

빅토리아 시대의 예수의 생애 소설들 중 가장 영향력이 컸던 소설은 헨리 워드 비처의『예수, 그리스도의 생애』(The Life of Jesus, the Christ, 1871)였다. 비처는 1847년부터 1887년에 사망할 때까지 사역했던 뉴욕시 브루클린 하이츠의 플리머스 회중교회의 설교단에서 자신의 견해를 퍼뜨렸다. 다작(多作) 작가였던 비처는 초교파 정기 간행물인「인디펜던트」

(*Independent*)와 「크리스천 유니온」(*Christian Union*)을 편집했고 베스트셀러 종교 소설인 『노어우드』(*Norwood*, 1867)를 썼다. 비록 그는 자신의 부친을 따라 보수적인 복음주의자로 시작했지만 차츰, 특히 1863년 그의 부친 사망 후 다소 자유주의적으로 바뀌었다.

비처는 독창적인 사상가는 아니었지만(그의 신학은 "간접적인 에머슨주의 [초월주의]로 불렸는데 이는 옳은 지적이다), 그의 본질적으로 "자유주의적인 복음주의"는 남북 전쟁 뒤 본류 복음주의와 점차 구분되어감에 따라 자유주의적인 개신교 대중화에 도움이 되었다. 그는 낭만주의 시와 미국의 초월주의자들을 이용해서 인간의 본질적인 신성 및 그리스도인과 예수 사이의 개인적인 관계의 가능성을 찬미했다. 그는 "인간의 영혼은 신의 영혼과 다르지 않다"라고 썼다. 그래서 그에게는 하나님과 인간 사이의 친밀한 관계가 상상할 수 없는 것이 아니었다. 사실 비처에게는 예수와 우리 영혼의 "필수적인 연합"이 기독교의 정수였다. 비처는 때때로 이 "필수적인 연합"을 신비로운 용어로 묘사했다. 비처는 기독교의 "골수"는 "[우리가] 그의 안에 살고, 그가 우리 안에 거하게 하며, 그의 정체성 안에서 우리의 개인적 정체성을 잃은 뒤 이를 순결하게 하고 고귀하게 해서 다시 돌려받는 것"이라고 썼다. 비처가 "기독교의 특질 자체"라고 부른 이러한 해석은 신적 사랑과 인간의 사랑 사이의 구분을 흐리게 하고, 인간의 사랑도 신의 자비와 신의 은혜의 통로로 바꾼다. 이제 예수는 성경 안에서뿐만 아니라 자연에서도 발견될 수 있기 때문에, 이러한 해석은 초자연과 자연 사이의 구분도 흐리게 한다. 비처는 꽃들과 나무들에 신성이 내재함을 긍정했다. 모든 자연은 하나의 기적이었다.[44]

---

44   Richard Wightman Fox, *Trials of Intimacy: Love and Loss in the Beecher-Tilton Scandal*

『노어우드』에서 비처의 분신인 르우벤 웬트워스는 저자의 성숙한 신학을 표현한다. 인격보다 신학을 선호하는 칼뱅주의자를 겨냥해서, 웬트워스(콜리지에 대해 약점이 있는 하버드 출신)는 지방의 칼뱅주의 목사에게 이렇게 말한다. "당신의 정서(affections)는 당신에게 별로 도움이 되지 않는다. 당신의 상상력은 당신의 정서보다 도움이 되지 않으며, 당신의 미각과 아름다움은 전혀 도움이 되지 않는다. 그리고 당신은 사실은 **살아있는 존재인** 온전한 마음이 아니라 단지 아이디어의 투영에 지나지 않는 **추상적인 생각을** 예배한다!" 이러한 명제적인 종교성에 대항해서 웬트워스는 도처에 존재하는 예수에 대한 신앙을 제안한다(이번에도 느낌표로 문장을 끝맺는다). "내 구주는 어디에나 존재한다. 그는 책 속에도 있고 책 밖에도 있다. 나는 그 자신의 역사에 관해 기록된 파편들에서만이 아니라 자연에서, 인간의 삶 속에서 그리고 내 자신의 경험에서 그를 본다. 나는 성경 안에서 산다. 그러나 그 성경은 속박되지 않은 책이다!"[45]

역사는 비처에게 친절하게 대하지 않았다. 사실 그는 자기 시대에 너무도 잘 맞아서 다른 시대에는 설 자리가 없었던 인물 중 한 사람인 듯하다. 감상적인 종교를 비판하는 사람들은 그를 '지껄여대는 복음의 선두에 선 복음주의자', '뉴 에이지의 상투적 언어로 가는 길의 개척자'로 지목했다. 소비자 문화 비판자들은 그가 복음을 중산층 교구민들의 물질주의에 영합시켰다고 비난했다. 그리고 역사가들은 1875년에 19세기의 가장 잘 알려진 배심으로 이어진(그리고 불일치 배심으로 평결에 도달하지 못하고 끝난) 그

(Chicago: University of Chicago Press, 1999), 208; Henry Ward Beecher, *The Life of Jesus, the Christ*(New York: J. B. Ford and Company, 1871), 53, 145.

45   Henry Ward Beecher, *Norwood, or, Village Life in New England* (New York: C. Scribner and Co., 1868), 58, 60.

의 엘리자베스 틸튼과의 밀회에 대해 언급하기를 즐기는 것 같다. 그럼에도 불구하고 비처는 그의 당대에는 거의 누구에게나 사랑받았다. 사실 그는 19세기 미국의 가장 인기 있는 설교자였을 가능성이 있다. 그의 예수 전기는 당대의 감상적 영성을 포착했는데 이는 아마도 비처만 할 수 있는 일이었을 것이다.

비처의 『예수의 생애』는 제퍼슨의 뒤를 이어 제도 교회의 거짓 종교에 맞서 참된 예수교를 수립했다. 비처도 교회주의, 신조주의, 의식주의를 비웃었으며 예수를 반(反)위계적, 반교회적 영웅으로 생각했다. 그러나 제퍼슨과 달리 비처는 예수교를 산상수훈으로 축소하기를 거부했다. 비처는 기독교를 따로 세운 인물은 예수 자신이었다고 주장했다. 그는 "철학이든 종교든 기독교 이전에 제안된 모든 시스템은 제자들이 그 시스템의 스승에 대해 몰라도 받아들일 수 있다"고 썼다. "바리새인과 불교도는 사람보다는 시스템을 믿는다. 플라톤이 가르친 내용이 플라톤 자신이 어떤 사람이었는지보다 중요하다.…기독교는 그렇지 않다. 기독교는 그리스도에 대한 신앙이다." 이 신앙을 가지는 것은 어떤 도덕 시스템이나 조직신학을 긍정하는 것이 아니었다. 그것은 자신의 존재 안에 예수가 느꼈던 감정, 특히 예수가 모든 인간에게 보여줬던 넘치는 동정심을 배양하는 것이었다. "예수가 발견한 것은 심리적 왕국이다." 비처는 이렇게 결론지었다. "그는 새로운 도덕이나 철학 시스템을 세우려 한 것이 아니라 새로운 영적 영향력 아래, 새로운 능력을 지닌, 새로운 영혼을 만들고자 했다."[46]

비처의 『예수의 생애』의 의도는 그 "심리적 왕국"의 "새로운 영적 영향력"을 강조하는 것이었다. 비처는 예수의 전기를 그의 가르침을 중심으

---

46   Beecher, *The Life of Jesus*, 145, 178.

로 쓰지 않고(제퍼슨은 그렇게 했으며, 이 점에 관해서는 마태도 그렇게 했다), 사람들과 예수의 친밀한 만남을 중심으로 썼다. 비처는 이러한 만남들에서 예수를 친구들과 사랑을 나누고, 그 과정에서 각자의 마음에 사랑을 배양한 동정심 있는 동반자로 제시한다. 이 책은 그리스도인이 된다는 것은 사랑을 잘하는 것이라고 말하는 듯하다.

　　비처는 복음서 저자들 중 누가와 같이 자신의 영웅인 예수와 여성들 사이의 교류를 강조한다. 사실 그는 예수와 우물가의 사마리아 여인 이야기에 한 장 전부를 할애한다. 비처는 "사람의 전 생애를 대표하는 경험들이 있다"고 썼는데, 그가 이 이야기를 분석해 나갈 때 그에게는 이 경험이 예수의 전 생애를 요약한다는 점이 분명해진다. 비처에게는 예수가 사마리아 여인을 받아들인 사건은 당시의 종교 당국의 부족주의, 율법주의 그리고 무엇보다도 사랑의 결여에 대한 명백한 책망이었다. 예수는 이 외국인을 자신의 사랑의 가족 안으로 받아들임으로써 참된 종교는 "제단이나 제사장 또는 말로 내뱉는 기도를 요구하는 것이 아니라, 오직 감사하는 마음을 요구한다"는 점을 보여줬다. 이 이야기는 또한 모든 인간, 특히 가난한 사람, 여성, 사회적으로 소외된 사람에 대한 예수의 동정심을 보여준다. 비처의 예수는 십자가 위에서 죽으러 이 세상에 온 것이 아니라, 하나님과 다른 인간이 관계를 맺는 새로운 방법을 정착시키러 왔다. 비처는 에드워즈, 피니 등의 부흥운동가들을 따라서 중생의 경험을 강조한다. 그러나 그에게 거듭난다는 것은 그 안에서 서로를 형제자매로 사랑하고 예수를 친구로 대하는 동정심의 가족 관계를 시작하는 것이다. 예수가 사마리아 여인을 죄인이라고 비웃지 않고 동료 인간으로 포용한 것은 그가 그 여인을 그 가족 안으로, 그리고 그 "사랑의 왕국" 안으로 초대한 것이다. 그리고 예수는 또

한 자신이 그녀의 "동료"가 되었다.[47]

물론 이처럼 동정심이 있는 예수는 신적인 존재였다. 그러나 비처는 그를 미국의 보통 사람으로 묘사했다. 예수는 개인들에게서 멀리 떨어져 그들의 잘못을 판단한 세례 요한과 달리 그들에게 가까이 다가갔다.

> 예수는 한 명의 시민이었다. 그는 노동의 피로, 가난의 시련, 실제 사업 수행에서 오는 유혹을 알았다. 그는 사회생활의 모든 순결한 경험을 하면서 명랑하고, 서글서글하고, 가장 매력적인 방식으로 사람 가운데서 살았다. 그의 품행에 들뜬 기분은 없었지만 쾌활함은 많았다. 그는 많은 존경을 받는 전문적인 성직을 맡지 않았다. 그는 인위적이고 과시적인 것보다는 소박하고 사람에게 자연스러운 것을 사랑하는, 친근하고 자연스러우며 잘난 체하지 않는 사람이었다.[48]

비처의 잘난 체하지 않는 예수는 또한 가정적인 예수였다. 그가 모범을 보여주고 자신을 따르는 사람들에게 고취했던 경건은 비처의 누이인 캐서린이 『가정 경제에 관한 논문』(*A Treatise on Domestic Economy*, 1841)에서 옹호했고, 스토가 『톰 아저씨의 오두막』에서 제시했던 가정적인 신앙과 가까운 친척이었다. 그러나 비처의 여성화된 경건은 그의 누이들(캐서린과 스토)보다 희생을 훨씬 덜 강조하고, 사랑은 훨씬 더 강조했다. 또는 정확히 얘기하자면 비처는 예수를 사랑으로 보는 또 다른 방법을 제시했다. 그의 누이들은 (그리고 이 점에 대해서는 호레이스 부쉬넬도 마찬가지다) 십자가 위에서 고통 받는

---

47   Ibid., 246, 290, 341, 249.
48   Ibid., 343.

예수를 사랑의 화신으로 보았지만, 비처는 보다 신비하고 로맨틱한 이해로 이끌렸다. 그에게는 사랑은 자기 부인이라기보다는 자아실현에 관한 것이었고, 윤리적 의무라기보다는 감정에 관한 것이었다. 사랑한다는 것은 다른 사람과의 연합을 통해 진정한 자아를 발견하는 것이었다. 예수를 따른다는 것은 친구를 위해 자기 목숨을 내려놓는 것이 아니라 풍성하게 사는 것이었다.

『예수 그리스도의 생애』에서 예수가 사역을 시작한 뒤 처음으로 한 일은 어머니를 보러 자기 집에 간 것이었다. 비처는 "문을 통해 집으로 들어가듯이, 예수는 가정을 통해 자신의 사랑의 사역으로 들어간다"라고 쓴다. "그 이후 그리스도인의 가정은 참된 종교의 안식처가 되었다. 참된 종교는 가정에서 가장 순수한 제단, 가장 훌륭한 교사 그리고 기꺼이 자신을 부인하는 사랑의 삶을 보유해왔다." 예수의 "보이지 않는 마음의 가정"에서는 아무도 죄인이라고 호된 꾸지람을 받지 않았고, 하나님은 "더 이상…군주로서가 아니라 아버지로" 예배되었다. 예수는 비처가 전혀 알지 못했던 어머니의 모든 특징들을 보여주었다. 비처는 거듭해서 예수를 동정심의 원천으로 묘사한다. 예수는 "다른 사람들에 대한 부드러운 동정심"을 보여주었으며, "놀라울 정도로 동정적"이었다. 예수는 반복적으로 진심 어린 사랑의 행위를 통해서 자신의 동정심을 보여주었다. 그는 시각 장애인, 청각 장애인, 환자들을 만져주었다. 그는 아이들을 가까이 이끌어서 그들을 "친절한 말"로만이 아니라 "사랑의 포옹"으로도 축복했다. 그의 기적들조차 "동정심의 빛나는 표현"이었다.[49]

비처가 예수의 신성을 긍정하기는 했지만, 그의 해석은 예수의 인성을

---

49   Ibid., 194-95, 395, 252, 294, 304, 149, 302.

강조했다. 비처는 "두 가지 본성이 섞이면 매력이 없어진다"고 설명했다.[50] 보다 보수적인 그리스도인들에게는 예수에게서 매력을 쥐어짜내는 것이 의무로 보였을지도 모른다. 그러나 비처는 어느 모로 보나 매력 있는 사람이었고, 자신의 교구민들이 그들의 목사에게서 보았던 매력을 예수에게서 발견한다고 말하는 것을 영광으로 생각했다. 그는 자기가 살았던 세기의 많은 복음주의자들과 마찬가지로 예수의 인성 및 여성성을 강조했으며, 자신의 구주를 '사랑하며 동정심을 베푸는 친구'로 알고 그에게 접근했다.

"참 좋은 친구"

친구 예수는 무엇보다도 미국의 19세기 노래에서 활기를 띠었다. 청교도들은 교회의 노래를 구약 시편들로 한정했기 때문에 식민지 시기에는 예수에 관한 노래가 드물었다. 18세기에 아이작 왓츠는 민속 멜로디와 성경이 아닌 가사를 기독교 찬송 안으로 들여옴으로써 그의 동료 칼뱅주의자들을 아연실색하게 했지만 그는 개혁주의 정통을 굳게 유지하고, 자신의 노래에 예수를 집어넣고, 열정이 통제를 벗어나지 않게 하면서도 열정을 고취함으로써 이러한 찬송가가 유행하게 되는 길을 닦았다. 제2차 대각성 기간 중에 많은 찬송가들이 변경의 부흥에 도움이 됐다. 남북 전쟁 후, 변경의 "펄펄 끓는 종교"가 식어감에 따라 찬송가들은 더 감정적으로 변했다. 신기술이 출현해서 출판업자들이 악보 밑에 완전한 노래 가사를 한 페이지에 인쇄할 수 있게 되자, 찬송가책들이 잘 팔리는 책이 되어서 수백 종의 찬송가책이

---

50   Ibid., 52.

수백만 부씩 팔렸다. 대부분의 개신교 교파들은 자신의 찬송가집들을 만들었지만, 각자 다른 교파들에게서 찬송가를 빌려다 썼기 때문에 가장 인기 있는 찬송가들은 여러 찬송가집들에 수록되었다. 복음주의자들이 연합을 누렸다면 이는 상당 부분 이러한 새로운 노래들로 그들의 구주에게 노래한 덕분이었다. 스티븐 마리니는 "복음주의는 한 사람의 지도자를 통해서가 아니라 밤에나 낮에나, 사시사철, 어느 곳에서나 그리고 언제나 이들이 불렀던 찬송가를 통해서 집단적인 목소리를 냈다"고 주장했다.[51]

복음주의에는 단 한 명의 지도자는 없지만 단 한 명의 영웅이 있다는 마리니의 말은 옳다. 예수를 주제로 한 복음주의 찬송가가 성부와 성령을 주제로 한 찬송가를 합한 것보다 많았다. 사실 복음주의 찬송가들은 대체로 교회, 성례, 삼위일체를 무시하고 예수에게 탐닉했다. 마리니가 편찬한 200종의 복음주의 찬송가책에 기초한 대량의 데이터베이스에서 예수 찬송이 가장 인기가 높았다. "주 예수 이름 높이어"(All Hail the Power of Jesus' Name)가 가장 많이 인쇄된 찬송가다. 예수에 관한 찬송가들은 고전 시대(1737-1860)와 현대(1861-1970)에도 가장 많이 인쇄된 목록에 포함된다. 존 세닉의 "내 모든 것 되시는 예수는 하늘로 가셨네"(Jesus My All to Heaven Is Gone)와 찰스 웨슬리의 "예수, 내 영혼의 연인"(Jesus, Lover of My Soul)은 모두 예수와의 친밀한 만남에 대해 이야기한다. 예수가 "영혼이여, 이리 오라, 내가 곧 길이다"라고 속삭이는 세닉의 가사는 신자가 자신의 "귀하신 구주"와 함께 걷는 것으로 끝난다. 웨슬리의 찬송가에서, 노래 부르는 사람은 자신의 연인의 품인 "주의 날개 그늘에" 자신의 "무방비 상태의 머리"를 안

---

51   Wigger, *Taking Heaven by Storm*, 105; Stephen A. Marini, "From Classical to Modern: Hymnody and the Development of American Evangelicalism, 1737-1970," 미발표 논문.

전하게 숨기는 꿈을 꾼다.[52]

19세기 중에 복음주의 찬송의 인기가 높아졌다. 제2차 대각성과 1850년대의 "사업가의 부흥" 기간에, 찬송가들은 부흥 설교에 대한 중요한 보완물이 되었다. 복음주의자인 드와이트 무디(1837-99)와 그의 가스펠 가수 아이라 생키(1840-1908)가 1870년대와 1880년대 도시 부흥 기간에 반포한 찬송가들은 최소한 설교 자체만큼 중요해졌다. 무디는 회중들을 지옥의 공포로 겁주기보다는 예수의 사랑으로 그들에게 구애했다. 무디는 비처와 마찬가지로 일상의 일화와 흔한 예화의 대가였다. 사실 그는 구원받은 죄인들에 관한 감상적인 이야기들에 너무도 매료된 나머지 자신은 어떤 신학도 갖고 있지 않다고 거듭 주장했다. 그러나 그가 어떤 신학을 갖고 있었든 간에 그것은 철저하게 예수 중심적이었다. 무디는 한번은 이렇게 말했다. "영원한 문을 열 단어가 하나 있다면 그것은 예수의 이름이다." "이곳 아래 지상에는 많은 암호들이 있지만, 그것은 저 위 천상에 대한 응답 신호일 것이다. 예수는 천국행 '열려라 참깨'다."[53] 무디는 이 마법의 암호를 반복해서 외쳐댔지만 실제로 미국인들의 마음을 연 것은 생키의 노래였다. 무디의 결신 요청을 받아들인 많은 사람들은 자기가 "예수께 나오기"로 한 결정을 생키의 "복음 찬송가들" 덕으로 돌렸다.

생키는 가스펠 가수로서도 명성이 있었지만 19세기의 가장 인기 있는

---

52   Stephen A. Marini, *Sacred Song in America: Religion, Music, and Public Culture*(Urbana: University of Illinois Press, 2003)를 보라. 유사하게 예수에 몰두하는 경향을 초기 오순절파 찬송가들에서도 발견할 수 있는데, 어느 계산에 의하면 이곳에서는 예수가 성부 하나님보다 세 배나 더 많이 언급된다고 한다. Nils Bloch-Hoell, *The Pentecostal Movement: Its Origin, Development, and Distinctive Character* (New York: Humanities Press, 1964), 109를 보라.

53   Dwight L. Moody, *Conversion, Service, and Glory* (London: Morgan and Scott, n.d.), 301.

찬송가집 출판자로서 더 영향이 있었다. 생키는 자기의 찬송가집들이 성경을 제외한 다른 어떤 책보다 잘 팔리고 있으며 아주 잘 받아들여지고 있다고 자랑했다(어떤 계산에 의하면 그의 찬송가집은 5천만 부가 팔렸다).[54] 생키의 찬송가집에 수록된(그리고 그 찬송가들을 통해 복음주의자들의 마음속에 들어간) 많은 찬송가들은 여성에 의해 쓰였다. 사실 200개의 가명으로 약 8,000개의 찬송가들을 쓴 시각 장애인 여성인 패니 크로스비는 모든 시대를 통틀어 가장 많은 찬송가를 쓴 사람일지도 모른다. 그러나 남성에 의해 쓰인 찬송가들조차 가정적인 경건의 심금을 울렸다. 이 찬송가들도 사법적이라기보다는 관계적이어서, 성부의 무서운 힘보다는 예수의 친밀한 사랑에 초점을 맞췄다. 생키의 찬송가들에서 집에 대한 언급이 도처에 널려 있는데, 집은 종종 천국을 암시하지만 문화 비평가인 크리스토퍼 라쉬가 "무정한 세상에서의 안식처"라고 불렀던 가정 자체를 언급하기도 한다.[55]

아이작 왓츠의 초기 고전들은 대개 칼뱅주의 교리(대속과 인간 "벌레"의 부패 포함)를 설명하는 것에 초점을 맞춘 반면, 생키의 찬송가들은 개인들이 예수와 만난 이야기를 노래했다. 아프리카계 미국인들(흑인)의 영가와 같이 이 찬송가들은 시공간의 연속성을 지우고, 예수를 1세기의 팔레스타인에서 빼내 19세기 보스턴이나 시카고에 끼워 넣는 듯했다. 어느 작가가 지적한 바와 같이 생키의 노래들은 "나사렛의 예수를 직접 우리가 사는 도시의 거리들로 내려오게 하거나, 우리를 천국 문으로 올려 가는 듯하다."[56] 무디

---

54   Henry Wilder Foote, *Three Centuries of American Hymnody* (Cambridge: Harvard University Press, 1940), 267.

55   Christopher Lasch, *Haven in a Heartless World: The Family Besieged* (New York: Basic Books, 1995).

56   E. J. Goodspeed, *A Full History of the Wonderful Career of Moody and Sankey in Great Britain and America* (New York: H. S. Goodspeed, 1876), 71.

는 거듭 자신의 사역을 생명선 운항이라고 불렀다. 생키의 찬송가들도 현대적인 비유를 사용해서 예수를 추상적인 신이 아니라, 잃어버린 영혼들을 위험에서 구해내어 안전한 곳으로 인도하고 집으로 이끄는 진정한 생명 구조원으로 묘사했다.

생키의 찬송가집에 수록된 찬송가 작시자들은 아이작 왓츠처럼 (대속 교리를 강조하기 위해) 예수를 반복적으로 희생양으로 제시하는 대신, 그분을 잃어버린 양 각자의 이름을 부르는 사랑스럽고 친절한 목자로 묘사한다. 인간은 더 이상 지옥에 갈 가증스러운 죄인이 아니라 집을 찾는 선량한 양이다. 생키의 대표적인 찬송가인 "아흔 아홉 마리 양"은 예수를 잃어버린 양을 우리에 데려오기까지 쉬려 하지 않는 동정심 있는 목자로 묘사한다. "방황하는 양"(The Wandering Sheep), "지친 방랑자"(Weary Wanderer), "방랑자여, 돌아오라"(Come, Wander, Come!) 그리고 "우리를 부드럽게 이끄소서"(Tenderly Guide Us)와 같은 다른 찬송가들은 목자보다는 길 잃은 양에게 초점을 맞췄지만 이 찬송가들도 예수를 "사랑의 목자"로 제시한다. 어떤 이들의 추정에 의하면 모든 시대를 통틀어 가장 인기 있는 찬송가인 "나 같은 죄인 살리신"(Amazing Grace)이라는 노래도 집을 나가서 헤매다가 목자인 예수의 돌봄 덕분에 집에 돌아오는 잃어버린 양의 장르에 들어맞는다. 이러한 목자 예수 찬송가들의 특징, 그리고 이 곡들이 계속해서 인기를 누리는 이유 중 하나는 이 찬송가들이 예수와 일대일로 만나는 것을 강조한다는 점이다. 목자에게 아흔 아홉 마리의 양 무리가 있을지라도 이 찬송가들은 그 양 무리에 대한 노래가 아니다. 이 찬송가들은 사랑이 많은 목자가 잃어버린 양 한 마리를 찾아 나서는 (그리고 찾는) 것에 관한 노래들이다.[57]

---

57 Ira D. Sankey, *Sacred Songs and Solos: With Standard Hymns, Combined, 750 Pieces*

신자와 예수의 개인적인 만남을 묘사하는 또 하나의 유명한 비유는 성경과 흑인 문화에 뿌리를 두고 있을 것이다. 흑인 설교와 영가들의 '부름과 응답'이라는 주제와 맥을 같이해서 이 찬송가들은 예수를 '초대하고, 응답을 청하는' 일종의 설교자로 묘사한다. 사회복음주의자들이 자유의지를 점점 더 강조하는 것과 궤를 같이해서, 예수는 모든 사람에게 초청을 발하지만 조심스럽게, "부드럽고 친절하게" 부르며 (때로는 속삭이기까지 한다), 듣는 사람 각자에게 어떻게 응답할지를 맡겨 둔다. 이 주제의 한 가지 변형은 예수가 문을 두드리는 것으로 묘사한다. 여기서는 듣는 사람에게 그의 마음 안으로 들어오라고 부르는 대신 예수가 문을 두드리는 사람으로 묘사된다. 예수를 천국 문(또는 이 문제에 관한 한 아버지에 대한 모든 접근을 통제하는 "문") 앞의 심판자 지위에 두는 대신, 이 찬송가들은 예수를 각 사람들의 마음 문 앞에 서서 모든 사람에게 자신이 그들의 마음속으로 들어가게 해 달라고 손짓하는 사람으로 묘사한다. 전통적으로 복음주의자들이 영접 초청으로 끝내는 부흥회에서 오라고 부르는 찬송가들과 문을 열어 달라고 두드리는 찬송가들이 울려 퍼졌음은 물론이다. 사실 생키는 종종 무디가 결신을 초청하는 동안 "예수가 우리를 부르는 소리, 그 음성 부드러워"를 불렀다.

아이작 왓츠의 찬송가들의 압도적인 주제는 죄 있는 인간들과 높으신 하나님 사이의 아주 먼 거리였음에 반해 생키의 찬송가집의 압도적인 주제는 예수의 가까움이었다. 마리니는 "현대 복음주의 찬송가들이 한마디로 압축될 수 있다면, 그것은 거룩하신 분의 다름보다는 그리스도에 대한 가

(London: Morgan and Scott, n.d.), 448. cyberhymnal. com에서 "나 같은 죄인 살리신 (Amazing Grace)"이 가장 방문객이 많은 사이트다(http://www.cyberhymnal. org/misc/ trivia.htm).

까움일 것이다"라고 주장했다.[58] 생키의 찬송가들에 등장하는 예수는 알려지고, 사랑받고, 모방될 수 있는 인간이었다. 수백 곡의 다른 인기 복음 찬송가들도 예수와의 만남을 개인적인 관점에서 (동행, 대화, 심지어 포옹으로) 묘사한다. 일부 가사에서는 그러한 만남은 개인적이고 비밀스러웠다. 복음주의의 고전 찬송가인 "저 장미 꽃 위에 이슬"은 한 헌신자가 새벽에 비밀리에 (그리고 홀로) 예수를 만나는 것을 묘사한다(우리말 찬송가 가사를 사용하지 않고, 원 찬송가 가사의 뜻을 살려 번역함―역자 주).

> 나는 정원에 홀로 나오네,
> 아직 장미꽃 위에 이슬이 맺혀 있을 때에 말이지.
> 그리고 내 귀에 들려오는 음성을 듣는다네.
> 하나님의 아들이 자신을 드러내시는 음성을 말이지.
> 그분은 나와 함께 걸으시고, 나와 함께 말씀하신다네.
> 그리고 나는 자기 것이라고 말씀하시지.
> 그리고 우리가 그곳에서 머무는 동안 나눴던 기쁨은
> 다른 사람은 그 누구도 모른다네.

인도의 그리스도인인 엘렌 락시미 고레가 쓴 "그의 임재의 비밀 가운데"(In the Secret of His Presence)는 "비밀스러운 장소"에서 예수와 나눈 비밀스러운 연합에 대한 또 다른 친밀한 경험을 이례적으로 자세하게 묘사한다.[59]

---

58   Marini, "From Classical to Modern."

59   "In the Garden," http://www.cyberhymnal.org/htm/i/t/itgarden.htm; Sankey, *Sacred Songs and Solos*, 565.

이 찬송가들은 사랑의 종교를 표현한다(힌두교 신자들은 이를 박티 요가 [bhakti marga]라 부르는데, 이 또한 신과 대면해 만나는 데서 절정을 이루는 헌신의 길이다). 그런데 예수는 여기서 어떤 종류의 사랑을 주고받는가? 일부 해설가들은 이 찬송가들에서 감수성뿐만 아니라 승화된 성(性)도 발견했다. 신자가 "나는 주님의 것이고, 주님은 내 것입니다"라고 노래할 때, 그 신자는 냉정한 빅토리아 시대 여성이 달리는 표현할 수 없는 욕구를 발하는 것이었다. 이 찬송가들에서 신자들은 그들의 구주의 가슴에 자신의 머리를 내려놓고, 구주의 날개 그늘에서 쉰다. 예수는 사랑의 팔로 그들을 껴안음으로써 이에 응답하며, 때로는 그 포옹이 새벽까지 계속된다. 확실히 여기에는 비처가 "사랑의 포옹"이라고 말한 것에 대한 많은 증거가 있다. 이 가사들에서 에로틱한 요소들을 읽을 수 있다. 사실 프로이트를 따른다면 누가 이를 피할 수 있겠는가? 그러나 그런 해석은 복음 찬송 자체보다는 현대의 해석가들의 견해를 더 많이 반영한다. 찬송가들에서 예수와 19세기 복음주의자들이 나눴던 사랑은 **에로스**보다는 **필리아**였다. "분리된 영역"의 진정한 여성 이데올로기에서와 같이 여기서는 경건이 열정을 압도한다. 또는 이를 다른 방식으로 표현하자면, 열정은 성적(性的) 관계라기보다는 부모-자녀 관계의 성격이었다.

인기 복음 찬송의 예수는 연인이라기보다 친구다. 사실 생키의 찬송가 집에서는 예수를 친구로 언급하는 사례가 연인으로 언급하는 사례보다 최소 10배는 많다. 복음 찬송가만 다루는 인터넷 사이트인 Cyberhymnal.org는 "친구 그리스도"라는 주제 아래 "예수 가장 좋은 친구"(The Best Friend to Have Is Jesus), "예수와의 사귐"(Friendship with Jesus), 그리고 "친구를 발견했네"(I've Found a Friend) 등의 찬송가 28곡을 열거하고 있는데, 이 곡들은 모두 19세기의 기준에 부합한다. "죄짐 맡은 우리 구주"가 1875년에 『복음 찬송가』(Gospel Hymns) 초판에 등장했을 때 대중의 주의를 끌었다. 오늘날 이 곡은 미국 복음주의에서 가장 사랑받는 찬송가들 중 하나로 남아 있다. 그러나 이 고전만이 예수를 우리 죄뿐만 아니라 고통과 슬픔도 기꺼이 담당하는 친절하고 부드러운 동료로 묘사하는 것은 아니다. 빅토리아 시대 때 인기를 얻은 수십 곡의 찬송가들이 예수를 신적인 동료, 즉 "결코 변하지 않는 우리 친구", "아주 진실한 친구", "우리의 가장 귀한 친구"로 묘사한다. 듣는 이들에게 호의를 보답하라("예수를 친구 삼아라")고 촉구하는 찬송가들도 있었다.[60]

흑인 영가들도 예수를 친구로 묘사했다. 남북 전쟁이 벌어지기 오래 전에 남부 노예공동체에서 태어났고 1870년대 초 피스크 대학교 희년 찬양단에 의해 백인들에게 전파된 영가들은 신자들과 예수 사이에 친밀성을 조성하는 강력한 도구였다. 이 "슬픔의 노래들"은 사람들을 서로에게서 분리시키고, 개인들을 하나님으로부터 분리시키는 시공간의 간격을 이어준다. 구약과 신약의 인물들이 그들 자신들 및 현대의 신자들과 교류한다. 즉 예수는 고대 팔레스타인에서만이 아니라 현대 미국에서도 살고 있다. 비록 "왕이신 예수여, (말을) 타소서"(Ride On, King Jesus)에서 주권자로 등장하고 "모세여, (말을) 타소서"(Ride On, Moses)에서 모세와 합쳐지기는 하지만, 영가들은 예수를 보다 낯익은 용어인 형제와 친구로도 묘사한다. 복음 찬송가에서와 마찬가지로 흑인 영가에서 예수는 개별 신자들과 동행하며 함께 얘기한다. 그는 얘기를 듣는다. 그는 영생과 압제로부터의 자유도 약

---

60   Sankey, *Sacred Songs and Solos*, 322, 596, 168; http://www.cyberhymnal.org/htm/w/o/
      wonpeac 1.htm. 최근의 *Christianity Today* 서베이는 "죄짐 맡은 우리 구주"를 모든 시
      대의 톱 10 예배 곡 중 하나로 지명했다: Bonne Steffen, "The Ten Best Worship Songs,"
      Christianity Today 39.5 (September / October 2001), 48.

속한다. 예수는 그들이 겪는 문제들을 안다. 마지막으로, 예수는 지속적이고 친밀한 관계를 제공한다. "예수는 늘 우리와 함께해 왔다네/예수는 지금도 우리와 함께한다네/예수는 앞으로도 우리와 함께할 거라네/끝까지 우리와 함께하소서."[61]

자유주의 개신교

예수 중심적인 기독교는 복음주의에 뿌리를 내렸지만 인간의 선함, 진보의 불가피성, 선행의 필요, 자연·문화·인간의 마음 안에 신의 내재를 강조함으로써 현대성의 도전에 적응했던 남북 전쟁 후의 신학 운동에서 꽃을 피웠다. 복음주의자들은 성경을 신조 위에 두고, 오랫동안 기독교 신앙에 필수적이라고 간주되었던 교리들을 얕보거나 부인했다. 자유주의자들은 훨씬 더 많이 버렸다. 복음주의자들은 예수와 성경의 권위를 모두 인정했지만, 자유주의자들은 성경에서 젖을 떼고 이 책을 점점 하나님의 책이라기보다는 좋은 책으로 보았다. 궁극적으로, 그들은 예수의 권위에만 기초하게 되었다.

17세기 초 청교도들이 영국과 네덜란드에서 출항했을 때 그들은 신세계에 "성경적인 연방"을 세우기로 서약했었다. 수정헌법 제1조가 통과됨에 따라 교회와 국가가 밀접하게 협력하는 경건한 사회를 만들겠다는 그들의 희망은 좌절되었다. 그러나 성경에 대한 그들의 헌신은 살아남았다. 미국

---

61   Thomas Wentworth Higginson, "Negro Spirituals," *Atlantic Monthly* (June 1867), http://wsrv.clas.virginia.edu/~jmp7u/Higg.html#jesus.

인들은 1777년에 성경을 인쇄하기 시작했으며 미국성서공회는 성경을 널리 보급했다. 남북 전쟁이 발발할 무렵에는 에이브러햄 링컨이 그의 두 번째 취임 연설에서 인정한 바와 같이 백인과 흑인, 북부인과 남부인들이 같은 성경을 읽고 있었다. 교회 역사가인 마틴 마티의 말로 표현하자면 성경은 "마음, 가정, 교회 그리고 문화에서 하나의 우상이 되었다."[62]

성경이 우상적인 지위를 차지하게 된 것은 종교 개혁의 표어인 '오직 성경만으로'에 힘입은 바가 컸다. 로마 가톨릭은 언제나 성경을 전통을 통해서 읽었지만(그리고 최소한 이론적으로는 성경 해석을 사제들과 교황들에게 맡겼다), 개신교인들은 전통을 참조하지 않고 성경을 신선하게 읽어야 한다고 주장했다. 개혁주의자들은 "*Quod non est biblicum, non est theologicum*"(성경적이지 않은 것은 신학적이지 않다)라고 단언했다. 신앙과 실천에 있어서 오직 성경만 권위를 지녔다. 종교개혁은 그런 방향으로 진행되었다.

19세기 미국 개신교인들은 두 번째 종교개혁을 단행했다. 성서비평, 진화과학, 비교종교가 성경의 권위를 조금씩 갉아먹고, 남북 전쟁이 성경의 권위에 거의 치명적인 결정타를 날리자 이성이나 경험 등 권위의 다른 원천을 찾는 사람들이 생겨났다. 그들의 구주를 권위의 원천으로 삼는 사람들이 훨씬 많았는데 역사적 예수를 찾는 사람들도 있었고, 경험을 통해 만난 예수를 찾는 사람들도 있었다. 종교개혁 기준을 소지한 사람은 전통에서 물러나 성경으로 향했지만 복음주의자들은 성경에서 물러나 예수께로 향하기 시작했다. 남북 전쟁 이후 성경으로부터의 후퇴가 시작되더니 몇십 년 뒤 복음주의에서 자유주의가 출현할 때쯤에는 성경으로부터 완전히

---

62   Martin Marty, *Religion and Republic: The American Circumstance* (Boston: Beacon Press, 1987), 165.

철수하게 되었다.

19세기 미국 종교에 대한 또 다른 해석가들은 아르미니우스주의 신학 또는 기독교 대중 영합주의의 부상(浮上)을 19세기 미국 종교의 주요 사건이라고 묘사했다. 그러나 19세기의 진정한 종교 혁명은 예수가 미국 문화에서 가장 중요한 종교적 상징으로 부각된 것이었다. 식민지 시기의 예수는 화난 아버지 앞에 서 있는 겁먹은 아들처럼 구석에 움츠려 있었다. 17세기 전반에 예수는 성장했다. 제2차 대각성의 여파로 그는 성부를 제치고 삼위일체 중 가장 중요한 인물이 되었다. 복음주의자들은 예수를 하나님의 관점에서 정의하기보다는 점차 하나님을 예수의 관점에서 정의하게 되었다. 그들은 하나님은 사랑을 베풀며 자비하고, 하나님의 성품은 예수 안에서 가장 분명하게 드러난다고 주장했다. 17세기 후반에 자유주의 개신교인들은 이 혁명을 한 걸음 더 진전시켰다. 대담하게 예수의 영적 독립성을 선언한 그들은 성경을 종교적 권위의 핵심적인 원천이라는 지위에서 몰아냈다. 자유주의자들은 이제 하나님의 참된 계시는 성경이 아니라 예수라고 주장했다.

개신교 자유주의자들은 개종을 일회적인 사건이라기보다는 지속적인 과정으로 정의했는데, 성경의 기독교에서 예수의 기독교로 점진적으로 옮겨 간 것도 이런 생각과 부합했을 것이다. 예수는 제2차 대각성에서 중요한 역할을 했는데, 그 기간 동안 인기에 영합하는 설교자들은 예수의 십자가 위에서의 속죄 사역에 관한 설교를 대중의 요구에 맞추기 시작했다. 예수는 호레이스 부쉬넬과 헨리 워드 비처 같은 자유주의 복음주의자들의 책에서 중심인물이었다. 그러나 남북 전쟁 뒤 "연합복음주의전선"(United Evangelical Front)이 깨지고 나서야 전형적인 미국 개신교는 예수를 그리스도인의 생활의 중심, 즉 개인과 사회의 내부 및 지상의 하나님 나라의 앞과 위에 두었다.

복음주의는 남북 전쟁 전에는 다양한 신념을 망라한 거대한 진영이었으나, 복음주의자들이 현대성의 도전을 신중하게 고려함에 따라 2개의 다른 입장이 출현했다. 복음주의자들이 기독교의 적절한 사회적 역할이 무엇인지에 관해 논쟁함에 따라 이 입장들이 굳어지기 시작했다. 보수주의자들은 성경의 영감을 고수함으로써 현대성에 대응했다. 자유주의자들은 현대 사상에 대한 굴복과 현대 사상의 거절을 중재하는 입장(이를 흔히 "새로운 신학"이라 부른다)을 개척함으로써 이에 대응했다. 1880년대에 자유주의 개신교인들은 복음주의 진영을 떠났으며, 복음주의는 미국 개신교의 광범위한 중도층을 일컫는 말이 아니라 보수적 우파를 일컫는 말이 되었다. 19세기에서 20세기로 전환될 무렵에는 자유주의자들이 주류 개신교 교파의 지위를 넘겨받기 시작했다. 1925년 스콥스 "원숭이 재판"에 의해 자유주의자들을 억압했던 보수주의자들은 종교적 부랑자가 되었다.

자유주의 개신교의 지위가 상승함에 따라 예수의 지위도 상승했다. 사실은 이 자유주의 개신교인들이 예수를 논쟁의 여지가 있는 칼뱅주의 교리 및 제한적인 신조로부터 더 많이 떼어놓을수록 예수는 더 중요해지고 인기가 높아졌다. 자유주의자들은 다윈과 유럽의 성서 비평자들에게 동의함으로써 기독교 전통에서 훨씬 더 멀어졌다. 호레이스 부쉬넬은 다윈의 진화론을 비판했었다. 1880년대와 그 이후의 사실상 모든 새로운 신학 지도자들은 "진심 어린 기독교 진화론자"라는 비처의 자기 정의를 열렬히 받아들였다. 대부분은 비처의 기적 옹호와 대속적 속죄 교리를 되살리려는 부쉬넬의 노력을 포기했다. 아무도 성경을 문자적인 하나님의 말씀으로 간주하지 않았다. 복음주의자들이 성서 비평자들과 전투를 벌일 때, 자유주의자들은 그리스도인들은 르낭 및 슈트라우스 같은 사람들과도 살 수 있다고 주장하며 그들의 방법론과 화해했다.

　이러한 휴전은 '오직 성경'이라는 종교 개혁 구호의 가치를 떨어뜨렸다. 그리스도인들이 성경책들이 과학과 모순될 뿐 아니라 성경책 상호 간에 모순된다고 믿으면서 어떻게 그들의 믿음과 실천의 토대를 성경에만 둘 수 있었겠는가? 다행히도 자유주의자들은 자신들의 믿음을 위한 다른 토대를 발견했다. 그 토대는 오직 예수였다. 안도버 신학교 교수인 에그버트 스미스는 "그리스도 중심적이지 않은 신학은 천동설 천문학과 마찬가지로 땅과 하늘, 하나님과 우주에 대한 참된 관계에서 벗어나 있다"고 주장했다. 보스턴 소재 올드사우스 처치의 조지 A. 고든 목사는 이에 동의했다. "빈약한 기독론보다 설교단에 더 치명적인 것은 있을 수 없다." 윌리엄 애덤스 브라운은 새로운 신학에 "그리스도께로 돌아가라"는 구호를 주었고, 기독교에는 "예수를 중심과 원천으로 하지 않는 어떤 신학도 기독교라고 부르지 못하게 하라"는 요점을 제공했다.[63]

　이제 자유주의 개신교인들을 그리스도 중심적이라고 말하는 것이 보편화되었는데, 이런 표현이 보여주는 바와 같이 그리스도는 여전히 예수를 지칭하는 표준 용어다. 그러나 개신교 자유주의자들 중 실제로 자신들의 구주의 메시아적 역할, 즉 그리스도로서의 그의 지위에 대해 초점을 맞추는 사람은 거의 없다. 자유주의 개신교인들은 신조들에 표현된 그리스도에 관한 공식을 변경하기보다는 역사적 예수를 회복하는 데 훨씬 더 관심이 많았다. 그들의 사고는 그리스도 중심적이라기보다는 예수 중심적이었다. 즉 그들은 십자가 위의 그리스도에 대해서보다는 예수라는 인물에 훨씬 더

63　Winthrop S. Hudson and John Corrigan, *Religion in America*, 6판 (Upper Saddle River, N.J.: Prentice Hall, 1998), 262; Smith et al., *American Christianity*, 2,279-80.

x

초점을 맞췄다.

칼뱅주의자들은 하나님과 인간 사이의 거리를 최대화하고 복음주의자들은 이 거리를 좁혔지만, 자유주의 개신교인들은 이를 거의 지워버렸다. 그들은 신의 형상 교리를 이용해서 인간은 타락한 아담의 형상을 따라 사악하게 창조된 것이 아니라 하나님의 형상을 따라 선하게 창조되었다고 주장했다. 하나님에 관해서는, 그들은 하나님이 세상과 떨어져 있는 것이 아니라 세상 안에 거주한다고 보았다. 감독교회 신학자인 A. V. G. 앨런은 1884년에 "초월적인 신이라는 아이디어는 자신의 피조물들 속에 내재하는 신이라는 아이디어에 굴복하고 있다"고 썼다.[64]

자유주의자들은 하나님의 내재를 강조했기 때문에, 칼뱅주의에 활력을 불어넣어 주었던 (성과 속, 신성과 인성, 초자연과 자연, 세상과 교회 사이의) 강력한 이원론을 인정하기를 거부했다. 그들은 또한 (정규적으로 노예 제도에 반대하는 설교를 했던) 헨리 워드 비처를 따라 설교단에서 정치에 대해 말하기를 금기시하는 이전의 전통을 무시했다. 그들의 예수는 교회 안이나 심지어 마음속으로만 제한되지 않았다. 예수는 소설과 국가, 과학과 사회 안에서도 발견될 수 있었다. 흑인 감독교회의 알렉산더 크룸멜은 "자비, 심지어 복음전도 정신은 이제 하나님의 교회 안에만 제한되지 않는다. 그것은 시대정신이기도 하다. 우리 주 예수 그리스도께서는 이 정신을 보험 회사와 상거래 기업 안에 불어넣으셨다. 이 정신은 모험을 고취하고, 지리 연구를 촉진하며, 과학에 활력을 준다. 이 정신은 문학에 색채와 어조를 준다"고

---

64   A. V. G. Allen, "The Continuity of Christian Thought," William R. Hutchison 편, *American Protestant Thought: The Liberal Era* (New York: Harper and Row, 1968), 57에 수록된 글.

썼다.[65] 이처럼 아우구스티누스가 하나님 나라와 세상 나라라고 불렀던 것들 사이의 경계가 모호해져서, 미국 문화가 예수에게 영향을 줄 수 있는 문이 열렸다. 그러나 그것은 또한 예수가 미국 문화에 영향을 줄 수 있는 문도 열어주었다. 그러므로 자유주의 개신교인들이 예수를 그들 자신의 이미지대로 만들어냈다 해도 놀랄 일이 아니다. 그리고 그들은 우주에 대한 환상에서 깨어남에 따라 예수에 대한 환상에서도 벗어났다.

예수는 울었다

가장 급진적인 사람들을 제외한 자유주의자들은 예수의 신성을 긍정했지만 그들은 예수의 인간미를 강조했다. 역사적 예수에게 초점을 맞추는 사람들도 있었지만 대부분은 예수를 경험의 측면에서 말하면서 그를 1세기의 팔레스타인이 아니라 그들 자신의 마음속에 위치시켰다. 그들은 예수의 부활 대신 탄생을, 속죄보다는 성육신을, 그의 초월성보다는 내재성을 강조했다. 기적을 행하는 사람이라기보다는 도덕주의자인 그들의 예수가 이 땅에 온 이유는 법적 판단을 만족시키거나 화가 난 성부에게 진 빚을 갚기 위해서가 아니라, 인간에게 하나님의 사랑의 성품을 보여주고 그들 안에 같은 성품을 개발하도록 그들을 자극하기 위해서였다. 예수의 죽음은 죄인들을 지옥에서 구원한 것이 아니라 (이제 더 이상 이를 믿는 자유주의자들은 거의 없었다) 이기적인 고독에서 그들을 구해냈다. 예수가 부여한 중생은 본질적으

---

65   Mark G. Toulouse and James O. Duke 편, *Sources of Christian Theology in America* (Nashville: Abingdon Press, 1999), 327.

로 도덕적이었으며, 하나님의 모든 자녀들을 동정심을 보이는 삶을 살도록 각성시키는 것이었다. 침례교 신학자인 윌리엄 뉴튼 클라크는 "예수의 삶과 죽음은 인간을 섬기는 것이 하나님을 가장 잘 섬기는 것이라는 진리에 대한 최고의 예다"라고 썼다.[66]

그들의 복음주의자 선조들과 마찬가지로 자유주의 개신교인들도 예수를 여성화했다. 그러나 그들은 대개 남북 전쟁 전에 그랬던 것처럼 예수의 희생과 복종을 강조하지는 않았다. 자유주의자들에게 예수의 생애는 하나님과 인간 사이의 그리고 인간 상호 간의 사랑의 연합 이야기였다. 엘리자베스 스튜어트 펠프스의 『예수 그리스도 이야기』(The Story of Jesus Christ)는 이 견해의 전형이 되었다. 엘리자베스 케이디 스탠턴이 『여성들의 성경(The Woman's Bible)』을 쓰고 있을 때(1895-98) 준비된 펠프스의 전기는 일종의 사랑 이야기 종류였다. 이는 또한 예수에 대해 최초로 완전한 여성주의자 입장에서 해석한 책이었다. 펠프스는 "복음서의 이야기는 남성들에 의해 쓰였다. 남성들이 2,000년 동안 이를 연구하고 해석했다. 남성들이 복음서의 주석자, 번역자, 설교자였다"고 썼다. 그녀의 목표는 이를 여성의 음성으로 대체하는 것이었는데, 그 음성에 따르면 예수는 여성들을 위해 "사회적 혁명"을 수행한 "위대한 민주주의자"였다. "남성과 여성이 하나님 앞에서 같은 도덕적 평면 위에 서 있으며, 그들이 인간 사회에서도 같은 평면위에 서야 한다"고 확신한 예수는 항상 "여성에 대한 최고의 존중"을 보여주었다. 펠프스는 예수가 여성의 곤경을 "이해한 유일한 남성"이었다고 결론지었다.[67]

---

66   Toulouse and Duke 편, *Sources of Christian Theology*, 272.
67   Elizabeth. Stuart Phelps, *The Story of Jesus Christ: An Interpretation* (Boston: Houghton,

펠프스의 "신성한 로망스"(sacred romance)는 거의 신약의 에베소서나 골로새서 첫 부분의 우주적 그리스도에 대한 찬송만큼이나 숭고한 말로 예수를 찬양했다. 그녀는 "예수 자신이 기독교다"라고 썼다. "그는 문명에서 가장 큰 힘이다. 그는 철학, 예술, 시, 과학, 신앙에서 최고의 원동력이다. 그는 인간의 형제애의 창조주다." 그러나 그녀의 예수는 자수성가한 사람이 아니었다. 그의 성품은 "인간 어머니들 중 가장 사랑스러운 사람"에 의해 형성되었다(여기서 요셉은 예수가 어릴 때 죽은 무정한 인물이다). 자연 애호가인 예수는 "꽃들의 세계에서 어른으로" 성장해서, 그의 눈은 어릴 때부터 수선화, 붓꽃, 붉은 튤립…분홍 메꽃과 데이지…시클라멘과 에스포델 수선화의 색조"에 훈련되었다. 그는 미남이고(가녀린 목, 부드러운 수염, 곱슬머리) 섬세한 남자였다. "우아한 그의 입술은 모든 감정의 움직임에 떨렸다." 그의 미소는 환했고, 그의 음성은 달콤했다. 그의 설교들은 천둥이 아니라 음악이었고, 위협이 아니라 약속이었으며, 법이 아니라 사랑이었다. 예수는 그의 공생애 사역 동안 "그의 마음 안에 한 계급의 사람들, 즉 가장 비참한 사람들을 받아들였으며" 그래서 자신을 "인간 동정심의 가장 위대한 거장"으로 드러냈다. 제퍼슨의 예수에게는 울음이 없었다. 그러나 펠프스의 예수는 울었다.[68]

Mifflin, 1897), 11, 311, 200, 112, 387.

68   Phelps, *The Story of Jesus Christ*, 411, ix, 102, 67, 385, 142.

남녀 양성 소유자

예수는 극단적으로 여성화되었다. 1970년대 일부 신학자들은 예수를 여성주의자로 묘사했다.[69] 1975년에 에드위나 샌디스는 UN 여성 10년(Decade of Women)을 축하하기 위해 십자가 위에서 맨 가슴을 드러낸 예수의 상(像)을 만들었다. 이 "크리스타"(Christa, 여성 그리스도) 상은 나중에 뉴욕의 성 요한 대성당과 예일 대학교에 전시되었다. 그러나 크리스타는 언제나 대중을 감동시키기보다는 논쟁을 일으켰다. 이 상은 코네티컷주 뉴헤이븐의 크라이스트 교회 지하실에 처박혀 사람들의 기억에서 (거의) 사라졌다.

　오늘날의 미국인들도 여성 예수를 수용하지 않는데, 19세기 미국인들은 여성 예수에 대해 훨씬 더 관심이 적었다. 사실 빅토리아 시대의 대다수 미국인에게 여성 예수란 생각할 수 없는 존재였다. 복음주의 세기 동안 아무도 예수가 남성이라는 점에 대해 진지하게 다투지 않았다. 복음주의자들과 자유주의자들은 예수가 남성이라는 부인할 수 없는 사실을 인정한 채 예수에게 여성의 많은 특성을 부가했다. 설교, 소설, 기도, 찬송가, 석판화, 혹은 망판화에서 복음주의와 자유주의 개신교인 모두 예수를 여성적인 남성으로 묘사했다. 우리는 이제 이를 남녀 양성 소유자(androgyne)라 부를 것이다. 펠프스는 자신이 쓴 예수 전기에서 예수를 "강하기 때문에 달콤하다"고 했다. 그녀는 예수의 "우아한 동정심"은 "여성의 동정심보다 부드럽고, 남성의 동정심보다 강한", "세상에서 전에는 꿈꾸지 못했던" 결합이라고 썼다. 예수를 어머니의 관점으로 언급했던 드문 찬송가들에서도 이처럼 매

69　Leonard Swidler, "Jesus was a Feminist," *Catholic World* 212 (January 1971), 177-83을 보라.

혹적인 결합이 작동한다. "구주 예수여, 나를 인도하소서"(Jesus, Savior, Pilot Me)는 예수가 바람을 잔잔케 한 것을 엄마가 아이를 조용히 하도록 달랜 것에 비교했다. "내 반석"(My Rock)은 "아이가 엄마 품에 기대듯" 예수에 기대는 것에 대해 말했다. 그러나 이 두 찬송가 모두 엄마의 비유에 남성다운 강함의 이미지를 보충했다. "내 반석"에서 예수는 "구원할 수 있는 강한 힘이 있는" "내 반석이자 내 의로움"이었다. "구주 예수여, 나를 인도하소서"에서 예수는 "놀라운 바다의 주권자"였다.[70]

영향력 있는 머서스버그 신학(Mercersburg Theology) 옹호자로서 교회 역사가인 필립 샤프도 예수에게 남성의 미덕과 여성의 미덕의 재미있는 조합을 부여했다. 『그리스도의 위격』(The Person of Christ, 1865)에서 샤프는 다음과 같이 썼다. "그는 아이 같은 천진함과 남성다운 강함을 결합했다. 그에게는 하나님에 대한 전적인 헌신과 인간의 복지에 대한 지칠 줄 모르는 관심, 죄인에 대한 부드러운 사랑과 죄에 대해 타협하지 않는 엄격함, 당당한 위엄과 매력적인 겸손, 두려움 없는 용기와 현명한 주의, 단호한 확고함과 달콤한 친절이 결합되어 있다." 이처럼 단호한 양(陽)과 온순한 음(陰)의 결합이 19세기에 쓰인 예수의 생애에 규칙적으로 등장한다. 헨리 워드 비처는 예수에게 여성의 모든 미덕들을 갖춰줬지만, 그조차도 예수가 싸움을 피하지 않았다고 주장했다. 비록 비처의 예수가 "애정과 동정의 자연스러운 언어"를 말하기는 했지만, 그는 또한 "전사(戰士)의 말"도 쓸 줄 알았다. 그리고 자극을 받으면 그의 사랑은 "기꺼이 갈등을 빚었고", 그의 호의는 "악에 맞서도록 준비될" 수도 있었다. 비처는 1863년 설교에서 회중들에게 "내가 믿는 그리스도는 어린양이었지만, 유다 지파의 사자이기도 했습니다"라고

---

70   Phelps, *The Story of Jesus Christ*, 143, 197: Sankey, *Sacred Songs and Solos*, 554, 560.

말했다.[71] 리만 애보트의 부친이자 인기 있는 소년용 롤로 북 시리즈 저자인 제이콥 애보트는 『초석』(The Cornerstone, 1855)에서 예수의 성(gender)에 대해 이렇게 썼다. "예수 그리스도는 어떤 면에서는 지금까지 살았던 어떤 사람보다 더 대담하고, 활기차고, 단호하고, 용기가 있었다. 그러나 어떤 면에서는 가장 유연하고, 순종적이고, 온순했다. 그리고 많은 인물들이 구성한 그의 성격 속에는, 저자들이 예수에게서 이처럼 반대되는 것으로 보이는 특질들이 함께 나타난다는 점을 알지 못해서 어느 정도의 불명확성과 혼동이 나타나고 있다."[72] 이는 예수에 대해 음양(활기차면서도 온순하고, 용기가 있으면서도 순종적인)으로 묘사했을 뿐만 아니라, 애보트와 그의 동시대인들이 그들의 예수에 대해 알고, 사랑하고, 그를 본받고자 노력했을 때 느꼈던 혼란도 분명히 설명한 멋진 인용문이다. 특히 분리된 영역 이데올로기의 전성기였던 시기에 한 사람 안에 남성과 여성이 동거한다는 생각은 말이 되지 않았다. 예수의 가장 큰 신비 중 하나는 한 사람 안에 신성과 인성을 겸비할 수 있었던 그의 능력이었다. 빅토리아 시대 미국인들에게 남성의 몸 안에서 여성의 미덕들을 보여 줄 수 있었던 그의 능력도 틀림없이 신비에 가까웠을 것이다. 궁극적으로 이 점은 불안을 자아내기도 했을 것이다.

71   Whitmore, *Testimony of Nineteen Centuries to Jesus*, 348–49; Beecher, *The Life of Jesus*, 148, 381, 278, 380; Beecher, "A Conversation about Christ," 490.

72   Whitmore, *Testimony of Nineteen Centuries to Jesus*, 130.

HOW THE SON OF GOD BECAME A NATIONAL ICON

스티븐 소이어의 "무패"(Undefeated)는 예수를 좀 더 남성적으로 묘사하고 기독교를 보다
강하게 만들려는 많은 노력들 중 하나다.

_ 캔버스에 그린 유화, 스티븐 소이어에 의해 1999년에 저작권 등록됨. WWW.ART4GOD.COM

3장 남자다운 구속자

1898년 11월 15일, 뉴욕시 소재 아메리칸 갤러리즈에서 중요한 예수 그림 전시회가 선을 보였다. 그리스도의 생애들은 대개 글로 쓰였지만 프랑스 화가인 자메 자크 요셉 티소의 "우리 구주 예수 그리스도의 생애"(*Life of Our Saviour Jesus Christ*)는 수채화 물감으로 그려졌다. 티소의 구아슈 수채화 그림 365점(1년간 하루 1점)은 탄생에서 죽음과 부활에 이르는 예수의 이야기를 들려줬는데 뉴욕 시민들은—이전의 전시에서 신실한 파리 시민들처럼 화랑에 무릎을 꿇고 기도할 만큼 감동을 느끼지는 않았지만—이에 매료되었다. 이 전시회가 인기가 있다 보니 보스턴, 필라델피아, 세인트루이스, 오하마에서도 유사한 전시회가 열렸으며, 티소의 다양한 여러 권짜리 커피탁자용 시각적 복음 서적 판매가 급증했다. 이 모든 관심으로 티소는 유럽에서 누리지 못했던 명성을 얻었다(그리고 그 그림들을 구입한 브루클린 미술관으로부터 6만 달러라는 거금을 받았다).

프랑스에서 태어난 티소(1836-1902)는 1871년에 영국으로 이주했으며 그곳에서(소설 『천로역정』에 나오는) "허영의 시장"(*Vanity Fair*) 일러스트레이터로서, 그리고 상류층 런던 시민들을 사실적으로 그리는 화가로서 명성을 얻었다. 그러나 멋쟁이 남녀들에게 아첨하는 데 바쳐진 인생은 누구라도 초조하게끔 할 수 있는데, 그런 삶은 확실히 티소를 안달나게 했다. 파리로 돌아온 뒤 그는 "성스러운 음악"(Sacred Music)이라고 불리는 그림을 구상하는 동안 생 쉴피스 성당의 미사에 참석했다. 그곳에 가기 위해서 그는 대량 생산된 종교 예술품들로 가득찬 가게들을 지나야 했는데 레프트 뱅크는 십자가상, 묵주 그리고 종교 카드 판매의 성지가 되어 있었다. 이 저속한 작품들은 그 성당과 너무도 동일시되어서 그 성당은 유럽 전역에서 생 쉴피스 미술(l'art Saint-Sulpice)로 알려졌다. 생 쉴피스 성당에서 예수가 환상 가운데 티소에게 나타났다고 한다. 자신의 이전 작품들을 포함해서 모든 것이 허영임을 깨달은 티소는 자신의 삶을 교회에, 그리고 자신의 예술을 성경적 주제에 헌신했다. 그가 갑자기 파리를 떠나자 티소가 최근 들어 신앙에 새로 귀의했다는 사실을 알던 친구들은 그가 사해의 수도원에 갔다고 생각했다. 그는 실제로 팔레스타인으로 예술 및 영적 순례 여행을 떠났다.

로마 가톨릭 교도였던 티소는 성경과 전통 모두와 일치하는 삶을 창조하기로 결심했다. 현실주의자였던 그는 다른 예수 그림들을 장식한 시대착오를 피하기로 결심했다. 그래서 그는 해당 지역의 역사에 관해 폭넓게 읽고, 현지의 랍비들과 이야기하고, 수십 장의 사진을 찍고, 유대인들의 얼굴과 화려한 옷 그림들로 스케치북들을 채웠다. 그 후 그는 거의 10년에 걸쳐 자신의 걸작을 그렸다. 그 결과 에르네스트 르낭의 『예수의 생애』에서 회의주의만 빼낸 시각적 버전이 나왔다. 자기 나라 사람인 르낭(그도 자신의 걸작에 관해 현지 연구를 수행했다)과 마찬가지로 티소는 역사적 예수를 표현하는데 전념했다. 그러나 티소는 르낭과는 달리 신앙심에서 그렇게 했다.

티소의 구아슈 그림들은 세실 B. 드밀의 영화 "왕중왕"(King of Kings, 1927)처럼 호화로웠는데, 드밀이 티소의 작품을 자신의 걸작 예수 영화 촬영의 토대로 삼았기 때문에 이는 우연이 아니다. 예수는 미국 기독교 자체에서 중심인 것과 마찬가지로 이 그림들에서도 중심이었지만, 이 그림들에는 (인구학적 및 지리적인) 현지 풍경도 명확히 보인다. 예를 들어 티소는 "산상 수훈"에서 예수와 군중들 위에서 바라보는 구도를 잡는다. 이 그림에서는 예수의 얼굴이 보이지 않고, 그의 몸은 구릿빛으로 그려져서 그 지역에서 성장한 것으로 보인다. 예수의 뒤로는 붉은 흙과 푸른 바다 그리고 검은 하늘 외에는 아무것도 보이지 않는다. 그의 앞에는 두건을 쓴 사람들로 인산인해를 이루고 그들의 외투의 주름과 그늘이 산 자체와 절묘하게 조화를 이루고 있다.

뉴욕 전시의 리뷰는 알랑대지 않으면서도 호의적이었다. 「뉴욕 타임즈」는 티소의 "용기", 그의 "장인다운 결정", 그리고 그의 "놀라운 노력"을 칭찬했지만 나아가 관람자들은 갤러리에서 "특별한 걸작은 발견하지 못할" 것이라고 알려줬다. 그러나 이 신문은 티소가 예수의 얼굴과 인물을 세계주의적으로 취급한 것을 칭찬했다. 이 전시회의 비평가는 티소가 예수를 아시아인뿐 아니라 유럽인에게도, 그리고 유대인뿐 아니라 그리스인에게도 들어맞도록 했으며 좀처럼 예수의 얼굴이 당대에 너무도 자주 보이는 연약한 여성적인 외관을 띠도록 허용하지 않는다"라고 썼다.[1]

티소가 그린 예수 그림들이 뉴욕에 전시되고 있는 동안 자유주의 개신교 잡지 「더 아웃룩」의 기고가인 케이트 햄프턴이 그곳에 들렀다. 최소한 그녀에게는 티소의 예수가 그다지 남성다워 보이지 않았다. 사실 이 구아슈 그림들은 유럽 전역에서 생 쉴피스 미술로 조롱받았던 저속한 작품같이 보였다. 그러나 그녀는 다른 사람들은 어떻게 생각하는지가 궁금했다. 머지 않아서 「더 아웃룩」은 뉴욕의 성직자들에게 "고대 및 현대 그림에 묘사된

---

1   "A Believer's Pictures of Christ," *The New York Times Illustrated Magazine* (December 11, 1898), 7.

예수의 얼굴은 강한 얼굴에 대한 당신의 생각을 나타냅니까?"라고 묻는 조사를 실시했다.

사제, 목사, 랍비들로부터 많은 응답이 왔는데 그들의 결론은 거의 만장일치에 가까웠다. 반 세기 전에 허먼 멜빌의『모비 딕』(Moby Dick, 1851)에서 비난 받았던 "부드럽고, 곱슬머리이며, 남녀 양성인" 예수는 아직도 건재했다. 어느 장로교 목사는 전통적인 예수의 이미지들이 "약하고" "혐오스럽다"고 했다. 어느 유니테리언주의자는 자신이 보았던 수백 장의 그림들은 "활기 없고 물러 터진" 인물을 제시했다고 말했다. 어느 개혁파 유대인은 강한 예수 그림을 한 장도 본 적이 없다고 말했다. 어느 감독 교회 사제는 "연약하고, 지나치게 감상적이고, 병약한 그리스도 초상"이 예외가 아니라 규칙이라고 말했으며, 같은 교파의 다른 성직자는 예수의 이미지들은 "대학 운동선수, 군인, 젊은 사업가, 심지어 도시의 불량배들에게서" 흔히 발견되는 강한 면모가 전혀 없다고 말했다. 어느 감독교회 성직자는 위대한 티소조차 빅토리아 시대 후기의 미국인들에게 그들이 그토록 흠모했던 남성다운 그리스도를 제시해줄 수 없었다는 결론을 내렸다. 모르몬교도들은 이 조사에 참여하지 않았지만 그들도 이러한 평가에 반대하지 않았을 것이다. 비슷한 시기에 저술했던 어느 모르몬교 저자는 화가들이 예수를 "머리를 길게 늘어뜨리고, 몸은 병약하며, 얼굴에는 안에서 우러나오는 강인함의 흔적이 전혀 없는 인물"로 잘못 제시했다고 불평했다.[2]

「더 아웃룩」 1899년 4월호에 "그림에 나타난 그리스도의 얼굴" 기

---

2   Herman Melville, *Moby Dick* (New York: Bantam Books, 1967), 348; Kate P. Hampton, "The Face of Christ in Art: Is the Portraiture of Jesus Strong or Weak?" *Outlook* 61.13 (April 1, 1899), 746, 736, 738, 742; George Reynolds, "The Personal Appearance of the Savior," *Juvenile Instructor* 39 (August 15, 1904), 498-99.

사가 실렸다. 같은 달에 두 명의 영향력 있는 미국인들이 미국 문화의 여성화를 반대하는 발언을 했다. 클라크 대학교 총장이자 미국의 가장 뛰어난 심리학자들 중 한 사람인 그랜빌 스탠리 홀은 국립 유치원 교사 모임에서 연설했다. 그는 미국은 남성들의 유약함이라는 전염병을 앓고 있으며, 이에 대한 치료법은 남성들에게 그들의 본래 모습이었던 미개인처럼 행동하도록 허용하는 것이라고 주장했다. 홀은 최소한 남자 아이들에게는 자제가 역효과를 낳는다고 말했다. 남자 아이들은 분노를 승화시키는 것이 아니라 표출할 필요가 있었다. 그들에게는 열정이 덜 필요한 것이 아니라 더 필요했고, 문명이 더 필요한 것이 아니라 덜 필요했다. 그는 경악한 여교사들에게 복싱은 단지 구경하는 스포츠가 아니라 앞을 내다보는 부모들과 교사들이 아들들을 남성답게 기르기 위해 채택해야 할 교육 도구라고 말했다. 비록 언론에서는 "고통과 비관주의 설교자"이자 "아이들에게 복싱을 가르치는" 옹호자라고 비난받았지만, 홀은 시어도어 루스벨트 뉴욕 주지사로부터는 미국의 남성다움에 기여했다는 칭찬을 받았다. 루스벨트는 홀에게 보낸 편지에 "지나친 감상성, 지나친 부드러움, 사실은 약함과 눈물 많음"이 "이 시대와 이 백성에게 큰 위험"이라고 썼다.[3]

그달에 연약함의 위험을 비난한 유력한 두 번째 미국인은 시어도어 루스벨트 자신이었다. 스페인-미국 전쟁 중의 쿠바 작전에서 갓 돌아온 루스벨트 주지사는 1899년 4월 10일 시카고의 해밀턴 클럽에서 지금은 유명해진 "정력적인 삶"(Strenuous Life)이라는 제목의 연설을 했다. 그는 "지나치게 교양 있는 사람"과 "한 국가의 튼튼한 미덕들을 없애는 틀어박힌 삶"을 비

---

3   Gail Bederman, *Manliness and Civilization: A Cultural History of Gender and Race in the United States, 1880-1917* (Chicago: University of Chicago Press, 1995), 100, 77, 100.

난했으며, 홀과 마찬가지로 미국의 미래 자체가 균형에 달려 있다고 확신했다. 그는 이 나라가 "일을 무서워하거나 의로운 전쟁을 두려워하는" 또 다른 "약골" 세대를 키워낸다면 이 나라는 "지상에서 사라질" 것이라고 (그리고 반드시 그래야 한다고) 경고했다.[4]

테디 루스벨트의 시대에는 미국의 문화, 사회, 경제, 종교 생활에 주요 변화가 일어났다. 역사가들은 1890년대부터 제1차 세계대전 때까지의 진보 시대(Progressie era)의 정확한 특징에 대해 동의하지 않는다. 소기업들과 생산자가 주도하는 사회에서 대기업들과 소비자가 주도하는 사회로 변했다고 보는 이들이 있는가 하면, 희소 문화(검약, 근면, 자기 부인을 가치 있게 여긴다)에서 풍요 문화(소비, 여가 및 자기 만족에 초점을 맞춘다)로 옮겨갔다고 생각하는 사람들도 있다. 문화 역사가인 잭슨 리어스는 개신교에서 세속주의로, "구원에서 자아실현으로"의 이동을 발견했다.[5] 그러나 역사가들은 세기의 변환기 무렵에 미국이 새롭게 되었다는 데 대해 대체로 동의한다.

여성다움의 재앙

이 새로운 시대와 함께 남성다움(masculinity; 1890년대에 최초로 널리 사용된 단어다)에 위기가 왔다. 위기는 너무 심한 말일 수도 있지만 미국의 드라마에

---

4   Theodore Roosevelt, "The Strenuous Life"(1899), http://www.theodore roosevelt.org/research/speech%20strenuous.htm.

5   T. J. Jackson Lears, "From Salvation to Self-Realization: Advertising and the Therapeutic Roots of the Consumer Culture, 1880-1930," Richard Wightman Fox and T. J. Jackson Lears 편, *The Culture of Consumption: Critical Essays in American History, 1880-1980* (New York: Pantheon Books, 1983), 1-38에 수록된 글.

서 남성과 여성에게 할당된 역할들은 확실히 다시 쓰이고 있었다. 미국 문화의 여성화가 1880년대에 확고하게 자리 잡게 된 바로 그때 특히 중산층 백인 남성들에게서 이에 대한 반대가 일어났다. 이르게는 1864년에 초월주의자에서 가톨릭으로 개종한 오레스테스 브라운슨이 미국 문화의 여성화를 비난하고 있었다. 브라운슨은 "여성다움, 곧 야만성의 결여가 아니라 남성다움의 결여가 이 시대의 재앙이다"라고 한탄했다. "이 시대는 여성 경배 시대다. 여성들은 천사들이고 남성들은 악마들이다." 1886년에 『보스턴 사람들』(*The Bostonians*)에서 주인공 바실 랜섬은 소설가인 헨리 제임스가 "모든 세대가 여성화되었다. 세상에서 남성적 색조가 사라졌다. 이 시대는 여성적이고, 신경질적이며, 발작적이고, 재잘거리며, 점잔 빼는 시대다"라고 불평했을 때 그를 옹호했다. 남성들은 남성들이 사망할 것이라는 예측(그리고 "남성적 특성"을 보전하라는 제임스의 촉구)에 오드 펠로우스(Odd Fellows), 프리메이슨(Freemasons), 피디아스의 기사들(Knights of Pythias) 그리고 레드 맨(Red Men) 같은 남성 단체에 가입하는 것으로 응답했다. 그들은 카우보이들과 인디언들의 모험에 관한 소설을 읽고, 낚시와 사냥 같은 야외 활동을 했다. 그들은 다시금 아들들을 스포츠 팀 코치와 (1912년에 설립된) 미국 보이스카우트 같은 단체들의 리더들로 키워야 한다고 주장했다. 아마도 프레데릭 레밍턴이 미국의 인식에 이처럼 열정적인 남성의 이미지를 누구보다도 많이 심어준 사람일 것이다. 이처럼 강인한 남성의 이미지는 「하퍼스 위클리」(*Harper's Weekly*)의 목판화에 전쟁 중인 군인, 변방의 카우보이, 강인한 풋볼 선수로 표현되었으며, 레밍턴 자신이 루스벨트의 대통령 재임 중에 전 국민이 몰두하게 된 스포츠에 투신했다.[6]

---

6   Orestes Augustus Brownson, *The Works of Orestes A. Brownson* (Detroit: T. Nourse,

1890년대와 그 이후에 남성다움이 부활하고 재정의된 이유는 다양하게 설명된다. 남북 전쟁이 하나의 요인이었다는 점에는 의심할 나위가 없다. 북부군 전사자들의 남자다운 용기가 없었더라면 미국은 하나의 국가로 유지되지 않았을 것이다. 남부에서는 용감한 남부군들의 희생적인 죽음이, 찰스 리건 윌슨이 "패배한 대의의 종교"라 불렀던 것의 핵심 성분이 되었다.[7] 또 다른 요인은 사회적 다원주의였다. 가장 적합한 자만 살아남는다면, 강해지는 것은 개인적인 의무이자 애국적인 의무여야 했다. 사무직 노동자의 확산도 중요한 요인이었다. 전에는 일 자체가 남성들을 건강하게 유지시켜 주었다. 그러나 남북 전쟁 이후 몇십 년 동안 경영자와 관리자 계급이 증가함에 따라 한때는 공장, 전쟁터, 농장에서 연마되었던 근육이 위축되기 시작했다. 중산층의 확대와 근무 일수 단축으로 여가 활동이 가능해졌으며, 중산층 남성들(그리고 중산층 계급이 되기를 열망했던 사람들)은 점차 그들의 여가 시간을 하이킹과 보디빌딩 같은 격렬한 활동으로 채우게 되었다.

아마도 과거에는 모두 남성의 전유물이었던 영역을 여성이 잠식하기 시작하고 있다는 인식이 미국 문화가 남성화 된 배후의 가장 중요한 요인일 것이다. 앞에서 언급한 바와 같이 19세기 후반 들어 여성들은 일터에 진출해서 중요한 지위를 차지했다. 그러나 여성들은 또한 대규모로 대학에 들어가고 법학전문대학원과 의학전문대학원의 문도 두드리기 시작했다. 여성 중 일부는 설교자가 되었고, 일부는 투표권을 얻기 위해 선동했다. 마

1882-1887), 19.421; Henry James, *The Bostonians* (New York: Macmillan, 1886), 34장, http://www.online-literature.com/henry_james/bostonians/34/.

7   Charles Reagan Wilson, *Baptized in Blood: The Religion of the Lost Cause, 1865-1920* (Athens: University of Georgia Press, 1980).

지막으로—그리고 세기말 남성의 관점에서는 가장 불길하게도—소수는 사업, 남성 클럽 그리고 스포츠와 같은 신성한 영역에 관여하기 시작했다. 추문 폭로자들이 회사의 비도덕성을 폭로하기 시작함에 따라 남성 친목 조직들을 폐쇄하고 복싱을 금지하려고 노력한 사회 개혁가들도 등장했다(여성들도 흡연을 받아들이고 있었다).

많은 미국 남성들은 남성들의 영역이 공격받고 있다는 인식에 대해 "분리된 영역" 원칙을 뒤집는 것으로 대응했다. 과거에는 그런 남성들이 "문명"을 가치 있게 여기고 이를 소극성 및 자기 부인 같은 여성적 가치와 동일시했지만, 그들은 이제 야성과 원시성을 자랑으로 여겼으며 단호성같이 전통적인 남성의 악덕을 필수품이자 심지어 미덕으로 재해석했다. 그들은 미국이 19세기에는 경건한 여성들에 의해 영감을 받았다면 20세기에는 (남북 전쟁 때와 같이) 열정적인 남성들에 의해 인도될 것이라고 주장했다.

이처럼 광범위한 문화 이동은 특히 종교의 영역에서 두드러졌는데, 종교의 영역에서 "근육질 기독교"를 배양하려던 노력(1857년-58년의 대부흥["비즈니스맨의 각성"이라고도 알려져 있음]에서의 노력과 YMCA 같은 단체를 통한 노력)은 여성적 기독교의 물결을 억제하기에 충분하지 않았던 것으로 보인다. 이르게는 1892년에 보수적인 복음주의 잡지인 「더 워치맨」이 8개 교회의 남성 비율이 단지 28%였다는 조사 결과를 발표했다. 여성화 심화 정도를 측정하기 위한 노력의 일환으로 YMCA가 1910년에 수행한 연구에 따르면 미국 교회의 남성 신자 비율은 1/3에 지나지 않았다. 대략 3백만 명의 남성이 교회에 출석하지 않고 있었다.[8]

---

8   Albert G. Lawson, "Why Are There Not More Men in Our Churches?" *Watchman* 73.38 (September 22, 1892), 1; Fred S. Goodman, "A Survey of Typical Church Bible Classes for Boys and Men," *Religious Education* 5.4 (October 1910), 363-65.

싸움꾼 예수

미국의 그리스도인들은 이처럼 무서운 뉴스에 대한 대응으로 그들의 신앙을 보다 남성적으로 만들기 위한 일련의 책을 펴냈다. 19세기의 감상적인 많은 고전들은 여성에 의해 쓰였지만 이러한 새 책들은 거의 모두 남성에 의해 쓰였다. 『종교에서의 남성』(The Masculine in Religion, 1906)에서 침례교 목사인 칼 델로스 케이스는 기독교는 남성적인 측면(과 남성적 은유)을 회복할 필요가 있다고 주장했다. 그는 교회는 "현대 문명을 위한 상품들을 만들어 내는 공장이다. 교회는 모든 종류의 무기들을 발견할 수 있는 무기고다. 교회는 방어 무기들이 만들어지는 제철소다. 교회는 승리를 위해 출격하는 요새다"라고 썼다. 1911년에 신설된 남성과 종교 전진 운동(Men and Religion Forward Movement)은 "종교에게 더 많은 남성을, 남성에게 더 많은 종교를" 을 표어로 내걸고 남성들을 교회로 다시 끌어들이는 데 전념했다. 제이슨 피어스의 『그리스도의 남성적 힘』(The Masculine Power of Christ, 1912)과 20세기 전반의 가장 영향력 있는 자유주의 개신교 설교자 중 한 사람인 해리 에머슨 포스딕의 『주님의 남자다움』(Manhood of the Master, 1913)은 같은 주제에 책 한 권을 할애했다. 여기서의 공통분모는 「센추리」가 "신조 따위는 없이…활력 있고, 건강하고, 강력하다"고 부른 것들이었다. 교리는 약자들을 위한 것이었고, 유순한 사람들은 땅을 상속할 수 없었다.[9]

남성과 종교 전진 운동이 1911-12년의 거센 캠페인 뒤에 시들해지자,

---

9   Carl Delos Case, *The Masculine in Religion*(Philadelphia: American Baptist Publication Society, 1906), 85; Theodore P. Greene, *Americas Heroes: The Changing Models of Success in American Magazines* (New York: Oxford University Press, 1970), 78. Case의 *My Christ* (Philadelphia: Griffith and Rowland, 1915)도 보라.

"야구 전도사" 빌리 선데이(그는 한때 시카고 화이트삭스팀의 유격수였다)가 등판했다. 그는 제1차 세계대전 이전에 미국에서 가장 인기 있는 사람이었는데, 이는 부분적으로는 그가 역설한 보다 남성적인 형태의 부흥이 남성과 여성 모두에게 매력적이었기 때문이다. 다른 개신교 설교자들은 자신의 박식함을 과시했지만, 선데이는 마치 홈 플레이트로 쇄도하듯이 무대 위를 움직이면서 자신의 근육을 과시했다. 선데이는 "주여, 저희를 즉흥적이고, 얼굴이 축 늘어져 있고, 뼈가 잘 부러지며, 무릎이 약하고, 피부가 얇고, 유약하고, 진실하지 않고, 줏대 없고, 여성적이고, 패기 없는 기독교에서 구해주소서"라고 기도했다. 그는 동료 그리스도인들에게 다른 뺨을 돌려 대라고 촉구하는 대신 남성 청중들에게는 선한 싸움을 싸우라고 촉구하고, 여성 청중들에게는 남자다운 구속자를 포함해서 사내대장부를 포용하라고 도전했다. 호머 로드헤버(그는 아이라 생키 같은 사람을 보내 달라는 선데이의 기도에 대한 응답이었다)가 "그리스도의 군사들아, 전진하라"(Onward Christian Soldiers)와 "공화국의 전투 찬송"(The Battle Hymn of the Republic) 같은 찬송을 부를 때, 선데이는 여성화된 군중의 유약한 예수를 꾸짖었다. 그는 예수는 "패기 없고, 아첨하는 사람이 아니라 지금껏 살았던 사람 중 가장 위대한 싸움꾼이었다"고 주장했다. 선데이는 그러고 나서 청중들에게 예수와 함께 싸우라고 부추겼다. 선데이는 "가장 남자다운 남자는 예수 그리스도를 인정하는 남자"라고 말했다.[10]

빌리 선데이가 전국을 동분서주하며 미국인들을 이처럼 호전적인 예수께로 개종시킴에 따라 복음주의는 근본주의자들과 현대주의자라는 두

---

10 Betty A. DeBerg, *Ungodly Women: Gender and the First Wave of American Fundamentalism* (Minneapolis: Fortress Press, 1990), 89; William G. McLoughlin, Jr., *Billy Sunday Was His Real Name* (Chicago: University of Chicago Press, 1955), 179.

진영으로 갈라지기 시작했다. 1910년에서 1915년까지의 "근본주의자들"이라는 대표적인 소책자 시리즈와 1925년의 스콥스 원숭이 재판으로 미국의 개신교 내의 분열이 기정사실이 되었다. 그러나 미국 개신교에서 교회 역사가인 마틴 마티가 ("개인적"인 보수주의자 그룹과 "공적인" 자유주의자 그룹의) "두 그룹 시스템"이라고 불렀던 그룹들의 출현도 예수의 중심성이나 인격에 대해서는 실제적인 불일치를 자아내지 않았다. 선데이가 현대주의를 "거세된 기독교"라고 묘사하려 했을 때, 현대주의자들은 자신들의 남성적 예수로 선데이와 맞섰다. 전쟁을 "우리 종족의 이야기"라 부르고 "군인 예수"를 옹호한 작가이자 남북 전쟁 참전 용사인 윌리엄 엘리엇 그리피스에게 모두 동의한 것은 아니지만, 이제 거의 모든 사람이 기독교는 무엇보다도 예수라는 인물에 관한 것이며, 예수의 인격에는 박력이 가득하다는 것을 믿는 듯했다. 예수가 조각품 받침대에서 내려와 진정한 사람이 되자, 자유주의자들과 보수주의자들 모두 그를 부추겼다.[11]

사회복음

심리학자인 윌리엄 제임스는 "전쟁의 도덕적 등가물"(The Moral Equivalent of War)이라는 1906년 논문에서 교회들이 진정한 남성을 전쟁에 복무시키기보다는 그들에게 뭔가 더 중요한 일을 주라고 촉구했다. 그 촉구에 대한 응답으로 워싱턴 글래든(1836-1918)과 월터 라우센부쉬(1861-1918) 같은 사회

---

11   Martin Marty, *Righteous Empire* (New York: Dial Press, 1970), 177-87; "Emasculated Christianity," *Kings Business* 13.4 (April 1922), 330; William Elliot Griffis, "Jesus the Soldier," *Homiletics Review* 46.5 (November 1918), 349.

복음 옹호자들은 남성들에게 라우센부쉬가 "거룩한 기사단"이라 부른 협회의 그리스도인 "기사들"이 되라고 도전했다. 자신의 여인, 가족, 조국, 구주를 위해 싸우는 이 기사들은 그들이 하나님의 왕국이라 부른 정의로운 사회 질서를 이룩해야 했다. 그들은 미덕을 여성에게 한정하고, 여성을 가정에 한정시켰던 분리된 영역 이념이 시대에 뒤졌다고 생각했다. 그들은 남성도 기독교의 미덕을 보여줄 수 있으며, 사회라는 전쟁터에서 이를 실행할 수 있다고 보았다.[12]

사회복음주의자들은 오래 전부터 예수의 모범에 매료되어 사회에 관심을 기울여온 복음주의자들이다. 그들은 하나님의 왕국을 가정의 용어로 이해했기 때문에(그들은 "하나님의 아버지 되심" 아래 작동하는 "인간의 형제 됨"을 목표로 한다), 삼위일체의 첫 번째 위격을 버리지 않았다. 그러나 그들은 세상에서 행동하는 문제에 있어서는 제2 위격의 모범을 따랐다. 신조들에 대해 조심하고 성경에 관해 회의적인 그들은 자신의 윤리의 토대를 예수에 두었다. 브루클린 소재 플리머스 회중교회에서 헨리 워드 비처의 뒤를 이은 사회복음 사상가인 리만 애보트(그도 인기 있는 예수의 생애를 저술했다)는 이러한 예수 중심주의의 전형이 되었다. 그는 이렇게 썼다. "당신이 평생 무서운 신을 두려워하다가 갑자기 커튼이 찢어지고 살아 계신 그리스도의 빛나는 모습을 보았는데, 그의 머리 위에 '이보게, 이분이 자네의 하나님이라네'라고 쓰여 있는 것을 보았다고 상상해보라." 월터 라우센부쉬의 영적 세계도 분노에 찬 아버지보다는 친절한 아들 중심이었다. 그는 "천상의 우주적 하나님은 내가 압도당하는 분"이지만 "예수의 얼굴을 한 그리스도

---

12   Janet Forsythe Fishbum, *The Fatherhood of God and the Victorian Family: The Social Gospel in America* (Philadelphia: Fortress Press, 1981), 32, 169.

는 내가 이해하고, 사랑하고, 동화할 수 있어서 나는 그분께 붙어 있을 수 있다"고 설명했다.[13]

사회복음 사상가들은 처음에는 예수를 가정의 경건이라는 감상적인 언어로 묘사하면서 십자가 위에서의 예수의 희생에 초점을 맞췄다. 그러나 세기가 바뀌고 남성다움에 대한 숭배가 새롭게 만개하자 그들의 예수도 강해졌다. 1904년 개정 찬송가집에서는 초기 YMCA 찬송가집에 수록되었던 감상적인 찬송가들이 사라졌다. 『남성 그리스도인을 위한 남자다운 노래들』(Manly Songs for Christian Men)이라는 1910년 노래집은 "갈릴리의 남자다운 남자"를 찬양했다. 점차 예수가 예루살렘 성전을 정화한 이야기가 전형적인 복음 이야기가 되었다. 월터 라우셴부쉬는 "예수에게는 지나치게 감상적이거나 나약한 면이 전혀 없다"고 주장했다. "그는 계속 자신의 경건한 적들의 이를 갈게 했고, 그들의 기피 대상이었다. 그는 죽음의 수염을 뽑았고, 예루살렘 성전에 들어가 지배 계급에게 파멸적인 재앙을 퍼부었다."[14]

라우셴부쉬는 예수의 남자다움(그리고 성전 청소 이야기의 중요성)에 대해 빌리 선데이에게 동의했지만 예수가 어떤 유형의 남자였는지에 대해서는 동의하지 않았다. 두 설교자 모두에게 있어서 예수는 용기 있게 행동하는 사람이었다. 그러나 선데이의 예수는 개인들의 죄에 대해 주먹을 휘두르는 거리의 전사(戰士)였지만, 라우셴부쉬의 예수는 자본주의 사회의 집단적인 죄와의 전쟁에 임하는 진보적인 활동주의자였다. 그의 영웅은 가정과 교회

---

13   Lyman Abbott, *What Christianity Means to Me* (New York: Macmillan, 1921), 5-10; Susan Curtis, *A Consuming Faith: The Social Gospel and Modem American Culture* (Baltimore: Johns Hopkins University Press, 1991), 86.

14   I. H. Meredith and Grant Colfax Tullar 편, *Manly Songs for Christian Men* (New York: Tullar-Meredith, 1910), 27 Curtis, *A Consuming Faith*, 81.

뿐만 아니라 상점과 공장도 지배했다.

사회복음주의자들은 복음주의자들의 전통을 따라서 예수를 친구라고 말했지만, 그들에게 예수는 벗이라기보다는 동지로서 하나님의 왕국을 위한 동료였다. 라우셴부쉬는 예수를 열심히 일하는 목수이자 "일반인 남자"라고 불렀다. 사회복음주의 신학자인 프란시스 그린우드 피바디에 의하면 예수는 "박력 있고, 당당하고, 강한" 힘 있는 남자였다. 그러나 사회복음의 진보적 예수는 빌리 선데이의 예수처럼 완력으로 사람들을 개종시키지 않고, 자신의 힘을 "잘못된 것들을 부수고, 올바른 것들을 지지하기 위해" 사용했다. 1919년 테디 루스벨트 사망 후 미국 보이스카우트는 이 독점 해체자를 이렇게 묘사했다. "그는 약했지만 힘이 되어 주는 사람이 되었다. 그는 겁이 많았지만 용기 있는 사자가 되었다. 그는 꿈꾸는 몽상가였다. 그러나 그는 모든 시대를 통틀어 가장 위대한 실행가가 되었다." 사회복음의 전투적인 예수에 대해서도 이와 똑같은 말을 할 수 있다.[15]

사회복음은 글래든이나, 라우셴부쉬와 같은 사람들의 신학 서적 외에도 많은 예수 소설을 만들어냈다. 일부는 예수를 사회주의자로 묘사했다. 아치볼드 맥코완의 『사회주의자 그리스도』(*Christ, the Socialist*, 1894)에서 예수는 뉴욕 시청의 계단 위에 서서 회사들을 바리새인들이라고 비난한다. 엘리자베스 스튜어트 펠프스의 『독특한 삶』(*Singular Life*, 1894)에서 임마누엘이라는 이름의 그리스도 같은 사람(그의 어머니의 이름은 마리아이고, 아버지의 이름은 요셉이며, 그의 제자들은 어부였다)은 '예정, 운명, 성화, 선택 그리고 성가

---

15   Toulouse and Duke 편, *Sources of Christian Theology*, 297; Case, *The Masculine in Religion*, 118; Mabel Hay Barrows Mussey, *Social Hymns of Brotherhood and Aspiration* (New York: A. S, Barnes, 1914), 43; Christian F. Reisner, *Roosevelt's Religion* (New York:Abingdon Press, 1922), 245.

심(botheration) 같은 신학교 교훈들을 바다 마을의 매춘부들과 알코올 중독자들을 구원하는 데 헌신하는 삶과 바꾼다.[16] 그는 서른 세 살 때 유다라는 사람에게 돌에 맞아 죽는다. 업턴 싱클레어의 『그들은 나를 목수라 부른다』(They Call Me Carpenter, 1922)는 좀 더 미묘하지만 이 소설도 그리스도와 같은 사회주의자가 주인공인데, 이 소설에서는 "(목수라는 뜻의) 미스터 카펜터"라는 "볼셰비키 예언자"가 자기가 사는 지역의 노동조합을 지지하느라 어려움을 겪는다.

사회복음 작가들은 또한 예수가 미국의 도시에 살고 있다고(그리고 그가 보고 있는 현실을 좋아하지 않는다고) 상상하는 일련의 "XX에 사는 예수" 책들과 소설들을 썼다. W. T. 스테드의 『만일 그리스도께서 시카고에 오신다면』(If Christ Came to Chicago, 1894)과 W. E. B. 뒤 부아의 "조지아의 예수 그리스도"(Jesus Christ in Georgia, 1911)는 이 장르에 들어맞는다. 모든 시대를 통틀어 가장 인기 있고 지속적인 사회복음 소설인 찰스 M. 셸던의 『그분의 발자취를 따라서: "예수라면 어떻게 하실까?"』(In His Steps: "What Would Jesus Do?," 1897, 예찬사 역간 『예수라면 어떻게 할 것인가?』)도 마찬가지다. 20세기 말의 "예수라면 어떻게 하실까?" 유행을 고취한 이 소설에서 레이몬드라는 가상의 작은 마을 제일 교회(First Church)의 헨리 맥스웰 목사는 자기 교구 신도들에게 1년 동안 모든 상황에서 "예수라면 어떻게 하실까?"라고 자문해 보라고 도전한다. 그러고 나서 셸던은 신문 편집인, 사업가, 사교계 여성이 **그리스도를 본받는** 고대의 훈련을 현대 미국에 적용하려고 노력하는 모습을 추적한다.

셸던은 자유주의 회중교회 목사였는데 그가 본질적으로 자유주의적

---

16   Elizabeth Stuart Phelps, *A Singular Life* (Boston: Houghton, Mifflin, 1898), 153.

이었다는 점이 그의 소설에 유리하게 작용했다. 19세기 말 무렵에는 대부분의 복음주의자들이 사회를 세속적인 영역과 신성한 영역으로 구분하는 것을 받아들였지만 자유주의자들은 청교도들의 전통을 따라서 그러한 구분을 거부하고, 하나님은 교회와 가정에만 제한될 수 없으며 종교는 개인적인 사안일 뿐만 아니라 공적인 사안이기도 하다고 주장했다. 이 소설에서 셸던은 "그리스도의 기독교"가 세속적으로 보이는 비즈니스 영역을 포함한 사회의 모든 부문에 영향을 미치게 한다. 그는 그리스도인의 삶을 용감한 싸움으로 묘사한다. 그는 또한 개인 경건, 자기희생, 성품 배양에 대한 강조 등 감상적 복음주의의 이전 주제들에도 의존한다. 그런 점에서 볼 때 『그분의 발자취를 따라서』는 과도기 작품이었다.[17]

수염을 기른 숙녀를 넘어

『그분의 발자취를 따라서』는 수백만 권이 팔렸고 20개가 넘는 언어로 번역되었지만, 셸던이 남자다운 그리스도 복음의 가장 중요한 전도자는 아니었다. 그 타이틀은 브루스 바튼(1886-1967)이라는 평신도에게 속한다. 바튼의 베스트셀러 『미지의 인물: 진정한 예수의 발견』(The Man Nobody Knows: A Discovery of the Real Jesus, 1925)은 대개 소비자 자본주의에 대한 소책자로 여겨지지만, 이 책은 무엇보다도 남자다운 그리스도에 대한 개요다. 이 책은 또한 『미지의 인물』이 출현했을 때 수십 년 동안 예수의 여성화를 비난하고

---

17 Charles Sheldon, *In His Steps* (1897), 31장, http://www.kancoll.org/ books/sheldon/ shchap31.htm.

있었던 저자의 부친 윌리엄 바튼에 대한 경의(敬意)이기도 했다.

자기 세대의 다른 자유주의 그리스도인들처럼 현대 상황에 의해 제기된 지적·사회적 도전을 회피하지 않았던 회중교회 목사였던 아버지 바튼은 다작 작가였다. 그는 호평을 받는 에이브러햄 링컨의 전기 등 수십 권의 책들과 특히 세례 요한, 가룟 유다, 예수의 형제 야고보의 관점에서 본 창의적인 일련의 복음서들을 썼다. 삽화가 많이 들어간 8절판 책인 『나사렛 예수』(Jesus of Nazareth, 1903)에서 바튼은 티소의 예수를 "창백하고 약한 인물", 즉 "무력한 그리스도"라고 비판했다. 그는 또한 그림들에서 일반적으로 그려지는 예수의 "여자 같은 부드러움"을 조롱했다. 바튼에 따르면 여러 세기의 화가들이 서로 "우리는 우리 그리스도를 여성의 얼굴로 그리고, 거기에 수염을 추가할 것이다"라고 말하는 것이나 마찬가지였다.[18]

바튼은 몇몇 예수 그림들을 칭찬했다. 그는 파리의 스카이라인에 세워진 프랑스의 십자가 처형 그림을 "가장 대담한 시대착오"라고 불렀다. 그는 "얼핏 생각하기에는 불손해 보인다 해도" "그것은 그렇게 의도된 것이 아니고, 그 안에 설교가 들어 있다"고 썼다. 바튼은 또한 자기 계좌를 뚫어져라 바라보고 있는 사업가의 사무실에 들어가려고 하는 예수의 모습을 그린 미국 일러스트레이터 프랭크 비어드의 "보라, 내가 문 밖에 서서 두드리고 있다!"(Behold, I Stand at the Door and Knock!, 1902)에서도 설교를 발견했다. 이후 아들 바튼은 20년 뒤에 이 설교를 길게 설명한다.[19]

---

18 William E. Barton, *Jesus of Nazareth* (Boston: Pilgrim Press, 1903), 506, 504. 예수를 수염이 있는 숙녀로 보는 견해에 대해서는 David Morgan, "Absent Fathers and Women with Beards: Religion and Gender in Popular Imagery of the Nineteenth Century," David Holloway and John Beck 편, *American Visual Cultures*(New York: Continuum)에 수록된 글을 보라.

19 Barton, *Jesus of Nazareth*, 540, 544.

브루스 바튼은 어릴 때 가업을 이을까 생각해봤으나 사역자가 되기를 단념하고 일련의 세속적인 직업에 종사했는데, 이는 부분적으로는 하나님은 교회 안에서만 아니라 문화 안에도 내재한다는 그의 자유주의적 신념 때문이었다. 1907년에 애머스트 칼리지를 졸업한 뒤 그는 몇 곳의 잡지사에서 일했다. 그가 「콜리어스 위클리」에서 마케팅을 하는 동안 고안한 하버드 고전(Havard Classics)을 위한 표어인 "하루 15분에 끝내는 자유주의 교육의 핵심"이 히트를 쳐서 그는 광고 일을 시작했다. 1967년에 사망하기 전 바튼은 미국 최대의 광고 대행사 중 하나인 BBDO(Batten, Barton, Durstine & Osborn)의 두 번째 B였다.

바튼이 이후 메이시스, 제너럴 모터스 그리고 US 스틸 제품들에 대한 마케팅 활동을 계속하기는 했지만 오늘날 그는 예수를 마케팅한 것으로 기억된다. 그 노력은 바튼의 첫 번째 주요 저서인 『젊은이의 예수』(A Young man's Jesus) 출간과 함께 시작되었다. 저자가 젊은 시절이었던 1914년에 출판된 이 책은 침실에서는 부드러운 구주의 그림을 보고 지하실에서는 테디 루스벨트의 기병대 사진을 보고 자란 미국 사람들의 혼동된 세대를 위해 쓰였다. 다리우스 콥(또 다른 설교가의 아들)이 그린 표지 그림인 "주님"(The Master)은 이 책의 주인공의 억셈과 강함을 강조했는데, 그 그림 속의 예수는 움푹한 큰 눈으로 강렬하게 바라보고 있었다. 『젊은이의 예수』는 다음과 같은 선언으로 시작했다.

> 지금은 30대 초반인 우리가 연합해서 우리의 예수를 되찾을 때다.…우리는 그의 입상들을 성당과 병원 그리고 심지어 수도원에까지 양도했다(우리를 용서하소서). 우리는 화가들이 예수를 부드러운 얼굴을 한 여성적인 인물로 묘사하고, 찬송가 작가들이 예수의 생애에서 기록할 가치가 있는

것은 고난뿐인 양 예수의 고난에 대해서 써댈 때 이에 반대하지 않고 방관하였다. 병원과 수도원의 불쾌하고, 나약한 그림들과 기운 없는 찬송가들로부터 대중이 예수가 진정한 웃음은 없이 열광적으로 죽기를 고대하며 살았던 지치고, 불행하고, 순교당한 사람이라는 개념을 형성했다면 이는 전적으로 우리 탓이다.[20]

바튼의 예수는 이와 대조적으로 "강인한 신체와 삶의 기쁨으로 빛나는 젊은이"였다." 그는 힘차게 악수했고 유머 감각이 있었다. 여러 해 동안 목공소에서 단련된 그의 근육은 "무쇠 덩어리처럼 불거져 나왔고", 그의 어깨는 떡 벌어졌으며, 그의 가슴은 불룩했다. 이 "남성의 남자"는 또한 "세상이 시작된 이래" 약한 성(여성)을 강한 성(남성)에게 끌어들인 "자석"이었던 "남자다운 강함"을 풍부하게 보유한 "여성의 남자"이기도 했다. 그러나 바튼의 예수는 신체적으로 매력적이었을뿐만 아니라, 단호했고, 권위가 있었으며, 특히 용기가 있었다. 최소한 바튼의 이야기에서는 예수가 공생애를 예루살렘의 성전에서 시작했는데, 그곳에서 그는 "이글거리는 눈동자"와 "거룩한 분노로 상기된 얼굴"로 (바튼의 보다 유순한 독자들의 기대는 말할 것도 고) 위선자들과 탐욕스러운 자들의 상들을 엎어버렸다. 이 예수는 경제적 또는 사회적 혁명에 대해 설교하지는 않았지만 "압제와 불관용에 대한 젊음의 항의에 열중"했다.[21]

『젊은이의 예수』가 출간된 1914년과 『미지의 인물』이 등장한 1925년 사이에 많은 미국 작가들이 예수의 남자다움을 찬양했다. 『그리스도의 남

---

20   Bruce Barton, *A Young Man's Jesus*(Boston: Pilgrim Press, 1914), ix-x.
21   Ibid., xii, 18, 29, 12, xii.

자다움』(*The Virility of Christ*, 1915)에서 워런 코난트는 아버지 바튼이 사용한 수염이 난 숙녀 비유를 되살려서, "여성의 얼굴과 머리카락에 부드럽고 고불고불한 수염을 붙여놓고 여기에 '그리스도'라는 이름을 붙이는" 화가들에게 항의했다. 이처럼 "생기 없는 초상"에 맞서서, 그는 "평화가 아니라 검을 주러 오신" "싸우는 그리스도"라는 시각을 제시했다. 코난트는 "분투적인 시대의 사람들"은 "분투적인 그리스도를 요구한다"는 점을 발견했다. 그리고 코난트의 예수는 불굴의 전형, 즉 "폐활량이 큰" 위대한 운동선수, "잘 발달된 상반신 조상" 그리고 "자유롭고 활기차게 활보하는 등산가"였다.[22]

이러한 강인한 예수에 대한 가장 명확한 옹호자는 하버드 대학교에서 교육받은 심리학자로서 1899년에 "유아들을 위한 복싱"을 옹호했던 그랜빌 스탠리 홀이었다. 『심리학 관점에서 본 예수 그리스도』(*Jesus, the Christ, in the Light of Psychology*, 1917)에서 홀은 예수를 "세계 최고의 심리학자"라고 칭찬했으며, 나사렛 출신의 남자에게서 자신이 반사된 모습을 본 예수 전문가들의 긴 대열에 합류했다. 홀은 또한 예수에게서 테디 루스벨트의 반사된 모습도 보았는데, 그는 루스벨트를 "남자다운 남자"이며 미국의 소년들에게 씩씩한 남성에 대한 완벽한 모델이라고 칭찬했다.[23]

홀은 바튼 목사와 같은 맥락에서 미국 문화에서 예수의 여성화를 아쉬워했으며, 예수를 시각적으로 및 텍스트상으로 원래의 예수에 보다 충실해지도록 새롭게 제시하라고 요구했다. 『심리학의 관점에서 본 예수 그리스

---

22   Dr. R. Warren Conant, *The Virility of Christ: A New View*, 2판 (Chicago: Dr. R. Warren Conant, 1915), 13, 19, 29, 104, 103.

23   G. Stanley Hall, *Jesus, the Christ, in the Light of Psychology* (Garden City, N.Y.: Doubleday, Page, 1917), 1,129.

도』는 예수 그림에 대한 비판으로 시작했다. 홀은 "지난 세기 동안 대부분의 예수 그림들은 예수를 분명히 여성적인 외모로 그렸다"고 썼다. 그다음에 그는 수염이 난 숙녀를 상기시켰다(이 말은 급격히 상투어가 되었다). "그 수염은—항상 그렇지는 않지만—대개 양이 적으며 턱의 윗부분을 노출시키고 있는데, 대개 두상의 풍부한 머리카락과 여성적인 얼굴에 빈약한 수염은 때로는 수염이 난 숙녀를 연상시킨다." 유감스럽게도 책에서는 그림에서보다 상황이 좋지 않았다. 홀은 "미술에서와 마찬가지로 문학에서" "예수는 몸과 영혼 모두 남성적 특질뿐 아니라 여성적 특질도 가진 것으로 제시된다. 그는 온순하고, 수동적이며, 직관적이고, 아이들을 사랑하며, 아마도 남자다움의 매력은 다소 결핍되어 있다"고 썼다.[24]

홀은 문학 비평가나 미술사가라기보다는 교육자였다. 따라서 그가 여성적인 예수 문제에 대한 해결책을 제안한 것이 놀랄 일은 아니다. 홀은 반복적으로 예수 그림과 문학 창작자들에게 그의 강함, 아름다움 그리고 "인간적인 매력"을 담아내는 이미지를 만들라고 도전했다. 예수를 현대화하고(예수를 단지 우리의 마음속으로만이 아니라 현대 생활의 모든 구석으로 초대하고), 그렇게 하는 과정에서 원기 왕성한 미국 소년들에게 본받을 영적 영웅을 제공하는 것이 도전 과제였다. 홀은 "우리는 운동선수들이 그토록 흠모하는 놀라운 위업을 이루는 이상을 보여주는, 운동 챔피언 예수를 지닐 수 없는가?"라고 질문했다. "예수는 기사, 성직자, 은행원, 선원, 지주, 사교가, 배우, 교수, 편집자 등이 될 수 없는가?"[25]

---

24   Ibid., 22, 23, 92-93.
25   Ibid., 37, 34-35.

미지의 인물

최소한 미국에서는 그 질문에 대한 대답은 확실히 "그럴 수 있다"였다. 1925년에 브루스 바튼이 등판해서『미지의 인물』을 내놨을 때 남자다운 예수는 오늘날의 구원 투수처럼—그 경기의 구원자임은 말할 것도 없고—운동선수이자 사업가였다. 그런데 왜 바튼은 자신이 만들어낸 인기 있는 영웅을 "미지의 인물"이라고 부르는가?

그 책의 서문에 그 질문에 대한 답이 나오는데, 거기서 바튼은 주일학교에서 혼란에 빠진 소년에 관해 이야기한다. 그 소년의 교사는 예수는 "약하고, 불행하며, 죽게 되어 즐거운" "하나님의 어린양"이라고 선포한다. 그러나 이 "유약한" 그리스도론은 그 아이를 지루하게 한 반면, 구약의 영웅들 그림(사자 굴 속의 다니엘, 다윗과 그의 물매, 뱀을 집은 모세 등)은 그를 설레게 했다. '다윗이 헤비급 복싱 챔피언인 짐 제프리스와 시합하면 어떻게 될까' 생각하다가 (그는 상당히 잘 할 거라고 생각한다), 그는 "팔뚝이 무르고 슬픈 표정을 짓고 있는 창백한 젊은이" 사진을 응시한다. 그는 제프리가 한 방에 예수를 때려 눕힐 수 있었을 거라 생각한다. 그때 그 소년은 순간적으로 주일 학교의 예수는 가짜임을 깨닫는다. "진짜 예수"는 수도원에 틀어박힌 수도사들의 신학화와 주일학교 교사들의 여성화에 의해 수 세기 동안 모호해졌는데, 그들이 공모해서 예수를 삶을 사랑하는 사람에서 자기를 채찍질하는 "초 치는 사람"으로 축소시켰다.[26]

『미지의 인물』은 쉽게 모방되었다. 빌리 선데이는 예수를 자기의 부흥

---

26 Bruce Barton, *The Man Nobody Knows: A Discovery of the Real Jesus* (Indianapolis: Bobbs-Merrill, 1925), 서문.

팀 주장으로 삼았고 사회복음주의자들은 그를 용감한 사회 개혁가로 만들었지만, 바튼은 예수를 "비즈니스의 밑바닥 출신 12명을 골라서 이들을 세상을 정복한 조직으로 만든" 명민한 경영자로 제시했다. 이 예수는 바튼과 마찬가지로 광고인이었는데 그의 비유들은 "모든 시대를 통틀어 가장 강력한 광고들"이었다." 예수는 에이브러햄 링컨과 마찬가지로 "충성심을 생기게 하고 존경심을 불러일으키는 개인적 매력"을 보유했다. 그는 헨리 포드와 마찬가지로 서비스가 사업 성공에 핵심임을 이해했다.[27]

그러나 사업 성공이 이 책의 유일한 관심사는 아니다. 자본주의에 관한 소책자를 훨씬 넘어서는 이 책은 예수를 모든 남성들이 모방해야 할 남성으로 묘사하는, 남성다움에 대한 선언이다. 위에서 언급한 바와 같이 이 책의 서문은 경제학이 아니라 성별(gender)에 주의를 기울인다. "약골이라고! 그들은 어디서 그런 생각을 가지게 되었는가? 예수는 대패를 밀고, 도끼를 휘둘렀다. 그는 유능한 목수였다. 그는 야외에서 잤으며, 낮에는 자기가 좋아하는 호수 주위를 걸었다. 그의 근육은 우락부락해서 그가 돈 바꾸는 사람들을 쫓아냈을 때 아무도 그에게 대항하지 못했다!" 바튼이 아는 예수는 "강철 같은" 체력과 "무쇠같이 단단한 근육"의 복을 받았으며, 열심히 놀고 열심히 일했다. 그는 "야외 활동하는 사람"이자 "사교적인 사람"이었다. 사람들(특히 여성들)이 그에게 끌렸고, 그도 사람들에게 끌렸다. 그는 호탕하게 웃었고, 저주가 아니라 기쁨을 설교했다. 그의 아버지는 "완고한 재판관"이나 "허영심이 강한 왕"이 아니라 자기 자녀들의 행복 이외에는 아무것도 바라지 않는 "행복한 하나님"이었다. 예수는 현재 우리가 사교적인 사람이라고 부르는 존재였다. 사실 그는 "예루살렘에서 가장 인기 있는

---

27   Ibid., 서문, 107, 19.

저녁 식사 손님"이었다.[28]

바튼은 자유주의적인 비평가들을 계속 화나게 하는 다음과 같은 문구로 그 소설을 시작한다. "당신들은 내가 내 아버지의 **비즈니스**에 관여해야 할 줄을 알지 못했습니까?" 이 구절은 누가복음 2:29에서 따왔지만 강조 표시는 바튼이 덧붙인 것이며, 강철 왕 앤드루 카네기가 "부의 복음"이라고 부른 비즈니스 친화적인 기독교를 비판하는 사람들은 여러 세대 동안 바튼의 책은 무엇보다도 자본주의에 대한 권유라고 주장했다. 1925년에 「더 뉴 리퍼블릭」지는 바튼이 예수를 "형제 로타리 회원"이라고 썼다고 비난했다. 1950년대에는 유대인 신약학자인 새뮤얼 샌드멜이 이 책을 "말도 안 된다"고 판단했다. 1960년대에 가톨릭 교도인 소설가 워커 퍼시가 「커먼윌」에서 바튼이 복음서들을 긍정적 사고에서의 "일종의 초급 데일 카네기 코스 교본"으로 읽는다고 공격했다. 『미지의 인물』이 하룻밤 사이에 유명해진 보기 드문 출판물이었기 때문에 「커먼윌」은 퍼시에게 의견을 표할 기회를 한 번밖에 주지 않았다. 바튼의 책은 1925년과 1926년 논픽션 베스트셀러 정상에 올랐으며, 그 이후에도 계속 발행되고 있다.[29]

부분적으로는 이러한 대중적 성공 때문에 바튼은 미국 연구 학자들에게 희생양이 되어 왔는데, 그들은 지난 수십 년 동안 바튼이 예수를 소비를 통한 자아 실현에 대한 앞잡이로 바꿨으며 그 과정에서 세속적인 시대의 도래에 도움을 주었다고 주장했다. 그런 비판들은 현재의 미국이 세속

---

28   Ibid., 서문, 43, 37, 32, 57, 86, 75, 서문.
29   Gilbert Seldes, "The Living Christ," *New Republic* 43 (June 24, 1925), 127; Samuel Sandmel, *A Jewish Understanding of the New Testament* (Cincinnati: Hebrew Union College Press, 1956), 194; Walker Percy, "How to Succeed in Business Without Thinking About Money," Commonweal 77.22 (February 22, 1963), 558.

적이라고 잘못 가정하는데, 다른 무엇보다도 계속되는 예수의 인기가 이 가정을 반박한다. 이 점이 더 중요한데, 그들은 이 책의 내용을 조금만 주의 깊게 살펴보면 바튼의 예수의 비즈니스는 결코 미국의 30대 대통령 캘빈 쿨리지의 비즈니스가 아니라는 점을 알 수 있기 때문에『미지의 인물』은 아무도 (최소한 어떤 학자도) 읽지 않는 책이라고 주장한다.

바튼의 "아버지의 비즈니스"라는 문구를 이해하려고 할 때에는, 맥락이 열쇠다. 그 맥락은 마리아와 요셉 그리고 그들의 열두 살 난 아들이 예루살렘으로 여행한 이야기다. 마리아와 그녀의 남편은 집으로 돌아가다가 아들이 안 보인다는 것을 알게 된다. 그들은 예루살렘으로 되돌아가다가 누가가 기록한 대로 예수가 성전에서 "박사들 가운데 앉아서 그들의 말을 듣기도 하고, 그들에게 질문을 하기도 하는"것을 발견한다(눅 2:46). 마리아는 아들의 팔을 잡고 예수께 왜 자기들을 걱정하게 했느냐고 물어보며, 자기와 요셉이 "슬퍼하며 너를 찾았다"고 덧붙인다." 예수는 이렇게 대답한다. "왜 나를 찾았습니까? 내가 내 아버지의 **비즈니스**에 관계하여야 할 줄을 알지 못했습니까?"[30] 바튼의 이야기에서는 마리아가 자기 아들이 요셉의 비즈니스를 이어 받기를, 즉 "요셉의 번창하는 목공소"에서 일하기를 원했기 때문에 이 말은 마리아를 여러 면에서 마음 아프게 했다. 그러나 예수에게는 전능한 돈을 좇는 것보다 더 중요한 일들이 있었다.

바튼이 그 뒤에 예수를 개척적인 CEO로 취급하는 것은 우스운 시대착오다. 그러나 그 안에도 설교가 들어 있다. 바튼은 하나님은 종교라는 비즈니스에만 존재하지 않는다고 주장한다. 그는 이 책에서 "10명의 사람들

---

30   Barton, *The Man Nobody Knows*, 160-61. 이곳의 성경 구절은 Barton이 사용했던 킹 제임스 역본에서 인용했다.

에게 예수가 '내 아버지의 비즈니스'라고 한 말이 무엇을 뜻하는지 물어보면, 9명은 '설교'라고 대답할 것이다"라고 말한다. 그러나 "모든 비즈니스가 예수의 아버지의 비즈니스이기" 때문에 그 정의는 너무 좁다. 여기서 바튼은 자유방임 자본주의와 제휴하지 않고 개신교 자유주의와 제휴하는데, 개신교 자유주의는 1920년대 무렵에는 성과 속, 자연과 초자연의 구분을 거부했다. 그는 또한 19세기 동안 가정과 직장뿐만 아니라 일과 종교 그리고 공적 영역과 사적 영역 사이에 관통할 수 없는 경계선을 세워 놓았던 "분리된 영역" 이념도 거부했다. 바튼은 이전에는 사업이라는 더러운 비즈니스와 사역이라는 순수한 소명 사이에서 선택해야 한다고 생각했지만, 궁극적으로 자기의 일을 예수의 영광에 봉헌하는 한 자기가 비즈니스라는 사역을 할 수 있다고 믿게 되었다. 그보다 훨씬 전에 호레이스 부쉬넬은 "노고는 예배의식이다"라고 기록했었다. 바튼의 책은 이처럼 간결하게 말한 것은 아니지만, 같은 취지로 말했다. 그는 "우리는 사람의 비즈니스 활동은 이기적이고, 교회 모임과 사회적 활동에 할애하는 시간만 신성하다고 배웠다. 그러나 사실은 모든 일이 예배이고, 모두가 예배에서 드려지는 유용한 기도다. 그리고 가치가 있는 직업에서 진심으로 일하는 사람은 누구나 하나님이 시작했지만 인간의 도움 없이는 결코 끝낼 수 없는 위대한 사업에서 전능자와 동업하는 사람이다"라고 썼다.[31]

---

31   Ibid., 161, 179-80; Bushnell의 인용문은 Bushnell의 *Moral Uses of Dark Things* (New York: C. Scribner and Co., 1868), 39-40에서 따왔다.

실제적인 존재

위스콘신주 역사협회는 현재 바튼의 가장 인기 있는 책에 관해 그에게 온 많은 편지 모음을 소장하고 있다. 특이하게도 이 편지들은 바튼이 예수를 성공적인 경영자로 묘사하는 것을 거의 완전히 무시한다. 이 책의 독자들을 감동시킨 것은 자본주의를 기독교화하겠다는 그의 꿈이 아니라, 예수를 소생시킨 그의 재주였던 것으로 보인다. 바튼은 이전의 많은 미국인들과 마찬가지로 예수의 인간성을 강조함으로써 그를 실제적인 존재가 되게 했다. 아칸소주 리틀록 출신의 한 남자는 "당신이 아주 멋있게 제시한 인간적인 예수에 대해 감사드립니다"라고 썼다. 18세의 한 소녀는 「디트로이트 프리 프레스」(Detroit Free Press)에 실린, 상을 받은 서평에서 같은 취지로 말했다. 그녀는 "이 책은 우리에게 예수가 얼마나 인간적이었는지 가르쳐준다"고 썼다. "바튼 씨는 이 책을 읽는 사람들의 잠자고 있는 정신과 마음을 일깨워서 예수는 사람들의 지도자였고, 유순하지만 강력한 인간이었으며, 인간에 대한 의로운 심판자였다는 사실을 알려준다." 다른 독자들은 바튼이 예수의 자신감 넘치는 남자다움을 강조한 데 고마워했다. 바튼의 또 다른 팬에 의하면 바튼의 남자다운 구속자(한 사역자의 말로 표현하자면 "튼튼한 행동가")는 "점잔 빼고, 훌쩍거리며, 나약한 교회들의 하나님 예수"에 대한 효과적인 해독제였다.[32]

　　예술 작품들은 대중의 초기 심리를 표현할 때 인기를 얻게 된다. 『미지의 인물』은 바로 그 일을 했는데, 그 책은 (이상하게도) 미국인들이 이 책

32　Edrene Stephens Montgomery, "Bruce Barton and the Twentieth Century Menace of Unreality" (University of Arkansas Ph.D 논문, 1984), 115, 116,114.

에서 그를 새롭게 만나기 전에 이미 알고 있던 사람을 제시했다. 이 책은 또한 불가지론과 근본주의 사이에 길을 표시했는데, 이 점이 미국 대중에게 널리 파고들었다. 바튼이 예수를 인간적이면서 남성적으로 제시한 것이 설득력이 있어서 많은 독자들은 그의 예수는 실제적인 존재라고, 즉 바튼이 예수의 "진정한 특성"과 "진정한 인격"을 포착했다고 결론을 내렸다. 어떤 팬은 이 책이 "그 나사렛 사람을 그의 실제 모습대로" 묘사했다고 말했으며, 혹자는 그 책이 "인자를 단지 신학 드라마에 출연하는 배우…가 아니라 **진짜** 사람이 되게 했다"고 말했다. 또 다른 사람은 (아마도 그는 신약에 익숙했던 듯하다) 이 소설을 지금까지 나온 소설 중 "주님에 대한 가장 진실한 그림"이라고 묘사했다. 바튼의 가장 열광적인 독자들 중 일부는 한층 더 나아가서 『미지의 인물』은 신적 영감을 받았다고 주장했다. 어떤 여성은 "나는 위대한 존재들이 사람들로 하여금 그분에 대해 더 합리적으로 생각할 수 있도록 이 중요한 시점에 당신에게 영감을 주었다고 생각합니다"라고 썼다. 또 다른 팬은 바튼이 신의 영을 위한 "통로" 역할을 했다고 결론지었다. 또 다른 사람은 "나는 예수가 당신에게 그 책의 내용을 불러주었다고 확신합니다"라고 썼다.[33]

바튼의 예수는 여러 이유로 많은 미국인들에게 실제적으로 보였지만, 바튼의 "부의 복음"(Gospel of Wealth)은 그 이유의 상위 목록에 들지 않았다. 바튼은 정치적 보수주의자로서 이후 공화당 소속으로 뉴욕주 하원 국회의원에 두 번 당선되었지만, 그는 신학적으로는 자유주의자로서 그리스도인들은 자신의 신념과 관행들을 적응시켜 상황을 변화시킬 의무가 있으며, 하나님은 문화에 내재하며 문화는 계속 진보하고 있다고 믿었다. 이러한

---

33   Montgomery, "Bruce Barton," 119, 116.

현대주의자들의 몇 가지 확신들, 즉 "적응, 문화적 내재주의 그리고 종교에 기반을 둔 진보주의"는 이미 월터 라우셴부쉬 같은 사회복음 옹호자들로 하여금 경제와 어울림으로써 이를 기독교화하도록 영감을 주었다. 그러한 옹호자들과 그들의 학계의 후계자들에게는 바튼이 회사와 한패거리이며, 바튼의 책은 미국 문화의 세속화에 대한 강력한 증거로만 이해될 수도 있다. 바튼의 책이 기독교라는 둥근 못을 자본주의라는 네모난 구멍에 억지로 밀어 넣는 데 사용된다고 주장할 때에는 이러한 비판이 옳을 수도 있지만, 그것은 바튼의 의도가 아니었다. 그러한 해석을 더 진척시키는 것은 저자를 오해하는 것이다. 즉 바튼 자신을 미지의 사람으로 바꾸는 것이다. 바튼은 이전의 월터 라우셴부쉬와 마찬가지로 기독교를 현대의 경제 상황에 적응시키는 데 진정으로 헌신하였다. 그러한 헌신으로 인해 바튼은 (라우셴부쉬가 자본주의를 버린 것과는 달리) 자본주의를 버리지 않고 예수를 "모든 현대 비즈니스에서 조용한 파트너"로 그림으로써 이를 기독교화하려고 했다.[34]

부쉬넬과 비처가 예수를 자연과 인간의 마음 속으로 들여왔고 라우셴부쉬가 그를 사회 안으로 들여온 반면, 바튼은 예수를 비즈니스 세계로 초대했다. 바튼의 목표는 공공연한 기독교화, 즉 분리된 영역 시기에 사탄에게 넘겨졌던 영토를 예수의 이름으로 점령하는 것이었다. 바튼은 기업들은 부패할 필요가 없으며, 이를 운영하는 사람들도 그럴 필요가 없다고 말했다. 이러한 견해는 낙관주의적이며, 심지어 (세상 물정 모르고) 순진한 것일 수도 있다. 그러나 바튼의 이러한 입장은 진지했으며, 신학적으로 동기가

---

34 William R. Hutchison, *The Modernist Impulse in American Protestantism* (New York: Oxford University Press, 1982), 2; Barton, *The Man Nobody Knows*, 188.

부여되었다.

역사는 최소한 역설적인 감각이 있는 역사가들에게는 역설로 가득 차 있다. 그러니 바튼의 소설이 미국 문화의 기독교화보다는 탈기독교화에 더 많이 기여했을 가능성이 있다 해도 전혀 놀랄 일이 아니다. 예수의 정신으로 수행되는 새로운 형태의 비즈니스에 대한 바튼의 요구에 주의를 기울이는 대신, 많은 사업가들은 이 책을 사용해서 현 상황을 기독교적이라고 불렀다. 그 과정에서 그들은 기독교가 소비자 자본주의를 책망할 능력을 훼손했다. 그러나 이 모든 것들은 바튼에게서 그의 신앙을 제거하거나 바튼이 그러한 결과를 지지했을 것이라고 가정하지 않고서도 받아들여질 수 있었다.

바튼은 『미지의 인물』을 쓰기 10년도 전에 "내 아버지의 비즈니스"라는, 통찰력이 담긴 재미있는 글을 썼다. "설교자의 아들이 본 설교자의 삶"이라는 부제가 달린 1914년의 이 글은 부분적으로는 자서전이고 부분적으로는 고백이다. 이 글에서 바튼은 독자들에게 자신이 한때 사역자의 길로 들어서기를 원했지만 결코 자기 부친처럼 성공할 수 없음을 깨달은 뒤 광고를 선택했다고 말한다. 그는 "나는 내 부친이 자기 일에서 하고 있는 것만큼 내가 내 일에서 중요한 일을 하고 있다고 스스로를 납득시키려 했다"고 고백한다. 그러나 그는 그다지 확신할 수 없었다. "내가 사업상 만나는 사람들과 접촉하는 것과 손을 내밀어 사람의 영혼을 만지는 것, 즉 내 부친이 날마다 한 것처럼 한 사람의 삶을 개조하는 것은 전혀 다른 일이다." 바튼은 1914년에는 사역의 세계와 광고의 세계가 다르다고 믿었다. 그에 관한 한 자기 부친이 하는 일이 (하늘) 아버지의 유일한 비즈니스였다.

브루스 바튼은 1925년 무렵에는 태도를 바꿨다. 그는 이제 하나님의 일에 대해 자신이 너무 좁게 이해했으며, 자기가 아버지 바튼 목사의 직업과 자신의 직업 사이에 커다란 차이가 있다고 본 생각이 틀렸다고 확신했다. 브루스 바튼은 자기 아버지처럼 작가가 되었는데, 그는 최소한 그 분야에서는 자기 부친보다 훨씬 큰 성공을 거뒀다. 이 점이 더 중요한데, 바튼도 침실의 수십 만 명의 독자들에게 남성적인 그리스도를 설교하고, 수천 명의 이사회 참석자들에게 서비스라는 복음을 설교하는 복음 사역자가 되었다.

『미지의 인물』은 성경에 관한 책인『미지의 책』(The Book Nobody Knows, 1926) 등 다양한 파생 작품들을 낳았다.『갈릴리 출신 남자』(The Man from Galilee, 1928)라는 이 책의 삽화 버전이『훌륭한 집안 살림』(Good Housekeeping) 시리즈의 첫 번째 책으로 나와서, 바튼의 예수는 1년 내내 필요한 사람이었을 뿐만 아니라 남녀 모두에게 필요한 사람이었음을 입증했다. 바튼의 작품이 인기를 끈 이유는 그 책이 기독교를 세속화했다거나 소비자 자본주의를 정당화했기 때문이 아니라, 이 책이 모든 미국인들에게 그들이 알고 사랑하고 모방할 수 있는 인간적인 (그리고 남자다운) 예수를 제시했기 때문이었다.『미지의 인물』에서 바튼은 종교적인 예수보다는 영적인 예수를 제시했다. 그는 토머스 제퍼슨과 마찬가지로 가톨릭과 칼뱅주의의 형이상학을 뛰어넘어 순수하고 원시적인 예수의 복음에 도달하려 했다. 바튼도 "멍하게 하는 고대 신조들의 지배로부터 사람들의 마음을 해방시켜"주기를 원했다. 그러나 제퍼슨은 예수의 말에 초점을 맞춘 반면, 바튼은 예수의 행동에 초점을 맞췄다. 그는 예수를 체제 전복적인 현자이자 불안하게 하지만 영원한 도덕적 진리의 교사로 제시하는 대신, 행동하는 강한 남자로서 자신을 따르는 사람들을 앞으로 그리고 위로 인도한 사람으로 제시했다. 바튼은 "그는 신학을 확립하러 온 것이 아니라" "삶을 인도하러 왔다"고

썼다.[35]

복음주의자인 비판자들은 어느 감리교 신자가 쓴 바와 같이 바튼이 예수를 "보안관 출마자를 묘사하듯이 편하게" 취급했다고 시비를 걸었다.[36] 바튼의 베스트셀러가 출간된 해에 미국을 사로잡았던 (그리고 아연실색하게 했던) 스콥스 재판에 의해 난처해진 근본주의자들은 바튼이 기적이나 속죄 같은 핵심 교리들을 회피했다고 공격했다. 보수적인 가톨릭 신자들도 마찬가지였다. 그러나 그 방법이 이 책의 비범한 점이었다. 바튼이 보다 미숙한 작가였더라면 기독론적인 논쟁에 갇혀 있었겠지만, 그는 실용적인 광고인답게 이 논쟁들 사이에서 능숙하게 춤을 추었다. 그는 또한 진화와 성서 비평(이는 스콥스 논쟁의 2가지 핵심적인 원천이었다)에 충분한 거리를 두고, 대신 모든 교파의 그리스도인들과 전혀 교회에 다니지 않으면서 예수를 사랑하는 사람들 모두에게 긍정될 수 있는 예수의 생애 이야기들에 초점을 맞췄다.

성품에서 개성으로

바튼의 베스트셀러가 나오기 2년 전인 1923년에 또 다른 예수의 생애가 (에밀리 포스트의 『에티켓(*Etiquette*)』을 제외하고) 미국에서 다른 어떤 논픽션 책들보다 더 많이 팔렸다. 1924년과 1925년에 조반니 파피니의 『그리스도의 생애』(*Life of Christ*)가 다시금 논픽션 부문 상위 5위의 베스트셀러가 되

---

35   Barton, *The Man Nobody Knows*, 181, 136.

36   Montgomery, "Bruce Barton," 112.

었다. 이탈리아인으로서 가톨릭으로 갓 개종한 파피니는 확고한 신앙인의
기쁨으로 (그리고 때로는 편협하게) 그 책을 썼다. 그러나 파피니도 기독론적
논쟁을 피해 나갔다. (일식을 바라보듯이) 간접적으로 예수를 바라보았던 이
전 세기의 예수 소설들과 달리 파피니의 『그리스도의 생애』는 이 책의 주
제를 직접 겨냥해서 스스럼없이 어느 「가톨릭 월드」 리뷰어가 "그리스도의
개성의 매력"이라고 부른 것들에 초점을 맞췄다.[37] 파피니의 소설에 나오는
그 개성은 강하고 자신이 있으며 어떤 종류의 의심이나 약함도 없었다.

　문화 역사가인 워렌 서스만은 미국의 거대한 세기 전환 이동을 "성품
의 문화"에서 "개성의 문화"로 바뀐 것이라고 묘사했다. 브루스 바튼의 부
친이 태어났을 때인 19세기 중반에는 대부분의 미국인들이 자아를 사회 질
서에 대한 위험으로 보았고, 자존심을 개인 구원에 대한 위협으로 보았다.
자녀들을 무릎에 앉히고 그들에게 성경을 읽어줄 때 어머니들은 자제하고
부모와 신의 권위에 순종하라는 교훈을 물려줬다. 자녀들을 이런 식으로
기르는 것은 인내, 온순함 그리고 무엇보다 동정심 같은 감상적인 미덕들
을 기르기 위함이었다. 성품은 이런 미덕들로 구성되었으며 이런 미덕들은
모든 사람에게 똑같았다. 이 "성품의 문화"는 호레이스 부쉬넬과 같은 신학
자들과 "개인의 성격을 통한 도덕 질서"라는, 자신이 살던 시기의 성품에
대한 가장 간결한 정의를 제공한 랠프 월도 에머슨 같은 포스트 크리스천
사상가들에게서 볼 수 있었다.[38]

37　Albert R. Bandini, "A, New Life of Christ," *Catholic World* 113,677 (August 1921), 658.

38　Warren I. Susman, "'Personality' and the Making of Twentieth-Century Culture," 그의
Culture as History: The Transformation of American Society in the Twentieth Century (New
York: Pantheon Books, 1984), 271-85에 수록된 글. Susman은 274에서 Emerson을 인용
한다.

이 성품의 문화는 19세기와 함께 끝난 것이 아니다. 사실 이 문화는 오늘날에도 존재한다. 그러나 19세기에서 20세기로 넘어갈 무렵에는 성품의 문화가 개성의 문화에 기반을 내주고 있었다. 성품의 문화가 급진적으로 도시화되고 있는 공화국의 가장자리에 잠복해 있는 사회 혼란에 대한 대응이었다면, 개성의 문화는 계속 커지는 군중 속에서 개성이 상실된다는 두려움에 대한 대응이었다. 낭만주의만큼이나 오래된 이 두려움은 먼저 불일치를 미덕으로 격상시키고 그다음에는 필수 요소로 끌어올린 헨리 데이비드 소로에 의해 절실하게 느껴졌다. 그러나 20세기의 첫 10년 동안 소로가 월든 연못(Walden Pond)에서 직면했던 두려움이 미국의 고유한 현상이 되었다. 1850년에서 1900년 사이에 미국의 인구는 2300만 명에서 7600만 명으로 3배가 넘는 수준으로 증가했다. 도시들이 팽창했고, 직장 생활은 점점 더 관료화되어 갔다. 서스만은 1900년 무렵에는 많은 미국인들(특히 남성들)이 사회 혼란에 대해서보다 그들의 개성의 소멸에 대해 더 우려했다고 주장한다. 이 새로운 개성의 문화와 이를 수반한 새로운 소비자 사회에서 중산층 미국인들은 자제를 통해서가 아니라 자아실현을 통해서 자신을 개발했다. 자기주장은 미덕이었고 자아부정은 치명적인 죄였다.

부모들은 이제 자녀들에게 군중을 따르는 대신 눈에 띄라고 가르쳤다. "개성"은 바로 그것, 즉 "누군가(Somebody)가 되는 특질"이었다. 개신교 현대주의자인 쉐일러 매튜스는 『우리의 현대 생활에 대한 예수의 메시지』(*The Message of Jesus to Our Modern Life*)에서 "다른 누군가의 복제품"이 되지 말고 너 자신이 되라고 썼다. 이전의 조언 매뉴얼들은 아이들에게 "시민정신, 의무, 민주주의, 일…명예, 평판, 도덕, 예의범절, 올곧음"같은 핵심 단어들을 주입했지만, 새로운 지침서들의 핵심 단어들은 "매혹적인, 멋진, 매력적인, 사람을 끌어당기는, 열정적인, 솜씨가 훌륭한, 창의적인, 지배적인, 강력한"

등이었다.[39]

신학자들은 하나님께 "누군가"의 지위를 부여함으로써 이 새로운 개성의 문화에 대응했다. 보스턴 대학교의 보든 파커 보우네가 이끄는 새로운 자유주의 개신교 학파인 보스턴 개성주의는 개성을 철학, 신학, 심지어 하나님 자신에 대한 마스터 키로 보았다. 뉴욕시 리버사이드 교회의 해리 에머슨 포스딕은 더 나아가 "개성의 가치가 모든 삶을 이해하는 열쇠다"라고 썼다.[40]

개성의 문화는 새로운 신학 외에도 새로운 영웅들을 탄생시켰는데 그들은 사실상 모두 남성이었다. 미국인들은 남북 전쟁 전에는 자제할 줄 하는 세련된 신사들을 존경했으며, 자녀들에게 부드럽게 영향력을 행사한 어머니들을 칭찬했다. 그들은 이제 다른 사람들을 움직일 줄 아는 힘 있는 남성을 칭찬했다. 즉 매력이 도덕보다 중요했다. T. J. 잭슨 리어스가 지적한 바와 같이 이 시대의 군중들은 여성으로 간주되었다.[41] 따라서 대중문화에 삼켜진다는 두려움은 약해진다는 두려움이었으며, 개성의 추구는 남자다움 추구였다. 『미지의 인물』에서는 확실히 남성다움과 개성이 결합되었다. 바튼의 예수를 군중들과 구별 짓는 요소는 활력, 강함, 독창성, 용기, 힘 그리고 무엇보다 "충성을 끌어내고 존경 받는 매력"과 같은 군인다운 미덕들

39   Henry Laurent, *Personality: How to Build It* (New York: Funk and Wagnalls Co., 1915), 25; Shailer Mathews, *The Message of Jesus to Our Modern Life* (Chicago: University of Chicago Press, 1915), 39; Susman, "'Personality' and the Making," 273-74, 277.

40   Harry Emerson Fosdick, *The Power to See It Through* (New York: Harper and Brothers, 1935), 35.

41   T. J. Jackson Lears, "Sherwood Anderson: Looking for the White Spot," Richard Wightman Fox and T. J. Jackson Lears, *The Power of Culture: Critical Essays in American History* (Chicago: University of Chicago Press, 1993), 13-37에 수록된 글.

이었지만 이 미덕들은 개성의 특징이기도 했다.[42]

헨리 워드 비처가 이처럼 새로운 최초의 남성 영웅이었을지도 모른다. 미국 문화의 우여곡절에 민감한 비처는 성품의 옹호자로 경력을 시작했다가 개성의 옹호자로 경력을 마쳤다. 1875년에 벌어진 그의 간통 사건 재판은 오히려 그의 지위를 높여준 것으로 보이는데, 이는 최소한 그를 숭배하는 백인 중산층 사이에서는 품성의 문화가 이미 얼마나 기울었는지를 보여준다. 비처는『예수 그리스도의 생애』에서 예수의 매력을 보존하기를 고수함으로써 개성의 문화를 예기(豫期)했다. 그가 1892년에 예일 대학교에서 설교에 관해 강의할 때에 그는 신참 설교자들에게 설교단에서 "밀어붙이고" "돌진하라"고 촉구했다. 비처는 "남성들을 개조하려면 **남성**이 필요하다"고 말했다.[43]

그러나 개성의 문화의 진정한 영웅들은 한 세대 뒤에 유명해졌다. 빌리 선데이같은 상대주의자와 월터 라우센부쉬 같은 사회복음 사역자들이 이에 꼭 들어맞았다. 엄청난 부로 전설적인 인물이 된 앤드루 카네기와 존 D. 록펠러 같은 신흥 부자들도 마찬가지였다.

영웅에 대한 새로운 개념과 개성에 대한 새로운 강조로 인해 예수를 매력적인 개성을 지닌, 행동하는 남자로 새롭게 이해하게 되었다. 20세기가 시작되고 난 직후에『그렇다면 이 사람은 누구인가? 예수의 개성 연구』(Who Then Is This? A Study of the Personality of Jesus, 1905),『예수의 개성』(The Personality of Jesus, 1906),『오늘날의 사역자들에게 있어서 그리스도의 개성

---

42   Barton, *The Man Nobody Knows*, 19.

43   E. Brooks Holifield, *A History of Pastoral Care in America: From Salvation to Self-Realization* (Nashville: Abingdon Press, 1983), 168.

의 중요성』(*The Significance of the Personality of Christ for the Minister of Today*, 1907)
과 같은 책들이 급증했다. 호레이스 부쉬넬의 고전인 『예수의 품성』(*The Character of Jesus*, 1861)에서 그 나사렛 사람은 무엇보다 기독교 미덕들의 전형이었다. 이 새로운 책들에서는 예수는 아주 탁월한 사람, 즉 그의 추종자들이 그들 안에 있는 참된 자아를 발견하기 위해 노력함으로써만 모방할수 있는 사람이 되었다.

예수에게 개성이 있다는 점이 결정되고 나자, 그것이 어떤 종류의 개성이었는지에 관해 이견(異見)이 발생했다. 기독교 사상가들이 지그문트 프로이트의 책을 읽기 시작함에 따라 예수의 정신에 관한 책들이 급증했다. 20세기의 첫 10년에만도 『현대의 지식에 비춰 조사한 나사렛 예수의 정신 상태와 경력』(*The Mental Condition and Career of Jesus of Nazareth Examined in the Light of Modern Knowledge*, 1904), 『예수의 내적 삶에 관한 연구들』(*Studies in the Inner Life of Jesus*, 1907), 『예수의 심리』(*The Psychology of Jesus*, 1908), 『그리스도의 심리』(*The Psychology of Christ*, 1909) 같은 책들이 출판되었다. D. F. 슈트라우스가 예수를 자신의 환상의 집에서 살았던 광신자라고 했던 진단이 옳았을 수도 있다고 생각하는 저자들도 있었다. 그러나 그런 해석은 미국에서는 거의 살아남지 못했으며, G. 스탠리 홀이 『심리학에 비춰 본 예수 그리스도』(*Jesus, the Christ, in the Light of Psychology*)에서 예수가 건강했다는 증명서를 발급함으로써 그런 해석이 사라졌다.

예수의 정신에 대한 이러한 모든 추측은 예수의 개성을 그리스도인의 생활의 중심에 더 가까와지게 하는 효과가 있었다. 자유주의 개신교는 지난 수십 년 동안 이미 예수 중심적이었지만, 진보 시대에 그들은 예수에게 더욱더 사로잡혔다. 해리 에머슨 포스딕은 자신의 모든 신학을 예수를 통해 전개했다. 그는 자신의 영적 충성을 예수께만 바치기 위해서 역사적인 신조들을 외우는 것도 거부했다. 그의 가장 잘 알려진 설교인 "근본주의자들이 승리할 것인가?"(Shall the Fundamentalists Win?, 1922)의 주요 주장은 보수주의자들은 예수라는 사람에 관해서보다 "종교의 시시콜콜한 것들"에 더 신경을 쓴다는 것이었다.[44]

개성에서 명사(名士)로

19세기 초에 사람으로 받아들여지고, 20세기 초에 개인으로 받아들여진 예수는 1920년대에는 미국의 명사(celebrity)가 되었다. 명사는 정의하기 어려운 개념이지만, 최소한 칭송과 칭찬을 받는 개인이다. 명사들은 개성이 있는 사람들이지만, 그들의 개성은 전설적이며 그들이 속한 사회도 그렇게 인식한다. 개성이 있는 개인들이 군중을 움직일 수 있다면, 명사들은 군중을 자신의 발 아래로 모으고 그들로 하여금 눈물을 흘리게 할 수 있다.

개성 문화의 부상(浮上)은 소비자 사회의 출현과 연결된 반면에 명사의 문화는 매스커뮤니케이션의 부상으로 가능해졌다. 예수는 19세기에 성경과 소책자들을 대량 생산해서 유통할 수 있게 해 준 새로운 인쇄 기술의 발명과 새로운 교통수단 덕을 보았다. 20세기의 첫 사반세기에 라디오와 영화 같은 새로운 전국적 매체가 출현해서 특히 매력적인 개인들로 하여금 전국적인 명사로 인식될 수 있게 해 주었다. 과거에는 위대한 개인들이 지역 사회와 일부 하위문화의 공동체들 및 하위문화들에서 숭배될 수 있었지

---

44   Smith et al. 편, *American Christianity*, 2.300; Robert Moats Miller, *Harry Emerson Fosdick: Pastor, Preacher, Prophet* (New York: Oxford University Press, 1985), 407.

만 이제 그들은 전국적으로 사랑받을 수 있게 되었다.

흔히 할리우드와 그 "스타 시스템"이 미국의 명사를 만들어낸 데 기여한 요인이라고 이해되는데 1926년 루돌프 발렌티노의 사망은 이러한 조류의 시발점이 되었다. 그러나 1927년까지는 영화에서 소리가 나오지 않았으며 그때까지는 스포츠 영웅들이 새로 부상한 명사의 문화 배후의 원동력이었다. 1920년대에 가장 매력적이었던 인물들은 골프 선수 월터 하겐, 테니스 선수 빌 틸든, 복싱 선수 잭 뎀시 그리고 야구 선수 베이브 루스였다. 이들은 헨리 포드가 자동차 업계를 지배했던 것처럼 그들의 영역을 지배했지만 훨씬 더 침착하게 지배했다. "헤이그"(The Haig)로 알려진 하겐은 롤스로이스 자동차를 몰았고 프로 골프 대회에서 턱시도를 입고 첫 티샷을 날렸다. 베이브 루스는 삶에 대해서도 홈런에 대해서 만큼이나 엄청난 의욕을 보였다. 스포츠 기자인 빌 맥지한에 의하면 그는 "우리의 전국적인 과장(誇張)"이었다. 1920년대 스포츠 기자의 베이브 루스 격인 그랜트랜드 라이스는 화려한 새 영웅들에 대해 이렇게 말한다. "그들에게는 기량이나 경쟁력 이상의 뭔가가 있었다. 그들은 당신이 뭐라고 부르고 싶어 하든 색상, 개성, 대중에 대한 호소력으로 알려진, 묘사할 수 없는 자산을 질과 양 면에서 기록적인 수준으로 풍부하게 보유하고 있었다."[45]

그러나 이들은 단순한 개인이 아니었다. 1890년대에는 대량으로 배포되는 신문들에 스포츠 페이지들이 등장했으며 1920년대가 되자 라이스와 맥지한 그리고 기타 스포츠 기자들이 그들의 업적을 신화로, 그들을 명사로 격상시켰다. 이전 세대의 영웅들과 달리 그들에게는 대중을 상대로 그 인물들에 관해 방영할 수 있는 라디오와 영화 그리고 그들을 강조하기 위

---

45   Susman, *Culture as History*, 146, 142.

한 광고와 같은 새로운 비즈니스 전략들이 있었다. 베이브 루스는 그들 중 가장 인기 있는 사람이었다. 그러나 그가 한 세대 전에 태어났더라면 "장타의 제왕"은 뉴욕의 보물에 지나지 않았을 것이다. 라디오, 영화, 광고 그리고 널리 판매되는 잡지와 신문들이 루스라는 인물을 과장했고, 그의 팬층을 넓혀서 그를 국민적 우상으로 전환시켰다.

예수도 커뮤니케이션 혁명과 신흥 명사 문화 덕을 보았다. 미국인들은 계속해서 그를 남자다운 구속자, 즉 매력 있고, 건강하며, 매혹적이고 강한 사람으로 묘사했다. 그러나 그들은 이제 그 배후에 대중매체라는 새로운 설득 수단을 갖추게 되었다. 바튼의 인기 있는 예수 묘사는 이 책이 주인공을 근육질의 목수로 묘사한다는 광고에 의해 강화되었다. 미국 복음주의의 총아인 에이미 셈플 맥퍼슨은 자신의 라디오 라이센스(FFCC가 여성에게 부여한 첫 번 째 라이센스임)를 사용해서 구세주, 세례자, 치유자, 다시 오실 왕이라는 예수의 4가지 역할에 관한 "정사각형 복음"을 설교했다. 시카고에 기반을 둔 복음주의자인 폴 레이더는 자신의 방송국 WJBT("Where Jesus Blesses Thousands, 예수가 수천 명을 축복하는 곳")에서 설교했다. 『미지의 인물』은 "벤허" 영화가 나온 1925년에 영화로 제작되었다. "왕중왕"(*King of Kings*)은 1927년에 개봉했다. "벤허"는 조심스러운 19세기 모델을 따라 예수께 조연 역할을 부여했지만 다른 두 영화들은 예수에게 주연 역할을 배정했다. 이 둘 중 세실 B. 드밀의 "왕중왕"이 더 인기가 있었다. 사실 이 영화는 1970년대까지 모든 시대를 통틀어 가장 많이 보는 예수 영화 자리를 유지했는데, 이는 부분적으로는 이 영화가 예수를 열광적인 군중들로부터 문자적으로 구별시키기 위해 클로즈업 기법을 사용했기 때문이다. 드밀이 자서전에서 성경만이 자신의 영화보다 더 많은 사람들에게 예수의 생명을 불어 넣었을 것이라고 한 자랑은 아마도 옳은 말일 것이다.

예수가 미국의 명사로 소생할 즈음 주류 개신교는 빈사 상태에 있었다. 역사가인 로버트 핸디는 자유주의 개신교의 "제2차 국교 폐지"가 1920년대에 일어났다고 본다. 핸디는 수정헌법 제1조가 주요 개신교 교파들에게서 정부 지원을 빼앗은 반면에 이 제2차 국교 폐지는 그들에게서 대중적인 힘을 빼앗았다고 주장한다. 미국을 기독교 국가로 만들고자 했던 이전의 노력은 제1차 세계대전이 끝나고, 과학이 중요한 문화적 세력으로 출현하고, 또 다른 이민의 물결이 미국을 이전보다 다원주의 사회가 되게 함에 따라 좌초되었다. 그랜트 웨커는 핸디의 주장에 기초해서 1920년대와 1930년대에 "성경 문명의 사망"이 일어난 것으로 보았다. 지성인들은 남북전쟁 직후 수십 년 동안 성경을 인간 역사의 산물로 보게 되었지만, 그런 접근법이 1920년대에는 미국의 일반인들에게도 침투하기 시작했다.[46]

이러한 상황은 한동안 계속되었다. 개신교인들이 독립 전쟁 때부터 제1차 세계대전 때까지의 미국 문화에 적응함에 따라 그들은 그리스도인들이 전통적으로 귀중하게 간직해왔던 것들 중 많은 부분을 잘라냈다. 신조, 성례, 심지어 성경까지 공격받았다. 최소한 자유주의자들에게는 초자연주의가 자연주의에 굴복했고, 예수는 기적을 행하는 하나님이 아니라 모범적인 인간이 되었다. 많은 사람들이 천국과 지옥, 죄와 마귀에 관한 전통적인 가르침들이 중요하지 않다고 생각하게 되었고, 그것들을 전적으로 부정하는 사람들도 생겨났다. 더욱이 성과 속의 구분을 거부하자 개신교의 대중적인 힘이 확대되기는커녕 약화되었다. 미국의 가톨릭도 자신의 전통들

---

46 Robert T, Handy, *A Christian America: Protestant Hopes and Historical Realities*, 2판 (New York: Oxford University Press 1984), 159-84; Grant Wacker, "The Demise of Biblical Civilization," Nathan O. Hatch and Mark A. Noll 편, *The Bible in America: Essays in Cultural History* (New York: Oxford University Press, 1982), 121-38에 수록된 글.

을 조금씩 버려서 바티칸으로부터 그들이 너무도 열심히 미국화하고 현대화한다고 비난받았다. 1920년대에 해리 에머슨 포스딕은 교회들이 지적으로 무질서하고, 윤리적으로 혼란스러우며, 조직상으로는 도전을 받고 있다고 묘사했지만 그러한 무질서와 혼란의 많은 부분들은 기독교를 그 뿌리에서 더욱 대담하게 전보다 더 밀어냈던 포스딕 같은 현대주의자들이 자초한 대가였다. 근본주의 신학자인 J. 그레셤 메이천이 『기독교와 자유주의』(*Christianity and Liberalism*, 1923)에서 현대주의가 기독교로 가장한다고 하면서 기적과 성경무오설을 열렬히 방어한 것도 무리가 아니다. 그는 "자유주의 신학자들이 기독교 교리를 하나씩 적게 내주고 난 뒤 유지하고 있는 것은 전혀 기독교가 아니며, 다른 범주에 속할 정도로 기독교와는 완전히 다른 종교다"라고 썼다.[47]

미국 문화로의 귀화인을 자처하는 개신교 자유주의자들에게는 손목 비틀기가 당대의 제스처였다. 『문명이 종교를 필요로 하는가?』(*Does Civilization Need Religion?*, 1927)에서 라인홀드 니부어는 근본주의와 현대주의 모두 교회에서의 새로운 "패배 심리" 증상이라고 말했다. 라인홀드 니부어와 그의 동생인 H. 리처드 니부어는 1920년대와 1930년대에 이 양 극단들 사이에서 중도적 입장을 취하려 했던 새로운 정통 신학의 지도적인 옹호자들이었다. 인간의 죄성과 하나님의 주권(및 성과 속의 구분)에 새롭게 초점을 맞춘 니부어 형제와 기타 신정통주의신학자들은 사랑하는 친구 예수로부터 헤아릴 수 없는 성부에게로 다시 주의를 전환했다. 그들은 그리스도인

---

47   Handy, *A Christian America*, 159-84; Harry Emerson Fosdick, "Recent Gains in Religion," Kirby Page 편, *Recent Gains in American Civilization* (New York: Harcourt, 1928), 238에 수록된 글; J. Gresham Machen, *Christianity and Liberalism* (New York: Macmillan, 1923), 6-7.

들의 고지식한 신앙과 하나님을 자신의 이미지대로 재형성하려는 시도를 책망했다. 그들은 세속 질서를 기독교화하려는 노력은 기독교의 세속화만을 초래했다고 주장했다. 1930년대 중반 무렵 리처드 니부어는 "부패한 문화의 속박으로부터 교회의 해방"을 요구했다.[48]

종교의 수수께끼 중 하나는 주류 개신교가 힘을 잃는데도 예수는 명성이 높아졌다는 것이다. 초자연주의가 청교도의 뉴잉글랜드에 만연하던 때에는 예수는 복잡한 신학 시스템에서 형이상학적인 표식으로의 역할을 제외하면 무의미한 존재였다. 복음주의자들이 그의 신성을 경시하고 그를 진짜 사람으로 만들자, 예수는 미국의 드라마에서 중요한 인물이 되었다. 자유주의자들이 성경의 권위를 깎아내림에 따라 그들은 기독교를 오직 예수의 관점에서 정의하게 되었다. 구원신학에서 자아실현 요법으로의 이동은 예수의 지위를 한층 더 강화했다. 현대주의자인 쉐일러 매튜스는 예수에 대해 "현대주의자들은 자신의 신앙에 관해 그 외의 다른 어떤 중심도 알지 못한다"고 썼다.[49]

---

48   Reinhold Niebuhr, *Does Civilization Need Religion? A Study in the Social Resources and Limitations of Religion in Modern Life* (New York: Macmillan, 1927), 2; H. Richard Niebuhr, Wilhelm Pauck, Francis P. Miller, *The Church Against the World* (Chicago: Willett, Clark, 1935), 124.

49   Shailer Mathews, *The Faith of Modernism* (New York: Macmillan, 1924), 146.

전국적 아이콘

1920년대와 1930년대에 미국인들이 눈을 감고 예수께 기도할 때 "왕중왕"에서 주연을 맡았던 H. B. 워너의 얼굴을 떠올린 사람들도 있었을 것이다. 하인리히 호프만의 인기작인 "그리스도 두상"(*Head of Christ*)과 같은 그림을 본 사람도 있었을 것이다. 성경 장면에 나오는 예수를 묘사하는 수백 년된 전통에 따라서 호프만은 "그리스도 두상"을 독립된 그림으로 그리지 않았다. 이 이미지는 예수를 따라 자발적인 가난의 삶으로 들어가기를 원하지 않았던 부자 청년의 이야기를 들려주는, "그리스도와 부자 관원"(*Christ and the Rich Young Ruler*, 1889)이라는 보다 큰 내러티브 그림에 최초로 등장했다. 예수의 아이콘에 대한 수요가 많아지자 화가들은 그 그림에서 예수의 초상화를 뽑아냈는데, 이 초상화가 인기 있다 보니 존 D. 록펠러 주니어가 "그리스도와 젊은 부자 관원"의 원래 그림을(호프만의 또 다른 인기 내러티브 그림인 "겟세마네 동산의 그리스도"[*Christ; in the Garden of Gethseynane*, 1890]와 함께) 사서 이 그림을 리버사이드 교회에 기증했다. 20세기의 처음 몇십 년동안, 그의 그림 복제품들이 수백 권의 책들에 삽입되었고 미국 전역의 무수한 가정과 교회들에 걸리게 되었다. 이 그림들은 또한 미국인들에게 가장 생생하고 오래 가는 예수의 이미지들을 제공했다.

　1940년에 무명의 시카고 출신 그래픽 아티스트가 이후로 호프만의 "그리스도와 부자 관원", 바튼의 『미지의 인물』 그리고 드밀의 "왕중왕"을 합한 것보다 더 인기를 얻게 될 그림을 그렸다. 워너 샐먼의 "그리스도 두상"은 이후에 궁극적으로 그림, 석고상, 책갈피, 장례식 카드, 교회 게시판, 단추, 달력, 시계, 램프, 커피 잔, 스티커, 게시판, 열쇠 고리 등 상상할 수 있는 거의 모든 형태로 재생산되었다. 그리스도인들과 비그리스도인들 사이에 이 그림이 늘어남에 따라 이 그림은 예수를 한 사람의 명사에서 전국적 아이콘으로 전환시켰다. 21세기가 시작될 때까지 5억장이 넘는 "그리스도 두상" 복사본이 만들어져서 이 그림이 세계에서 가장 보편적인 종교 이미지가 되었다.

샐먼(1892-1968)은 바튼과 마찬가지로 광고인이었다. 그는 티소와 마찬가지로 처음에는 자신의 예술적 재능을 제1차 세계대전 때 미국의 대의명분을 지지하는 포스터 등과 같은 세속적인 일에 사용했다. 그러나 샐먼은 그들과는 달리 복음주의 개신교인이었다. 샐먼의 부모들은 모두 19세기 중반에 스웨덴 이민자들에 의해 미국에 이식된 부흥주의자 교파인 스웨덴 복음주의 언약 교회 교인이었다. 샐먼은 1908년 채프먼-알렉산더 전도 운동이 개최한 부흥회에서 중생을 경험했다. 그는 나중에 궁극적으로는 자기 부모의 교파로 돌아갔지만 티소가 생 쉴피스 성당에서 환상을 보고 나서 직업을 바꾼 것처럼 1908년의 경험 이후 성화를 그리는 데 헌신하게 되었고, 그 직업을 기독교적 소명으로 보게 되었다.

샐먼은 1914년에 처음으로 시카고의 무디 성경학교 교사로부터 예수의 초상화를 그리라는 권고를 받았다고 말했다. 샐먼이 화가라는 사실을 알게 된 그 교사는 그에게 계속해서 "씩씩하고 남성적인 그리스도"를 그리라고 부추겼다. 그 교사는 샐먼에게 "예수를 진정한 남자로 그리세요!"라고 말했다. "예수를 연약하게 그리지 말고 튼튼하게 그리세요. 사람들이 그의 얼굴에서 그가 노숙했고, 성전에서 돈 바꾸는 사람들을 쫓아냈으며, 당당하게 십자가를 직면했다는 사실을 알 수 있도록 예수를 강하고 남자답게 그리세요." 샐먼은 자신이 1924년에 「더 코비넌트 컴패니언」(The Covenant Companion, 언약의 동반자)이라는 교회 월간지에 실을 그림을 그릴 임무를 완수하기 위해 애쓰던 중 자신에게 나타난 그런 남자의 환상을 보는 복을 받았다고 말했다. 샐먼은 나중에 "나는 단지 꿈에서 본 모습을 가능한 한 충실하게 그렸을 뿐이다"라고 말했다. 그가 그린 이 목탄화는 1924년 2월에 「더 코비넌트 컴패니언」 표지에 실렸다. 보다 중요한 점은 이 그림이 샐먼의 유명한 1940년 유화 "그리스도 두상"의 토대가 되었다는 것이다.[50]

"그리스도 두상" 그림은 매우 잘 팔렸다. 1941년 초에 그린 초판은 2개월 안에 10만 장이 팔렸다. 이 그림은 제2차 세계대전 중 해외에서 싸우고 있던 미군들에게 이 이미지를 배포하려는 USO(미군 위문협회), 구세군, YMCA의 노력 덕분에 그해 말까지는 1백만 장이 넘게 팔렸고, 1942년에는 추가로 3백만 장이 팔렸다. 곧이어 예수에 대한 개인 팬들이 가세했다. "모든 지갑 안에 그리스도를"이라는 프로그램을 통해서 카알 H. 더닝은 인디아나주 리치몬드의 자기 집에서 전국의 개인, 도서관, 공립학교, 시청들에 지갑 크기의 그림들을 배포했다. 다양한 시민 단체와 종교 단체의 지원을 받은, "카드를 가지고 다니는 그리스도인들"(더닝의 재담임)을 만들려는 이 노력은 빠르게 미국 밖으로 확산되었다. 아이젠하워 대통령 부부와 미국연방수사국(FBI)의 존 에드거 후버는 이 노력을 칭찬했다.[51]

1940년대와 1950년대의 전후 부흥기 동안 개신교인들과 가톨릭 교도들이 신을 믿지 않는 공산주의의 위협에 맞서 통일 전선을 구축하기 위해 교파의 차이를 무시함에 따라, 샐먼의 예수는 미국의 가정, 교회, 직장에서 압도적으로 가장 보편적인 예수의 이미지가 되었다. 샐먼(과 그 그림 판매자

---

50   David Morgan 편, *Icons of American Protestantism: The Art of Warner Sallman* (New Haven: Yale University Press, 1996), 62, 80, 185.

51   Jack R. Lundbom, *Master Painter: Warner E. Sallman* (Macon, Ga.: Mercer University Press, 1999), 136.

3장   남자다운 구속자   **191**

들의 영리한 마케팅) 덕분에 인종과 종교를 막론하고 모든 미국인들이 예수를 즉각적으로 알아볼 수 있게 되었다.

미술사가인 데이비드 모건은 "경건한 관람자들이 자신들이 상상했던 모습이 자신을 돌보는 신의 실제 모습임을 볼 때" 그들의 상상을 강화해주는 이미지는 "아이콘이 된다"고 주장했다. 일부 미국인들에게는 샐먼의 그림이 그런 의미에서 아이콘과 같았다. 가톨릭 미사에서 빵과 포도주가 입을 통해 예수의 실체(essence)를 전달하듯이, "그리스도 두상" 그림은 눈에 예수의 실체를 전달한다. 1990년대에 모건은 다양한 미국인들에게 샐먼의 "그리스도 두상"에 관한 의견을 물었다. 한 여성은 그 그림은 "우리 주 예수 그리스도의 정확한 형상"이라고 말했다. 또 다른 사람은 "내가 가장 어려움에 처해 있을 때 기도하면서 그 그림을 보면 나는 단순한 초상화를 보는 것이 아니라 실제적이고 살아 계신 그리스도를 본다"고 했다. "그리스도 두상"을 예수의 진정한 이미지, 즉 예수의 개성뿐 아니라 그의 코 모양과 수염 깎은 모습도 포착한 20세기판 토리노의 수의로 본 사람도 있었다. 최소한 몇 사람은 그 그림이 기적을 일으켰다고 말했다. 포켓 크기의 어떤 "그리스도 두상" 그림이 기름을 분비했다고 하며, 또 다른 그림은 피를 흘렸다고 한다. 예수의 환상을 본 몇 사람들은 그 그림이 예수를 빼닮았다고 말했다. 대부분의 미국인들은 샐먼의 이미지를 보다 수수하게 보았다. 그러나 그들에게조차 샐먼의 "그리스도 두상"은 표준, 즉 예수의 진짜 얼굴을 보기를 점점 더 갈망하는 사회에서 구할 수 있는 최고의 그림이 되었다.[52]

샐먼의 "그리스도 두상"이 미국에 널리 배포된 첫 번째 예수 이미지

---

52   David Morgan, *Visual Piety: A History and Theory of Popular Religious Images* (Berkeley: University of California Press, 1998), 43, 34, 56; 기적 이야기들의 출처는 Morgan 편, *Icons of American Protestantism*, 189, 237이다.

는 아니었다. 앞에서 언급한 바와 같이 하인리히 호프만은 샐먼 전의 샐먼 격이었다. 미국인들의 상상력을 담은 인기 있는 이미지들을 그린 다른 화가들도 있었다. 베른하르트 플록호스트가 그린 "아이들을 축복하는 예수"(Jesus Blessing the Children)와 "선한 목자"(The Good Shepherd)는 널리 복제되었다. 앞의 그림은 샐먼의 다른 유화인 "아이들의 친구 예수"(Jesus, the Children's Friend, 1946)에게 영감을 주었을 가능성이 있으며, 뒤의 그림은 아마도 샐먼의 또 다른 유화인 "주님은 내 목자"(The Lord Is My Shepherd, 1942)에 아이디어를 제공했을 것이다. 미국인들은 헝가리 화가인 미하일 문카시의 작품들도 많이 보았다. 장로교인으로 소매업의 거물인 존 워너메이커가 문카시의 거대한 작품 두 점, 즉 "빌라도 앞의 그리스도"(Christ Before Pilate, 1881)와 "갈보리의 그리스도"(Christ on Calvary, 1884)를 구입해서 이 그림들을 1893년 시카고에서 열린 세계 콜럼비아 전시회와 필라델피아에 있는 자신의 백화점에 전시했다.

"그리스도 두상"이 문카시, 플록호스트, 호프만의 그림들을 대체한 이유 중 하나는 샐먼이 자신의 주제를 성경 내러티브에서 완전히 분리시켰다는 점이다. 샐먼의 예수는 자신의 제자들, 모친 또는 심지어 하나님과도 교류하지 않고 이 그림을 보는 사람과 직접 대면하는데 그림 속의 이 예수는 매력적이고, 안심시켜 주며, 위로해 주고, 친밀하게 대면한다. 예수를 성경 이야기에서 분리시킨 것이 친구로서의 예수 이미지를 강화했다. 이러한 분리는 오직 예수라는 대의명분도 진전시켰다. 엄마 품에 안긴 아기 예수는 많은 관람자에게 성육신 교리를 환기시킨다. 예수를 십자가 위에서 고통받는 모습으로 제시하면 속죄 교리를 환기시킨다. 그러나 상반신만 있는 초상화는 예수만을 떠올린다. 샐먼은 성경을 믿는 복음주의자였지만 그의 예수는 복음서 자체로부터도 떨어져 있다.

그러나 "그리스도 두상"이 인기를 얻게 된 또 다른 이유는 이 그림의 남성성이었다. 1948년에 복음주의 잡지인 「크리스천 라이프」에 실린 "그리스도가 이렇게 생겼는가?"라는 논문은 호프만과 샐먼의 가장 유명한 초상화들을 나란히 두었다. 이 저자는 호프만은 "그리스도를 매력적이고 여성적인 인물로 그렸다"고 주장했다. 그녀의 견해로는 샐먼의 묘사가 더 성경적이고 더 남성적이었다. 즉 "단호하고, 사내다운 인물"이었다.[53] 최소한 현대인의 눈에는 샐먼의 예수 그림에서 단호함이나 남성다움을 보기 어렵다. 그의 피부는 영화 스타처럼 완벽하고, 그의 머리카락은 길게 흘러내리고, 그의 아름다운 얼굴을 비추는 빛은 꿈꾸는 듯하다. 그림의 대상은 분명히 (생물학적) 남성이지만, 그림에 나타난 모습이 확실하게 남성적인 것은 아니다. 그러나 이 모호성이 이 그림이 성공한 하나의 이유였을 수도 있다. 사람마다 이 그림에서 예수를 다르게 읽어낼 수 있는데, 미국인들은 확실히 그렇게 했다. 이 그림은 샐먼을 자기 교파라고 주장한 복음주의자들 사이에서 특히 잘 팔렸다. 부분적으로는 이 그림이 (바튼의 책과 같이) 특정 교파나 특정한 신학적 입장과 동일시하지 않았기 때문에 자유주의 개신교인들과 로마 가톨릭 교인들 사이에서도 인기가 높았다.

샐먼은 1968년에 사망할 때까지 계속 새로운 예수 그림들을 그려서 그의 팬들을 기쁘게 했다. 샐먼의 전기 작가인 잭 R. 룬드봄에 따르면 "마음 문 앞에 서 있는 그리스도"(*Christ at Heart's Door*, "문을 두드리는 예수"라는 복음 찬송 주제를 재연한 1942년작 유화)와 "우리의 안내자 그리스도"(*Christ Our Pilot*, 배의 키를 잡고 있는 소년을 인도하는 예수를 보여주는 1950년작 유화)가 이 후기 작품들 중 가장 인기가 있었다. 보다 전통적인 이미지들을 찾는 가톨릭

---

53   Morgan, *Visual Piety*, 121.

교도들을 위해서 샐먼은 "예수 성심"(*Sacred Heart of Jesus*)이라는 그림도 그렸다.

샐먼의 침몰

제2차 세계대전 후 미국인들이 예수의 여성화에 반대하는 또 다른 운동을 벌임에 따라 샐먼의 이미지들이 공격받게 되었다. 전쟁 기간 동안 여성들은 19세기 말보다 훨씬 빠른 속도로 노동시장에 참여했다. 다시금 남성들은 자신들이 공적 영역에서 지배력을 잃고 있다고 우려하게 되었고, 그들은 교회 회중에 여성들이 압도적 다수를 차지한다는 점을 미국 기독교의 과도한 여성화(그리고 미국 문명 종말)의 증거라고 지적했다.

　미국의 가톨릭 교도들도 기독교의 여성화에 대해 특히 우려했다. 일부 가톨릭 비평가들은 "지나치게 노처녀 같은" 건축물 때문에 남성들이 미사에 참석하지 않는다고 생각했지만, 역사가인 콜린 맥다넬이 언급한 바와 같이 많은 사람들은 구식 예수 묘사에 초점을 맞췄다. 아이오와주 성 암브로스 대학교 미술 교수인 에드워드 M. 카티치 신부는 예수 성심(Sacred Heart of Jesus)의 묘사들을 맹비난하면서 1899년 「아웃룩」 서베이에 대한 응답을 상기시켰다. "부드러운 얼굴, 큰 눈, 작고 섬세한 입, 약간 벌어진 입술, 작고 가는 코, 보송보송한 수염, 중간에서 갈라져 우아하게 어깨로 흘러내리는 긴 곱슬머리, 가늘고 앙증맞은 손, 좁은 어깨, 긴 목, [그리고] 보는 사람들에게 애원하는 듯이 머리를 다소 옆으로 돌리고 흘러내리는 가운을 입은 젊은 남자가 떠오른다." 가톨릭 정기 간행물인 「리터지컬 아츠」(*Liturgical Arts*)의 기고 화가인 리처드 뮤얼버거는 전형적인 예수 성심들을 "생물학적 발렌타인"이라고 비난하면서 이러한 해석선상에 산뜻한 표현을 추가했다. 그러나 그는 예수를 "영화관 광고판만큼이나 품위가 있는, 수염 난 여성"으로 바꾼 개신교 화가들에게 가장 큰 비난을 퍼부었다.[54]

이 모든 격론의 영향으로 "그리스도 두상"이 점차 빛이 바랬다. 1940년대 동안에 미국 전쟁 영웅들의 남성적 이미지를 그린 포스터 화가들이 넘쳐남에 따라 샐먼의 그림이 진정한 예수를 환기시킬 수 있는 능력이 시들었다. 샐먼 자신이 자기가 그린 "그리스도 두상"이 "남자답다"고 거듭 말했지만 이제 비평가들은 이 그림을 나약한 싸구려 작품이라고 조롱하기 시작했다. "연약하지 않고, 창백하지 않다"라는 1948년 기사에서 「타임」은 주일학교 어린이들에게 제시된 그 그림은 연약하고 창백할 뿐만 아니라, "경건하게 히죽거리고" "배우처럼 이발한" "유약한" 예수 이미지, 즉 "교사의 애완동물"이라고 말한 사람을 인용했다. 그는 샐먼의 예수는 "얇은 옷을 우아하게 걸치고 생기 없이 억지웃음을 짓는…창백하고 배우인 체하는 사람"이라고 불평했다. "어린아이들이 나약한 지도자의 연약하고 차가운 손에 맡겨진다." 루터교 복음 전도자인 로버트 폴 로스는 "그리스도 두상"을 "미용실에서 방금 전에 후광이 나도록 머리를 감고 나온, 구불구불한 수염이 난 예쁜 여자 그림"이라고 부르면서 "수염이 난 숙녀"라는 진부한 표현을 멋있게 가다듬었다. 교회사가인 마틴 마티는 이 이미지를 "빌린 볼링화

---

54   Charles Blakeman, "The Problem of Church Art," *Clergy Review* 48 (1955), 27; E. M. Catich, "Sentimentality in Christian Art," *The Furrow* 10 (1959), 514; Richard Charles Muehlberger, "Sacred Art: A Critique on the Contemporary Situation," *Liturgical Arts* 28 (1960), 70; 위의 모든 글들은 Colleen McDannell, *Material Christianity: Religion and Popular Culture in America* (New Haven: Yale University Press, 1995), 174, 180, 189에서 인용했다.

처럼 추하다"라고 말함으로써 이 그림에 가장 큰 일격을 날렸다.[55]

1950년대 시민권 운동과 1960년대 흑인 인권 운동의 여파로 샐먼의 "그리스도 두상"은 다른 진영으로부터 비판받게 되었다. 이제는 이 그림이 너무 여성적인 것이 아니라 너무 백인인 것으로 보였다. 「크리스채너티 투데이」(Christianity Today)는 계속 이 그림이 "복음주의 아이콘"이라고 언급했지만, 주류 개신교 주간지인 「크리스천 센추리」(Christian Century)는 1962년에 "그리스도 두상"이 "사라져 가고 있다"고 선언했다.[56] 1970년대와 1980년대에 다문화주의가 사실 측면에서와 가치 측면에서 확산됨에 따라 "그리스도 두상"은 더욱 시대착오적인 것으로 보였다. 즉, 이 그림은 아프리카계 미국인들뿐만 아니라 아시아와 라틴 아메리카에서 이민 온 그리스도인들에게도 모욕으로 보였다.

샐먼은 자신의 성공의 희생자였다. 1960년대쯤에는 "그리스도 두상"이 도처에 너무 퍼져서 싸구려로 보였다. 시골 아이들이 어떤 신발을 신게 되면 도시 아이들이 즉시 다른 새 신발로 옮겨 가는 오늘날의 냉정한 문화에서는 이런 운명이 흔하다. 예술 세계도 같은 방식으로 작동한다. 즉 진짜 예술은 순수 예술이고 독특한 반면에 대중 예술은 복제할 수 있고 가치가 없다고 생각된다. 물론 샐먼의 작품은 특히 대중적이었기 때문에 미술 비

---

55   Morgan 편, *Icons of American Protestantism*, 93; "Not Frail, Not Pale," *Time* (November 22, 1948), 70; Robert Paul Roth, "Christ and the Muses," *Christianity Today* 11.11 (March 3, 1958), 9; "As Ugly as a Rented Bowling Shoe," *Context* (February 15, 1990), 4. 저속한 작품의 "여성성"에 대한 논의에 대해서는 Colleen McDannell, "Christian Kitsch and the Rhetoric of Bad Taste," Colleen McDannell, *Material Christianity*, 163–97에 수록된 글을 보라.

56   Jane W. Lauber, "Are We Losing Our Artist Heritage?" *Christianity Today* 10.23 (September 2, 1966), 24; "In' and 'Out,'" *Christian Century* 79.23 (June 6, 1962), 731.

평가들이 이를 생 쉴피스 미술이라고 비난해도 놀랄 일이 아니다. 그런 비평들이 매출을 그리 크게 삭감하지는 않았을지라도 "그리스도 두상"은 자기 부모들의 아이콘이라는 인식이 젊은 미국인들 사이에서 점점 더 늘어난 것이 이 그림의 명성을 해쳤다는 점은 의문의 여지가 없다. 명사들은 최소한 몇 년에 한 번은 외모를 바꿔야 한다고 요구하는 새로운 명사 문화에 관한 불문율도 이 그림의 명성에 해로운 영향을 주었다.

샐먼의 작품이 진정한 예수를 환기할 힘을 상실함에 따라 그 공백을 메울 새 이미지들이 등장했지만 아무것도 샐먼의 "그리스도 두상"이 제2차 세계대전 이후 몇십 년간 압도적 지위를 누렸던 것 같은 지위를 차지하지는 못했다. 그렇게 되기에는 1960년대 무렵 미국의 인구가 너무 다양해졌다. 새로운 매체, 특히 텔레비전이 미국을 이전에는 가능하지 않았던 방식으로 통합했지만 미국 문화는 동시에 지역적·인종적·종교적 하위문화로 분화하였다. (유대인 공동체를 제외한) 사실상 거의 모든 이 하위문화들이 예수를 영웅으로 받아들였지만 그들은 이제 예수의 이름을 부를 때 다른 얼굴을 떠올렸다. 그들은 다른 성경 장면들은 보지 않았다. 샐먼의 초상화는 예수를 하나의 아이콘으로 묘사했는데 그 특별한 초상화는 사라져갔어도 초상화 장르는 살아남았다. 이후의 화가들은 미국인들이 진정한 자신들의 예수를 원한다는 사실을 이해했다. 어떻게 묘사되든 간에 저명인사 예수는 월등한 아이콘으로 남았다.

샐먼의 그림에 대한 하나의 주요 대안은 리처드 후크의 "그리스도 두상"(1964)이었다. 이 그림도 초상화 장르에 속했기 때문에 그림을 보는 사람은 특정한 성경 이야기나 교파의 신조와 분리된 예수라는 인물과 대면하게 된다. 그러나 이 그림에서는 예수가 정면을 바라보고 있어서 그림을 보는 사람과 보다 친밀하게 일대일로 만나게 된다. 친절하지만 감상적이지 않고, 남성적이지만 흉포하지 않은 후크의 영웅은 19세기의 사랑스러운 구주와 20세기 초의 남자다운 구속자 사이의 완벽한 균형을 이뤘다. 이 예수에게는 필요한 어깨 길이의 머리칼과 수염이 있었지만, 그는 루터교 출판사인 콩코디아 퍼블리싱 하우스(Concordia Publishing House)가 저작권을 보유하고 있는 샐먼의 머리를 잘 손질한 예수나, 처음에는 젊은 루터교인들이 보았지만 지금은 복음주의자들 사이에 널리 퍼져 있는 후크의 해변 경비대원 예수보다 털이 더부룩했다.

예수를 아프리카계 미국인으로 묘사하는 다양한 새로운 초상화들과 더불어 후크의 "그리스도 두상"과 같은 이미지들이 쏟아져 나옴에 따라 샐먼의 이미지가 종교적 의미에서 아이콘 역할을 할 능력이 훼손되었다. 사실 다양한 예수의 이미지들로 인해 어떤 이미지도 미국인들에게 예수의 실재를 전달하기가 더 어려워졌다. 그러나 바로 그 다양화가 예수가 좀 더 대중적인 의미에서의 아이콘이 되는 데 도움이 되었다. 보다 보편적인 의미에서의 아이콘들은 즉각적으로 인식될 수 있다. 아이콘들은 또한 자신들보다 더 큰 추상적인 실재들을 상징한다. 자유의 여신상은 자유를 상징하지만, 그것은 또한 미국을 상징하기도 한다. 코카콜라 병과 미키 마우스는 코카콜라사와 디즈니사 또는 심지어 즐거움을 상징하지만, 이들은 또한 미국 및 해외에서 미국을 상징하기도 한다. 1960년대 및 그 이후의 예수 이미지의 범람으로 인해 예수는 미국의 아이콘도 되었다. 초상화라는 장르를 통해 성경과 전통에서 추출된 예수는 기독교, 심지어 영성 그 자체의 정수를 상징하게 되었다. 그리고 그는 미국을 상징하게 되었다. 드류 대학교 교수인 레너드 스위트는 샐먼이 예수를 "로고스에서 로고"로 변형시켰다고 농담했는데(그리고 불평했는데), 이 가시 돋친 말 속에 일말의 진실이 있다. 확실히 20세기의 예수 책들과 영화들이 예수를 명사로 만들었듯이, 샐먼과

그의 라이벌들은 예수를 미국의 아이콘이 되게 했다.[57]

---

57 Leonard Sweet, "'Personal Lord and Savior': Christology and the Devotional Image," http://www.leonardsweet.com/includes/ShowSweetenedArticles.asp?articleID=92.

HOW THE SON OF GOD BECAME A NATIONAL ICON

1960년대와 1970년대 대항문화의 전성기 때 그려진 이 "수배자: 예수 그리스도" 포스터는
평화의 왕자를 범법자로 묘사한다.

_ 잭 N. 스파크스와 「RIGHT ON」 제공

4장 슈퍼스타

1966년 부활절 직전에 존 레논은 비틀즈가 예수보다 더 인기가 있다고 선언했다. 성직자들은 격노했고 레논은 (평소와 달리) 사과했다. 그러나 최소한 미국에서는 레논이 옳은 듯했다. 레논이 기독교의 사망을 예언한 지 불과 한 달 뒤에 "신의 죽음" 신학자들의 책들이 쏟아져 나와서 (그중 하버드 대학교 교수 하비 콕스의 『세속 도시』[*The Secular City*, 1965]가 가장 유명하다) 「타임」이 4월 8일자 커버에서 "신은 죽었는가?"라고 묻게 했다. 많은 사람들에게는 미국이 신 자체도 익사시킬 정도로 거대한 세속주의의 물결에 휩쓸리는 것으로 보였다.

1960년대 중반 무렵 미국인들은 거의 2세기에 걸쳐 기독교에서 그 구성 요소들을 빼내고 있었다(말하자면 탈기독교화하고 있었다). 제퍼슨은 기적들을 잘라냈고 회복주의자들(Restorationists. 만민구원파)은 신조들을 삭제했다. 그 뒤 자유주의 성서비평가들이 20세기 초에 주류 개신교의 주도권을 장악했으며 기독교는 그 이후 파멸을 향해 나아가고 있는 것으로 보였다. 아이젠하워 행정부 시절에 신앙심과 애국적인 교회 출석이 부흥한 것은 사실이지만 이때의 신앙은 열렬하지 않고 미지근했다. 이제 하나님 자신이 공격을 받고 있었는데 신학자들은 이에 대해 애도하기보다는 춤추는 분위기로 보였다.

그러나 종교 사회학자들과 "신의 죽음" 신학자들이 하나님의 맥을 짚어보기 시작할 바로 그때 하나님이 소생했다. 1967년 경에는 종교가 생기를 띠었는데 성부 하나님은 계속 숨어 있는 반면 예수는 도처에 존재했다. 베이비붐 세대가 성년이 되자 젊은이들은 집단적으로 그들의 부모와 부모의 전후 번영의 추구에 반항하며, 물질적인 추구가 아니라 영적인 추구가 진정한 추구라고 주장했다. 그들의 영향력이 전국적으로 파급됨에 따라 모든 연령층의 미국인들이 영구적인 질문들에 이끌리는 듯했으며, 이에 따라 「타임」은 1969년 커버 스토리인 "신이 다시 살아나고 있는가?"에서 이전에 자기들이 게재한 신의 부고를 재고하게 되었다.

우리는 이제 세속화나 탈기독교화 모두 한 방향으로만 진행하는 과정이 아님을 알고 있다. 두 가지 모두 단속적(斷續的)으로 진행되며 현저하게 방향을 돌이킬 수 있다. 우리는 또한 1960년대는 미국에서 다른 시대들과 마찬가지로 영적인 10년, 즉 별자리 운세를 보는 시대이면서 아바타 시대였음도 안다. 미국 의회가 1965년에 아시아 국가의 시민들에 대한 이민을 개방한 뒤 미국에는 크리슈나 컨셔스니스(Krishna Consciousness)의 박티베단타 스와미 프라부파다, 티베트 불교의 초감 트룽파 그리고 초월적 명상의 마하리시 마헤시 요기 등 영적 은사를 갖춘 동양 출신 현자들로 넘쳐나는 듯했다.

그러나 로버트 엘우드가 묘사한 바와 같이 "1960년대의 영적 각성"이 전적으로 이러한 아시아의 대안 종교들에만 속한 것은 아니었다.[1] 1968년에 비틀즈의 인도 순례 여행은 구루(guru, 스승)의 유행에 불을 지폈으며, 많

---

1   Robert S. Ellwood, *The Sixties Spiritual Awakening: American Religion Moving from Modern to Postmodern* (New Brunswick, N.J.: Rutgers University Press, 1994).

은 베이비붐 세대들은 티모시 리어리의 "도취하고, 함께 어울리고, (기존 질
서를) 해체하자!"는 유명한 주문을 선(禪)과 부처를 탐구하라는 초대로 이해
했다. 그러나 더 많은 사람들이 성경에 귀를 기울였으며 예수를 자신의 스
승으로 삼았다. 중생한 이 베이비붐 세대들은 주문 대신 "예수(Jesus) 구호"
를 외쳤다.

> J라고 써라(J)
>
> E라고 써라(E)
>
> S라고 써라(S)
>
> U라고 써라(U)
>
> S라고 써라(S)
>
> 그러면 어떤 철자가 되는가? (Jesus[예수])
>
> 무엇이 환각제보다 더 기분을 고양시킬 것인가? (예수)
>
> 무엇이 각성제보다 더 오래 깨어 있게 할 것인가? (예수)
>
> 미국에 필요한 것은 무엇인가? (예수)

이들 예수의 팬들은 우드스톡(1969년 8월 16일에 30만 명의 청중이 모인 뉴욕주
에서 개최된 록음악 축제 ─ 역자주) 국민 중 기도하는 사람들이었으며 그들은
미국 역사에서 다른 어떤 그룹보다도 더 기독교를 예수만으로 요약했다.
그들은 미국에 또 한 번의 복음주의 부흥과 그 시대에 맞춘 또 다른 예수
개념을 가져왔다.

예수광들

"예수광들" 또는 "거리의 그리스도인들"이라고도 알려진 지저스 피플 (Jesus People, 예수의 백성)은 자신들의 기원을 예수와 사도들, 특히 하나님이 교회에 성령을 부어준 오순절로 거슬러 올라갔다. 그러나 이 운동의 연대기 작가들은 대개 1967년 샌프란시스코 하이트 애쉬버리 지구의 엘리자베스 와이즈와 테드 와이즈 부부로부터 시작한다. 그해에 마약에서 예수께로 갓 개종한 이 두 사람은 지역 사역자들의 재정 도움으로 '거실'(The Living Room)이라는 커피숍을 열었다. 그들은 또한 마음이 맞는 몇 쌍의 부부들과 함께 최초의 예수운동 생활공동체인 '사도행전의 집'(The House of Acts)도 세웠다. 와이즈 부부는 그들의 커피점과 생활 공동체에서 LSD 약물 광들과 헤로인 중독자들에게 약물 문화를 떠나 예수께 전향하라고 간청했다. 미국의 극좌익 흑인 과격파 흑표범 단원들(Black Panthers)이 일상적인 정치에 질색하듯이 히피들은 조직화된 종교에 질색하기 때문에 이런 말은 완고한 것으로 보였다. 그러나 와이즈 부부는 기독교를 선전하지 않았다. 사실 그들은 제도 교회를 공개적으로 경멸했다. 그들은 대신 예수와의 개인적인 관계를 제공했으며 샌프란시스코에서 들을 준비가 된 청중을 발견했다.

1960년대 초에 불법적인 약물들은 자유, 즉 마약을 통한 열반과 큰 관계가 있었다. 그러나 「샌프란시스코 오라클」이 1967년을 "사랑의 여름"이라고 선언할 무렵에는 약물에 중독되어 있지 않던 물병자리 시대가 특히 하이트 지역에서 일련의 환각 체험들에 길을 내주고 있었다. 대항문화의 성지에 대한 언론매체의 과대광고로 인해서 이 지역은 이미 찾아오는 사람들로 과도한 부담을 안고 있었다. 「샌프란시스코 오라클」이 세계의 젊은 이들이 샌프란시스코의 "부족들의 회합"에서 하나로 통합되고 있다고 선언한 뒤, 수천 명의 더 많은 젊은이들이 이 순례 길에 참여해야겠다고 생각했다. 그러나 그들 중 직업이 있는 사람은 극히 드물었고, 집이 없는 사람들도 많았다. 헤로인이 최고의 약물로서 마리화나를 대체하고 약물 과다 복용이 늘어남에 따라 많은 사람들이 약물을 자유가 아니라 속박과 결부시키게 되었다.

와이즈 부부는 이러한 중독자들에게 예수라는 단순한 대안을 제시했다. 그들의 구주는 마리화나와 LSD 그리고 헤로인은 거부했지만 히피족의 은어나 복장 그리고 음악은 열렬히 포용했다. 리어리의 부처와 마찬가지로 와이즈 부부의 예수는 낙오자와 무법자 그리고 당대의 종교 제도를 비웃은 혁명가였다. 그는 환멸을 느끼는 사람들과 소외된 사람들, 힘 있는 사람들이 아니라 약물 등에 취한 사람들을 구하러 왔다. 그는 멀리 떨어져 있는 왕이 아니라 손잡아주고, 이마를 씻어주고, 환각 체험에서 벗어나게 해줄 사랑하는 친구였다. 그 사랑을 받아들인 (그리고 그 사랑으로 돌아온) 사람들은 예수처럼 옷을 입기 시작함으로써 (또는 최소한 그들이 예수라면 그렇게 입을 것으로 생각하는 방식으로 옷을 입음으로써) 그리스도를 본받는 가톨릭 전통을 새롭게 해석했다. 그들은 헐거운 옷을 입고, 머리를 기르고서 그들의 구주가 하나님 나라를 설교하며 갈릴리 지역을 돌아다닌 것처럼 긴박하게 예수를 설교하면서 하이트 지역을 활보했다. 비평가들은 그들을 "예수광들"(Jesus Freaks)이라고 불렀고, 와이즈와 그의 추종자들은 곧 그 별명을 명예의 상징으로 채택했다.

1968년에 기독교세계해방전선(Christian World Liberation Front; CWLF)을 시작한 잭 스파크스도 만안(灣岸) 지역의 와이즈 부부 못지않게 활동적이었다. 한때 펜실베이니아 주립대학교의 통계학 교수였던 스파크스는 버클리 소재 캘리포니아 대학교에서 그리스도를 위한 캠퍼스 십자군(Campus

Crusade for Christ; CCC, 우리나라에서는 한국대학생선교회라는 이름으로 활동하고 있음)이라는 복음 단체와 동역하기 위해 서부로 옮겼다. 그곳에서 그는 "모든 사람을 위해 모든 것이 되라"는 바울의 권고(고전 9:22)에 귀기울여 히피 중의 히피가 되었다. 중산층 대학생들을 대상으로 사역하는 보수적인 복음 단체인 CCC의 선배들은 스파크스의 나팔바지, 더부룩한 수염 그리고 장발을 반대했다. 그래서 그는 정치적으로 무관심한 CCC와 세속적인 제3세계 해방전선 사이의 중간적인 입장을 취하는, 자신의 단체 CWLF를 창설했다. 다른 예수광들은 복음을 히피족의 은어로 해석한 반면, 스파크스는 혁명의 수사학을 사용했다. 버클리의 급진주의자들에 의해 조직된 집회와 파업에서 스파크스와 그의 CWLF 동료들은 예수가 "진정한 혁명가"라고 선언하는 표지를 들고 다녔다. 그들은 또한 당대의 사회문제와 정치문제들에 주의를 기울이는 지하 신문인 「라이트 온!」(Right On!, '옳소'라는 뜻)도 발행했다. 스파크스는 자신이 직접 성경의 진리를 거리의 은어로 번역한 『거리의 그리스도인들에게 보내는 서신』(Letters to the Street Christians)이라는 히피판 신약성서를 썼다. 예를 들어 "간음하지 말라"는 "네 배우자가 아닌 어느 누구와도 성교하지 말라"로 바뀌었다. 빌립보서에 나오는 율법보다 믿음이 우월하다는 바울의 유명한 설명은 다음과 같이 바뀌었다. "율법을 강요하는 사람들을 주의하라. 그들은 예수와 개인적인 관계를 유지하기 위해서 따라야 할 규칙들에 관한 무거운 이야기들을 늘어놓을 것이다. 일련의 규칙들을 따르는 것이 우리를 하나님 아버지의 자녀로 만들어주지 않는다. 그분과의 관계를 추구하는 것이 그렇게 해준다. 당신이 할 수 있는 것을 신뢰하지 말고 예수를 신뢰하라."[2]

---

2   Two Brothers from Berkeley, *Letters to Street Christians* (Grand Rapids, Mich.:

예수, 할리우드에 가다

예수 운동은 샌프란시스코에서 태어났지만 할리우드에서 성년이 되었는데, 1960년대 말 할리우드는 장래의 예수광이 될 사춘기 소년 등을 마릴린 먼로 영화로 끌어들였다. 예수 운동은 완벽한 물결을 예수와 공유하는 즐거움을 설교한 크리스천 서퍼스(Christian Surfers), 그리고 1968년 여름에 최초의 예수 운동 나이트클럽인 솔트 컴퍼니(Salt Company)를 연 할리우드 장로교회와 같은 단체들 덕분에 느긋한 남부 캘리포니아의 분위기를 선택했다. 그러나 지저스 피플(Jesus People)은 정장을 입고 예배에 참석하는 교회에서 소외된 젊은이들에게 "예수 경험"을 제공하는 데 초점을 맞췄다. 1950년대에 잭 케루악, 앨런 긴즈버그 그리고 다른 비트 세대 작가들이 자신의 내면에 한 세대의 영적 비밀들을 지니고 있던 도박꾼, 떠돌이 노동자, 기타 사회적·문화적 아웃사이더들을 낭만적으로 묘사함으로써 회색 플란넬 정장(과 성직자 복장)을 입은 사람에 반항했다. 할리우드의 지저스 피플도 이러한 현대판 사마리아인들에게 그들의 에너지를 집중했다. 그러나 그들은 (케루악과 긴즈버그처럼) 그들을 모방하지 않고, 그들을 개종시켰다. 예수 자신이 잃어버린 양들을 찾으러 오지 않았던가?

할리우드에서는 아서 블레싯이 목자장이었다. 샌프란시스코 북부의 노스비치 지역에서 히피들을 상대로 사역을 시작한 침례교 사역자인 블레싯은 할리우드의 선셋 스트립으로 내려가 가자리(Gazzari)의 할리우드어고고(Hollywood-A-Go-Go) 스트립 클럽에서 설교로 유명해졌다. 그의 1971년 자서전 제목인 『예수로 흥분되어』(*Turned On to Jesus*)가 시사하듯이 블레싯

Zondervan, 1971), 175, 80, 101.

도 복음의 진리를 열심히 거리의 언어로 옮기는 사람이었다. 그는 할리우드 히피들에게 "마태, 마가, 누가와 요한을 떨쳐버리고" "영원한 황홀감인 예수"를 즐기라고 격려했다. 그러나 그의 설교 스타일은 그리 부드럽지 않았다. 한 관찰자는 그의 설교들은 "포르테와 포르티시모"의 2단 기어로만 전진하면서 공성추의 뉘앙스로 죄를 공격했다고 말했다. 당시 거리의 설교자들은 태평양에서 대규모 세례(침례)를 베푼 것으로 유명해졌지만, "선셋 스트립의 사역자"는 발견할 수 있는 어떤 물이라도 사용했다. 블레싯의 히스 플레이스(His Place) 커피숍에서 거행된 화장실 세례는 유명한 의식 중 하나였다. 마약 상용자가 마리화나와 LSD를 떠나 예수에게 돌아올 때마다, 블레싯은 그를 화장실로 데려가 마리화나와 LSD를 변기 속에 버리라고 지시했다. 신참자는 "나는 더 이상 이 마약이 필요 없다. 나는 주께 취했다"라고 말하곤 했다.[3]

「할리우드 무료 신문」(Hollywood Free Paper; HFP)이라는 또 다른 예수 운동 기관이 있었는데, 1969년에 창간되어 1975년에 폐간된 이 신문은 최대 50만부 가까이 배포되었다. 미네소타 출신 복화술사인 듀안 페더슨이 편집인이었는데, HFP는 그의 찰리 맥카시(에드가 버겐이 조종하던 나무 인형)였다. 페더슨의 신문은 에드가 버겐을 비난하는 대신 예수에게만 초점을 맞춘 핵심적인 기독교를 설교했다. 페더슨은 HFP가 "예수 그리스도라는 오직 하나의 신조"를 가지고 있다고 썼다. 이 신문은 사회문제와 정치문제들을 신학논쟁만큼이나 싫어했다. 다른 많은 예수광들과 마찬가지로 페더슨은 대

3   Ronald M. Enroth, Edward E. Ericson, Jr., and C. Breckenridge Peters, *The Jesus People: Old-Time Religion in the Age of Aquarius* (Grand Rapids, Mich.: Eerdmans, 1972), 73; Michael Jacob, *Pop Goes Jesus: An Investigation of Pop Religion in Britain and America* (Oxford, England: Mowbrays, 1972), 36; Enroth et al., *The Jesus People*, 69.

의명분에 지쳤다. 그는 혁명을 환영했지만 개인의 영혼이라는 전장(戰場)에만 집중했다. *HFP*의 머리기사들이 종종 논쟁적인 이슈들을 암시하기는 했지만 이 기사들은 대개 예수로 끝났다. "전쟁이 어떻게 도덕적인가?"라는 헤드라인은 베트남을 언급하고서는 이 주제를 "우리는 베트남에 대해 말하고 있는 것이 아니라 사람들 내면의 개인적 전쟁에 대해 말하는 것이다. 알겠는가?"로 바꿔버렸다.[4]

페더슨은 순전히 *HFP*(이 신문은 이름이 나타내는 바와 같이 무료로 배부되었다)을 지원하기 위해 포스터, 범퍼 스티커, 티셔츠, 단추들을 취급하는 우편 주문 가게를 열었다. 그의 사업은 번창했으며 그 과정에서 그리스도인 소매상들에게 예수 물품들의 상업적 성공 가능성을 환기시켰다. 세상에 "이신칭의(믿음으로 의롭게 됨)", "만인 제사장", "성경만으로"와 같은 구호들을 제공했던 종교개혁과 마찬가지로 예수 운동은 선전 표어들을 통해 자신의 메시지를 확산시켰다. 페더슨의 가게는 "예수에 취하라" 티셔츠, "예수를 사랑하거든 경적을 울려라" 범퍼 스티커, "메시아가 메시지다" 단추, "예수: 험한 세상의 다리와 같이" 포스터와 같은 품목들을 팔았다. 가장 기억할 만한 표어들은 마약 문화에서 따왔지만 광고 구호에서 영감을 얻은 것들도 있었다. "예수 그리스도: 그는 진짜다"는 코카콜라 광고를 본떴고, "당신은 살 날이 많고, 예수는 줄 것이 많다"는 펩시 광고를 흉내냈다. 예수는 최소한 할리우드에서는 명사이자 아이콘이었고, **로고스**이자 로고였다.

할 린지는 또 다른 캘리포니아의 예수 자경단원이었다. 잭 스파크스와 마찬가지로 린지는 CCC 간사였는데 그는 UCLA 캠퍼스 주위에서 히피들에게 사역하기 위해 그 단체를 떠났다. 그곳에서 그는 J. C. 라이트 앤드 파

---

4   Enroth et al., *The Jesus People*, 77, 76.

워 컴퍼니(J. C. Light and Power Company)라는 성공적인 사역을 시작했다. 그러나 린지는 1970년대의 베스트셀러 논픽션 책이 된 (그리고 30년 뒤에 팀 라헤이와 칼뱅주의의 휴거 소설『레프트 비하인드』시리즈의 대단한 성공의 길을 닦은)『대유성 지구의 종말』(*The Late Great Planet Earth*, 1970)로 가장 잘 알려져 있다. 린지는 지저스 피플들 사이에 널리 퍼진, 만물이 곧 새로워질 것이라는 천년왕국론자들의 견해를 누구보다 더 신봉했다. 린지는 블레싯, 페더슨 및 다른 예수 운동 리더들과 함께 예수를 히피와 영적 혁명가로 재정립시키는 데 도움을 주었다.

히피 예수

이 히피 예수는 19세기의 감상적인 구주와 공통점이 많았다. 지저스 피플은 예수를 멀리 있는 신이 아니라 그들이 알고 사랑하고 모방할 수 있는, 가깝고 귀한 친구로 묘사했다. 그러나 그들은 19세기의 사역자들과 달리 자기들의 구주를 대항문화적인 관점에서 보았다. 1967년 사랑의 여름(Summer of Love) 행사가 열리기 훨씬 전에 하나님께 돌아온 장발의 반항자인 그들의 예수는 전쟁이 아니라 사랑을 했다. 그러나 그가 한 사랑은 성적인 사랑이 아니라 친구 같은 사랑이었고, **에로스**가 아니라 **필리아**였다.

「타임」은 1971년 6월 21일자 표지에서 이 반항아의 정수를 "예수 혁명"이라는 대의명분으로 표현했다. 그 표지의 일러스트레이터는 1년 전에 대안 록밴드인 벨벳 언더그라운드(Velvet Underground)의 음반 커버를 그렸던 스타니슬로 자고르스키였다. 자고르스키는 「타임」 독자들에게 필요한 긴 머리와 수염이 있는 예수의 상반신 초상화를 제시해서 워너 샐먼을 떠올렸다. 그러나 샐먼의 예수는 평범했던 반면 자고르스키의 예수는 괴짜 중 괴짜였다. 분홍색 피부와 보라색 머리카락으로 강렬한 인상을 주며 몽환적인 무지개로 둘러싸인 그는, 영혼을 찾는 시선으로 하늘을 응시하는 보다 전형적인 이전의 초상화들과는 달리 움푹 들어간 눈썹을 하고서 독자들을 압박했다. 예수가 자기 주변 사람들과 친밀하게 교제했는지 또는 LSD에 취했는지는 해석의 여지가 있지만 그는 확실히 변성 의식 상태(altered state of consciousness)를 경험하고 있었다.

그 커버 스토리에 인용된 "수배자: 예수 그리스도" 포스터는 이 대항 문화적인 자세에 정치적 풍자를 부여했다. CWLF에서 만든 이 유명한 포스터는 평화의 왕자를 "전형적인 히피 타입(장발, 턱수염, 의복, 샌달)"으로 묘사했다. 그러나 그는 또한 사회 혁명가이기도 했다. "지하 해방 운동의 악명 높은 지도자"였던 그는 특히 "마약 복용, 양조, 무허가 음식 배급"과 "전과자, 급진주의자, 파괴분자, 창녀, 거리의 사람들과 사귄다"는 이유로 수배되었다. 그 포스터는 "경고: 그는 아직 자유롭게 활동하고 있음!"이라는 말로 마무리했다.[5]

예수 운동에 관한 그의 이야기에서 「타임」 기자인 리처드 호그는 예수가 예수 운동을 하는 젊은이들에게 아버지 같은 존재라고 주장했다. 그러나 그들의 예수는 아버지보다는 친구에 더 가까웠다. 이 다정한 구주는 빅토리아 시대 감상주의의 여성화된 예수에 다소 영향을 받기는 했지만 명백히 20세기 초의 남성성 부활의 산물이었다. 지저스 피플 중 보다 더 정치 성향이 강한 사람들은 예수를 사회복음의 영웅, 즉 "기존 정부를 전복시키

---

5   Julian Wagner, 'The New Rebel Cry: Jesus Is Coming!" *Time* (June 21, 1971), 56.

기" 위해 노력하는 "전문 선동가"로 묘사했다.[6] 정치 성향이 덜한 예수광들은 자신들의 영웅이 종교 제도와 싸운 것을 강조했다. 그러나 두 그룹 모두 건장한 외모의 멋진 남성에게 이러한 특질들을 투사했다. 이전 10년의 영웅들과 마찬가지로 이 히피 예수는 길들여질 수 없었다. 그는 길거리와 자신의 남성 친구들과의 우정을 즐거워했다. *HFP*의 듀안 페더슨은 "예수 그리스도는 지나치게 감상적인 성격이 아니다"라고 증언했다. "사실 그리스도는 참으로 무거운 주제들에 대해 단호하게 말한다."[7]

「타임」의 "예수 혁명" 이야기는 예수 운동에서 예수가 중심적임을 포착했다. 「타임」은 "그들을 명확하게 밝혀주는 한 가지 표시가 있다면 그것은 [예수에 대한] 전적인 신앙이다"라고 썼다. 그러나 「타임」이 그들의 영웅을 "멋지고 초자연적인 예수 그리스도, 즉 단지 2,000년 전에 살았던 멋진 남자가 아니라, 구주이면서 재판관이며 그들의 운명의 지배자인 살아계신 하나님"이라고 묘사한 것은 실수였다. 지저스 피플은 그들의 구주의 신성과 기적을 모두 긍정했다. 그리고 그들은 마지막 때의 심판관으로서의 예수의 종말론적 역할도 부정하지 않았다. 그러나 하이트의 예수는 전제적인 지배자가 아니었다. 그는 또 다른 예수 포스터가 묘사한 바와 같이 "평범한 노동자, 실업자, 방탕자들과" 교제한 평범한 사람이었다.[8]

---

6   내가 수집한 "Reward for Information Leading to the Apprehension of Jesus Christ" 포스터.

7   Duane Pederson, with Bob Owen, *Jesus People* (Glendale, Calif.: Regal Books, 1971), 31.

8   Wagner, "The New Rebel Cry," 56; "Reward" 포스터.

"슈퍼스타"와 "갓스펠"

예수 운동은 1971년에 예수광들이 「타임」과 기타 주류 매체의 주의를 끌었을 때 지하에서 밖으로 나왔다. 1971년 새해 첫날에 "미국 개신교의 교황"인 빌리 그레이엄은 캘리포니아 패서디나의 로즈 퍼레이드(Tournament of Roses Parade) 진행 요원으로 활동하다가 예수 운동의 힘을 발견했다. 행진로를 따라 가던 그는 자신이 검지로 하늘을 가리키며 그들의 구주를 외쳐 대는 젊은이들에게 둘러싸여 있는 것을 발견했다. 그들에게 선(禪), 사이언톨로지, 크리슈나 컨셔스니스, 심지어 악마숭배까지 제공되었지만 그들은 예수를 선택했다. 블랙 파워 활동가들은 주먹을 들어올렸고 반전주의자들은 평화 표지를 만들었지만, 예수광들은 "오직 한 길(One Way)"이라는 인사를 했다. 그레이엄도 같은 동작을 하며 똑같이 외쳐댔다. "오직 한 길- 예수의 길!"[9]

그해에 「룩」, 「뉴스위크」, 「라이프」, 「롤링스톤」 그리고 「유에스뉴스앤월드리포트」도 예수 운동에 대해 기사를 실었다. 「크리스천 센추리」는 예수가 "유행하고 있다"라고 선언하고 1971년을 예수의 해로 선포했다.[10] 레논의 논쟁적인 말을 회상시키는 그리스도인 록스타인 래리 노만은(그의 노래 "리더스 다이제스트"에서) 비틀즈의 소멸(그들은 1970년에 갈라섰다)과 예수가 팝 아이콘으로 부상한 데 대해 고소해 했다. 그리 멀지 않은 과거에 노만은 사람들이 예수를 멀리하는 것을 목격했다. 그러나 그는 이제 이렇게 말했다. "올해에는 예수가 슈퍼스타라네. 이보게, 존! 지금 예수보다 유명한

---

9   Billy Graham, *The Jesus Generation* (Grand Rapids, Mich.: Zondervan, 1971), 13
10 "Now That Jesus Is 'In' Again," *Christian Century* (June 23, 1971), 767.

이가 누가 있는가?"

1971년에 "지저스 크라이스트 슈퍼스타"와 "갓스펠"이라는 두 록 뮤지컬이 개막되었을 때 예수의 팝 아이콘 지위가 확인되었다. "지저스 크라이스트 슈퍼스타"가 먼저 나왔는데, 이 뮤지컬은 극장에서 공연하기에는 너무 논쟁적이어서 여론의 반응을 떠보기 위해 레코드 음반이 발매되었다. 앤드루 로이드 웨버가 곡을 붙이고 팀 라이스가 가사를 쓴 (두 사람 모두 당시에 젊은 영국인이었으며 현재는 기사[騎士]들이다) 이 음반이 「빌보드」 차트 정상에 올라서 뉴욕시 5번가 장로교회의 한 사역자가 "성부, 성령 그리고 지저스 크라이스트 슈퍼스타의 이름으로" 세례를 베풀 정도가 되었다. "성경에 반하는" 이 오페라가 "가짜 그리스도"를 설교했다는 항의에도 불구하고 (아니면 그 항의 때문에) 이 레코드는 발매 첫 해에 3백만 장이 넘게 팔려서 브로드웨이 상영은 뻔한 결론이 되었으며 「타임」은 그해에 예수를 두 번째로 커버에 등장시켰다.[11]

전형적인 1960년대풍 뮤지컬인 "헤어"(*Hair*, 1968)를 감독했던 톰 오호건이 감독한 "슈퍼스타"는 1971년 10월 개봉 당시 너무도 많은 부류의 사람들을 화나게 했고 이에 따라 개봉일 밤에 종파를 초월한 많은 사람이 이 쇼를 보려고 티켓 구입 라인에 길게 늘어섰다. 개신교인들과 가톨릭교도들은 이 쇼가 예수를 충분히 신으로 묘사하지 않았고 유다를 충분히 악마로 묘사하지 않았다고 주장했다. 유대인들은 자기들을 그리스도를 죽인 자들로 묘사한 데 대해 반대했다. 비평가들은 [공연이 끝난 뒤 관객의 박수를 받으며 배우들이 무대 위에 나오는] 커튼 콜에만 감동받았다고 보도했다.

---

11   Wagner, "The New Rebel Cry" 61; Jack Kroll, "Theater," *Newsweek* (October 25, 1971), 84.

「뉴욕 포스트」는 이 작품이 "김빠지고, 시시하며, 실제로 요점이 없다"고 평했다. 「다운비트」는 "곡은 진부하고, 가사는 유치하며, 연출은 엄청나게 저속하고, 그리스도의 수난이라는 신학 개념은 졸렬한 모방이다. 이 작품은 구제불능이다"라고 평했다. 그럼에도 이 쇼는 큰 성공을 거둬서 700회 넘는 공연 기록을 세웠다.[12]

"갓스펠"은 1971년 "지저스 크라이스트 슈퍼스타"보다 몇 달 전에 브로드웨이가 아닌 곳에서 공개되어 5년간 그곳에서 공연되었다. 그러다 1976년에 브로드웨이로 옮겨서 1년 뒤 폐막할 때까지 500회 넘게 공연되었다. "갓스펠"은 부활을 보여주어서 ("슈퍼스타"는 그러지 않았다) 예수의 신성을 긍정하는 것으로 보였으며, 유대교를 신을 죽인 것에 결부시키지 않았기 때문에 유대인들과 보수적인 그리스도인들의 분노를 일으키지 않았다. "갓스펠"은 극장 비평가들로부터도 상당히 좋은 평을 받았는데, 그것은 아마도 "갓스펠"이 "슈퍼스타"만큼 과대광고를 하지 않았기 때문이었을 것이다. 「라이프」는 이를 "극장의 기적"이라고 부르며, 부유한 "바리새" 슈퍼스타에 비하면 저예산 "갓스펠"은 "근심걱정 없는 거지"라고 덧붙였다.[13] "갓스펠"은 "스퍼스타"와 마찬가지로 뉴욕 밖에서도 공연되었는데, 수십 개 회사들이 이 쇼를 미국 전역과 해외 무대에 올렸다. 1973년에 이 두 편의 뮤지컬 히트작들이 영화로 만들어져서 지저스 크라이스트 슈퍼스타 정신을 할리우드 고향으로 되가져왔다.

흔히 1970년대의 예수 "록 오페라"라고 똑같이 취급되기는 하지만

---

12   Richard Watts, "The Passion in a Rock Beat," *New York Post* (October 13, 1971) ; Dan
       Morgenstem, "Superstar: Beyond Redemption," *Downbeat* (December 9, 1971), 앞 표지.
13   Tom Prideaux, "On This Rock, A Little Miracle," *Life* (August 4, 1972), 20.

4장   슈퍼스타   **217**

"지저스 크라이스트 슈퍼스타"와 "갓스펠" 극장 판들은 완전히 다르다. 예수의 생애 마지막 1주일만 다루는 "슈퍼스타"는 수난에 관한 작품이다. 이 쇼는 예수에 관한 것이라기보다는 흑인 유다(이 쇼의 주연)와 관능적인 막달라 마리아(그녀의 남성 편력은 그리스도의 사랑을 **필리아**에서 **에로스**로 되돌려 놓는다)가 예수에 대해 보이는 반응에 관한 것이다. 웨버와 라이스는 예수가 메시아라는 사실이 그의 재판까지 비밀로 남아 있는 마가복음에서 그들의 주제를 따왔다(대제사장이 예수에게 "네가 축복받은 자의 아들 그리스도냐?"라고 묻자, 예수는 "그렇다"라고 대답한다). "슈퍼스타"에서는 "당신은 누구요?"라고 질문하는데 예수조차도 그에 대한 답을 확신하지 못하는 것으로 보인다. 자신의 정체성을 찾아 고민하는 히피 스타일의 어느 십대 소년이 청소년만이 할 수 있는 방식으로 뽀로통하게 십자가로 나아간다. '예수가 왜 죽는가'라는 질문은 '예수는 누구인가'라는 질문만큼이나 해결되지 않는다. 그는 다른 사람들의 죄 때문이 아니라 슈퍼스타가 되려는 갈망을 포함한 자신의 악마들에 과도하게 사로잡힌 자신의 실패 때문에 십자가에 처형된 것으로 보인다. [미국의 기타리스트인] 지미 헨드릭스와 [미국의 싱어 송 라이터인] 재니스 조플린처럼 말이다.

"슈퍼스타"의 고뇌와 비교하면 "갓스펠"은 즐거움이다. 즉 "갓스펠"은 "슈퍼스타"의 우울한 경험에 비하면 기분 좋은 경험이다. 마태복음과 하비 콕스의 『바보들의 잔치』(The Feast of Fools, 1969)에 나오는 "익살꾼 그리스도"라는 장에서 영감을 얻은 "갓스펠"은 예수를 어릿광대로 묘사하고 그의 추종자들을 히피로 묘사한다. 출연진은 모두 화려한 의상을 입고 나오며, 예수는 가슴에 슈퍼맨 로고를 붙이고 이마에는 붉은 하트를 과시한다. 그의 주된 일은 왜 아무도 자기 말을 이해하지 못하는지를 생각하는 것이 아니라 하나님 나라의 좋은 소식을 나누는 것이다. 그는 일련의 매력적인 무언극, 우화, 익살들을 통해 이 일을 정력적으로 수행한다.

"갓스펠"은 "슈퍼스타"보다 경쾌하면서 또한 더 경건하다. 대본을 쓴 존 마이클 테벨락은 미국 성공회 가정에서 자랐다. 그는 피츠버그에 있는 성공회 성당의 엄격한 부활절 예배에 참석해서 예전(liturgy)에 따분해지고 (긴 머리와 남루한 옷차림으로) 사람들의 시선을 끈 뒤 이 뮤지컬에 대한 아이디어를 얻었다고 전해진다. 테벨락은 "나는 그들이 예수의 무덤에서 돌을 굴려 내는 것이 아니라 돌을 더 쌓고 있다는 느낌을 받았다"고 말했다.[14] "그래서 그는 집에 가서 "갓스펠"을 썼다. 그는 예수 이야기에 다소의 즐거움과 희망을 불어넣으려 했는데 그 쇼가 바로 그 일을 해냈다. 그 쇼는 또한 어느 정도의 구식 신학도 주입했다. "슈퍼스타"는 전통적인 기독교의 신조들을 제거하는 것을 자랑으로 여기는 듯한 반면 "갓스펠"은 책과 대본에 구식의 교리들을 짜 넣었다. 히트 송 "날마다 숨 쉬는 순간마다"(Day by Day) 등 많은 노래들이 테벨락이 고른 성공회 찬송가들에 기반을 두었다. 이 노래들은 특히 예수의 신성과 부활의 사실성을 긍정한다. "주를 찬양하라"(Bless the Lord)에 나오는 다음과 같은 구절은 대속 교리와 1960년대 젊은이 문화의 정신을 요약한다.

> 내 영혼아, 주를 찬양하라.
> 그가 네 모든 죄를 사하시며
> 네 연약한 호흡을 길게 하시고
> 네 병을 고치시는도다.

---

14   Joseph Barton, "The Godspell Story," http://www.geocities.com/Broadway/Lobby/4209/america.html.

죽음에서 너를 구원하시고

그의 사랑으로 네게 옷 입히시는도다.

그의 진리로 너를 붙드시고

네 젊음의 원기를

독수리같이 새롭게 하시는도다.[15]

"슈퍼스타"와 "갓스펠"은 예수를 다르게 그린다. 두 작품 모두 예수를 종교 제도의 위선에 반대하는 히피로 그리지만, 이 작품들은 1960년대의 상충하는 계기를 이용해서 이 이미지들을 만들어낸다. 당시의 모든 학생들이 알고 있었듯이 1960년대는 양처럼 시작해서 사자처럼 끝났다. 그 시기는 평화와 사랑과 히피족의 우드스톡이었다. 그 뒤에는 인종 폭동과 약물 과용, 베트남 전쟁의 알타몬트였다. "슈퍼스타"는 1960년대의 어두운 측면에서 성장했다. "슈퍼스타"는 십자가 처형으로 끝나며, 그곳의 예수는 제임스 딘이다. 많은 대의명분을 가지고 있지만 어느 것도 확신하지 못하는 예수는 자신의 파멸 전날 밤에 화난 젊은이처럼 무대를 활보한다. 이와 대조적으로 "갓스펠"은 1960년대의 밝은 측면의 산물이다. 이 작품의 예수가 변호사들과 바리새인들을 뱀과 독사들이라고 혹평한 것은 사실이지만 그는 이 위선자들이 그들의 응보를 받게 될 마지막 때의 심판을 고대하지 않고 "이 땅이 공평해지고/모든 백성이 하나가 되는" 날을 위해 기도한다. 그리고 나서 그는 사랑과 화합에 관해 노래하고, 햇빛과 비에 대해 하나님께 감사드리며, 돌봐주는 공동체를 즐거워한다. 그리고 그는 죽었다가 부활한다.

　"갓스펠"과 "지저스 크라이스트 슈퍼스타"의 공적들을 고려한 뒤 「크

15　Stephen Schwartz, "Bless the Lord," *Godspell*.

리스천 센추리」는 "성령이 상업 무대를 사용해 예수를 교회에서 구원하고 있을지도 모른다"라고 생각했다. 이 잡지는 뭔가 중요한 점을 얘기했다. 예수 운동의 뚜렷한 특징 중 하나는 이 운동이 교회가 매력이 없다고 생각하는 사람들의 마음에 들었다는 점이다. "갓스펠"과 "지저스 크라이스트 슈퍼스타"도 그런 역할을 했다. 스티븐 슈워츠는 "갓스펠"이 "종교에 관한 것이 아니다"라고 말했고, 앤드루 로이드 웨버는 "지저스 크라이스트 슈퍼스타"가 "드라마 작품이며, 전혀 종교 작품이 아니다"라고 주장했다. 그러나 두 사람은 너무 지나치게 말했다. 이 작품들은 그리스도인들에게는 그리스도인이 제작한 뮤지컬들이 아니었지만 그럼에도 제도 교회 밖에 예수 신앙을 선전하는 영적인 작품들이었다.[16]

예수 록음악

미국 역사에서의 이전 시기의 부흥과 마찬가지로 예수 운동은 설교와 구호 못지않게 음악을 통해 확산되었다. 19세기 후반의 도시 대부흥 기간 동안에는 성가대원 아이라 생키의 감미로운 찬송가들이 복음전도자 드와이트 무디의 설교를 위한 무대를 깔았다. 20세기 초반에는 호머 로드헤버의 전투적인 찬송가들이 빌리 선데이의 남성적인 부흥을 위한 사운드트랙을 제

---

16   H. Elliott Wright, "Jesus on Stage: A Reappraisal," *Christian Century* 89.27 (July 19, 1972), 785; Ashley Leach, "An Interview with Stephen Schwartz," http://www.geocities.com/Broadway/Lobby/4209/interview.html; Dennis Polkow, "Andrew Lloyd Webber: From Superstar to Requiem," http://www.religion-online.org/cgi-bin/relsearchd.dll/showarticle?item_id= 1011.

공했다. 이제 "지저스 크라이스트 슈퍼스타" LP들이 수백만 장 팔렸고, 주디 콜린스의 "나 같은 죄인 살리신", 오션의 "풍랑 잔잔케 하신 예수님 손잡아요", 로렌스 레이놀즈의 "예수는 영혼의 사람이다" 그리고 두비 브러더스의 "예수는 괜찮다"가 톱 40 히트곡이 되었다.

예수가 대항문화의 유명인사가 되자 많은 주류 음악가들이 끼어들었다. (당시에 인기가 있던) 팻 분은 자신의 할리우드 저택에 딸린 수영장에서 회심자들에게 한 번에 수백 명씩 세례를 주었고, 자기 스스로는 개종하지 않은 록스타들이 나름의 방식으로 예수를 찬양했다. "로빈슨 부인"(Mrs. Robinson)에서 폴 사이먼은 자신의 멋진 여주인공에게 "예수는 당신이 생각하는 것보다 당신을 더 사랑한다"라고 약속했다. "불과 비"에서 제임스 테일러는 예수에게 죽음을 직면하고 마약 중독을 이겨낼 수 있도록 도와달라고 요청했다. "헤어"(Hair)는 "예수가 길렀던 것과 같은" 장발을 칭송했다 (그리고 "할렐루야, 나는 장발을 흠모해"라고 덧붙였다). 이 팝송들 중 가장 현저한 팝송들은 1969년에 루 리드와 벨벳 언더그라운드에 의해 녹음된 좀처럼 잊을 수 없는 찬송가들이었다. 2년 전에 리드(그는 폴 사이먼처럼 유대인이었다)는 "헤로인"(Heroin)이라는 싱글 음반에서 "예수의 아들과 같은" 느낌을 노래했었다. 이제 그와 그의 그룹은 기도로 묘사되는 묵상적인 주문에서 "예수"를 노골적으로 전달했다. 리드는 예수를 12번이나 부르면서 자신이 "은혜에서 떨어져 나가고 있다"고 묘사하고, 예수께 "제 적절한 자리를 찾도록" 도와달라고 간청했다.

예수의 이름은 장발을 하고 귀에 거슬리는 음성을 가진 예수광 래리 노만과 같은 전업 예수 록 가수들의 입술에서 더 쉽게 (그리고 빈번히) 나왔다. 노만은 자기 세대의 누구보다도 복음을 로큰롤이라는 대항문화의 혼성 국제어로 잘 옮겼다. 그는 어릴 때 거듭났지만 찬송가들을 견딜 수 없어서 교회를 떠났다고 한다. 약 150년 전에 목사들의 "시체같이 차가운" 설교들 때문에 유니테리언주의를 떠났던 랠프 월도 에머슨과 같이 노만은 죽은 듯한 찬송가들 때문에 자기 교회를 떠났다(노만은 그 찬송가들을 "장송곡들"이라고 불렀다).[17] 그러나 에머슨과 달리 노만은 기독교를 거절하지 않았다. 사실 그는 예수의 이름을 확산시키는 데 자신의 삶을 바쳤다. 그가 선택한 수단은 강대상이 아니라 무대였다. 그의 콘서트는 교회에 다니지 않는 사람들을 위한 교회였다.

노만은 샌디에고 기반의 록밴드인 "피플!"(People)의 리드 싱어로 음악계에 발을 들였다. 그들의 첫 번째 음반이 발표되기도 전에 그는 그들의 캐피틀 레코드(Capitol Records) 라벨로 유명한 "창의적 차이점"을 보여주었다. 노만은 최초의 음반을 "우리는 예수를 훨씬 많이 (그리고 로큰롤을 훨씬 덜) 필요로 한다"(We Need a Whole Lot More of Jesus [And a Lot Less Rock 'n Roll])라고 불렀으며, 하나님의 아들이 자기 "백성"들 가운데 서 있는 모습을 음반 커버로 제안했다. 캐피틀 레코드는 그 제안 대신에 무난한 밴드 그림 커버와 온화한 제목인 "나는 널 사랑해"(I Love You)로 바꿔서 그 음반을 발표했다. 그 음반이 레코드 가게들에 배포되기도 전에 노만은 그 그룹과 라벨을 탈퇴했다. 스타(그리고 아마도 새로운 음악 시장)로 성장할 가능성을 알아본 캐피틀 경영진은 노만에게 돌아오라고 요청했다. 노만은 그 요청을 받아들였고, 그의 첫 번째 솔로 LP "이 반석 위에"(Upon This Rock, 1970)는 순식간에 그를 예수 음악의 밥 딜런이 되게 했다. "이 행성을 방문한 것뿐이야"(Only Visiting This Planet, 1972)가 이 예수 록음악 음반의 주제곡이었고("왜

---

17   Steve Rabey, "Age to Age," *CCM Magazine* (July 1998), http://www.ccm com.com/ Archives/fullstory_cont2.asp?Id=55.

악마가 좋은 모든 음악을 가져야 하는가?"[Why Should the Devil Have All the Good Music?]가 이 음반을 변명하는 곡이었다), 새로운 음악 장르가 태어났다.

예수 록음악은 팝의 주류 음악인들이 예수에 대해 개방적이었다는 사실뿐 아니라 복음주의자들이 대중문화에 개방적이었다는 사실로부터도 도움을 받았다. 이르게는 제2차 대각성의 부흥 때부터 복음전도자들은 중요한 대중문화의 생산자 겸 소비자였다. 미국성서공회와 미국소책자협회 같은 자원봉사단체들은 대중 매체의 도래에 도움이 되었다. 아이라 생키는 세속적인 곡에 복음적인 가사를 결합시켰다. 그 뒤에 현재 역사가들이 "거대한 반전"(Great Reversal)이라고 부르는 현상이 발생했다. 자유주의 개신교인들과 가톨릭 교인들이 사회복음을 수용하자 복음주의자들은 기독교 행동주의의 범위를 개인들의 개종으로 좁혔다. 그들은 또한 대중문화에 반대하는 태도를 취하기 시작했다. 1925년의 당황스러운 스콥스 재판 이후 복음주의자들은 근본주의자들과 마찬가지로 스스로 만든 보수적인 기독교 고치 속으로 들어갔다. 그들은 더 이상 미국 문화를 기독교화하는 데 헌신하지 않고 문화로부터 물러나기로 결심했다. 제2차 세계대전 뒤에 이 거대한 반전 자체가 뒤집어지기 시작했으며, 1960년대 말 무렵에는 그 고치에서 새로운 생물이 출현했다. "신복음주의자"라고 불린 이 생물은 사회적 행동과 (대중 매체를 포함한) 대중문화에 보다 개방적이었다. 특히 지미 카터 대통령을 통해 예수가 재기하자 「타임」과 「뉴스위크」는 1976년을 "복음 전도의 해"로 선정했으며, 1980년대에 거듭난 그리스도인들이 공적 영역으로 강력하게 진출할 수 있는 길이 준비되었다. 이는 또한 예수 록음악을 위한 무대도 마련해 주었다.

예수 록음악은 주류 록음악 축제에 참가한 "예수 진영"의 기독교 언더그라운드에서 출현했다. 1960년대 말에 오로지 이 새로운 장르만을 공연하는 예수 축제가 출현했다. 비틀즈가 마하리시 및 초월적 명상 수행과 교감하는 동안, 라디오 방송국들은 예수 록음악을 받아들여서 러브 송, 아가페, 올 세이브드 프릭 밴드 같은 그룹들을 출연시켰다. 그동안 아마추어 예수 록 가수들은 기독교 나이트 클럽들에서 기타를 퉁기며 노만의 종말론적인 "우리 모두 준비되었으면 좋겠네"(I Wish We'd All Been Ready)와 1960년대 기준을 흉내낸 "다이아몬드를 가지고 공중에 계시는 예수"(Jesus in the Sky with Diamond) 같은 히트곡들을 불렀다.

예수광들에게 문을 열고 전자 기타에 귀를 열 정도로 충분히 멋진 교회들은 예수 록음악을 위한 자리도 마련했다. 40대 목사인 척 스미스와 20대 사역자인 로니 프리스비가 목회하는 캘리포니아주 코스타 메사의 갈보리 채플은 1970년대 초반에 가장 빨리 성장하는 교회 중 하나가 되었다. 갈보리 채플의 성공 요인 중 하나는 이 교회가 오직 예수만을 강조했다는 점이다. "어느 젊은 개종자는 "왜 수천 명의 사람들이 갈보리 채플에 모이는가?"라고 물었다. "그들은 종교와 교회를 찾는 것이 아니다. 그들은 예수와 성경 그리고 사랑을 발견하고 있다."[18] 갈보리 채플에서 설교된 예수는 칼뱅의 초연한 주권자와는 전혀 달랐다. 갈보리 채플에서의 예수는 위협적인 존재가 아니라 친밀한 존재였고, 프리스비와 스미스는 마치 옛적 대학 시절의 친구에 관한 이야기들을 나누듯이 예수의 생애에 관해 얘기했다. 갈보리 채플에서 예수를 영접하고 러브 송(Love Song)이라는 그리스도인 밴드를 결성한 척 지라드는 특히 스미스의 설교에 감명을 받았다.

---

18   "Jesus Movement?" For Real (March 1971), http://www.oneway.org/ lovesong/ movement.htm.

그는 방금 전에 이야기를 시작했다. 그 이야기는 달랐다. 그것은 성경의 일부를 읽고 나서 많은 말을 하는 것과 같지 않았다. 그것은 그가 잘 아는 사람, 즉 예수 그리스도에 대한 이야기를 나누는 것 같았다. 그는 내게 내가 장차 발견할 하나님에 대해서 말하고 있지 않았다. 그는 내게 자기의 친구에 대해 말하고 있었다.[19]

친구 예수는 갈보리 채플의 음악에서도 활기를 띠었다. 스미스와 프리스비는 시편 96편의 "새 노래로 주께 찬양하라"는 명령을 따라서 그들의 예배의 많은 부분을 노래로 예수를 찬양하는 데 할애했다. 1971년에 그 교회는 자신의 사업체 '마라나타 뮤직!'(Maranatha Music!)을 창설했는데(마라나타는 아람어로 "주가 오고 있다"는 뜻이다), 마라나타 뮤직은 미국 최대의 '찬양과 경배' 음악 공급자 중 하나가 되었다. 이렇게 해서 척 스미스는 예수광들의 대부가 되었을 뿐 아니라 현대 기독교 음악(CCM)의 선조가 되었다.

좀 더 보수적인 그리스도인들은 전통주의자들이 한때 교회 오르간을 "악마의 백파이프"라고 비난했듯이 예수 록음악을 사탄의 도구라고 비난했다. 그러나 지저스 피플은 왜 록음악을 사용해서 사탄을 화나게 할 수 없는지에 대한 이유를 찾을 수 없었다. 그들은 마르틴 루터가 기독교 가사를 세속 음악에 빌려준 데 대해 사과하지 않았음을 주목했다. 따라서 음악에 관한 한 그들도 양보하려고 하지 않았다. 그들은 루터처럼 "이것이 내 입장이다. 나는 달리 행동할 수 없다"고 말했다. 그리고 그들은 기타와 드럼 스틱을 집어 들고 노래로 그들의 하나님을 찬양하는 일에 힘썼다.

---

19   Paul Baker, "Love Song," http://www.one-way.org/lovesong/baker.htm.

캘리포니아에 관한 한…

캘리포니아에서 태어난 예수 운동은 곧바로 다른 곳으로 퍼졌다. 지저스 피플이 가장 좋아하는 구절 중 하나는 마태복음 8:20의 "여우도 굴이 있고, 공중의 새도 거처가 있으되 인자는 머리 둘 곳이 없다"는 구절이었다. 많은 사람들에게 있어 이 말은 예수가 하나님을 추구하기 위해 직업과 가족을 떠나 순회하는 낙오자였음을 증명하는 말이었다. 래리 노만은 1972년에 발표한 노래인 "무법자"(The Outlaw)에서 예수의 이러한 모습을 표현했는데, 이 노래는 주인공이 "한 무리의 배우지 못한 불량배들 및 소수의 나이든 어부들과 함께 이곳저곳을" 배회하는 것으로 제시했다. 이처럼 쉬지 않는 예수는 예수광들이 따를 모범을 제시했고 그들은 실제로 그를 따랐다. 그들은 잭 케루악의 각성제 소설인 『길 위에서』(On the Road, 민음사 역간)에 나오는 광적인 주인공 딘 모리아티의 어설픈 목적과 열정을 가지고 전국을 돌아다니며 히피 예수의 좋은 소식을 전파했다.

선셋 스트립의 논쟁적인 사역자인 아서 블레싯은 이처럼 쉬지 않는 사람의 전형이었다. 지역 술집 소유자들의 민원에 대한 대응으로 히스 플레이스(His Place)를 폐쇄한 로스앤젤레스 보안관 부서와 싸우고 난 뒤 블레싯은 이에 대한 항의로 자신을 십자가에 쇠사슬로 묶고 28일간 금식했다. 블레싯은 그 항의로 새로운 장소를 얻었지만 예수 외에는 그 어느 것에도 얽매이기를 거부했다. 그는 1969년 크리스마스 날 자기의 십자가에 바퀴를 몇 개 달고 워싱턴 DC를 향해 걷기 시작했다. 그(와 그의 십자가)는 2년 뒤 세계 순례에 나서서 새 천년이 시작될 때까지 거의 모든 나라를 다녔다.

다른 예수광들의 이동 덕분에 다른 대부분의 새로운 종교 운동들이 서부로 행진한 반면 예수 운동은 동부로 힘차게 옮겨갔다. 복음 전도자들과 록음악가들 그리고 수천 명의 사람들이 계속 옮겨감에 따라 예수 운동은 시애틀, 밀워키, 시카고, 아틀랜타, 게인즈빌로 옮겨갔다. 예수 운동은 국경을 넘어 몬트리올로 번졌고, 바다 건너 유럽과 호주로도 옮겨갔다. 머지않아 지저스 피플은 스포캔의 「트루스」, 뱅쿠버의 「마라나타」, 밀워키의 「스트리트 레벨」, 뉴저지주 체리 힐의 「더 익투스」(The Ichthus) 등 북미 전역에서 수십 개의 신문들을 발행했다.

예수 운동을 톰 울프 및 다른 "미 디케이드"(Me Decade) 비평가들의 눈을 통해 보려는 유혹, 즉 지저스 피플이 예수께 집착할 뿐 아니라 자아에 집착한다고 보려는 유혹을 받기 쉽다. 그러나 이러한 비판은 1830년대 이후 보이지 않았던 공동체 생활 탐닉 선동에 도움을 주었던 예수 운동의 강력한 집단정신을 무시한다. 1960년대와 1970년대의 생활 공동체를 연구한 역사가인 티모시 밀러는 미국은 수만 개의 생활 공동체 그룹의 발상지였을 가능성이 있으며, 그중 수천 개가 예수 운동과 연결되어 있을 것으로 추정한다.[20] 대부분의 예수 운동 실험들은 몇 년 안에, 또는 심지어 몇 달 안에 완전히 실패했지만 일부는 영속적인 조직으로 발전했다. 1968년에 척 스미스 및 로니 프리스비와 함께 기적의 집(House of Miracles)을 시작한 존 히긴스는 1969년 오리건주 유진에 실로(Shiloh)라는 공동체를 세웠다. 그는 그곳에서 남과 동으로 확장해서 실로 청년부흥센터(Shiloh Youth Revival Centers)라는 우산 아래 30개 주에 전초기지를 세웠다. 지저스 피플 USA(JPUSA)는 젊은이들이 모이는 곳이면 어디든 부흥을 일으키려는 의도로 1970년대 초에 예수광들의 여행단으로 시작했다. 그들은 1970년대

20   Timothy Miller, *The 60s Communes: Hippies and Beyond* (Syracuse, N.Y.: Syracuse University Press, 1999), xviii, 94.

중반에 예수 버스를 팔고 시카고를 기반으로 한 공동체에 정착했다. 현재 JPUSA는 「코너스톤」(Cornerstone)이라는 잡지를 발행하고 있는데, 이 잡지는 약 35,000부가 유통되고 있다. 실로는 여름마다 일리노이주에서 개최되는 유명한 기독교 음악 축제를 후원한다.

　예수 운동은 좀 더 위험한 방향으로도 옮겨가서 비평가들에게 파괴적인 "광신 집단"(cults)이라고 비난 받는 권위주의적인 그룹을 낳았다. 가장 악명 높은 그룹은 "모세" 데이비드 버그가 이끄는 하나님의 자녀(Children of God; COG)였는데, 그들은 라이트 클럽(Light Club)이라는 헌팅턴 비치의 커피숍에서 시작했다. COG의 공격적인 개종 전술로 인해 미디어가 자세히 조사하고 지역 당국과 마찰이 빚어짐에 따라 이 그룹은 계속 도망다녔다. 버그가 런던에 살고 있을 때인 1971년에는 '우리의 자녀를 하나님의 자녀로부터 해방시키자'(Free our children from the Children of God; FREECOG)라는 단체가 결성되었는데, 이 단체는 세뇌당한 것으로 생각되는 가족구성원들을 "고정관념으로부터 해방시키는 일"에 헌신했다. "네 이웃을 사랑하라"는 성경의 명령을 "섹스를 사람을 모으는 기법으로 사용하라"는 명령으로 해석하는 일련의 성경에 준하는 "모 서신들"(Mo Letters)이 나온 뒤(이는 "추잡한 낚시로 불렸다) FREECOG는 자기들의 COG 죄 목록에 영적 매춘을 추가했다. 그럼에도 불구하고 이 그룹은 수십 개 국가에 전파되었다. 현재는 '더 패밀리'(The Family, 그 가족)로 알려진 이 그룹은 버그가 1994년에 사망한 뒤에도 살아남았지만 번성하지는 못했다.

　예수 운동이 할리우드와 하이트 밖으로 옮겨감에 따라 이 운동은 인구 통계적으로도 기반을 넓혔다. 이 운동은 핵심 구성원이었던 이전의 심각한 마약 중독자 출신 예수 신자들 외에 개신교와 가톨릭 가정 출신의 중산층 젊은이들도 끌어들였다. 이들 중 일부는 예수광 역할을 완벽하게 해냈다. 그들은 장발과 낡은 성경을 자랑하며 보수적인 자기 부모들과 대항 문화적인 급진주의자들 사이의 중도노선을 취했다. 보수적인 젊은 신자들, 즉 은사적 부흥에 적극적인 가톨릭 청년들과 CCC, IVF(InterVarsity Christian Fellowship) 같은 초교파 대학생 단체들은 아서 블레싯 및 로니 프리스비와는 다른 노선을 취하는 또 다른 그룹들이었다. 이 운동도 유대인 선교회 (Jews for Jesus)와 같은 선교단체들 덕분에 유대인들을 끌어들였다. 예수 운동은 대개 장발의 괴짜들과 관련이 있었지만 이 운동은 실제로 보수적인 많은 신자들을 끌어 모았다(그리고 그들에게 영향을 주었다). 이 괴짜들은 많이 인용되는 히피 말투와 기념이 될 만한 사진을 찍기 위한 화려한 의상 때문에 주의를 끌었다.

"필요한 건 예수뿐"

예수 운동의 성공은 비판을 불러왔는데 1970년대 초에 다양한 비평가들이 이에 가세했다. 일부 지저스 피플은 자기 친구들이 주님을 너무 자유롭게 대하는 데 반대했다. 캘리포니아의 노스 레돈도 비치의 히피들을 대상으로 사역한 브렉 스티븐스는 예수에 관한 모든 히피의 말투는 "그리스도를 세상 수준으로 낮춘다. 예수는 재즈 팬이 아니다. 그는 히피가 아니다. 하나님은 끝내 주는 분이 아니다"라고 말했다.[21] 스티븐스는 초기 교회는 결코 음악을 사용해서 복음을 전하지 않았다는 이론에 입각하여 예수 록음악에 반대했다. 아웃사이더들은 일반적으로 부흥에 대한 유서 깊은 비판을 반복

---

21   Enroth et al., *The Jesus People*, 98.

했다. 일부는 지저스 피플의 경건은 너무 감정적이고 경험적이라고 주장했다. 또 다른 사람들은 그들의 개인 개종 강조는 복음의 사회적 측면을 훼손한다고 주장했다. 가장 흔한 반대는 지저스 피플이 신학적으로 천박하다는, 즉 이 운동은 예수에 대한 경험에 초점을 맞추다 보니 성경과 교리라는 진리에서 멀어졌다는 것이었다.

지저스 피플 자체가 너무 다양해서 이러한 비판에 대해 판단하기는 어렵다. 예수 운동은 한 번도 만개(滿開)한 적이 없었다. 또는 운동이었다 해도 그것은 아마도 예수 외에는 선장이 없으며 키가 없는 배들의 소함대로 구성된 발작적인 운동이었다. 많은 사람들이 지저스 피플을 천년주의적이고 종말론적이라고 묘사했다. 50개 언어로 약 3,500만 부가 팔린 할 린지의 『대유성 지구의 종말』(The Late Great Planet Earth)의 엄청난 판매는 최소한 사람들이 만유의 종말 예언에 엄청난 관심을 기울이고 있었음을 시사한다. 그러나 많은 지저스 피플은 예수에 취하느라 너무 바빠서 베트남 전쟁, 우드스톡 페스티벌, 또는 아랍-이스라엘의 6일 전쟁을 마지막 때의 표지로 읽을 여유가 없었음을 알아야 한다. 할 린지의 J. C. 라이트 앤드 파워 하우스(J. C. Light and Power House)는 UCLA 학생들이 재림에 대한 기대 때문에 학교를 중퇴하는 것을 말렸다. 아서 블레싯의 길거리 설교들은 천년왕국론과는 동떨어졌다.

예수 운동의 또 다른 특징은 방언 또는 보다 넓게는 신약 성서의 사도행전에 묘사된 성령의 영적 은사의 시행이라고 말해진다. 오순절파와 은사주의자들은 복음주의자들과 마찬가지로 개종을 강조하지만 그들은 대개 방언으로 나타나는 성령의 두 번째 축복도 믿는다. 복음주의자들은 대개 사도행전에 묘사된 성령의 은사들은 사도 시대와 함께 끝났다고 믿지만, 오순절파와 은사주의자들은 이 은사들이 오늘날의 그리스도인들에게도 주어진다고 주장한다. 지저스 피플의 다수가 은사주의자였지만, 이 운동은 여기서도 나뉘었다. 어떤 이들은 방언과 영적 치유 같은 영적 은사들을 열렬히 포용했다. 잭 스파크스의 기독교세계해방전선과 같은 이들은 그렇지 않았다. 많은 이들은 중도 노선을 택해서 자신의 공동체에서 은사를 실천하도록 허용하는 반면 방언을 말하지 않는 그리스도인들은 2류 시민이라는 견해에 반대하는 엄격한 선을 그었다. 이 중도 노선은 갈보리 채플에까지 이어졌는데 그곳에서 척 스미스는 (고린도전서 13장에 따라서) 가장 큰 영적 은사는 사랑이라고 주장했다.

지저스 피플이 지복천년설이나 방언으로 말하기와 연합하지는 않았지만 그들은 약간의 핵심적인 경향을 공유했다. 종교보다 영성을 선호하는 것이 그중 하나였다. 예수를 사랑하는 다른 많은 사람들과 마찬가지로 지저스 피플은 기독교 록 가수인 키스 그린이 "교회의 기독교"(Churchianity)라고 부른 것에 대해 적대적이었다. 예수 운동 개척자들이 지역 교회 목사들로부터 재정 지원을 받은 경우가 많았지만 그들은 계속해서 자신들과 전통적인 교회들 사이에 분명한 선을 그었다. 그들은 이전의 많은 미국인들처럼, 제도 교회의 거짓된 기독교와 자신들이 상상한 참된 기독교를 구분했다. 전통적인 그리스도인들은 전혀 그리스도인이 아니라고 주장하는 사람까지 있었다. 유니테리언주의 설교를 비웃었던 에머슨이나 혹은 아이젠하워 시대 미국인의 일반적인 "믿음에 대한 믿음"을 조롱했던 케루악과 같이 지저스 피플은 필사적으로 하나님을 경험하려고 했지만 그들은 미국의 중산층 교회들과 회당들에서 하나님을 발견할 수 없었다. 유사한 갈망으로 에머슨은 힌두교를 탐색했고 케루악은 불교를 시험해보았지만 지저스 피플은 자기들의 영적 고향인 기독교에 가까이 머무르면서 자신의 뒤뜰에서 영적 다이아몬드를 찾으려 했다.

복음 전도에 대한 헌신도 예수 운동의 특징이었다. 1960년대 말과 1970년대 초에 예수광들이 된 베이비붐 세대들은 누구도 모태신앙을 갖지 않았다. 그들은 모두 그리스도인 커피숍과 예수 록콘서트 그리고 길거리에서 공격적인 전도를 통해 그렇게 만들어졌다. 대위임령(마 28:18에서 부활한 그리스도가 "그러므로 가서 모든 민족들을 제자 삼으라"고 한 명령)에 자극된 지저스 피플은 우드스톡 국민을 그리스도인으로 만들고자 했다. 그러나 그들은 개종자들에게 머리를 자르고 정장을 입고 넥타이를 매라고 요구하지 않았다. 전도 대상자들이 민감성을 보이기 전에 "전도 대상자들을 이해하는" 태도는 멋이 있었으며 그들은 실제로 새로 그리스도인이 된 히피들에게 그들과 같은 사람들을 더 많이 개종시키기 위해 계속 히피처럼 옷을 입으라고 권고했다. 바울이 선교하던 때 이래로 기독교 선교사들은 그리스도와 문명을 설교해야 하는지 아니면 그리스도만 설교해야 하는지 논쟁을 벌였다. 이방인 개종자들이 할례를 받을 필요가 있는가? 미국인 개종자들은 주류 미국인들처럼 옷을 입을 필요가 있는가? 선교 이론을 둘러싼 이 논쟁에서 지저스 피플은 확고하게 예수만 필요하다는 입장을 취했다.

이러한 신학에 비추어볼 때 지저스 피플이 철저하게 예수 중심적이었다고 해도 놀라운 일이 아니다. 대부분은 성경의 진리를 긍정했으며, 1972년과 1973년의 논픽션 부문 베스트셀러인 『더 리빙 바이블』(*The Living Bible*, 1971. 『섹스의 즐거움』[*The Joy of Sex*]보다 더 많이 팔렸다)과 같은 히피 번역물이 예수 세트의 도처에 존재했다. 그러나 여기서는 '예수만으로'가 '성경만으로'보다 더 강력한 표어였다. 지저스 피플은 그들의 종교개혁 선조들과 마찬가지로 표어를 만드는 재주가 있었는데 그들의 거의 모든 표어들("예수가 마리화나보다 낫다", "예수에 중독되어", "예수 혁명에 가담하라")은 예수를 전면과 중심에 두었다. 그들의 복음은 세 단어("예수는 당신을 사랑하신다")

나 두 단어("예수가 구원하신다"), 또는 심지어 한 단어("예수")로 요약될 수 있었다. 비틀즈는 "필요한 건 사랑뿐"(All You Need Is Love)이라고 노래했지만, 지저스 피플은 "필요한 건 예수뿐"이라고 말했다. 문제가 마약이든, 동성애든, 따분함이든 예수가 그에 대한 해답이었다. 전쟁이나 인종주의가 우려인 경우에도 예수가 답이었다. *HFP*에 실린 한 기사는 이처럼 예수 경험하기를 강조하는 데 대한 전형이다.

우리는 긍정적 사고에 대해 떠들거나 종교 게임을 하지 않는다. 그것들은 마약에 취하는 것만큼이나 가짜다. 우리는 한 인물, 즉 예수 그리스도에 대해 말한다. 만약 그분을 파고들면(즉 그분에 의지하여 그분과 머리를 맞대고 의논하면) 깜짝 놀라게 될 것이다. 그분은 당신을 영적으로 영원히 고양시킬 것이다.[22]

갓스톡

예수 운동은 예수가 브로드웨이의 슈퍼스타가 된 시기에 정점에 도달한 듯하다. 1972년 여름 엑스플로 72라는 대규모 예수 축제에서 약 8만 명의 젊은이들이 댈러스에 있는 커튼 보울에 모여 1주일간 노래하고 설교를 들었다. 장로교 신도인 헨리 루스에 의해 설립되어 그의 영적 관심에 의해 계속 활기를 띤 「라이프」는 「타임」처럼 6월 30일자 커버스토리에서 이 행사를 "예수라는 인물에 초점을 맞춘 감정적 황홀감"이라고 묘사했다. 『예

---

22   Ibid., 76.

수 세대』(*The Jesus Generation*, 1971)에서 예수 운동을 축복했던 빌리 그레이엄은 엑스플로 72를 "종교적 우드스톡"이라고 칭찬했다. 다른 사람들은 이를 "우드스톡"이라고 줄여서 말했다. 이 모임을 조율한, CCC 창시자인 빌 브라이트는 덜 알려졌다. 엑스플로 72가 오순절 이후 가장 중요한 기독교 사건이라고 확신한 그는 1976년까지 모든 나라가 복음화될 것이라고 예언했다. 그러나 브라이트가 복음화 쓰나미의 시작으로 보았던 것이 지금은 1967년에 캘리포니아를 휩쓸고 "지저스 크라이스트 슈퍼스타"와 "갓스펠"이 브로드웨이를 강타한 직후 거품이 빠진 예수 물결 동진의 정점이었던 것으로 보인다.[23]

　"댈러스의 대규모 예수 집회"에 관한 「라이프」 커버스토리는 전국적인 정기 간행물에서 예수 운동에 대해 다룬 마지막 주요 기사 중 하나였다. 1973년이 되자 「이터너티」(Eternity)는 "지저스 피플은 모두 어디로 갔는가?"라고 의아해했다. 2년 뒤 「크리스채너티 투데이」는 "예수 운동에 무슨 일이 일어났는가?"라고 물었다. 간단한 대답은 파티가 끝났고 흥청대던 사람들이 집에 갔다는 것이었다. 1970년대가 진전됨에 따라 샌프란시스코나 할리우드에서 예수를 발견했던 구도자 중 일부는 통일교나 크리슈나파로 옮겨갔고 그다음에는 에르하르트식 세미나 훈련(est) 또는 신의 빛 선교회(Divine Light Mission)로 옮겨갔다. 아예 종교를 떠난 사람들도 있었다. 래리 노만은 한때 예수 운동이 "빙하와 같다. 예수 운동은 성장하고 있으며 이를 막을 것이 없다"고 자랑했다. 1970년대 중반이 되자 그 빙하가 녹은

23　"The Explo Story," *Life* (June 30, 1972), http://oneway.org/jesus movement/explo/explo1.htm.

것 같았다.[24]

오늘날에는 1960년대의 예수 운동을 보편적으로 골동품, 즉 히피와 광장의 익살스러운 결합이라고 본다. 그러나 지저스 피플을 부적절한 괴짜로 보면 실수하는 것이다. 예수 운동은 미국 개신교로부터의 이탈이 아니라 미국 개신교 핵심 추세의 정점을 대표한다. 테드 와이즈가 최초로 예수라는 말로 인사하고, 듀안 페더슨이 "오직 한 길"(One Way)이라는 인사말을 하기 오래 전에 복음주의자들과 자유주의자들 모두 기독교를 예수 신앙으로 변화시키고 있었다. 예수 운동이 빙하였다면 그 빙하는 앞 시대의 미국인들로부터 주워 모은 파편들, 즉 그들의 구주의 인간성에 대한 강조, "교회 기독교"보다 예수 기독교에 대한 선호, 그리고 무엇보다 그리스도인이 된다는 것은 신조를 암송하는 것이 아니라 예수와 동행하는 것이라는 확신을 운반했다. 그리고 그 빙하가 녹자 미국에 넓은 퇴적물 자국을 남겼다.

대항문화 자체와 마찬가지로 예수 운동은 주류 미국 사회에서 살아간다. 1970년대 초에 생활 공동체와 커피숍을 떠났던 많은 지저스 피플은 머리를 자르고 정착해서 가정을 꾸릴 때 예수를 데려갔다. 일부는 젊을 때 다니던 교회와 회당으로 돌아갔다. 잭 스파크스는 1975년에 한 무리의 기독교세계해방전선 회원들을 동방 정교회로 이끌었다. 다른 예수광들은 1970년대에 전국적으로 생겨난 초교파 교회들에 정착했다. 그러나 예수 운동의 영향은 할리우드의 히스 플레이스(His Place)에서 그들이 소지하고 있던 마약을 변기에 버린 개인들이나 엑스플로 72에서 러브 송(Love Song)에 맞춰 춤췄던 개인들을 훨씬 넘어섰다. 예수 열풍 기간 동안 예수에 도취했

---

24   Edward E. Plowman, "Whatever Happened to the Jesus Movement?" *Christianity Today* 20.2 (October 24, 1975), 46-48; Rebecca M. White, "The Jesus Movement," http://webbhelper.com/jp/library/beckywhite/article.html.

던 많은 사람들이 CCC나 IVF 같은 초교파 단체들에 활력을 불어넣었는데 이 단체들은 1970년대에 크게 성장했다. 그리고 복음주의, 오순절파, 은사 운동이 1970년대에 퇴조하자 이전의 지저스 피플이 신도석과 강단을 점령 했다.

예수 운동은 또한 기독교 소매업도 활성화했다. 미국인들은 19세기 초 이후 예수와 관련된 상품들을 팔아 왔지만 예수 운동이 기독교 소매업 을 주요 산업으로 바꿨고, 이 산업은 현재 40억 달러가 넘는 연 매출액을 올리고 있다. 기독교 서점들은 1950년대에 최초로 등장했지만 1960년대와 1970년대에 번창했다. 기독교 서점이 다루는 상품들도 성경에서 다른 책들 로 확대되고 이어서 레코드 음반, 포스터, 단추, 티셔츠, 붙이는 파스, 범퍼 스티커, 취미로 수집하는 물건들로까지 확대되었다. 예수는 단지 국가의 아 이콘만이 아니라 수익성이 좋은 브랜드가 되었고, 그의 이름과 초상이 다 양한 장비들을 장식했다.

지저스 크라이스트 슈퍼스타 교회들

아마도 초교파 초대형 교회들이 예수 운동의 가장 중요한 제도적 유산일 것이다. 많은 초기 지저스 피플 회원들이 제도 교회에 반대했다는 점에 비 추어 볼 때 이 영향은 역설적이다. 그러나 초대형 교회들은 예수 운동이라 는 그들의 뿌리를 유지해서 자신을 기독교 세계의 청량음료, 즉 교회에 속 하지 않은(unchurchly), 거대 교파의 관료주의에 대한 대안으로 선전했다. 도 날드 밀러는 이러한 "구도자들에 민감한" 또는 "새로운 패러다임" 교회 들의 놀라운 부상(浮上)을 "제2의 종교개혁"에 필적한다고 묘사한다. 그는

16세기의 종교 개혁은 행위보다 믿음을, 그리고 전통보다 성경을 강조했지만 이번 개혁은 교리보다 경험을, 신학보다 감정을, 그리고 종교보다 영성을 강조한다고 주장한다. "새로운 패러다임" 교회들은 구식 찬송가들과 구식 예전(liturgy)을 사용하는 대신 현대식 노래들을 부르고 새로운 방식으로 하나님을 예배했다. 이러한 방향 각각에 대해 100년이 넘는 선례가 있음에 비추어 볼 때 여기서 개혁이라는 용어가 적절하지 않을 수도 있다. 그러나 초대형 교회들이 들여온 이 결합은 확실히 효과가 있었다. 주류 교회의 신도들은 감소했지만 이 교회들은 호황을 누렸으며 신도 수가 수천 명씩 늘어나는 곳도 많았다.[25]

테드 와이즈와 엘리자베스 와이즈 부부 같은 거리의 사역자들 및 래리 노만과 러브 송 콘서트와 마찬가지로 지저스 크라이스트 슈퍼스타 교회들은 교회에 다니지 않는 사람들에 대한 전도에 초점을 맞췄다. 이처럼 전도를 강조한 점에 비추어볼 때 그들의 회중이 이전의 부흥주의자들과 공통점이 많은 것도 놀랄 일이 아니다. 네이션 해치는 19세기 제2차 대각성의 정신을 대중주의자라고 묘사했다. "점점 더 자기주장이 강해진 일반인들은 자신의 지도자들이 잘난 체하지 않고, 교리는 명백하고 실제적이며, 음악은 활기 있고 부르기 쉽고, 교회가 그 지역 거주인들의 손에 맡겨지기를 원했다."[26] 이 새로운 패러다임 교회들도 마찬가지였는데 그들은 이러한 대중주의자의 욕망에 자기 세대의 관심사를 추가했다. 구도자에 민감한 교회들에서는 비공식성이 위계질서보다 중요하게 여겨졌고 사역자들을 성으

---

25   Donald E. Miller, Reinventing American Protestantism: Christianity in the New Millennium (Berkeley: University of California Press, 1997), 1-2.

26   Hatch, *Democratization*, 4-5.

로 부르지 않고 이름으로 불렀으며 모든 사람들이 간편 복장을 했다. 건축학적으로는 이런 교회들은 공개된 넓은 공간과 빛으로 가득 찬 쇼핑몰들을 모방해서 종교적이라기보다는 세속적으로 보였다. 예배에서는 정교한 음향 시스템으로 현대 음악이 연주되었는데 흔히 대형 스크린에 가사가 띄워져서 새로 나온 사람들이 노래를 부르기(그리고 손을 들어올리기)가 쉬웠다. 설교는 성경에 기초하기는 했지만 흔히 예배의 절반을 넘게 차지하는 노래 시간에 비하면 아주 짧았다. 설교들은 대개 복음을 전하는 요소만큼 오락적인 요소가 있었고 긍정적인 면을 강조했다. 조너선 에드워즈의 악명 높은 불과 유황 설교의 독은 없었다. 회중들에게 정확한 교리보다는 진정한 관계를 제공하는 데 초점을 맞춘 이들 긍정적인 목사들의 입에서는 "화가 난 하나님의 수중에 있는 죄인들"이라는 말이 나오지 않았다. 그들은 "종교가 아니라 관계입니다"라고 말한다. 회중은 친절한 하나님의 수중에 있는 죄인들이다.

갈보리 채플은 영향력 있는 "새로운 패러다임 교회" 중 하나다. 예수 운동에서 출현한 교회 중 가장 역동적이고 오래 지속되는 조직인 갈보리 채플은 척 스미스가 1965년에 캘리포니아주 코스타 메사의 회중 25명의 청빙을 받아들였을 때 시작되었다. 스미스는 당시에 40대였는데 1960년대 기준으로는 그는 퇴물이었다. 히피들이 그의 주변에 몰려들기 시작했을 때 스미스는 그들을 욕조에 처넣은 뒤에 이발소로 데려가고 싶었지만 그의 3명의 10대 자녀들이 스미스에게 싹트고 있는 젊은이 문화에 공감하도록 도움을 주었다. 머지않아 스미스의 태평양 세례는 거리의 그리스도인들을 수백 명씩 만들어냈다. 비유에 나오는 겨자씨와 같이, 그의 소박한 교회는 600개가 넘는 교회들(이들 중 많은 교회들은 스미스가 예수께로 이끈 사람들이 이끌고 있다)과 각각 하나의 성서 대학, 기독교 학교, 라디오 방송국을 낳았다. 대부분의 초대형 교회들이 초교파를 강조하는 것과 같은 맥락에서 갈보리 채플은 교파를 형성하지 않았다.

19세기의 감상적인 개신교인들이 신학을 스토리텔링과 바꿨다고 비난받았듯이 구도자에 민감한 교회들은 교리를 희생시키면서 경험을 강조하고, 성경을 해치면서 음악을 강조한다고 비난받았다. 스미스가 1960년대의 실험에 뿌리를 둔 것과 궤를 같이해서 갈보리 채플은 머리보다 가슴을 강조한다. 갈보리 채플의 형제 교회들은 음악이 그들의 사역에 중심적이라고 보았다. 그럼에도 불구하고 이 연합체는 구성원들이 성경을 알고 신조 면에서 정확성을 기하도록 열심히 노력했다. 갈보리 채플 예배의 특징 중 하나는 성경을 구식으로 절별로 설명하는 것이었다. 척 스미스의 웹 사이트에 게시된 설교들은 성경책으로만 이름이 붙여졌다. 스미스는 이 설교들에서 청중에게 한 번에 한두 장을 택해서 텍스트의 의미를 한 줄 한 줄 설명했다. 예배자들로 하여금 성령의 힘보다는 예수의 사랑에 초점을 맞추도록 하기 위해서 갈보리 채플 회중은 카리스마적 은사와 이 은사들에 수반하는 걷잡을 수 없는 감정주의를 경시했다. 스미스는 에이미 셈플 맥퍼슨이 시작한 오순절파 소속 국제 포스퀘어 복음교회(International Church of the Foursquare Gospel)에서 자랐는데, 그는 그곳에서 영적 은사가 회중들을 분열시킬 수 있음을 배웠다. 척 스미스는 『카리스마 대 카리스마 매니아』(*Charisma vs. Charismania*, 1982)에서 독자들에게 그들 자신과 하나님 사이에 개인적으로 방언을 계속 하라고 격려했다.

애너하임에 기반을 둔 빈야드교회연합(Association of Vineyard Churches)도 예수 운동에서 나왔다. 이 연합은 켄 걸릭슨이 시작했는데, 그는 척 스미스에 의해 임명되었으며 로스앤젤레스에서 (교회 개척과 그리스도인 추수에 대한 관심 때문에) 빈야드라는 자매 교회를 시작했다. 이전에 스미스와 프리스비가 성령의 은사의 적절한 사용에 관해 충돌했던 것처럼 스미스와 걸릭슨도 곧 다투게 되었다. 스미스는 영적 은사들을 경시한 반면 걸릭슨은 은사들을 환영했다. 그는 예언과 치유를 포함한 모든 범위의 영적 은사들이 모든 교회에 나타나야 한다고 믿었다. 그래서 걸릭슨은 스스로 교회를 차렸다. 그의 교회가 커지고 그의 "표적과 기사" 신학이 퍼짐에 따라 그는 스미스의 본을 따라 빈야드라는 이름 아래 자매 교회들을 분리시켰다. 1982년에 걸릭슨은 비슷한 이유로 그 운동을 떠난 갈보리 채플 사역자(그리고 이전의 라이처스 브러더스[Righteous Brothers] 건반 악기 주자인) 존 윔버와 결합했다. 걸릭슨은 윔버에게 너무도 좋은 인상을 받아서 그에게 빈야드 교회 운영을 모두 넘겨주었다.

1990년대 중반 토론토 공항 빈야드 펠로우십에서 "표적과 기사" 목록에 먼저 "거룩한 웃음"을 그리고 머지않아 치아 충전재가 기적적으로 금으로 변한 사건을 포함시킨 뒤 빈야드 운동은 비난의 표적이 되었다. 이를 믿는 사람들은 하나님이 [유럽의 동화에서 짚으로 금을 만드는 요정인] 룸펠스틸스킨 역할을 한다는 근거 텍스트들을 갖고 있었다. (시편 81:10은 "네 입을 크게 열라, 그러면 내가 채우리라"고 약속하지 않는가?) 그러나 대부분의 복음주의자들은 이에 대해 납득하지 않고 빈야드에서의 기적과 성령이 만연하여 그들이 성경과 예수 그리스도로부터 떠나게 되었다고 주장했다. 최근에 이 그룹은 카리스마적 은사에 관한 입장을 완화했다. 현재 신앙에 대한 이 그룹의 진술은 "보여지는 순결과 성품이 카리스마와 수사적 기술만큼 가치 있게 여겨지는" 교회를 강화하기에 대해 말하고 있다.[27]

---

27   Vineyard USA, "The Columbus Accords," http://www.vineyardusa.org/about/history/columbus_accords.htm.

현재 전 세계적으로 850개가 넘는 빈야드 교회들이 활동하고 있다. 느슨하게 연결된 갈보리 채플 회중들과는 달리 빈야드 교회 회중들은 공식적인 교파가 되었다. 빈야드 교회 연합은 회원 회중들 외에도 "찬양과 경배" 음악에 특화된 빈야드 뮤직이라는 비영리 기관을 거느리고 있다.

빈야드와 갈보리 채플이 오로지 예수께만 초점을 맞췄다는 점이 사람을 모은 비결 중 하나다. '예수는 살아계신다', '내 마음은 예수께 속해 있다', '예수께서 타고 계신다', '예수여, 제게 빛을 비추소서!'와 같은 갈보리 채플 주차장의 범퍼 스티커들은 이러한 예수 중심주의를 보여준다. 그러나 이 예수는 결코 홀로 존재하지 않는다. 그는 항상 관계를 맺고 그리스도인 친구와 동행하고 있다. 코스타 메사 갈보리 채플의 한 예배에서 리드 기타 연주자인 도널드 밀러는 다음과 같이 선언했다. "우리는 지금 이 밤에 종교에 관해 노래하고 있는 것이 아닙니다. 우리는 예수님과의 관계에 대해 말하고 있습니다." 1970년대 초에 캘리포니아 리버사이드의 작은 교회를 물려받아서 15,000명이 모이는 교회로 성장시킨 (현재 이 교회는 하비스트 크리스천 펠로우십[Harvest Christian Fellowship]으로 불린다) 이전의 예수광 그렉 로리도 이 정서를 반영한다. 그는 "답은 종교가 아닙니다. 그것은 예수님과의 관계입니다"라고 말했다.[28]

빈야드 교회 지도자들도 예수를 알아야 한다고 주장한다. 빈야드의 한 사역자는 이렇게 말한다. "사도들은 신학을 알지 못했다. 그들은 예수만 알았다."[29] 그러나 그들이 아는 예수는 누구인가? 예수는 히피가 아닌

---

28 Randall Balmer, *Mine Eyes Have Seen the Glory: A Journey into the Evangelical Subculture in America*, 증보판, (New York: Oxford University Press, 1993), 12-13; Miller, *Reinventing American Protestantism*, 29, 30.

29 Ibid., 128

듯하다. 사실 그는 시각적으로 히피와는 딴판이다. 예수 그리스도 후기성
도교회의 사원들과 마찬가지로, 새로운 패러다임 교회들은 대개 십자가를
피한다. 갈보리 채플에서는 (성령의 이미지인) 비둘기가 주요 아이콘으로 십
자가를 대체했다. 개신교 교회들은 수백 년 전에 가톨릭의 십자가상을 빈
십자가로 바꿨을 때 이러한 예수 말소를 시작했다. 이제 갈보리 채플과 같
이 구도자들에 민감한 교회들은 십자가를 완전히 제거함으로써 한 걸음 더
나아갔다. 역사적 예수를 전혀 본 적이 없던 사도 바울과 마찬가지로 이 회
중들은 오직 살아 있는 그리스도만 경험했다. 십자가를 중심으로 자기의
신학을 구축했던 바울과 달리 그들은 십자가 처형보다 부활에, 고난보다
승리에 훨씬 더 관심이 있는 것으로 보인다. 이러한 시각적 표지의 이동이
예수를 경시하는 것으로 보일 수도 있지만 그 효과가 반드시 삼위일체의
한 존재를 다른 존재로 바꾸는 것은 아닐 수도 있다. 사실 십자가를 제거하
면 예수가 특정 장소에만 묶여 있는 대신 모든 장소에 존재할 수 있게 되어
서 각각의 신자의 필요에 따라 그들의 마음에 거주할 수도 있다.

여기서 영지주의에 대해 어느 정도 알아보고 싶을 것이다. 육체에서
분리되고 역사성이 제거된 이 교회들의 눈에 잘 띄지 않는 예수는 신자들
의 느낌, 경험, 욕구의 대상으로서 마음속에만 존재하는 듯하다. 그러나 빈
야드 교회와 갈보리 채플의 예수를 1세기의 영지주의보다는 21세기의 베
이비붐 세대에 가깝다고 보는 것이 더 정확할 수도 있다. *HFP*가 히피들
의 방언에 익숙했던 것처럼 스미스와 웜버는 베이비붐 세대의 언어에 유창
했다. 그들이 설교하는 예수는 단지 신자들에게만 민감한 것이 아니라 베
이비붐 세대에도 민감하다. 이 예수는 조직화된 종교를 의심하는 회의적인
세대에게 멤버십이 아니라 우정을 제공한다. 이 예수는 교리에 회의적인
세대에게 경험을 강조한다. 그는 자신에게 집착하는 세대에게 구원뿐 아

니라 자아실현을 제공한다. 이는 "그들이 생명을 얻게 하고 더 풍성히 얻게 하기" 위해서 오는 요한복음 10:10의 (그리고 브루스 바튼의 『미지의 인물』의) 경쾌한 예수다. 그리고 그 풍성한 생명은 가까운 장래가 아니라 지금 여기서 시작한다.

현대 기독교 음악

예수 운동의 또 다른 중요한 유산 중 하나는 현대 기독교 음악(Contemporary Christian Music, CCM)이다. 미국에서는 전도, 오락 그리고 경제가 최소한 제2차 대각성 이후 조용한 파트너가 되었다. 따라서 예수 록음악을 중심으로 하나의 산업이 성장했다 해도 놀랄 일이 아니다. 1970년대 중반에 오로지 예수 록, 포크, 팝 음악에 할애된 레코드 상표가 만들어짐으로써 나중에 CCM으로 알려지게 될 장르가 시작되었다. CCM은 예수 운동에 뿌리를 두고 있는 운동답게 처음에는 돈을 벌기보다는 예수를 전하는 데 목표를 두었다. CCM 라벨을 붙이고 녹음되어 판매된 노래들은 여러 종류의 음악을 연주했다. 그들은 예수의 복음을 새로운 사운드로 바꿔 놓음으로써 교회에 다니지 않는 사람들을 전도하는 데 대한 헌신을 공유했다.

　CCM의 성공은 서서히 찾아왔다. 이 음악은 처음에 세속 시장에서는 너무 기독교적이었고, 기독교 시장에서는 너무 세속적이었다. 그러나 선구적 록밴드인 페트라와 같은 기독교 그룹이 서서히 청중을 얻었다. 1970년대 말이 되자 이 산업은 자체 월간지를 발행할 만큼 커졌다. 기독교 음악 가수인 에이미 그랜트가 첫 번째 음반을 냈던 1978년에 「CCM 매거진」이 창간되었다. 1년 뒤에 밥 딜런(그는 빈야드 운동의 노력을 통해 기독교로 개종했다)이 3개의 명백한 기독교 음반 중 첫 번째인 "슬로우 트레인 커밍"(Slow Train Coming, 완행열차가 오고 있다)을 냈을 때 CCM이 큰 붐을 일으켰다. 1982년에 머(Myrrh, 몰약)라는 선구적인 CCM 라벨로 발매된 에이미 그랜트의 "에이지 투 에이지"(Age to Age, 시대에서 시대로)가 최초로 1백만 장 넘게 팔린 기독교 앨범이 되었다. 그때쯤에는 CCM이 기독교 서점들에만 진열된 것이 아니라 K마트의 매대에도 진열되었다.

음악 스타일보다는 가사 내용으로 정의되는 CCM은 시작부터 이상한 장르였다. 그럼에도 불구하고 이 업계는 최소한 10년은 록, 팝, 포크에 초점을 맞췄다. 이 장르는 1980년대에 영역을 넓혔다. 1984년 스트라이퍼는 이니그마(Enigma)에 의해 발표된 데뷔 음반에서 기독교와 헤비메탈 음악을 융합했는데 이니그마 라벨은 세상에 머틀리 크루를 소개했던 라벨이다. CCM에 오래 노출된 사람들조차 이 장발의 밴드와 노란색과 검정색의 스판덱스 유니폼을 어떻게 판단해야 할지 몰랐다. 이 밴드가 머틀리 크루와 "천국과 지옥" 투어를 가서 팬들에게 성경을 던지기 시작하자 이 수수께끼는 더 깊어졌다. 일부는 이전 세대 비평가들이 러브 송과 같은 소프트 록 그룹을 비난했던 것처럼 스트라이퍼를 맹렬히 비난했지만 「CCM 매거진」 같은 주류 매체들은 이 밴드와 화해했다. 머지않아 기독교 음악은 기독교 헤비메탈뿐만 아니라 기독교 펑크, 컨트리, 레게, 재즈, 블루스, 대안 록, 리듬앤블루스 그리고 심지어 ("라이처스 래퍼스"[righteous rappers, 의로운 래퍼들] 디씨 토크[dc Talk] 덕분에) 기독교 힙합으로까지 확장되었다.

1980년대 말에 CCM이 영역을 넓힘에 따라 주류 레코드 회사들도 이를 주목하기 시작했다. 일부 회사들은 자체적으로 기독교 음악 부문을 시작했다. 몇몇 회사들은 기독교 음반들과 배급 계약을 맺었다. 에이미 그랜트의 인기에 힘입어 크로스오버 기독교 가수들의 음악이 세속 라디오 방송국에서 방송되기 시작했다. "긍정적인 팝"이 이 새로운 음악에 대한 신조였는데 이 음악은 박수갈채를 받는 기독교 음악이라기보다는 은밀한 기독교 음악이었다. 1990년대에 CCM은 참으로 잘 팔렸다. 1991년에 에이미 그랜트의 "베이비 베이비"는 미국에서 가장 많이 팔린 싱글 음반이 되었다. 1995년에 자즈 오브 클레이라는 대안 록밴드가 자기 그룹의 이름을 붙인 음반이 2백만 장 팔렸다. 식스펜스 넌 더 리처의 "키스 미"는 1999년에 세속 음악 싱글 차트 정상에 올랐다. 또 다른 대안 기독교 밴드인 크리드는 2000년에 「빌보드」 올해의 록 가수로 지명되었다. 21세기 초가 되자 CCM은 자체의 시상식(더 도브스), 자체의 브리트니 스피어스(10대 디바 자시 벨라스케즈), 그리고 자체의 옛 노래 방송국을 지닌 10억 달러 규모의 산업이 되었다. AOL 타임 워너와 같은 세속 복합 기업이 만든 CCM 노래들을 할리우드 사운드트랙과 MTV에서 들을 수 있게 되었다.

이러한 성공에 논란이 없는 것은 아니다. 복음주의자들은 처음에는 예수 록음악을 포함한 록큰롤을 악마의 도구라고 비판했다. 그러나 이 장르가 주류 음악이 되자 그들은 CCM의 매체보다는 메시지를 공격했다. 비판자들은 크로스오버 음악가들이 십자가를 무시하고 하나님보다는 맘몬을 예배하며 예수를 「빌보드」 차트라는 제단 위에 제사지낸다고 비판했다. 심지어 일부는 베드로의 전철을 밟아 그들이 기독교 그룹임을 완전히 부인하기까지 한다고 비판했다. 이러한 비판들은 크리스토퍼 라쉬의 『나르시시즘의 문화』(The Culture of Narcissism, 1978. 문학과 지성사 역간)의 인도를 따라 기독교 음악가들이 하나님보다 자신에게 집착한다고 책망했다. 한 비평가는 "충성도가 높은 신앙의 현란함 속에서 누가 진정으로 예배되고 있는가? 예수 그리스도인가, 슈퍼스타들인가?"라고 질문했다.

그러한 비판들이 예수 록음악의 주된 판매처인 기독교 서점에서의 판매를 방해했을 수도 있다. 그러나 그 비판들이 다른 곳에서의 판매를 부추겼을 것이다. 록음악이 록을 반대하는 부모들과 목사들의 심한 비난 덕을 본 것과 마찬가지로("엄마가 이걸 싫어한다면, 난 이걸 살 거야"), 예수 록음악은 신성 모독적이라고 비난 받은 뒤 더 믿을 만한 것으로 보였다. 젊은 그리스도인들이 목사들과 부모들이 싫은 소리를 하는 음악보다 무엇에 더 마음이 끌리겠는가?

예수 테스트

예수 운동, 초대형 교회 현상 그리고 CCM 산업이 역사적으로 연결되어 있기만 한 것은 아니다. 그것들은 기독교 비평가들도 공유한다. 험담꾼들에 의하면 예수 운동은 신학적으로 천박하고, 초대형 교회들은 치료 문화에 영합하며, CCM은 복음주의보다는 연예에 관한 것이다. 핵심적인 불만은 이들이 미국 문화에 너무 많이 적응했다는 것인 듯하다. 지저스 피플, 초대형 교회, CCM 산업은 미국을 보다 기독교적으로 만들기보다 기독교를 보다 미국적으로 만들기 위해 노력했다. 그들은 세상이 예수의 본을 따르게 하는 대신 예수가 세상의 본을 따르게 했다.

『미국 개신교에서의 현대주의자들의 충동』(*The Modernist Impulse in American Protestantism*, 1976)에서 윌리엄 허치슨은 적응주의―"종교적 아이디어들의 의식적이고 의도적인 현대 문화에의 적응"―를 개신교 현대주의의 특징 중 하나로 지목했다. 허치슨의 연구는 기독교가 살아남으려면 시대에 따라 변해야 한다고 믿었던 자유주의 개신교인들의 작품들에서 이러한 충동을 추적했다. 그러나 허치슨이 지적하는 바와 같이 "종교와 문화의 상호 침투에 대한 믿음"에 뿌리를 둔 그 충동은 예수 운동도 활기를 띠게 했고, CCM과 새로운 부류의 그리스도인들(그들을 복음주의적 현대주의자들이라 부른다)이 많이 있는 초대형 교회들에서 건재를 과시하고 있다.[30]

구도자들에 민감한 접근법의 선구자인 윌로우 크릭 커뮤니티 교회는 이처럼 거듭난 현대주의의 전형이다. 빌 하이벨스 목사는 1975년 시카고 교외에서 자신의 교회를 개척하기 전에 주변에서 교회에 다니지 않는 주민들에게 비공식적인 마케팅 서베이를 실시했다. 이 서베이의 목적은 사람들이 왜 교회를 피하는지 알아내고 그들을 위해 고안된 교구를 만드는 것이었다. 하이벨스는 교회에 올 수도 있는 사람들이 '돈을 내라'고 다그치고 '예수를 위해 결단을 내리라'고 압력을 가하는 것을 싫어한다는 점을 알아냈다. 그들은 일어나서 자기를 소개하라고 할 때 어색해 하고, 사역자들이 자신의 사악함에 관해 괴롭힐 때 죄책감을 느꼈다. 이 조사 결과를 갖고 하이벨스는 구도자들에게 민감한 교회를 세웠다. 현재 윌로우 크릭 커뮤니티 교회에는 대규모 교외 캠퍼스에서 1주에 15,000명이 모이고 있으며, (1992년에 설립된) 보다 넓은 윌로우 크릭 연합은 대략 100개의 유사한 모임들을 자랑하고 있다.

1920년대에 예수가 최초로 미국의 슈퍼스타로 등장했을 때 세속 비평가들과 종교 비평가들은 브루스 바튼의 『미지의 인물』이 기독교를 자본주의에게 팔아넘긴다고 비판했다. 바튼은 비평가들이 세상을 인위적으로 성과 속으로 나누고 하나님의 피조물의 많은 부분으로부터 그분을 떼어 놓았다고 대꾸했다. 바튼은 하나님은 인간의 모든 문화에 내재하며 예수는 가정에서보다 시장에서 더 절실히 필요하다고 주장했다.

---

30   Hutchison, *The Modernist Impulse*, 2, 6.

지저스 피플과 그들의 후손들은 바튼과 같은 개신교 자유주의자가 아니었다. 그러나 그들도 기독교를 문화에 적응시키라는 현대주의자들의 요구에 "아멘"으로 화답했다. 정장과 넥타이가 의무사항이라면 어떻게 히피들에게 전도하겠는가? 헤비메탈이 금지 대상이라면 어떻게 1980년대의 젊은이들에게 예수를 설교하겠는가? 시장 조사가 금지된다면 목사들이 어떻게 교회에 나가지 않는 교외 거주자들에게 전도하겠는가? 이 복음주의적인 현대주의자들도 넥타이를 벗어 던지고, 볼륨을 높이고, 이웃을 조사하러 다니면서 하나님 아버지의 비즈니스를 교회에만 제한시키기를 거부했다. 래리 노만은 바튼처럼 "나는 모든 사람이 설사 자동차를 팔거나 보험을 판다 해도 전임(full time) 그리스도인이어야 한다고 생각한다"라고 말했다.[31]

여기서 복음주의적인 현대주의자들과 현대주의에 반대하는 비평가들 사이의 논쟁을 해결할 수는 없다. 결국 기독교 전통의 특정한 변화가 적절한지 여부는 하나님의 초월성과 내재성에 관한 신학적 평가에 의존한다. 보다 실제적으로는 그것은 기독교의 본질적인 요소와 비본질적인 요소 간의 어디에 선이 그어지는지에 의존한다. 미국의 기독교 역사에서 재미있는 점은 누구나 예수를 필수 요소로 보는 것 같다는 점이다. 아무도 예수를 비본질적 요소로 보지 않았다. 200년의 미국 역사에서 일부 자유주의자들은 기적, 성경의 영감 그리고(1960년대의 "신의 죽음" 신학자들의 경우) 신 자체를 포기했다. 보수주의자들 중 일부는 신조들을 포기했고 어떤 이들은 예정, 원죄, 대속 등 한때는 신성불가침이라 생각했던 교리들을 버렸다. 그러나 이러한 적응들은 예수를 죽인 것이 아니라 오히려 그를 더 강해지게 했다.

---

31   "Face to Face: Paul Davis Interviews Larry Norman," *New Music* 3 (March 1977), http://www.members.iinet.net.au/~wpe/larry/intvw76.html.

이러저러한 교리나 의식을 빼낸 그리스도인들은 그들의 입장에 대해 자문하고 자신(과 그들의 이웃들)에게 자신의 신실함을 납득시키기 위해 최선을 다해서 그들의 구주를 기리고 찬송하기 시작한 듯하다. 또는 종교 생활은 제로섬 게임일지도 모른다. 즉 은혜의 한 통로(성경 또는 성례)에서 종교적 에너지를 빼내면 이 에너지들이 즉시 다른 통로(예수)로 흘러들어간다.

학자들은 19세기 말의 자유주의자들과 20세기 초의 현대주의자들은 모두 한동안 철저하게 예수 중심적이었다고 생각했다. 그러나 자유주의적인 개신교 주류가 1920년대에 공적인 힘을 잃었을 때에도 예수는 계속 미국의 기독교를 지배했다. 초기 빅토리아 시대의 감상적인 경건을 상기시키는 예수 운동과 그 이후의 복음주의자들은 그들의 삶의 중심을 예수와의 개인적인 관계에 두었다. 1970년대 초에 자신과 선구적인 예수 록음악가들이 무슨 일을 하고 있는지 설명해 달라는 부탁을 받았을 때 래리 노만은 "비전은 예수, 예수, 예수였다"고 말했다. 희한하게도, "신의 죽음" 신학자들도 같은 말을 했다.

현대주의자들(복음주의자 등)이 그들의 최선을 다함에 따라 뭔가가 상실되었다. 거듭난 기독교에서조차도 교리의 상실이 편만하다고 비난하는 오늘날의 칼뱅주의자들의 불만은 정당하다. 그러나 승리하기 위해서는 예수 운동, 초대형 교회, CCM뿐만 아니라 (공격적으로 광고했던) 드와이트 무디, (기독교 노래들을 인기 있는 음악으로 만든) 아이라 생키, (신학을 싫어했던) 빌리 선데이 그리고(복음 전도 사업을 완성한) 빌리 그레이엄도 취할 필요가 있다. 예수를 친절하고 부드러운 구주로 포용하기로 결정해서 미국에 "구도자들에 민감한" 최초의 교회들을 만든 19세기 초기의 복음주의 회중들도 취할 필요가 있을지도 모른다.

18세기 초 대각성 기간 중에 조너선 에드워즈는 참된 종교와 가짜 종교, 참된 그리스도인과 가짜 그리스도인을 구분하는 일련의 테스트들을 개발했다. 예수 테스트라고도 불릴 수 있는 한 테스트는 다음과 같다.

> 참된 그리스도인들은 초월적인 그리스도의 영광을 보면 그가 따를 가치가 있는 것으로 보고 그에게 강력히 이끌린다. 그들은 예수를 위해 모든 것을 버릴 가치가 있다고 본다. 그들은 예수가 최고로 사랑스러움을 보면 예수에게 철저히 복종할 마음이 생기고, 진지하고 적극적으로 그를 섬기도록 격려받으며, 그를 위해 기꺼이 모든 어려움을 겪게 된다. 그리고 그리스도의 이러한 신적인 탁월함에 대한 발견이 그리스도인들로 하여금 예수께 대해 신실하게 한다. 왜냐하면 그러한 발견은 그들의 마음에 깊은 인상을 새겨서 그들은 예수를 잊을 수 없기 때문이다. 그리고 그들은 예수가 어디로 가든 그를 따를 것이고, 누가 그들을 예수에게서 떼어놓으려 한다 해도 아무도 그 일에 성공하지 못할 것이다.

에드워즈의 동료 식민지 주민들 중에서는 소수만 이 테스트를 통과했을 것이다. 일진이 사나운 날에는 에드워즈 자신도 이 테스트를 통과하지 못했을지도 모른다. 그러나 오늘날 거의 모든 미국의 그리스도인들은 이 테스트를 거뜬히 통과할 것이다. 미국 기독교는 두 파로 나뉘어 있다. 보수파는 동정녀 탄생, 성경의 영감, 몸의 부활과 같은 교리들을 긍정하고 자유주의는 이 교리들을 긍정하지 않는다. 미국의 그리스도인들은 더 이상 특정한 신학이나 책을 중심으로 모이지 않는다. 그럼에도 불구하고 그들은 예수에 대한 그들의 사랑 안에서 연합한다. 모두 "예수에게 강력히 이끌리고" 예수의 "최고로 사랑스러움"에 매력을 느끼는 것으로 보인다. 그리고 예수의 "신적인 탁월함"을 긍정하지 않는 소수파들조차도 "예수가 어디로 가든 그

를 따를" 용의가 있다고 말한다. [32]

---

32 Jonathan Edwards, *A Treatise Concerning Religious Affections* (Boston: Kneeland and Green, 1746), 3부, 섹션 12, http://www.revivallibrary.org/catalogues/theology/edwards-religiousaffections/part3-12.html. 같은 논문에서 Edwards는 "그리스도를 위한 자기 부인이라는 위대한 의무"에 대해서도 말하면서 "그리스도를 위해 우리가 이 세상에서 가장 귀하게 여기는 즐거움들, 심지어 우리의 목숨까지도 미워하고 아무것도 뒤에 남겨두거나 유보하지 않고 우리 자신과 우리가 가진 모든 것을 완전히 그리고 영원히 그리스도에게 넘겨드려야 한다.…말하자면 예수를 위해 우리 자신을 부인하고, 자기를 포기하며, 그가 모든 것이 되도록 우리는 아무 것도 되지 않아야 한다"라고 주장했다는 점을 주목해야 한다. 최소한 이 점에서 오늘날의 거의 모든 미국인들(그리고 Edwards의 대부분의 동시대인들)은 확실히 기준에 미치지 못할 것이다.

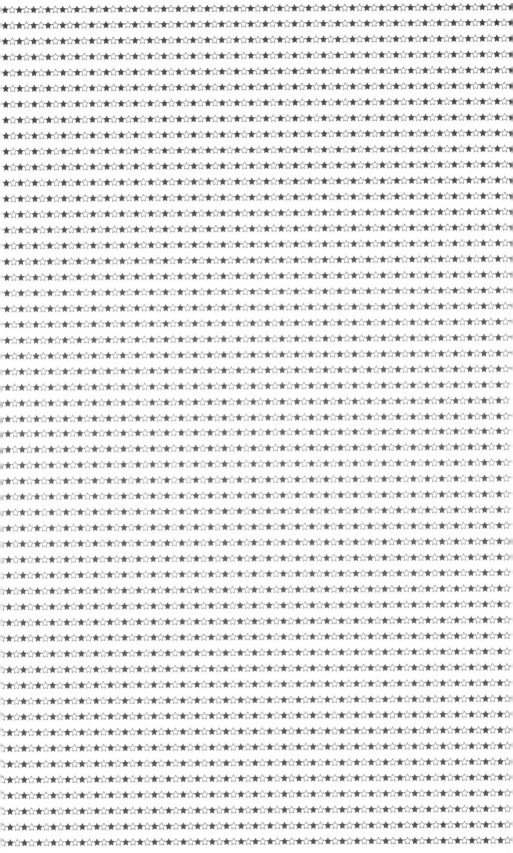

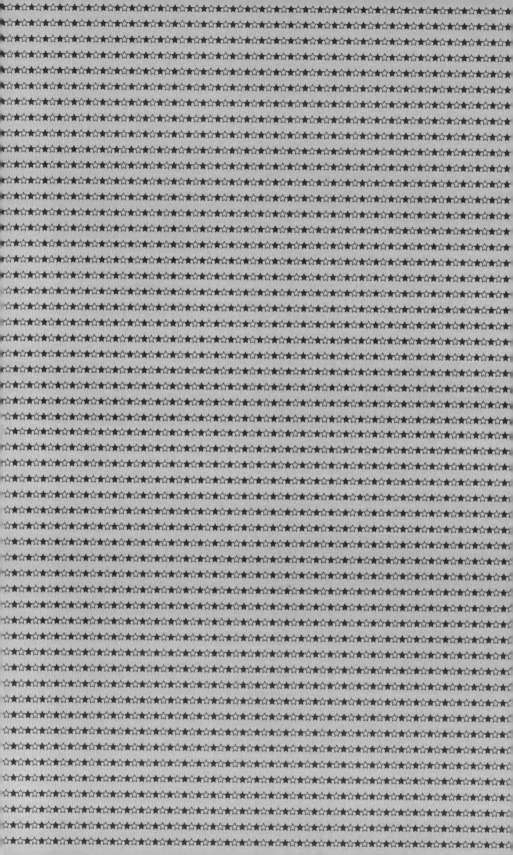

2부

환생

AMERICAN JESUS

HOW THE SON OF GOD BECAME A NATIONAL ICON

예수 그리스도 후기성도교회 신도들 사이에 인기 있는 그림인 존 스캇의 "예수 그리스도 미
대륙을 방문하다"(*Jesus Christ Visits the Americas*)는 모르몬 경전에 나오는 핵심 장면
인 예수의 놀라운 신세계 출현을 묘사한다.

_ 캔버스에 그린 유화 그림 1969, INTELLECTUAL RESERVE, INC.이 저작권을 보유함

5장 모르몬교도들의 장형

신약성서는 예수의 생애의 많은 부분에 관해 침묵한다. 그의 유아기와 사역 개시 사이의 30년에 관해 신약성서는 조숙한 10대 소년이 예루살렘 성전에 남아서 그의 부모들을 걱정하게 하고 서기관들을 놀라게 한 이야기 하나만을 말한다. 이처럼 부족한 이야기에 만족하지 못하는 사람들도 있지만 대부분의 그리스도인들은 신약성서에 대해 급진적이지는 않으면서도 영리한 해석을 통해 그들의 불만을 표현하는 데 만족해왔다. 그러나 자제하지 않은 사람들도 있었다. 하나님은 심지어 미국에서조차 증거를 남겨두지 않고 가만히 있지 않는다고 확신한 그들은 고대 사본, 개인의 환상, 죽은 자들의 육체에서 분리된 음성에서 예수에 대한 성경 외적인 증거들을 발견해왔다.

로마 제국 갈라티아 지방의 십자가 받침돌 아래에서 발견되었다고 알려진 편지에 기초한 "우리의 복되신 주님이자 구주이신 예수 그리스도가 쓴 편지 사본"(Copy of a Letter Written by Our Blessed Lord and Saviour Jesus Christ)은 미국에는 1761년에 최초로 등장했다. 그 사본이 복사되면서 내용이 변했는데 이 사본은 안식일 준수(이에 대해 찬성함), 화려한 의상 입기(이에 대해 반대함), 열심히 일하기(이에 대해 찬성함) 등과 같은 다양한 사안들을 다뤘다. 이 문서 사본들에 마법적인 힘이 있다고 믿는 사람도 있었다. 1761년

판 사본은 이렇게 약속했다. "누구든지 내가 직접 쓴 이 편지를 집에 가지고 있는 사람은 전염병이든, 번개든, 천둥이든 아무 것도 그들을 해치지 않을 것이다."[1]

"티베리우스 카이사르의 유대 지역 거주자인 푸블리우스 렌툴루스가 쓴", 고대에 기원을 둔 것으로 보이는 또 다른 유명한 텍스트는 아래와 같이 자세한 예수의 신체 묘사를 담고 있다.

> 그의 머리칼은 잘 익은 헤이즐넛색인데 머리칼이 귀까지는 똑바로 내려오다가 귀 아래부터는 웨이브가 있고 곱슬머리이며, 푸르스름하고 밝게 반사되면서 어깨 위로 흘러내린다. 머리칼은 나사렛 사람들의 패턴을 따라 머리 꼭대기에서 두 갈래로 갈라진다. 그의 이마는 부드럽고 매우 쾌활하며 얼굴은 주름이나 점이 없이 다소 불그스레한 안색을 띤다. 그의 코와 입은 흠이 없다. 수염은 머리카락 색깔이고 풍성하며, 길지 않고 턱에서 갈라졌다. 그의 얼굴상은 단순하고 성숙해 보이며, 눈빛은 변화무쌍하고 밝다. 그는 꾸짖을 때에는 무섭고 타이를 때에는 부드럽고 상냥하며, 명랑하면서도 무게감을 잃지 않는다. 그는 결코 웃은 적이 없지만 자주 운 것으로 알려져 있다. 그의 키는 훤칠하고, 그의 손과 팔은 보기에 아름답다. 그의 대화는 진중하고, 빈번하지 않으며, 수수하다. 그는 인간의 자녀 중에서 가장 아름답다.[2]

---

1   *The Copy of a Letter Written by Our Blessed Lord, and Saviour Jesus Christ* (Philadelphia: Andrew Steuart, 1761), 4.

2   "Publius Lentulus," *Catholic Encyclopedia*, http://www.newadvent.org/ cathen/09154a. htm.

이 편지의 보급으로 미국 전역의 화가들은 이 "가장 아름다운" 남자를 표현하도록 자극받았다. 1850년대에 처음으로 발행된 "푸블리우스 렌툴루스가 로마 원로원 의원에게 보낸 우리의 복되신 구주의 진정한 초상화"라는 커리어 앤드 이브스사의 석판화는 예수를 빛나는 눈, 갈라진 수염, 중앙에서 갈라진 머리카락의 소유자로 묘사한다.

1840년대에 시작된 강신술이 미국 전역을 휩쓸었을 때 영매들이 벤저민 프랭클린과 같은 미국의 영웅들 및 심지어 예수까지도 중개해줄 능력이 있다고 주장함에 따라 현대의 외경이라는 새로운 장르가 출현했다. 천사가 영매인 필레몬 스튜어트에게 불러줬다고 믿어지는 셰이커 교도들의 성경 『거룩하고 성스러운 신적 두루마리와 책』(*A Holy, Sacred and Divine Roll and Book*, 1843)은 예수가 셰이커교 설립자인 앤 리라는 여성의 형태로 재림했다고 묘사했다. 19세기가 끝나기 전에 강신술사들은 예수 전기 2종을 매개했으며, 예수는 최소한 하나의 신약성서 요약판 번역을 (영으로) 감독했다. 오늘날 미국 의회 도서관은 "예수 그리스도(성령)"를 수십 권의 책을 쓴 저자로 분류하고 있으며, 이외에도 "성령의 저술"이라는 주제 아래 예수를 저자로 표시하는 책들이 많이 있다. 이러한 책들 중 하나인 『예수에 의해 새롭게 밝혀진 진정한 복음』(*True Gospel Revealed Anew by Jesus*, 1900)은 하늘에서 보낸 이 복음을 거룩한 저술로 존경하는 '신생의 토대 교회'(Foundation Church of the New Birth)라 불리는 새로운 종교 운동 형성으로 이어졌다.

특히 힌두교도들과 불교도들이 1893년 시카고에서 열린 세계 종교 대회에 참석한 뒤 아시아 종교에 대한 관심이 커져서 동양 종교에 뿌리를 둔 현대의 외경이라는 새로운 장르가 생겨났다. 러시아 전쟁 특파원인 니콜라스 노토비치는 자기의 저서 『예수 그리스도의 미지의 생애』(*Unknown Life of Jesus Christ*, 1894)는 티베트의 한 수도원에 숨겨진 고대 예수의 생애를 번역

한 것이라고 주장했다. 노토비치는 1880년대에 티베트를 여행하다 예수 사
망 직후에 쓰인 "성 이사의 삶"(Life of Saint Issa, 이사는 티베트어로 예수라는 뜻
이다)이라는 문서를 접했다고 전해진다. 이 문서는 예수의 "잃어버린 시기"
동안 예수가 인도와 티베트에 머물면서 힌두교와 불교 경전을 광범위하게
연구했다고 주장한다. 알베르트 슈바이처는 이를 "뻔뻔한 사기"라고 했고
그랜빌 스탠리 홀은 "우둔하고 순진한 이야기"라며 무시했지만, 노토비치
의 『미지의 생애』는 유럽뿐만 아니라 미국에서도 돌풍을 일으켰으며 미국
에서는 1894년에만 3종의 다른 번역서들이 출현했다.[3]

　　남북 전쟁 당시 군목인 레비 H. 다울링이 쓴 『예수 그리스도의 물병
자리 복음』(The Aquarian Gospel of Jesus the Christ, 1908)은 더 인기가 있었다. 이
문서도 필사본이라고 자처했으며, 예수가 인도와 티베트에 갔었다고 주장
했다. 그러나 다울링의 원천 자료는 "아카샤 기록물로 알려진 불멸의 인
생 기록"이었다. 달리 말하자면 다울링은 신비주의자들에게 아카샤(Akashá)
로 알려진 방대한 비전(秘傳) 지식 저장소에서 자기의 책을 내려 받은 영매
였다. 레비의 『물병자리 복음』과 노토비치의 『미지의 생애』는 기독교를 포
함한 모든 위대한 종교들을 고대 인도에서 기원한 하나의 영적 전통의 발
현으로 보는 비전 지혜 전통인 신지학(神智學)에게서 많은 영향을 받았다.
그리고 두 책 모두 알려지지 않은 예수의 미지의 생애에 대한 수요를 채워
줬다. 레비의 『물병자리 복음』에 기록된 많은 내용들이 그 책의 한 구절을
가져다가 예수를 "자기 백성을…창백한 피부의 유럽 국가들로부터" 구원
할 자로 묘사한 노블 드류 알리의 『무어 과학 사원의 거룩한 코란』(1920년

3　　Albert Schweitzer, *The Quest of the Historical Jesus* (London: A. and C. Black, 1910), 328;
Hall, *Jesus, the Christ*, 1.105.

대)에 (출처를 밝히지는 않은 채) 포함되었다. 또 다른 혼합주의적 흑인 교파인 조지 윌리 힐리의 유니버설 하거스 스피리츄얼 처치(Universal Hager's Spiritual Church)는 예배 때 레비의 텍스트를 경건하게 읽었다. 노토비치의 『미지의 생애』도 엘리자베스 클레어 프로펫의『예수의 잃어버린 기간』(The Lost Years of Jesus, 1984)과 유명한 영매인 에드거 케이시가 쓴 예수의 과거 생애 이야기들에 살아남았다.[4]

현대의 이 모든 외경들은 예수를 현대에 순응시키고자 한다. 그런 의미에서 그 저자들은 예수를 자신의 이미지대로 꾸며낸 부쉬넬, 비처 그리고 다른 미국인들에 반하는 것이 아니라 그들과 궤를 같이한다. 그러나『물병자리 복음』과 『미지의 생애』 같은 외부인의 텍스트들은 백인 개신교 내부자에 의해 야기된 예수의 부활과는 상당히 다르다. 이 책들은 예수를 복음주의 개신교 또는 자유주의 개신교 내부에서 살아나게 하기보다는, 그를 판이한 종교 세계로 옮겨갔다. 그리고 그들은 원천 자료를 신약성서의 책들에만 제한하지 않고 다른 문서들에서 영감을 구했다. 그 결과 이러한 예

4　Levi H. Dowling, *The Aquarian Gospel of Jesus the Christ* (Santa Monica, Calif.: DeVorss, 1972), 17; *Holy Koran of the Moorish Science Temple of America* 46:3, http://www. geocities.com/Athens/Delphi/2705/koran index.html. 인도에 간 예수의 또 다른 변종으로『목격자가 전해 준 십자가 처형』(*The Crucifixion, by an Eye-Witness*, Chicago: Indo-American Book Co., 1907)이 있는데, 이 문서는 십자가 처형 7년 뒤에 쓰여서 금욕적인 유대인인 에세네파에게 보내졌다고 알려진 익명의 텍스트다. Notovitch와 Dowling은 예수가 사역을 시작하기 전 인도에 갔다고 말하는 반면, 에세네 서신은 예수가 공생애를 마친 뒤 아시아에 갔다고 말한다. 이 서신에 따르면 예수는 십자가에서 살아나 동쪽으로 가서 오랫동안 살다가 카슈미르에 묻혔다고 한다. 19세기 말에 인도의 펀잡 지방에서 출현했고, 설립자 Mirza Ghulam Ahmad를 진정한 메시아로 존경하는 이슬람의 한 분파인 아흐마디아 교단도 이 이야기를 계속 선전한다. 미국과 해외의 아흐마디아 교단은 오늘날까지 예수는 십자가 처형을 당한 것이 아니라 살아있을 때 하늘로 올려졌다는 표준적인 무슬림의 견해를 거부하고『목격자가 전해 준 십자가 처형』에 근거해서 자신들의 입장을 지원한다.

수의 이미지들은 문화를 긍정하기보다는 문화를 변화시키는 경향이 있다. 사실 많은 문서들이 예수 운동의 히피 예수보다 훨씬 더 대항문화적이다. 따라서 그러한 재해석은 부활이라기보다는 환생으로 이해할 수 있다. 그들은 고대 팔레스타인과 현대 미국 개신교에서 멀리 떨어진 새로운 시간과 새로운 장소에서 예수가 다시 태어나도록 한다.

새로운 국가를 위한 새로운 종교

이러한 예수의 환생에 대한 가장 흥미로운 예는 엄청나게 인기가 있어서 이런 책이 이미 1억 부가 넘게 팔렸고, 매일 약 15,000 건의 보도가 나오고 있다. (대중들에게 모르몬교도로 알려진) 예수 그리스도 후기성도교회 신도들에게는 신적 영감을 받은 성경으로 인정받는 모르몬 경전은—신실한 후기성도 신자들에 의하면—조셉 스미스 주니어(1805-44)가 뉴욕주 상부(upper New York state)에서 1820년대에 발견한 고대 황금판의 번역본이다. 킹 제임스 역본의 용어와 구약 연대기 장르를 통해서 말하는 이 서사는 대략 기원전 600년부터 기원후 421년까지 1,000년에 걸쳐 펼쳐진다. 신실한 이스라엘 사람인 리하이는 예수가 탄생하기 600년 전에 아내 새라이아와 여섯 아들을 데리고 미국으로 떠난다. 이 아들들 중 둘인 니파이와 레이맨은 선한 (그리고 밝은 피부색의) 니파이파와 악한 (그리고 짙은 피부색의) 레이맨파로 갈라져 전쟁을 벌인다. 기원후 421년에 벌어진 마지막 전투에서 레이맨파는 니파이파를 학살한다. 자기 부족이 말살되기 전에 최후까지 살아남았던 사람 중 한 사람인 모로나이라는 의로운 니파이파가 있었다. 소설 "모비딕"에 나오는 또 다른 유일한 생존자인 이스마엘을 예견한 모로나이는 자기 아버지 모르몬이 쓴 이야기를 남긴다. 어두운 시기가 오고 있는 것을 예견한 그는 자기 이야기가 살아남도록 만전을 기하기 위해 이 이야기들을 귀금속에 새겼다. 그 황금판은 천 년도 더 지나서 조셉 스미스에 의해 발견되었다.

이 미국 성경의 대부분은 전쟁과 전쟁에 관한 소문들에 할애되었지만 이 책이 계속 인기를 누리는 이유는 이 책이 팔레스타인이나 인도가 아니라 이곳 고대 미국에서 환생한 예수에 대해 증언하기 때문이다. 예수의 청소년기와 성년 초기의 알려지지 않은 시기를 채웠던 노토비치나 다울링과는 달리 모르몬 경전은 예수의 부활과 승천 직후의 기간에 관심을 기울인다. 이 경전은 성경 밖의 예수의 모험을 아시아가 아닌 미국에서, 그리고 힌두교, 불교, 또는 신지학이 아닌 기독교 내부에서 찾아낸다. 그러나 이 책의 가장 흥미로운 주장은 예수가 콜럼버스보다 1,000년도 더 전에 몸소 미국에 가서 그곳에 자기의 교회를 세웠다는 내용이다.

흔히 제5의 복음서로 불리는 모르몬 경전은 예수의 부활 후 현현과 초기 교회 설립을 묘사한다는 점에서 사도행전 후편에 보다 더 가깝다. 니파이3서에 따르면, 예수는 부활 후 갈릴리뿐 아니라 바운티플이라는 신세계에도 나타났다. 그곳에서 니파이파 사람들은 "흰 옷을 입고…하늘에서 내려오는 사람을 보았다." 그는 "보라, 나는 선지자들이 세상에 오리라고 증언한 예수 그리스도다"라고 말했다. 그 뒤 예수는 3일간 미국에 그의 참된 교회를 세웠다. 그는 회개와 구원의 복음을 설교했다. 그는 환자들을 치료했다. 그는 제자들에게 어떻게 기도할지 가르쳤다. 그는 (물에 담그는) 침례와 현재 모르몬교도들이 빵과 포도주 의식이라고 부르는 제도를 제정했다. 그는 12명의 미국인 사도들에게 자신의 일을 계속하라고 위임했다. 그는 미국이 그리스도의 참된 교회를 회복시키는 데 있어 중요한 역할을 하리라는 점도 명백히 했다.

많은 학자들이 미국인들은 자기 나라를 거룩한 나라로 보는 경향이 있음을 지적했다. 그들은 미국 시민을 하나님의 선민으로 보고 모르몬 경전이 말하는 바와 같이 미국을 "모든 땅 중 가장 좋은 땅"으로 본다는 것이다.[5] 그런데 미국인들은 대개 워싱턴을 모세의 예표라거나 링컨을 현대의 그리스도로 변환시킴으로써 예표론적 상상력의 도약을 통해 그들의 사회를 신성화했다. 뉴 가나안, 고센, 헤브론 등 식민지 지역의 이름들은 짐승들이 울어대는 황무지를 뉴잉글랜드로 변화시키고 식민지 마을들을 성경의 예표로 변화시킨 청교도 성직자들의 예표론적 마음을 증언해준다. 조셉 스미스도 예표론적 사고를 할 수 있었다. 그러나 그는 항상 최소한 부분적으로라도 시적이거나 비유적으로 예표론적 도약을 했던 청교도 성직자 코튼 매더나 조너선 에드워즈보다 더 구체적인 사상가였다. 매더 및 에드워즈와 마찬가지로 스미스는 아담과 하와가 에덴동산에서 문자적으로 하나님과 함께 걸었다고 믿었다. 이 원시 낙원의 위치가 불가해한 주권자 하나님의 마음속에 감춰져 있다고 이해했던 청교도 선조들과 달리 스미스는 에덴의 위치를 쉽게 알 수 있다고 믿었다. 사실 그는 에덴의 위치가 현재의 미주리주 인디펜던스라고 주장했다. 재림에 관해서도 스미스는 구체적으로 잭슨 카운티를 그리스도가 새 예루살렘에서 다스리게 될 "약속의 땅"으로 특정했다.[6]

모르몬교는 잭슨 시대의 사회적 격동, 산업 혁명의 경제적 격변, 2차

---

5   「이더서」(Ether) 2:10.

6   『교리와 성약』(Doctrine and Covenant) 57:2.

대각성의 종교적 흥분과 더불어 발생했다.[7] 오래된 교파들은 부흥의 "새로운 척도"를 둘러싸고 분열했으나 종교적 창의력이 용솟음치는 가운데 새로운 종교 운동들이 출현했다. 기존 교파들에서 이에 필적할만한 종교 운동은 1960년대와 1970년대에 접어들어서야 등장하게 된다. 뉴잉글랜드에서는 랠프 월도 에머슨과 힌두 경전들과 별것 아닌 존재에서 영적 영감을 발견한 헨리 데이비드 소로 같은 사상가들 덕분에 유니테리언주의에서 초월론이 나왔다. 뉴욕주 상부의 "불붙는 구역"에서는 임박한 세상의 종말에 관한 윌리엄 밀러의 계산을 중심으로 "밀러파"가 조직됨에 따라 종교적 열성이 특히 뜨겁게 달궈졌다. (대부분의 예언자들이 종말의 날이라고 예언했던 날이었음에도 지구가 계속 돌아간) 1844년 10월 22일의 "대실망" 이후 이 천년왕국론자 그룹은 흩어졌지만 참된 신자 그룹은 엘런 화이트를 중심으로 재조직해서 오늘날 제칠일안식일예수재림교회로 알려진 새 종교 운동을 시작했다. 밀러와 화이트는 그들의 영적 마차를 천년기의 미래에 매어두었기 때문에 다른 부류의 혁신가들도 과거를 환기시킴으로써 자신의 발명품을 정당화했다. 바튼 스톤과 알렉산더 캠벨 같은 회복주의자들은 기독교를 원시 교회의 순박한 순결(과 일치) 상태로 회복시키고자 했다. 사도 시대 뒤

---

7   모르몬교의 가장 영향력 있는 창세기 해석으로는 Richard Bushman, *Joseph Smith and the Beginnings of Mormonism* (Urbana: University of Illinois Press, 1984); Jan Shipps, *Mormonism: The Story of a New Religious Tradition* (Urbana: University of Illinois Press, 1985); Grant Underwood, *The Millenarian World of Early Mormonism* (Urbana: University of Illinois Press, 1993); John L. Brooke, *The Refiner's Fire: The Making of Mormon Cosmology, 1644-1844* (New York: Cambridge University Press, 1994); D. Michael Quinn, *Early Mormonism and the Magic World View*, 2판, (Salt Lake City: Signature Books, 1998) 등이 있다. 이 운동에 관한 간략하고 훌륭한 서베이는 Claudia Lauper Bushman and Richard Lyman Bushman, *Mormons in America* (New York: Oxford University Press, 1999)를 보라.

에 교회가 변절했다고 확신한 그들은 현대의 그리스도인들에게 인간적인 모든 신조들을 거부하고 대신 오직 성경이라는 깃발 아래 단합하라고 촉구했다. 물론 이 자극은 미국 종교의 "심대한 다양화"만 심화시켰는데 스톤과 캠벨은 1832년에 연합해서 현재 미국 개신교의 최대 교파 중 하나인 크리스천 처치(그리스도의 제자)로 알려지게 될 그룹을 형성했다.

밀러파는 미래를 바라보고 그리스도의 제자들은 과거를 바라보았듯이 공산사회 그룹을 설립한 모든 종류의 이상주의자들은 개인 영혼 배양과 사회 개혁을 겨냥했다. 1840년에 에머슨은 유럽의 친구에게 보내는 편지에 이렇게 썼다. "여기서는 모두 수많은 사회 개혁 프로젝트들에 다소 열광적이라네." "글을 읽을 줄 아는 남자치고 양복 조끼 주머니에 새로운 공동체에 대한 계획안이 없는 사람이 없다네." 물론 그는 과장했지만 남북 전쟁이 일어나기 전 몇십 년 동안 많은 미국인들은 실제로 영적 공동체들을 만들었다. 그 과정에서 존 험프리 노예스의 오네이다 공동체와 초월주의자들 자신의 공산공동사회의 삼위일체(프루트랜즈, 브루크팜, 호프데일) 같은 그룹들은 존 버틀러가 "미국의 영적 온실"이라고 묘사한 특이종 리스트 확대에 가세했다.[8]

---

8   Winthrop S. Hudson and John Corrigan, *Religion in America*, 6판 (Upper Saddle River, N.J.: Prentice Hall, 1999), 186; Jon Butler, *Awash in a Sea of Faith: Christianizing the American People* (Cambridge: Harvard University Press, 1990), 225-56.

미국인 예언자

조셉 스미스가 혼란에 빠진 것도 무리가 아니다. 1805년에 버몬트주 샤론에서 태어난 스미스는 10살 때 처음에는 팔미라, 그리고 다음에는 맨체스터라는 뉴욕의 불붙는 지역으로 이사했다. 그곳에서 그는 갈피를 잡지 못할 정도로 많은 종교적 대안들을 접했다. 자기 전후의 많은 그리스도인들과 마찬가지로 스미스는 죄에서 해방되어 구원에 이르기를 갈망했다. 그러나 그는 참된 길을 발견할 수 없었다. 그는 나중에 이렇게 기록했다. "이러한 말들의 전쟁과 의견들의 혼란 속에서 나는 종종 이렇게 자문하곤 했다. '어떻게 해야 하는가? 이 모든 부류 중 누가 옳은가? 아니면 그들 모두가 틀렸는가?'"[9]

스미스가 칼뱅주의 신학이 지배했던 식민지 뉴잉글랜드에서 자랐더라면 그는 아마도 사춘기 시절에 예정신학 때문에 불안했을 것이다. 그는 아마도 "나는 선택받은 자인가, 저주받은 자인가?"에 대해 궁금했을 것이고 자신이 선택받았다는 데 대해 확신하는 일에 몰두했을 것이다. 그러나 10대 시절과 20대 시절을 뉴욕주 상부에서 보낸 스미스의 고뇌는 다른 형태를 띠었다. 그 불안은 급속하게 쇠퇴해가는 예정신학에서 비롯된 것이 아니라 종교 다양성이라는 현실, 보다 정확하게는 종교 다양성과 미국 신학의 결합에서 비롯되었다. 불붙는 지역의 종교적 의견들은 국경만큼이나 넓었는데, 사회복음주의에 따르면 구원은 신의 일인가가 아니라 개인의 선택 문제였다. 그러나 어떻게 선택하는가? 운명을 감리교도에게 걸어야 하는가? 올바른 곳이 장로교인가, 침례교인가? 침례교라면 어느 침례교인가?

---

9   *Joseph Smith—History* 1:10, *Pearl of Great Price*에 수록된 글.

자유의지 침례교, 정규 침례교, 일반 침례교 또는 영혼 안의 두 씨앗 침례교인가? 그리고 일단 선택하고 나면, 자신이 현명하게 선택했음을 어떻게 확신할 수 있는가? 사회학자 피터 버거가 언급한 바와 같이 종교 다양성이 반드시 신앙을 훼손하는 것은 아니지만 그것이 신앙의 본질을 변화시킬 수 있다는 점도 부인할 수 없다. 미국 역사의 처음 100년 동안 종교는 상속 문제가 아니라 선호 문제가 되어서 종교를 "당연하게 여기던" 경향이 사라지기 시작하고 개인의 종교적 선택이 핵심적인 영적 문제가 되었다.[10]

스미스가 살던 뉴욕주 지역에서도 자유의지와 종교 다양성이 결합해서 젊은 스미스를 불안하게 했다. 불붙은 구역 자체와 마찬가지로 팔미라는 종교적으로 다양했다. 침례교, 감리교, 장로교, 퀘이커교 모두 마을 안 또는 가까이에 교회를 갖고 있었다. 스미스 가족이 10대 때 이사 간 맨체스터도 교파들의 경연장이었다. 이 지역은 스미스의 젊은 시절에 "종교라는 주제에 대해 이례적인 흥분"을 경험했는데 그곳에서 "감리교, 장로교, 침례교가 경쟁하고 있었다."[11]

스미스의 가족도 종교적으로 다양했다. 그의 부모인 조셉 스미스 시니어와 루시 맥 스미스도 매우 경건했지만 그들은 교파에 소속되지 않은 그리스도인들이었다. 그들은 집에서 기도하고 성경을 읽었지만 교회에는 이따금 출석했다. 조셉의 어머니는 한동안 서부 팔미라 장로교회에 다녔지만 그녀의 남편은 동조하기를 거부했다. 회중교회에서 세례를 받은 조셉 스미스 시니어는 보편적 구원 신학의 하나님의 자비에 토대를 둔 만인구원파와

---

10 Peter L. Berger, "Protestantism and the Quest for Certainty," *Christian Century* (August 26, 1998), 782.

11 *Joseph Smith—History* 1:5, *Pearl of Great Price*에 수록된 글.

잠시 제휴했다. 그도 민간 주술을 사용했고, 꿈과 환상을 하나님으로부터 개인적으로 받는 계시라며 이를 존중했다. 그는 궁극적으로 모든 교파들이 위선적이며 부패했다고 결론을 내리고서 아무 교파와도 동조하지 않겠다고 다짐했다. 그러나 스미스가(家)의 가장은 세속주의자가 아니었다. 그는 교회에는 나가지 않았지만 헌신된 그리스도인이었다. 사실 기독교에 대한 그의 헌신으로 인해 그는 일요일 예배에 출석할 수 없었다.

이 모든 사실은 조셉 스미스 주니어가 진지한 구도자였음을 알려준다. 그의 부모들이 그에게 예수에 대한 신앙과 성경에 대한 관심을 주입해줬지만, 대답보다는 질문들을 더 많이 물려주었다. 게다가 자유의지라는 기치 아래 스미스의 부모는 자기 아들이 스스로 영적 선택을 내리게 했다. 스미스는 부모들이 자기가 찾고 있는 종교적 대답을 제공해줄 위치에 있지 않아서 종교적 자유에 따르는 책임이라는 큰 부담을 느꼈다. 그는 처음에는 그저 압도당하기만 하다가 결국 성경으로 향했다.

개신교 종교개혁의 가장 큰 희망 중 하나는 성경의 권위와 읽고 쓸 줄 아는 능력의 확산이 기독교의 연합을 가져오리라는 것이었다. 그들은 성경을 교황주의자들의 손에서 빼앗아 일반인들이 읽을 수 있게만 한다면 평화로운 (그리고 일치된) 기독교 왕국이 찾아 올 것으로 생각했다. 또는 기독교는 순진하게도 그렇게 되기를 희망했다. 토머스 제퍼슨도 성경이 기독교의 일치를 가져오기를 희망했다. 그는 1824년에 한 편지에서 "모든 기독교 분파들이 산상수훈 앞에 모이기만 한다면" 산상수훈의 도덕적 가르침이 "종교 일치의 중심점"이 될 수 있을 것이라고 썼다. 그러나 그런 일은 일어나지 않았다. 경합하는 성경 해석들을 중재할 영적 대법원(또는 교황 제도)이 없는 상태에서 모든 신자들은 스스로 자유롭게 성경을 해석할 수 있었다. 기독교의 이 새로운 자유는 (가톨릭교도들이 예언한 바대로) 일치가 아니라 개

신교가 서로 경쟁하는 신념과 교파들의 바벨탑으로 갈라지는 준무정부 상
태로 귀결되었다. 따라서 철저한 성경 연구가 스미스에게 자신이 찾고 있
던 대답을 제공해주지 못했음은 놀라운 일이 아니다. 스미스는 나중에 "다
양한 교파의 종교 교사들이 같은 성경 구절을 하도 다르게 이해해서" "성
경에 호소함으로써 문제를 해결할 수 있다는 모든 확신이 파괴될" 정도라
고 생각했다.[12]

조셉 스미스는 10대의 어느 때쯤에 참된 기독교는 성경의 권위에만 의
존할 수 없다고 믿게 되었다. '오직 성경으로'라는 구호는 16세기에 독일
의 마르틴 루터에게는 통했을지 몰라도 스미스에게는 통하지 않았다. 그
래서 스미스는 자기의 질문들을 직접 하나님께 물어 보기로 했다. 스미스
의 젊은 시절에 대한 일부 설명들에서는 스미스의 질문들이 철학적으로 또
는 보다 정확하게는 인식론적으로 제기되었다. "이 모든 교파들 중에서 어
느 교파가 옳은가?···그리고 나는 그것을 어떻게 알 수 있는가?"[13] 그러나
스미스의 불안은 철학적일 뿐만 아니라 개인적이었고, 인식론적일 뿐만 아
니라 존재론적이었다. 그는 어느 교파가 옳은지 알고 싶었지만, 이를 알고
싶었던 이유는 자기가 지옥으로 가고 있는 것이 아니라 천국으로 향하고
있음을 확신하기를 갈망했기 때문이었다.

스미스가 아직 10대이던 어느날, 그는 홀로 숲에서 하나님께 개입해
달라고 간절히 기도하고 있었다. 어둠, 절망, 악령이 그를 사로잡으려고 하
는 바로 그 순간에 그는 모르몬교도들이 첫 번째 환상이라고 묘사하는 (그

---

12 Adams 편, *Jefferson's Extracts*, 414 ; *Joseph Smith-History* 1:12, *Pearl of Great Price*에 수록
된 글.

13 *Joseph Smith-History* 1:10, *Pearl of Great Price*에 수록된 글.

리고 이를 이용하는) 사건을 경험하는 보상을 받았다. 시간이 흐름에 따라 그 사건에 대한 설명들은 달라졌다. 1838년에 쓰인 정통 버전은 이런 식으로 설명한다.

나는 바로 내 머리 위, 밝은 태양 위로 빛기둥 하나를 보았는데 그 기둥이 서서히 내게 내려왔다. 그 기둥이 나타나자마자 나는 나를 속박하던 적에게서 풀려났음을 발견했다. 그 빛이 내 위에 머무르고 있을 때 나는 그 광채와 영광을 묘사할 수 없는 두 분이 내 위 공중에 서 있는 것을 보았다. 그중 한 분이 내 이름을 부르고 다른 분을 가리키며 내게 이렇게 말했다. "이는 내 사랑하는 아들이다. 그의 말을 들어라!" 내 목표는 어느 교파에 가입해야 할 지 알 수 있도록 모든 교파들 중 어느 파가 옳은지 주께 여쭤보는 것이었다. 그래서 나는 정신을 차리고 말할 수 있게 되자마자 내 바로 위에서 빛 가운데 계신 그분들께 (당시에 나는 이 모든 교파들이 틀렸다고는 생각하지 않았기 때문에) 이 모든 교파들 중에서 어느 교파가 옳은지 그리고 어느 교파에 가입해야 할지 여쭤보았다. 나는 그들 모두 틀렸으니 어느 교파에도 가입하지 말라는 대답을 들었다. 그리고 내게 말씀하신 그분은 그들의 모든 신조들은 그분이 보시기에 가증스러우며, 그 선생들은 모두 부패했고, "그들은 입술로는 내게 가깝지만 마음은 내게서 멀고, 인간의 계명인 교리들을 가르치는데 경건의 형태는 있지만 경건의 능력은 부인한다"라고 말했다. 그분은 다시금 내게 어느 교파에도 가입하지 말도록 금하고, 다른 많은 것들을 얘기했지만 그 얘기들을 이번에 다 쓸 수는 없다. 내가 다시 정신을 차려보니 나는 누워서 하늘을 바라보고 있

었다.[14]

모르몬교를 비판하는 사람들은 이 정통적인 설명과 초기 번역들, 특히 스미스가 1832년에 직접 쓴 기록 사이의 불일치를 지적했다. 예를 들어 1832년 판에서는 예수가 홀로 스미스에게 나타났으며 이 모든 말들을 혼자서 했다. 그러나 그런 불만은 상대적으로 사소한 지적이다. 훌륭한 변호사(또는 역사가)라면 특정 사건이 발생하고 나서 수십 년 뒤에 쓰인 경합하는 내러티브들 사이에 모순이 있을 것으로 예상할 것이다. 그리고 모순에도 불구하고 핵심적인 요소들은 남아 있다. 두 경우 모두 예수가 환상 가운데 스미스에게 나타난다. 두 경우 모두 스미스는 계시의 복을 받는다. 두 경우 모두 하나님은 그에게 더 좋은 교파가 남아 있으니 모든 기독교 교파들로부터 떨어져 있으라고 말한다.

　이 첫 번째 환상을 본 몇 년 뒤 스미스가 겨우 열여덟 살이었을 때 그에게 신이 또다시 나타났다고 한다. 이 경우도 거의 눈을 멀게 할 정도의 빛과 함께 시작되었다. 이번에는 "아주 희고 빛나는" 옷을 입은 한 인물이 나타났다. 그는 스미스의 이름을 부르면서 그에게 자기 이름은 모로나이라고 알려주었다. 그러고 나서 그는 장차 모르몬 예언자가 될 스미스에게 미국의 편지들에서 가장 놀라운 얘기 중 하나를 들려주었다. "그는 미국 대륙에 전에 살던 거주자들과 그들의 기원 얘기를 들려주는, 황금판에 새겨진 책이 보관되어 있다고 말했다. 그리고 그는 구주에게서 고대 거주자들에게 전달된 영원한 복음의 완성본이 그 책 안에 담겨 있다고 말했다." 그 황금 책과 함께, 황금판을 ("개량된 이집트어로부터") 번역할 수 있게 해 줄 두 개

14　*Joseph Smith-History* 1:16-20, *Pearl of Great Price*에 수록된 글.

의 돌들이 달린 흉판이 있었다. 그러고 나서 모로나이는 성경에서 많은 구절들을 인용했는데 그의 번역은 킹 제임스 역본과는 다소 달랐다. 그 천사는 한줄기 빛을 타고 하늘로 올라가다가 스미스의 옆으로 돌아와서 전에 한 말을 반복했다. 그 천사는 다시 올라간 뒤 또다시 돌아와서 그의 메시지를 다시 반복하고는 영원히 사라졌다. 이 방문이 끝나자 수탉이 울었고, 미국의 예언자로서의 스미스의 경력이 시작되었다.

모르몬교도들은 대개 이 두 환상들을 사도 시대 종료 시에 "큰 배교"에 빠진 원시 교회를 회복하려는 자기들의 노력의 기원으로 본다. 그러나 이 환상들은 환상 자체를 넘어서 모르몬 경전을 가리킨다. 그 환상들이 말하는 이야기는 책들, 즉 당대의 가장 혼란스런 종교적 질문들에 관해 답할 수 없는 옛 책과 답할 수 있는 새 책, 말하자면 새로운 신약성서에 관한 이야기다. 모로나이의 환상에 대한 표준적인 설명의 대미를 장식하는 수탉우는 소리는 스미스를 하나님이 그 위에 자신의 새 교회를 세울 반석으로 위치시키는 모르몬 운동의 새벽을 선언한다. 그렇지만 스미스는 베드로의 역할뿐만 아니라 모세의 역할도 수행할 운명이었던 것으로 보인다. 그가 새로운 교회를 세운 것은 사실이다. 그러나 그 교회는 기독교적인 것만큼이나 히브리적이며, 스미스가 한 산에서 가지고 내려온 책의 토대 위에 세워졌다.

저명한 예수: 경전 텍스트 모르몬교

모르몬 경전이 처음 출현했을 때 미국인들은 "책의 사람들"이었다. 존 버틀러가 언급한 바와 같이 "신앙의 바다에 빠진" 미국인들은 성경의 바다에도 빠져 있었다. 당대의 대중문화에서 성경의 영웅들에 대한 언급은 오늘날 영화 스타들의 성생활에 대한 언급만큼이나 편만하고 이해하기 쉬웠다. 그러나 가장 선호되는 책들은 대개 구약성서에서 왔다. 마크 놀이 말한 바와 같이 조지 워싱턴이 1799년에 사망했을 때 성직자들은 그들의 사망한 영웅을 예수나 베드로가 아니라 "아벨, 야곱, 모세, 여호수아, 옷니엘, 사무엘, 아브너, 엘리, 다윗, 요시아, 여호야다, 모르드개, 고레스 그리고 다니엘"과 비교했다. 그리고 공화국 초기에 미국 정치인들이 가장 자주 인용한 책은 신명기였다. 놀에 의하면 "독립 후 오랫동안 미국의 공적인 성경은 실제로는 구약성서였다." [15]

1830년쯤에는 기류가 바뀌었다. 일부 신흥 종교들은 구약성서를 계속 영적 세계의 표준으로 보았다. 조셉 스미스와 동시대 인물인 로버트 매튜스가 자신은 그리스도인이라기보다는 히브리인임을 깨닫고 뉴욕주 상부에 자신의 시온을 세움에 따라 "맛디아 왕국"이라는 교파가 시작되었다. 그럼에도 불구하고 미국에서 성경의 중심은 구약에서 신약으로 옮겨가고 있었고 모세, 모르드개, 다윗과 다니엘의 그늘에서 예수가 부상하고 있었다.

조셉 스미스는 이러한 성경 국가와 태동 중인 예수의 산물이었다. 스미스는 자기 주위의 개신교인들과 마찬가지로 킹 제임스 역본 성경을 많이 읽었다. 그러나 그는 주위의 동료 개신교인들과는 달리 새로운 계시와 새로운 성경으로 그 책을 보완했다. 성경의 수사와 킹 제임스 역본의 그대

---

15   Butler, *Awash in a Sea of Faith*; Mark A. Noll, "The Image of the United States as a Biblical Nation, 1776-1865," Hatch and Noll, 편, *The Bible in America*, 44, 45에 수록된 글. 성경 일반, 특히 신명기의 중요성에 대해서는 Donald S. Lutz, "The Relative Influence of European Writers on Late Eighteenth-Century American Political Thought," *American Political Science Review* 78.1(March 1984), 189-97을 보라.

274   2부   환생

(thee, thou)에 흠뻑 젖은 모르몬 경전은 구약성서를 중시하던 미국의 과거나 신약성서를 중시하게 될 미국의 미래를 반영한 것이 아니라 당대의 과도기를 반영했다.

모르몬교도들은 현재 그들의 기원을 1820년과 조셉 스미스의 최초의 환상으로 거슬러 올라가지만, 모르몬교는 스미스의 지인들 몇 명이 모르몬 경전을 거룩한 저작으로 받아들였던 1820년대 말에 탄생했다. 1830년 3월에 모르몬 경전이 최초로 출판되자 모르몬 운동이 확산되었다. 한 달 뒤에 "모르모나이트"(Mormonites, 모르몬 사람들이라는 뜻, 모르몬교도들을 처음에는 이렇게 불렀다)는 뉴욕주 파예트에 모여 당시에는 그리스도의 교회라고 알려진 조직을 구성했다. 초기 신도들의 대부분은 스미스의 확대 가족이었으며 많은 이들이 꿈과 환상을 통해 하나님과 소통할 수 있는 능력을 포함한 스미스의 부인할 수 없는 카리스마에 이끌렸다. 그러나 진정한 인기의 원천은 모르몬 경전이었다. 새로운 성경이 스미스의 새 종교 운동에서 차지하는 중요성에 비춰볼 때 초기 모르몬교를 텍스트 모르몬교(textual Mormonism)로 부르는 것도 일리가 있다. 다른 미국인들과 마찬가지로 초기 모르몬교도들도 "책의 사람들"이었다. 그들이 특이했던 점은, 그들은 하나님이 아직도 예언자를 통해 말하고 있다고 확신했다는 점이다.

초기 모르몬 운동의 예수를 이해하기 위해서는 자기가 모르몬교에 대해 알고 있다고 생각하는 많은 것들을 잊을 필요가 있다. 오늘날 일반 대중이 상상하는 모르몬교는 유타주 및 일부다처제와 관련이 있으며 복음주의 비평가들의 마음속에는 복수(複數)의 신 같은 이단과 관련이 있다. 그러나 1830년에 유타주에는 모르몬교 신자가 한 명도 없었고 어떤 모르몬교 사상가도 아직 다신교나 일부다처제에 대해 호의적으로 설교하지 않았다. 확실히 모르몬 경전의 수용으로 인해 모르몬교는 감리교, 침례교 및 그리스도의 제자와 구별된다. 모르몬교도들의 미국 성경은 뭔가 새로운 것이었다. 그러나 모르몬 경전의 내용보다는 그것이 존재한다는 사실 자체가 문제였다.

　모르몬 경전에는 모르몬교의 악명이 높아지게 할만한 교리가 거의 없다. 모르몬 경전은 신들의 육체성이나 복수성을 가르치지 않는다. 그 경전은 성부 하나님과 성자 하나님을 별개의 신으로 묘사하지 않는다. 이 경전은 죽은 자들을 위한 침례나 영원한 결혼 제도를 창설하지 않으며 일부다처제를 거부하는 듯하다. 모르몬 경전은 기독교 신조와 마찬가지로 삼위일체를 가르친다. 모르몬 경전은 찰스 피니의 설교들과 마찬가지로 죄와 은혜, 고백과 개종, 구원과 성화를 가르친다. 이 경전은 잭슨 시대의 민주주의적 정신과 궤를 같이해서 예정, 제한 속죄, 무조건적 선택과 같은 칼뱅주의 교리를 조롱한다. 달리 말하자면 모르몬 경전이 출간되었을 때만 해도 이 경전은 오늘날 우리가 생각하는 것보다 훨씬 덜 급진적이었다. 신학적으로 철저하게 아르미니우스주의인 모르몬 경전은 예수를 선택할지 거절할지는 각 개인의 자유라고 주장한다. 예수는 「니파이3서」 11:32-33에서 "아버지께서는 모든 곳의 모든 사람에게 회개하고 나를 믿으라고 명령하신다. 누구든지 나를 믿고 침례를 받으면 구원을 받을 것이다"라고 말한다.

　그의 새 성경과 마찬가지로 스미스의 새 교파는 상당히 전통적인 그리스도인 그룹에게 제시되었다. 비평가들은 스미스가 그의 책을 "그리고 이 일이 일어났다"(And it came to pass)와 같은 구식 표현을 포함한 킹 제임스 역본의 용어로 장식했다고 비난했다. 그러나 이러한 모방은 초기 모르몬교와 기독교의 연결 관계를 강조해줄 뿐이다. 그리스도인들이 신약성서를 구약성서에 추가했다면, 모르몬교도들은 모르몬 경전을 성경에 덧붙였다. 그러나 그 결합의 새로운 결과는 기독교가 유대교를 교체한 것만큼 창의적이지

는 않았다. 원래의 이름인 그리스도의 교회와 (1838년에 채택된) 예수 그리
스도 후기성도교회 모두가 암시하는 바와 같이, 이 조직은 완전히 새로운
종교로 시작한 것이 아니라 기독교 안의 한 종류로 시작했다. 확실히 스미
스는 당대의 대다수 개신교 신자들보다 더 구약에 매료되었으며, 모르몬
경전이 출간되기 전에 그는 아론의 레위 제사장직을 회복하는 계시를 받
았다. 그러나 히브리 족장들에 대한 그의 관심이 그를 즉각적으로 (개신교로
부터) 멀리 떨어지게 하지는 않았다. (제사장직 회복의 주목적 중 하나는 침례를
정당화하는 것이었다.)

1830년 4월 6일 개최된 그리스도의 교회 제1차 회의 중에 스미스는
그의 추종자들에게 일련의 "그리스도의 교회의 정관과 언약"을 읽어 주
었다. 현재는 모르몬 성경 『교리와 성약』에서 수정된 형태를 찾을 수 있는
이 문서는 이 교파의 청사진 역할을 했다. 이 문서는 은혜와 신앙, 죄와 회
개, 칭의와 성화에 대해 얘기했다. 이 문서는 "장로, 제사장, 교사, 집사"라
는 교회 직분들을 제정했다. 이 문서는 침례를 "아버지와 아들과 성령의 이
름으로" 제정했으며 빵과 포도주 의식(이 문서는 이를 "기념"으로 정의했다)을
위한 기도를 포함했다. 이 문서는 무한하고 영원하며 변하지 않는 한 분 하
나님과 "그 안에서 아버지와 아들, 성령이 무한하고 영원한 한 하나님인"
삼위일체 그리고 (초기 모르몬교도들이 거부한 신조들을 상기시키는 용어인) "십
자가 처형을 당하고 죽었다가 3일째에 부활해서 하늘에 올라가 아버지의
오른 쪽에 앉은" 그리스도를 긍정했다.[16]

---

16 *Doctrines and Covenants* 20. Smith가 이 계율을 공표한 지 몇 주 뒤인 1830년 6월 9일에
열린 최초의 교회 컨퍼런스에서 한 신자는 예수에 대한 초기 모르몬교도들의 헌신을 강
조하는 환상을 보았다. 그는 하늘이 열리는 것을 보았고 지극히 높으신 분의 오른 쪽에
앉아 있는 주 예수 그리스도를 보았다." Joseph Smith, *History of the Church of Jesus Christ*

자기들의 새 성경을 들고서 전국으로 흩어진 선교사들은 존 스미스
보다 예수 그리스도께 그들의 시선을 두었으며, 모르몬 경전보다 신약성서
의 텍스트를 훨씬 더 많이 설교했다. 1831년에서 1836년 사이에 쓰인 윌리
엄 E. 맥렐린의 일기들은 신생 모르몬 운동의 이례적인 단면을 제공한다.
1831년에 모르몬교로 개종한 맥렐린은 자신과 다른 모르몬 선교사들이 선
교 여행 중에 전달한 수백 종의 여러 주제들을 기록했다. 이 주제들의 약
1/4만 모르몬교에 독특한 내용이었다. 절반이 넘는 주제들이 기독교 신앙,
관습, 텍스트 또는 자선 및 기도와 같은 보다 일반적인 종교적 주제에 관한
것들이었다. 더욱이 맥렐린은 특정 성경책들과 심지어 특정 구절들에 관한
수십 건의 이야기들을 기록했지만, 모르몬 경전 텍스트가 설교 본문으로
사용된 사례는 3건만 기록했다. 최소한 맥렐린에게는 모르몬 경전의 목적
은 성경을 대체하는 것이 아니라 성경의 진실성과 절박함을 증명하는 것이
었다. 맥렐린의 핵심 메시지는 "그리스도께로 오라"는 것이었고, 그의 핵심
텍스트는 성경이었다.[17]

초기 모르몬교가 기독교적이었음은 초기 모르몬 찬송가들에서도 분명
히 나타나는데, 이 찬송가들은 맥렐린의 일기들과 마찬가지로 예수에게서

---

of Latter-day Saints (B. H. Roberts 편, Salt Lake City: Church of Jesus Christ of Latter-day
Saints, 1902), http://www.math. byu.edu/~smithw/Lds/LDS/History/History_of_ the_
Church/Vol_1을 보라.

17   M. Teresa Baer, "Charting the Missionary Work of William E. McLellin: A Content
Analysis," Jan Shipps and John W. Welch 편, The Journals of William E. McLellin, 1831-
1836 (Urbana and Provo, Utah: University of Illinois Press and BYU Studies, 1994),
379-405, 110에 수록된 글. Baer의 방법은 실제로는 "주기도문"과 "주께 찬양하라"와 같
은 주제들을 "기독교 일반"이 아니라 "종교 일반"에 포함시킴으로써 초기 모르몬교 설
교들이 기독교적이었음을 덜 강조한다. McLellin은 (무엇보다도) 신들의 복수성과 죽은
자들을 위한 침례를 거부한다는 이유로 후기 성도 교회에서 파문당했다.

피난처를 찾았다. 최초의 모르몬 컨퍼런스들(이 회합들 자체가 신약의 예전을 따랐다) 중 하나에서 신자들은 아래와 같은 예수 중심적인 찬송가를 불렀다.

> 순례자들이여, 아래에 있을 때 확실한 평화의 길을 계속 가라.
> 예수와 그의 은혜 외에는 다른 아무것도 알지 않기로 결심하라.

1835년에 조셉 스미스의 부인 엠마 헤일 스미스가 편찬한 최초의 모르몬교 찬송가집은 예수를 "성도들이 신뢰할 수 있는 유일한 이름"이라고 찬양하는 찬송가들로 가득 차 있다.

> 우리 예수의 놀라운 이름을 노래하리.
> 우리의 대장이자 왕이신 분의 명성을 전하리.
> 우리는 달콤한 환희로써 그의 선하심을 증명하네.
> 그의 이름은 구원이고 그의 본질은 사랑이라네.

이 찬송가들은 예수를 "대장이자 왕" 외에도 신랑, 목자 그리고 "오실 구속자이자 친구"로 묘사했다. 그들은 속죄를 대속적 희생으로 이해했고, 신실한 자들은 "오직 그리스도"의 공로로 구원받는다고 주장했다.[18]

회복주의자들과 마찬가지로 초기 모르몬교도들은 자기들을 스미스가 "예수 그리스도의 복음의 충만함"이라고 불렀던 기독교 천년왕국론자들

---

18 Michael Hicks, *Mormonism and Music: A History* (Urbana: University of Illinois Press, 1989), 11; Emma Hale Smith, *A Collection of Sacred Hymns, for the Church of the Latter Day Saints* (Kirtland, Ohio: F. G. Williams and Co., 1835), 20, 101, 48, 111.

이라고 여겼다.[19] 그러나 스톤과 캠벨은 팔레스타인의 원시 교회를 회복시키기 위해 노력한 반면에 스미스와 그의 추종자들은 1세기 아메리카의 교회 회복을 목표로 했다. 그들은 계속적인 계시와 제사장직의 갱신을 긍정한다는 점에서 회복주의자들과 구별되었다. 그럼에도 불구하고 초기 모르몬 시대의 예수는 대체로 제2차 대각성 복음주의의 구속주였다. 사실 모르몬교도들은 예수가 미국에 체류했다는 제5의 복음으로써 마태, 마가, 누가, 요한복음을 보충했다. 그러나 예수를 뭔가 다른 존재(비밀스럽고 모호한 불교의 영웅보다 더한 존재)로 변화시키기 위해 예수를 아시아로 보냈던 노토비치나 다울링과는 달리, 모르몬교도들은 예수의 구세계에서의 사명을 확장하기 위해 그를 신세계로 데려왔다. 모르몬 경전에서 예수는 신약성서에서와 같이 말하고 행동한다. 그는 산상수훈과 유사한 설교를 하고 주기도문과 비슷한 기도를 가르친다.

모르몬 경전에 따른 모르몬교의 예수와 1830년대의 복음주의의 예수를 구별시키는 지점은 모르몬 경전의 예수는 유대 전통에 익숙했다는 것이다. 모르몬교도들은 청교도들과 마찬가지로 구약에 정통했다. 그들은 청교도들보다 한술 더 떠서 제사장과 성전, 언약과 선민 그리고 시온과 이스라엘 같은 히브리 주제들을 신앙과 은혜, 죄와 구원 같은 기독교 주제들로 보완했다. 그러나 모르몬교도들은 복음주의자들을 따라 신약의 영역 안으로 들어가지는 않았다. 대신 그들은 구약과 신약 두 텍스트들의 경계 지역에 머물렀다. 그들의 동시대인들은 신약성서에 비추어 구약성서를 읽는 법을 배웠지만, 초기 모르몬교도들은 계속해서 구약의 유형들을 통해 신약을 읽었고, 그들의 진행 순서는 예수부터가 아니라 여호와부터였다(그리

---

19   *Doctrine and Covenants* 20:9.

고 때로는 이 둘을 융합했다). 이 모든 요소들은 스미스와 그의 초기 추종자들이 그들의 회복 프로젝트를 사도적 관점으로뿐만 아니라 아브라함적인 관점에서도 이해했음을 말해준다. 바운티플에서의 첫 번째 설교에서 모르몬 경전의 예수는 이렇게 선포한다. "보라, 나는 세상의 빛과 생명이다." 몇 장 뒤에 그는 구약의 비유와 신약의 비유를 혼합한다. "보라, 나는 율법이고 빛이다." 그 뒤 하늘로 오르기 직전에 그는 자기의 "이스라엘 집"에게 신세계의 "새 예루살렘"을 약속한다.[20]

초기 모르몬교도들은 조지 워싱턴을 히브리 족장들과 우호적으로 비교함으로써 그를 칭송했던 개신교 설교자들의 본을 따라서 예수를 야곱 및 여호수아와 비교해서 그를 칭찬했다. 모르몬 경전은 결코 청교도 목사들처럼 예수를 무시하지 않는다. 동시대의 모르몬교도들이 지적한 바와 같이 예수의 미국 체류는 모르몬 경전의 "주요 특징"인데 이 경전은 (그 타이틀 페이지가 가리키는 바와 같이) "유대인과 이방인들에게 예수가 그리스도임을 확신시키기 위해" 기록되었다. 그러나 초기 모르몬교도들은 대개 예수와 거리를 유지했다. 그들과 예수와의 관계는 사랑과 친밀함이라기보다는 존경과 존중이었다. 그들은 자신의 구주에게 우정보다는 예배를 드렸다. 사실 식민지의 칼뱅주의자들은 그리스도와의 친구 관계를 암시했지만 모르몬교도들은 달콤하고 감상적인 구주와는 전혀 관계가 없었다. 모르몬교도들이 사용할 수 있도록 여러 인기 찬송가들을 개사(改詞)한 윌리엄 와인즈 펠프스는 그의 가사들에서 미국 복음주의자들의 마음을 얻기 시작한 여성화된 예수를 환기시키기를 거부했다. 그는 예수를 남성적으로 표현하기를 부끄러워하지 않았으며 예수를 당당하게 묘사하기를 미안해하지 않았다. 펠

---

20   니파이3서 11:11, 15:9, 21:23.

프스는 칼뱅주의 찬송가 작가인 아이작 왓츠의 "그가 죽는다, 죄인들의 친구가 죽는다"를 개사해서 예수를 죄인들의 친구 대신 "위대한 구속자"라고 언급한다.[21]

예수가 실종되다: 성전 모르몬교

모르몬교는 언어의 종교로 시작했지만 점차 제의(祭儀)의 종교로 변했다. 모르몬교도들은 처음에는 자신을 신세계에 새 예루살렘을 건설하는 새 이스라엘로 보았다. 모르몬 경전은 모르몬교 역사가인 얀 쉽스가 "대위법 패턴"이라고 묘사한 구절들을 통해서 기독교 주제들과 히브리 주제들의 구별을 흐려 놓았다. 그러나 고대 이스라엘을 갱신하는 프로젝트는 교회 갱신 프로젝트의 뒷전에 밀렸다. 모르몬교도들이 성전 제의를 시작하자 이 현상이 바뀌었다.[22]

제2성전 파괴는 유대교의 발전에서 매우 중요한 사건이었다. 기원후 70년에 이 가공할 사건이 발생한 뒤 성전 제의를 수행하는 제사장직에 중심을 두었던 종교는 텍스트를 해석하는 랍비들에 중심을 둔 종교로 급속히 바뀌었는데 이 변화는 이스라엘 민족이 각국에 흩어진 상황에 맞춰진 것이었다. 초기 모르몬교도들도 유대인들과 마찬가지로 재발명하는 재간이 있었지만 그들의 변화는 성전 파괴가 아니라 성전 건축을 중심으로 이뤄

---

21   Susan Easton Black, *Finding Christ through the Book of Mormon* (Salt Lake City: Deseret Book Co. 1987), 36; Hicks, *Mormonism and Music*, 12.

22   Shipps, *Mormonism*, 74.

졌다. 오하이오주 커틀랜드, 일리노이주 노부 그리고 나중에는 솔트레이크 시티에 세워진 성전들 덕분에 모르몬교는 말보다 제의에, 텍스트보다 성전에, 그리고 흩어지기보다 모이기에 의존하는 종교가 되었다.

하나님이 선택한 백성이 타락한 세상에서 나와 모인다는 개념은 모르몬 경전에 계속 등장하는데 이르게는 1830년에 조셉 스미스가 이를 중심으로 그의 "특별한 백성"을 만들고 있었다. 스미스와 그의 가족이 뉴욕을 떠난 1831년에 그는 모든 모르몬교도들을 오하이오주 커틀랜드의 "젖과 꿀이 흐르는 땅"으로 불렀다. 그곳에서 그는 정교분리에 과감하게 맞서 시민 사회와 성스러운 사회의 경계를 없앤 청교도 스타일의 왕국을 건설하기 시작했다. 그는 또한 현재 『교리와 성약』에 수집된 일련의 놀라운 계시들을 받았는데, 그중에는 그에게 "하나님의 집"을 건설하도록 지시하는 계시도 있었다.[23]

성전 모르몬교의 기원을 오하이오주 커틀랜드에서 최초의 모르몬 성전을 봉헌한 날로 보려는 유혹을 받기 쉽다. 1836년 3월 27일에 드려진 봉헌 기도에서 스미스는 보다 히브리적인 형태의 모르몬교의 특징을 이루게 될 많은 사항들을 말했다. 그는 "이스라엘의 하나님"께 기원하고 동료 모르몬교도들을 "야곱의 자녀들"과 "유다의 자녀들"이라고 불렀다. 그의 추종자들은 현재 모르몬교의 고전인 "불타는 것 같은 하나님의 성령"(The Spirit of God Like a Fire Is Burning)이라는 찬송가를 불렀는데, 이 찬송가는 자신들을 하나님의 새 이스라엘로 제시한다.[24]

성전을 봉헌한 1주일 뒤 스미스와 그의 친구 올리버 카우드리가 그

---

23   *Doctrine and Covenants* 88:119.

24   *Doctrine and Covenants* 109:61-64.

성전에서 환상을 받았다고 전해진다는 점에서 성전 모르몬교의 기원을 1836년 봄의 커틀랜드로 보려는 유혹이 특히 강하다. 이 환상은 예수의 방문으로 시작하는데 그의 머리카락은 "백설처럼 희고" 그의 음성은 "큰물이 흐르는 소리 같거나, 여호와의 음성 같기도 하였다." 예수가 성전을 보고서 그 성전이 좋다고 말한 뒤 두 명의 구약 인물들이 나타났다. 스미스는 훗날 모세가 먼저 "우리에게 땅의 사방에서 이스라엘을 모을 열쇠를 위임했다"라고 말했다. 그다음에 엘리야가 그들에게 "아브라함의 복음 전파"를 위임했다.[25]

얀 쉽스는 이 계시(그녀는 이 계시를 히브리 성경의 족장들이 예수를 대체한 것으로 본다)를 "사도적" 모르몬교로부터 "아브라함적" 모르몬교로의 이동에서 핵심적인 순간이었다고 지적했다. 그러나 이 이야기에서 예수가 진정한 영웅임을 주목해야 한다. 『교리와 성약』에서 환상을 묘사하는 16개 절 중 10개 절은 예수에게 할애되었고 6개 절만 다른 구약 인물들에게 할애되었다. 예수가 히브리 족장들과 함께 나타나는 현상은 구약의 주제와 신약의 주제를 섞으려는 텍스트 모르몬교의 "대위법적" 경향과 완벽하게 일치한다(그리고 그 문제에 관해서는 청교도 및 아프리카계 미국인 개신교도 마찬가지다). 스미스의 봉헌 기도는 그 새 건물을 "기도의 집, 금식의 집, 신앙의 집, 배움의 집, 영광의 집, 질서의 집, 하나님의 집"으로 묘사했다. 이 점이 중요한데, 스미스는 이 "모르몬교의 오순절" 뒤에도 몇 년 동안 그의 제사장들이나 성전으로 어떻게 해야 할지 몰랐기 때문에 그 성전을 의식(ordinances)의 집이라고 묘사하지 않았다. 명목상으로만 성전인 커틀랜드 빌딩은 유대교적이라기보다는 기독교적이었다. 제사장들이 그곳에서 희생제사를 드리지

---

25   *Doctrine and Covenants* 110:3, 11-12.

않았다. 사실 모르몬교도들은 기도하고, 설교를 듣고, 찬송가를 부르고, 성경을 읽는 것 외에는 거의 아무것도 하지 않았다. 세족식과 안수 등 그곳에서 도입된 새 의식들은 구약보다는 신약에서 실마리를 얻었다. 간단히 말해서 커틀랜드 건물은 성전이 아니라 교회당이었다.[26]

스미스가 새 건물을 위한 새로운 제의를 고안하지 않은 이유 중 하나는 모르몬교도들은 1830년대의 대부분 동안 생존과 같은 보다 기본적인 문제들에 사로잡혀 있었기 때문이다. 모르몬교에 대한 반대는 모르몬교 자체만큼이나 오래되었으며 이러한 반대는 최소한 모르몬교만큼 진정성이 있다. 1832년에 폭도들이 스미스에게 타르를 칠하고 그 위에 깃털을 붙이는 공격을 가했으며, 모르몬교 신자들과 재산에 대한 다른 도발들로 인해 모르몬교도들은 끊임없이 도망 다녔다. 스미스는 1838년 7월 4일에 미주리주의 파 웨스트에서 성전의 기초를 놓았다. 건축을 시작하기 전에 "공공의 평화를 위해 필요한 경우 모르몬교도들이 적으로 취급되고 말살되거나 미주리주에서 추방되어야 한다"는 미주리 주지사 릴번 보그스의 명령이 내려져서 그들은 일리노이주 노부로 쫓겨났다.[27] 그곳에서 모르몬교도들은 일리노이주 당국의 공존공영 태도 덕분에 일리노이주 최대 도시들 중 한 곳에 그들의 집회 장소를 건설할 수 있었고, 스미스는 그곳에 그 도시의 시장과 족장이 되었다. 또한 스미스는 모르몬교를 성전에 기반을 둔 종교로

---

26   Jan Shipps, "Joseph Smith and Mormonism," http://www.lds-mormon.com/shippsJoseph_smith.shtml; *Doctrine and Covenants* 109:8; Shipps, *Mormonism*, 82.

27   *Document Containing the Correspondence, Orders, etc, in Relation to the Disturbances with the Mormons* (Fayette, Mo.: Boon's Lick Democrat, 1841), 61. 이 문장은 종종 "공공의 평화"가 아니라 "공익"이라고 표현되는 경우도 있지만, 원래 손으로 쓰인 명령문의 온라인 이미지(http//www.ldshistory.org/extermination.htm)는 "공공의 평화"가 올바른 표기임을 명확히 보여준다.

재구성할 수 있었다.

모르몬교들은 커틀랜드에서와 마찬가지로 노부에서도 성전을 건축했다. 그러나 이번에는 그들은 성전에 적합한 새로운 제의와 새로운 믿음들도 개발했다. 1841년 1월에 계시가 내려와서 죽은 자들을 위해 세례를 받는 새 성전 제의가 도입되었다. 스미스가 제의가 풍부한 프리메이슨단에 가입한 지 2달도 되지 않은 1842년 5월, 그는 "엔다우먼트(endowment)"라 불리는 호화로운 제의를 도입했는데 이 제의는 씻기와 기름 바르기, 난해한 신비 의식, 비밀 서약, 특별 의상 수여, 아담과 하와로부터 이스라엘의 회복과 복음에 이르기까지의 성스러운 이야기에 대해 극적으로 다시 말하기가 포함되었다.[28] 1년 뒤 그는 가장 가까운 추종자들에게 구약의 일부다처제 관행의 부활을 선언했는데 모르몬교도들은 이를 복혼(複婚)이라 부른다. 그는 또한 "영원한 천상의 결혼식"이라는 새로운 제의를 고안했다.

이후 몇 년 동안 새로운 믿음들이 우르르 쏟아져 나왔다. 일련의 잇단 계시에 고무된 스미스는 성령의 유형성과 신의 물질성을 선언했다. 그는 탄생 전의 영혼이 존재한다고 가르쳤으며 인간의 삶을 전생, 이생, 내생 단계로 나눴다. 그는 다른 기독교 교파들의 천국-지옥이라는 이원적 우주론을 3층 천국(그리고 가는 사람이 적은 지옥)으로 대체했다. 그는 인간의 법이 아닌 신의 법에 의해 다스려지는 이상적인 신정 사회를 선언했다. 그는 자신의 교회가 "이스라엘이 문자적으로 모일 것과 10지파가 회복될 것"을 믿는다고 긍정했다.[29] 이 주장이 가장 도발적인데, 그는 개인들에게 선행과 비

28 　모르몬교의 제의화에 대한 자세한 역사는 David John Buerger, "The Development of the Mormon Temple Endowment Ceremony," *Dialogue* 20.4(Winter 1987), 33-76을 보라.

29 　Joseph Smith, "Church History" *Times and Seasons* (March 1, 1842), 710.

밀스러운 성전 제의의 결합을 통해서 고양 상태와 심지어 신적인 존재로 올라갈 수 있게 해 주는 새 "구원 계획"을 선언했다.

(1844년 킹 폴렛이라는 남성 모르몬교도의 장례식에서 전달된) 유명한 "킹 폴렛 담화"에서 스미스는 대담하게도 자기의 새 종교 전통을 역사적 기독교 및 초기 모르몬교 자체와 거리를 두었는데, 이에 따라 한 저자는 "모르몬 경전은 킹 폴렛과 함께 묻혔는가?"라고 묻기에 이르렀다. 스미스는 신과 인간 모두를 급진적으로 재해석해서 인간은 "은혜에서 은혜로, 고양에서 고양으로" 그리고 심지어 신들 자체로 진보할 능력이 있다고 주장했다. 사실 그는 이 길이야말로 예수 자신이 걸었던 길이라고 주장했다. 아마도 에머슨은 예외일 수 있겠지만 스미스는 미국의 다른 어느 위대한 사상가들보다 신과 인간의 구분을 더 흐려 놓았다. 모르몬교는 이제 "인간의 현재 상태는 신의 과거의 상태다. 인간은 나중에 현재의 신의 상태와 같아질 수도 있다"고 단언한다.[30]

이런 변화들이 합쳐져서 모르몬교는 진정한 종교적 외부인이 되었다. 이제 모르몬교도들은 윌리엄 맥렐린이나 다른 초기 모르몬교도들처럼 개인 구원을 목표로 하지 않고 자기 가족의 "고양"과 "천상의 영광"을 추구했다. 그 목표를 달성하는 수단은 성전 제의였는데 성전 제의는 결혼한 부부들과 그들의 자녀들이 "성부 앞에서 걸을 수" 있게 해 주었다. 후기 성도들은 예수께 결합하기보다 자기의 가족에게 그리고 가족을 통해 모르몬 부족에게 결합되었다. 그들의 핏줄은 이스라엘의 "믿는 피"로 고동쳤다. 이렇게 해서 모르몬교는 개인보다는 가족들에게 초점을 맞추고 단지 이스라

---

30 J. Frederic Voros, Jr., "Was the Book of Mormon Buried with King Follett?" *Sunstone* 11:2(March 1987), 15-18; 결론적인 문장들은 모르몬교 교주 로렌조 스노우의 말이다.

엘이나 교회의 회복이 아니라 "만물의 회복"에 초점을 맞추는 종교가 되었다.[31]

스미스의 새로운 믿음과 비밀 제의에 대한 소문이 퍼지고 모르몬교가 확장됨에 따라 이에 대한 반대도 강해졌다. 이전의 비판자들은 대부분 모르몬교도들을 "사악한 인간 쓰레기"라고 공격하고 모르몬 경전을 (마크 트웨인의 말을 빌리자면) "인쇄된 클로로포름"이라고 공격하는 데 만족했다. 그러나 일부 모르몬교도들이 비판자들의 손에 순교당했는데 이제 치명적인 공격이 스미스 자신에게 향했다. 스미스가 미국 대통령에 출마하겠다고 선언한지 몇 달 뒤이자 그가 모르몬교에 적대적인 출판사를 파괴하라고 지시한지 며칠 뒤인 1844년 6월에 이 모르몬교 창시자는 체포되어 구금되었다. 그해 6월 27일에 한 폭도가 일리노이주 카르타고에 있던 감옥에 침입해서 스미스와 그의 형인 하이럼 스미스를 사살했다.[32]

후계 분쟁이 일어나서 모르몬교가 2개의 주요 그룹으로 갈라졌다. 한 그룹은 조셉 스미스, 그의 부인 엠마 그리고 그의 아들 조셉 스미스 3세를 추종했는데 그들은 나중에 '복원 예수 그리스도 후기성도교회(Reorganized Church of Jesus Christ of Latter-day Saints; RLDS)'가 되었다. 2001년에 '그리스도 공동체'로 이름을 바꾼 이 그룹은 성전 모르몬교보다 텍스트 모르몬교를 선택해서 일부다처제와 천상의 결혼 등 노부 성전 시기의 교리적, 제의적 혁신의 대부분을 거절했다. 이 그룹의 구성원들은 성전 제의를 통한 신

---

31   *Doctrine and Covenants* 132:19, 88:22; Brigham Young, *Journal of Discourses* (Liverpool, England: B. Young, 1867), 2:31 ; Orson F. Whitney, *Saturday Night Thoughts* (Salt Lake City: Deseret News, 1921), 132-33; *Doctrine and Covenants* 86:10.

32   D. Michael Quinn 편역, "The First Months of Mormonism: A Contemporary View by Rev. Diedrich Willers," *New York History* 54 (July 1973), 327; Mark Twain, *Roughing It* (Hartford, Conn.: American Publishing, 1891), 102.

적인 상태를 향한 영원한 진보를 목표로 하지 않았다. 대신 그들은 모르몬 경전의 그리스도를 통한 구원을 목표로 했다. 그러나 대부분의 모르몬교도들은 하나의 새 성경(『교리와 성약』)을 보급하고 또 다른 성경(『값진 진주』[*Pearl of Great Price*])을 정경화한 스미스의 노부 혁신을 열렬히 수용한 브리검 영(1801-77)을 중심으로 모였다.

이 모르몬 개척자들은 청교도들처럼 출애굽 이야기의 프리즘을 통해 자신들의 경험을 변형시켰다. 그러나 이번에는 일리노이가 이집트였고, 유타가 약속의 땅이었으며, 영이 모세였다. 많은 이들이 1,600km가 넘는 길을 손수레를 끌고서 걸어간 순례 도중에 영이 이끄는 모르몬교도들은 성경 출애굽기의 기적과 재앙들을 다시 체험했다. 그들은 이스라엘 족속이 홍해를 걸어서 건넜던 것처럼 얼어붙은 미시시피강을 건널 때 기뻐했고, 곡식을 먹는 곤충의 재앙이 그레이트솔트레이크 주변의 그들의 밭을 습격할 때 울었으며, 굶주린 갈매기 떼들이 기적같이 곤충들을 잡아 먹으러 내려와 신도들을 굶주림에서 구원할 때 기뻐했다. 이 놀라운 이적들은 전체적으로 모르몬교도들이 스스로를 하늘 아버지에 의해 선택되어 특별한 언약 아래 살도록 온 세상에서 불러 모아진 새 이스라엘이라고 보는 그들의 정체성을 확인해 주었다.

영이 1847년에 솔트레이크 밸리에 들어가고 난 지 겨우 며칠 뒤 그는 새 성전 터를 골랐다. 1852년에 그는 세상을 향해 모르몬교의 복혼(複婚) 교리를 자랑스럽게 선포했는데 문학 비평가인 헤럴드 블룸은 이를 "미국 역사상 가장 용감한 영적 반항 행위"라고 묘사했다. 3년 뒤 그는 솔트레이크시티의 성전 광장에서 (영구적인 성전이 건축되기 전에) 오로지 모르몬교 의식에만 사용될 임시 구조물인 엔다우먼트 하우스 건축을 감독했다. 이후 30년 동안 모르몬교도들은 그곳에서 54,170건의 엔다우먼트라는 제의를 실시하게 된다. 영은 1877년에 사망하기 전에, 2002년 동계 올림픽 TV 중계 시 매우 두드러지게 보였던 솔트레이크시티의 대표 성전 등 유타주에 4개의 성전을 기공했다. 이 성전들에서 모르몬교도들은 20세기가 끝나기 전까지 살아 있는 자들을 위해 38,317건의 엔다우먼트와 죽은 자들을 위해 486,198건의 엔다우먼트를 수행했다.[33]

말씀의 종교에서 제의 종교로의 점진적인 변화는 후기 성도들을 역사적인 기독교에서 상당히 멀어지게 했으며 이 종교에 예수를 위한 여지를 거의 남겨두지 않았다. 노부 시절이나 솔트레이크 시절의 모르몬교들은 아무도 예수를 부인하지 않았지만 예수는 무색해졌다. 초기 모르몬교는 "예수 그리스도의 복음의 충만함"을 회복하려는 노력이었다.[34] 모르몬교도들은 성경과 모르몬 경전에 나오는 예수의 말에 귀를 기울였고, 회개하고 세례를 받으라는 그의 지시에 주의를 기울였으며, 예수의 십자가상의 속죄의 죽음이 구원을 가져다주리라고 믿었다. 성전 모르몬교의 도래로 모든 것이 극적으로 바뀌었다. 노부와 솔트레이크시티에서 예수의 말들보다는 성전 제의들에 중심을 둔 새 구원 계획이 출현해 확립되었다. 성전 봉헌과 같은 관행들을 통해서 모르몬교도인 부부들은 인간에서 신으로 영원히 진보할 수 있었다. 천상의 결혼 및 죽은 자들을 위한 침례와 같은 규정들 덕분에 그들은 자기 자녀들을 데려갈 수 있었다.

이 모든 영적 작업들은 계급제를 시행하는 교회의 감독하에 수행되었

---

33   Harold Bloom, *American Religion: The Emergence of the Post-Christian Nation* (New York: Simon and Schuster, 1992), 108. 엔다우먼트 하우스의 수치는 1855년에서 1884년까지의 기간을 커버하는 반면, 성전들의 데이터는 1877년에서 1898년까지를 커버한다. Buerger, "The Development of the Mormon Temple Endowment Ceremony" 49-52를 보라.

34   *Doctrine and Covenants* 20:9.

는데 이로 인해 하나님과 인간 사이의 중재자로서의 예수는 사실상 배제되었다. 헤럴드 블룸은 당대의 모르몬교에서는 "공동체로 조직된 후기성도 교회의 중재"가 "너무도 강력해서…사실상 구원 사역에서 예수가 불필요해진다"고 주장했다.[35] 오늘날의 모르몬교는 그렇지 않지만 이는 성전 모르몬교에 대한 상당히 정확한 묘사다. 1840년대에서 1890년대 사이의 모르몬교도들에게는 구원에서 예수가 담당할 역할이 있었지만 이제 더 이상 구원이 종교의 목표가 아니었다. 대신에 구원은 신적 상태로 올라가는 도상의 한 단계(그것도 비교적 사소한 단계)에 지나지 않았다. 그 순례에서는 제의가 말씀보다, 행함이 신앙보다, 그리고 (사실상) 교회가 예수보다 더 중요했다.

성전 모르몬교들에게 예수는 신이었다. 신의 육체성이라는 새 교리에 따라 예수는 완전한 육체를 가지고 있었고 혈과 육이 있는 신이었다. 그러나 신의 복수성이라는 새 교리에 따라 예수는 성부와는 완전히 다른, 많은 신들 중 하나였다. 브리검 영의 교회와 같은 계급 조직에서는 성부 하나님과 성자 하나님의 분리는 자연적으로 이 둘의 상대적 중요성에 관한 질문을 촉발했다. 기독교 신조들은 삼위 하나님 모두에게 동등한 권능을 부여하려 했지만 브리검 영은 그런 시도를 하지 않았다. 신적 상태로의 진보라는 새로운 모르몬 드라마에서는 성부 하나님이 지도자이고 예수는 단지 충실한 아들이자 장형(長兄)으로서 역할만 했다. 영은 1865년에 "하나님은 우리 아버지이고, 예수는 우리의 큰 형님이며, 우리는 모두 형제들이고 한 가족이다"라고 쓰면서 예수를 성부에게 종속시켰는데 어느 비평가는 이를 삼

---

35   Bloom, *American Religion*, 123.

위일체의 "지휘계통"이라 불렀다.[36]

　그보다 전인 1841년에 "기독교의 일시적인 요소와 영원한 요소"라는 악명 높은 설교에서 초월주의자인 시어도어 파커는 예수를 형제라고 언급함으로써—많은 사람들이 보기에 마지못한 칭찬으로—예수를 혹평했다. 파커는 이렇게 말했었다. "세상의 가장 위대한 아들들과 그를 비교해 보라. 인간의 아들들은 얼마나 초라한가? 최고의 인간들과 그를 비교해 보라. 인간들이 얼마나 보잘것없고 낮아 보이는가! 아무리 위대한 사람들과 그를 비교한다 해도 사람들은 그에게 미치지 못할 것이다. 아무리 자신을 강화한다 해도 우리는 아마도 표준에 미치지 못할 것이다." "그럼에도 불구하고 예수는 우리처럼 인간의 아들이고, 우리처럼 하나님의 아들인 우리 형제가 아닌가?" "아마도"라는 말은 다른 인간들도 그리스도가 될 수 있으며, 예수는 독특한 신인(神人)이라기보다는 실현된 인간의 한 예라는 파커의 희망을 강조하기 때문에 이 말을 조금 더 살펴볼 가치가 있다. 물론 브리검 영은 초월주의자가 아니었다. 그러나 파커와 마찬가지로 (그리고 이 점에서는 에머슨과 마찬가지로) 영은 사람이 신이 될 수 있다고 믿었다. 그래서 그는 선배 초월주의자들과 마찬가지로 예수의 독특성을 깎아내렸다. 모르몬교도들은 텍스트 모르몬교 시절에는 (오래된 모르몬교 찬송가가 노래하듯이) "예수와 그의 은혜 외에는…아무것도" 알지 않기로 결심했다. 하지만 브리검 영의 지도하에서 예수 중심주의는 과거지사(過去之事)가 되었다.[37]

36　Young, *Journal of Discourses*, 11:42; Paul James Toscano, *The Sanctity of Dissent* (Salt Lake City: Signature Books, 1994), 158.

37　Theodore Parker, "The Transient and Permanent in Christianity," Conrad Wright 편, *Three Prophets of Religious Liberalism* (Boston: Skinner House, 1980), 136에 수록된 글; Hicks, *Mormonism and Music*, 11.

이제 모르몬교의 모든 것은 가부장주의적인 가족이라는 최우선적인 실재를 중심으로 돌아갔다. 개인들은 그저 개인이 아니라 아들과 딸, 아내와 남편들이었다. 신들도 이 기본 비유에 종속되었다. 그래서 성부 하나님은 다스리고, 성자 하나님은 복종했다. 물론 예수가 완전히 사라지지는 않았다. 1853년에 후기성도 사도인 오슨 프래트는 시편 45장과 열 처녀 비유에 대한 신비한 해석에 기초해서 "기독교 창시자인 **위대한 메시아는 일부다처주의자였다**"고 주장하면서 일부다처제를 정당화하기 위해 예수를 끌어들였다.[38] 그러나 일부다처주의자로서의 예수도 더 이상 모르몬교도들의 주된 은혜의 통로가 아니었다. 이제 예수의 속죄는 구원 계획의 보다 넓은 드라마에서 단지 하나의 장면에 지나지 않는 것으로 이해되었다. 그 드라마에서 모르몬교도들은 믿음을 통해서만이 아니라, 보다 중요하게는 성전 사역을 통해 신을 향해 나아갔다. 예수의 주요 기능은 십자가 위에서 죽는 것이 아니라 하나님께 대한 순종의 본을 보이는 것이었는데, 그는 겟세마네 동산에서 이 일을 충실하게 해냈다. 예수는 죽기까지 상급자에게 복종함으로써 모든 모르몬교도들에게 기대되는 순종, 즉 하나님, 교회 지도자 그리고 가부장들에 대한 순종의 예를 보여주었다. 예수의 모범을 따르는 자들은 그의 친척이 된다.

텍스트 모르몬교의 지속 기간은 약 10년에 불과했지만 성전 모르몬교는 대략 1840년부터 1890년까지 반세기 동안 모르몬교를 주도할 정도로 더 오랫동안 지속되었다. 모르몬교의 최초의 대변신의 촉매는 조셉 스미스에게 임한 하나님의 일련의 계시였다. 이제 그 촉매는 최초로 특정 종교의 파괴를 연방 정책으로 삼은 미국 정부로부터 나왔다. 미국 의회는 1862년

---

38   Orson Pratt, "Celestial Marriage," *The Seer*, 1.11(November 1853), 172.

부터 일련의 일부다처제 금지법들을 통과시켰으며, 1887년에 이 법들에 집행력을 부여해서 후기성도교회를 해체하고 그 부동산을 몰수했다. 1890년에 미국 대법원이 일부다처제 금지법 합헌 결정을 내렸을 때 후기성도교회 교주인 윌포드 우드러프에게는 대안이 많지 않았다. 그는 자기 공동체를 이끌고 다른 나라로 또 다른 출애굽을 하거나, 미국에 머무르면서 저항하거나, 아니면 순응해야 했다. 우드러프는 순응하기로 했다(모르몬교도들은 계시의 인도를 받아서 그렇게 했다고 믿는다). 1890년 9월 24일, 그는 후기성도교회 구성원들에게 "이 땅의 법률에 의해 금지되는 결혼" 관계를 맺지 말라고 권고하는 성명을 발표했다.[39] 그는 또한 모르몬교의 준신정국가적인 왕국을 해체하기 시작했다. 이 두 조치들로 인해서 1896년에 유타주가 공식으로 출범했다. 이 조치들은 또한 다시금 예수를 전면과 중심에 두는 3기 모르몬교의 도래를 알렸다.

예수가 발견되다: 20세기의 모르몬교

1890년대에 모르몬교도들은 자신들을 소수파의 모델로 개조하기 시작했다. 텍스트 모르몬교는 사도적이었고 성전 모르몬교는 아브라함적이었던 데 비해서 20세기 모르몬교도들은 동화주의자들이었다. 이러한 동화(assimilation)는 두 갈래로 진행되었다. 모르몬교들은 전에는 미국과 개신교 교파들을 모두 무시했었지만 이제 그들은 자기 교파를 미국화하고 개신교

---

39   *Official Declaration-1, Doctrine and Covenants.*

화했다.[40]

몇 가지 특징적인 관행들과 주장들은 협상할 수 없었다. 모르몬교도들은 계속해서 성경이 "올바르게 번역되는 한도" 내에서만 하나님의 말씀으로 받아들였다. 그들은 계시가 지속된다는 점을 확인했다. 그들은 예수와 성부 모두 살과 피로 이루어진 몸을 가지고 있다고 주장했다. 그들은 예수를 문자적으로 마리아와 성부 하나님의 후손이라고 묘사했다. 그들은 구원은 믿음에 의해서만이 아니라, 믿음과 "율법과 복음의 명령에 대한 순종"을 통해 온다고 확인했다. 그들은 개인들은 성전 제의에 참여함으로써 "고양을 달성하고 심지어 신의 상태에까지 이를 수 있다"고 주장했다. 마지막으로, 그들의 표지가 현저히 바뀌기는 했지만 모르몬교도들은 "특별한 백성"이라는 자아 개념을 고수했다. 자기들의 독특함을 일부다처제와 신정정치 같은 공동체 관행 측면에서 정의하는 대신에 그들은 내부로 향해서 개인의 행동에 대한 엄격한 규칙을 채택했다. 담배, 술, 뜨거운 차와 커피 사용을 금지하는 일종의 행동 수칙인 "지혜의 말씀"은 브리검 영이 1851년에 이를 명령으로 삼은 뒤 몇 십 년 동안 무시되었는데, 20세기 초에는 "지혜의 말씀"이 모르몬교 정체성의 핵심 표지가 되었고 1921년에는 이의 준수가 성전에 들어갈 수 있는 필수 전제가 되었다. 후에 모르몬교도들은 다시 모르몬 경전을 자신들의 표지로 삼아 1972년에 모르몬 경전 텍스트 공부를 주일 학교 커리큘럼에 포함시켰고, 1980년대와 1990년대에는 모르몬 경전을 "우리 종교의 요체"로 전환시켰다. 그러나 이러한 새로운 강조도 예수에 대한 모르몬교도들의 헌신을 약화시키지 않았다. 오히려 수장 이스턴

---

40   20세기 모르몬교에 대한 시사점이 많은 사회학적 분석은 Armand L. Mauss, *The Angel and the Beehive: The Mormon Struggle with Assimilation*(Urbana: University of Illinois Press, 1994)을 보라.

블랙이 『모르몬 경전을 통해 예수를 발견하기』(*Finding Christ Through the* Book of Mormon, 1987)에 쓴 바와 같이 그들의 신세계 성경을 파고들수록 그들은 예수가 이 책의 "중심적인 초점"임을 재발견했다.[41]

그러나 순응이 20세기 모르몬교들의 규칙이었다. 다른 미국인들이 예수를 전국적 유명인사로 바꿨던 것처럼 모르몬교도들도 예수를 재발견했다. 주류 문화 및 종교와는 별도의 편안한 하위문화를 만들려는 노력의 일환에서 그들은 다시금 자신들의 회복 프로젝트를 히브리 관점보다는 기독교적 관점으로 묘사했다. 일반 컨퍼런스라 불리는 중요한 모르몬 집회들에서 전달된 설교에 대한 고든 셰퍼드와 게리 셰퍼드의 세심한 연구에 따르면 기독교 세계의 "대변절"과 같은 독특한 모르몬 주제들은 1890년 이후 급격히 감소했다. 매우 중요한 엔다우먼트 제의는 간소화되었고, 후기성도 지도자들은 믿음의 적들에 대한 "복수의 맹세"와 기독교 사역자들을 사탄의 도구들로 묘사하는 것과 같은 논쟁의 소지가 있는 요소들의 수위를 낮추거나 이러한 요소들을 제거했다. 모르몬 찬송가집들은 점점 더 개신교 표준 찬송가들을 수록했으며 인기 있는 모르몬 찬송가 가사들을 개신교화했다. 1836년에 커틀랜드 성전 봉헌식에서 처음 불렀던 모르몬 태버너클 고전 찬송인 "불같이 타오르고 있는 하나님의 성령"에서 이스라엘, 모세, 여호수아를 언급하는 히브리화된 한 절은 공식적인 찬송가집과 모르몬 성막 성가대가 부르는 버전에서 잘려나갔다.[42]

---

41   *Articles of Faith* 1:8; Smith, "Church History," 709; James E. Talmage, *Articles of Faith* (Salt Lake City: Deseret News, 1899), 424; Ezra Taft Benson, "The Book of Mormon – The Keystone of Our Religion," *Ensign* 16 (November 1986), 4; Black, *Finding Christ*, 8.

42   Gordon Shepherd and Gary Shepherd, *A Kingdom Transformed: Themes in the Development of Mormonism* (Salt Lake City: University of Utah Press, 1984), Appendix C, Mauss, *The Angel and the Beehive*, 88에 인용된 글.

모르몬교의 존경할 만한 지위를 향한 행진 이야기는 여러 면에서 평범하다. 종교학자들은 신흥 종교 운동의 멤버들은 초기 성장기 동안에는 외부인 상태를 지향하지만 그들의 사회적 지위가 상승함에 따라 자신들을 내부자로 전환하는 경향이 있음을 관찰해왔다. 그러나 미국의 다른 어떤 신흥 종교 운동도 교파 성장이라는 급류와 존경할만한 주류 지위라는 잔잔한 물 모두를 그토록 능숙하게 항해하지는 못했다. 한때는 거의 모두에게 미움을 받던 모르몬교도들은 현재는 본질적으로 미국적이라고 추켜세워지고 있다. "그들은 검소하고, 건전하고, 협동적이고, 부지런하고, 목적의식이 있고, 애국적이고, 법률을 준수하고, 하나님을 경외하고, 잘 조직되어 있고, 가족 지향적이다."[43] 그러나 이러한 수용은 성장을 희생한 대가로 온 것이 아니었다. 2002년 현재 본국에 500만 명의 신자와 전 세계적으로 1,000만 명이 넘는 신자들을 보유한 후기성도교회는 복음주의적인 루터 교회를 제치고 미국에서 5대 종교 집단이 되었다. 모르몬교를 신세계의 종교로 보든 개신교, 가톨릭, 정교회와 더불어 세계 기독교의 제4의 길로 보든 간에 모르몬교의 성공을 부정할 수는 없다.

이상하게도 다문화주의의 출현이 모르몬교의 성공 비결 중 하나였다. 인권 운동은 인류의 보편적 형제애라는 기치 아래 진행되었는데 그 영향으로 인종적·민족적·종교적 자존심이 높아졌다. 흑인을 아름답다고 생각하게 된 이후에 아메리카 원주민 조상, 가톨릭 신앙, 모르몬교 유산을 자랑스

---

43   Philip L. Barlow, "The Third Transformation of Mormonism," Peter W. Williams 편,
      Perspectives on American Religion and Culture (Malden, Mass.: Blackwell, 1999), 148에
      수록된 글. Jan Shipps는 "From Satyr to Saint: American. Perceptions of the Mormons,
      1860-1960," 자신의 *Sojourner in the Promised Land: Forty Years Among the Mormons*
      (Urbana: University of Illinois Press, 2000), 51-97에 수록된 글에서 이 기류 변화를 분
      석한다.

럽게 여기는 것도 받아들일 수 있게 되었다. 사실 솔트레이크시티가 아미시파의 본거지인 펜실베이니아주 랭커스터 카운티보다 사람을 더 끌어들이자 모르몬교 유산은 정체성뿐만 아니라 산업이 되었다. 이상하게도 모르몬교가 서부 산악 지대 사이에 위치한 전통적인 본거지를 벗어나 확장하면서 더이상 지역 종교이기를 그만두자마자 이렇게 되었다.

모르몬교도들이 용광로 신화(melting pot myth)의 소멸로 이익을 본 것처럼 그들은 예수에 대한 그들의 새로워진 사랑으로도 이익을 봤다. 텍스트 모르몬교 시기에 조셉 스미스와 그의 추종자들은 그리스도의 제자들을 닮았었다. 이제 그들은 회복주의자적인 뿌리를 강조하고 자신들의 교회를 원래의 예수 종교의 현대적 표현이라고 묘사했다. 이 새 시대에 모르몬교도들은 역사적 예수보다 살아 계신 그리스도께 더 초점을 맞췄다. 그러나 이 살아 계신 그리스도는 단지 그들의 마음에만 거주하지는 않았다. 그는 사도 바울과 조셉 스미스에게 나타났던 것처럼 후기성도 선지자들에게 나타난 성육신한 하나님이었다. 1836년에 커틀랜드 성전에서 조셉 스미스와 올리버 카우드리에게 나타난 뒤 60년이 넘도록 예수는 스미스와 그 후계자들의 그늘에 가려 있었다. 예수는 1898년에 5대 후기성도 교주인 로렌조 스노우에게 나타났고, 1918년에는 6대 교주인 조셉 F. 스미스에게 나타났다. 예수는 또한 모르몬교 설교에서 주된 주제가 되었다. 고든 셰퍼드와 게리 셰퍼드에 따르면 20세기말 일반 컨퍼런스 설교에서 예수의 상대적 중요성은 19세기 말에 비해 4배 넘게 높아졌다.[44]

---

44   Shepherd and Shepherd, *A Kingdom Transformed*, appendix C.

예수와 야웨

모르몬교도들이 예수를 재발견한 것과 마찬가지로, 그들은 또한 예수를 재해석했다. 제임스 탈매지(1862-1933)와 브루스 맥콩키(1915-1985)는 20세기의 모르몬 교회 지도자들 중 가장 영향력 있는 두 명의 사상가들이었는데, 그들은 모두 예수에 관해 두꺼운 책을 썼다. 탈매지의 『예수 그리스도』(1915)는 800쪽이 넘고, 맥콩키의『메시아』시리즈(1978-82)는 여섯 권에 달한다. 이 사상가들은 20세기의 모르몬교도들이 예수와 재결합했을 때 전통을 둘러싼 몇 가지 긴장들을 보여준다.

보다 온건한 탈매지는 최초의 주요한 재평가를 이끌었는데, 모르몬교도들이 1890년대와 1920년대 사이에 그들의 신학을 통합함에 따라 이 재평가가 이루어졌다. 1842년 이후 모르몬교도들은 "성경이 올바르게 번역되는 한도" 내에서만 하나님의 말씀이라고 설명했다. 그래서 그들은 마음껏 성경을 비판하고 심지어 성경을 개선하기도 했다. 제퍼슨의 성경처럼 조셉 스미스는 변질된 추가 부분을 잘라내고 상실된 부분을 회복한 신구약 텍스트 "번역들"을 만들어냈으며, 브리검 영은 창세기의 일부를 "유아용 이야기"라고 조롱했다. 그러나 탈매지는 성경, 특히 예수의 생애에 대한 복음서 기사들의 정확성을 훨씬 더 확신했다. 사실 탈매지가 저술한 정경에 준하는『예수 그리스도』는 최초의 역사적 예수 탐구의 특징이었던 회의주의에 대한 신자의 반박이었다. 이 책은 독일 성서 비평가들의 회의주의적인 전기에서보다 영국 작가들이 쓴 예수의 경건한 삶에서 더 많은 영감을 이끌어냈다. 프레드릭 W. 파라의『그리스도의 생애』(*The Life of Christ*, 1874)와 마찬가지로 탈매지의『예수 그리스도』는 4개의 복음서들을 하나의 설명으로 통합했는데, 그 전략은 예컨대 두 번의 성전 청소와 군중들에게 음

식을 준 두 번의 사건들을 만들어냈다.[45]

『예수 그리스도』에서는 예수가 결혼해서 자녀를 낳았으며, 예수가 일
부다처주의자였다는 매우 도발적인 입장 등 예수에 관해 가장 논쟁적인 모
르몬교도들의 몇몇 주장이 떨어져 나갔다. 그러나 이 책의 가장 중요한 공
헌은 "예수 그리스도는 야웨다"라는 대담한 주제였다. 탈매지는 예수와 그
의 아버지는 별도의 존재임을 믿었다. 성부 하나님은 구약의 엘로힘이었고
성자 하나님은 성육신하기 전의 야웨였다. 탈매지는 예수는 "계속해서 아
브라함, 이삭, 야곱과 계약을 맺은 하나님으로 선언된 분과 동일한 존재이
고, 이스라엘을 이집트의 속박에서 약속의 땅의 자유로 이끌었던 하나님"
이라고 썼다. 1870년대 이후 모르몬교도들 사이에서 배양되어왔던 예수에
대한 이러한 이해는 1916년 후기성도 당국이 탈매지가 "성부와 성자"에 관
해 기안한 공식적인 진술문을 채택해서 모르몬교의 공식 신학이 되었다.[46]

여기서 "성부와 성자"라는 표현은 예수를 계속 일종의 아버지, 즉 "복
음에 대한 순종을 통해 하나님께로 태어난" 모든 사람들의 아버지라고 언
급한다는 점에서 모르몬 경전의 선례를 따른 것이다. 그 책이 브리검 영이
예수를 장형(長兄)이라고 한 데 대해 말한 가장 좋은 점은 그 표현을 사용해
도 "아무런 잘못이 없다"고 한 것이었다. 그러나 탈매지 자신은 그런 말을
아주 아꼈으며, "성부와 성자"는 예수를 깎아내리려는 모든 시도들에 대해
명시적으로 경고했다. 이 문서는 예수의 높은 서열, 죄 없음 "그리고 인류

---

45   Smith, "Church History," 709; Young, *Journal of Discourses* 1:237. Philip L. Barlow's
Mormons and the Bible: The Place of the Latter-day Saints in American Religion(New York:
Oxford University Press, 1991)은 성경에 대한 후기성도 견해의 변화를 능숙하게 분석
한다. 탈매지의 예수에 관해서는 Malcolm Thorp, "James E. Talmage and the Tradition of
Victorian Lives of Jesus," *Sunstone* 12 (January, 1988), 8-13을 보라.

46   James E. Talmage, *Jesus the Christ* (Salt Lake City: Deseret Book Co., 1976), 37, 38.

의 유일한 구속자이자 구주로 선택되고 미리 정해졌다는 사실" 때문에 "예수는 본질적으로 어떤 인간보다 위대함을 잊지 말자"라고 말한다.[47]

『예수 그리스도』및 "성부와 성자"는 예수에 대한 20세기 모르몬교도들의 새로운 관심을 보여주었지만, 두 문서 모두 성전 모르몬교에 큰 영향을 받았다. 탈매지와 그의 조언을 따르는 사람들이 보기에 예수는 자기의 아버지에게 종속되었다. 물론 예수는 세상의 창조를 감독했지만 엘로힘의 권위와 지시 아래 그렇게 했다. 예수의 생애에서 부활이 십자가 처형보다 훨씬 더 중요했다. 예수가 달성한 속죄는 구원 계획의 한 부분일 뿐이었다. 예수의 결정적인 순간은 갈보리가 아니라 그가 이마에 피를 흘리며 죽기까지 아버지의 뜻에 순종하기로 결정한 겟세마네 동산에서 찾아왔다.

탈매지의 저작이 널리 읽힘에 따라 모르몬교 신앙과 관행에서 예수가 더 중요해졌다. 예수를 아버지라 부름에 따라 성삼위 중 처음 두 위격의 구분이 흐려졌고, 예수가 장형의 역할에서 승격했다. 예수를 야웨라 부르자 그에게 종교사에서 결정적으로 중요한 역할이 부여되었다. 그가 바로 구약에서 아브라함과 계약을 맺고 모세에게 십계명을 준 존재다. 이는 또한 모르몬 성전들에서 거행되는 엔다우먼트 의식에서 예수가 보다 두드러진 존재가 되게 했다(그 의식에서 예수는 전통적으로 중요한 역할을 하지 않았지만 야웨는 주요 행위자였다.)

20세기가 진행됨에 따라 모르몬교도들은 복음주의 및 더 복음주의적인 그리스도를 향해 나아갔다. 19세기 중반의 모르몬교가 보다 대담한 실험으로써 이슬람 이후 최초로 주요 세계 종교가 되는 방향으로 나아간 반면에, 20세기 중반의 모르몬교는 훨씬 덜 대담해졌다. 사실 모르몬교는 잃

47　"The Father and the Son," *Improvement Era* (August 1916), 934-42.

어버린 양(또는 방탕한 아들)처럼 기독교의 우리 안으로 돌아가는 것처럼 보였다. 20세기의 모르몬교도들은 다신교를 고백하기를 회피했다. 그들은 구원을 더 강조하고 신으로의 영원한 진보를 덜 강조했다. 그들은 속죄를 더 중시하고 겟세마네를 덜 중시했다. 일부는 "거듭남"이라는 용어를 채용하기도 했다.

1980년대에 브리검 영 대학교(BYU)의 일부 학생들과 교수들은 예수와의 개인적인 우정을 배양하는 것의 중요성을 강조하기 시작했다. 『그리스도를 안다는 것은 무엇을 의미하는가』(What It Means to Know Christ, 1981)에서 브리검 영 대학교의 인기 교수인 조지 W. 페이스는 "그리스도와의 역동적인 개인적 관계"를 "값진 진주"라고 불렀다. 페이스의 가르침과 저술에 자극받은 몇몇 학생들은 날마다 20-30분씩 예수께 기도하기 시작했다. 12인 위원회의 보수적인 위원인 브루스 맥콩키는 1982년에 브리검 영 대학교 집회에서 실시한 강연에서 "잘못된 선생들과 속은 학생들이" 자신을 "예수의 특별한 친구"로 만들려 한다고 이를 꾸짖었다. 맥콩키는 예수 신앙에 대해 반대하는 의견 표명은 "엄마의 사랑, 미국 중심주의 또는 리틀 레드 스쿨 하우스에 대해 반대의견을 말하는 것"과 유사할 것이라고 인정했다. 그러나 그는 "그리스도와의 특별한 관계"를 배양하려는 노력을 "미성숙하고 오만하다"고 묘사하기를 주저하지 않았다. 그는 그리스도는 "우리의 큰 형님"이며 "아버지와 우리의 관계가 최고이고, 가장 중요하며, 무엇보다 우위에 있다"고 말했다. 신성의 "영원한 의장직"(Eternal Presidency) 안에서는 성부가 최고의 자리를 차지했다. 성령조차도 맥콩키의 장형보다 지위가 높았다.[48]

---

48   George W. Pace, *What It Means to Know Christ* (Provo, Utah: Council Press, 1981), 1;

여기에 모르몬교 전통에서 예수의 지위라는 문제가 걸려 있었다. 1980년 미국 기독교는 예수께 똑바로 초점을 맞췄는데, 맥콩키는 그 신앙에 도전함으로써 대부분의 미국인들에게 가깝고 소중한 대상에 대항하는 말을 하고 있는 셈이었고 이는 그 자신도 인정하는 바다. 모르몬 근본주의자로 알려진 맥콩키는 후기성도교회를 은혜의 핵심 통로, 신적 상태로 고양되는 핵심 통로로 보존하는 데 헌신했다. 이는 수십 년 동안 많은 미국교회들의 특징을 이루었던 **오직 예수** 접근법을 거절함을 의미했다.

맥콩키는 잘못된 교리를 퍼뜨리는 루시퍼에 대해 언급함으로써 그 집회에 참석한 청중 중 일부에게 겁을 주었음이 분명하지만(회개한 페이스는 며칠 뒤에 자기 견해를 철회했다), 그의 공식주의가 승리한 것은 아니었다. BYU 학생신문인 「세븐스 이스트 프레스」(*Seventh East Press*)는 다수의 "오랫동안 전통적으로 보수 정통이었던 후기성도 신도들"이 맥콩키의 입장에 동의하지 않는다고 보도했다. 이 신문의 편집장에게 보낸 한 편지는 "모든 사람이 예수 그리스도와 매일 개인적·지속적·계속적 관계"를 갖도록 촉구하는 일련의 모르몬 지도자들을 인용했다. 어느 모르몬 학자는 맥콩키의 공격을 "영적 남용"이라고 불렀다. 그리고 맥콩키가 연설한 지 한 달 뒤에, 어느 모르몬 학습 매뉴얼은 "구주와의 관계 개발하기"라는 주제를 포함했다. 이러한 민초의 반대에 기초해서 맥콩키가 비밀리에 견책받았다는 소문이 퍼졌으며, 적어도 어느 모르몬 리더는 그의 연설을 "매우 불행하고 기독교적이지 않은 행위"라고 불렀다. 맥콩키조차도 건강이 악화되자 입장을 순화해서 보다 그리스도 중심적인 언어로 옮겨간 듯하다. 1985년에 사망하기 불

Bruce McConkie, "What Is Our Relationship to Members of the Godhead?" *Church News* (March 20, 1982), 5.

과 며칠 전 행한 마지막 증언에서 그는 이렇게 말했다. "내가 선언할 수 있는 가장 중요한 교리는…주 예수 그리스도의 속죄 희생 교리다. 그의 속죄는 지금까지 일어났고 앞으로 일어날 사건 중 가장 뛰어난 사건이다."[49]

오늘날 모르몬교도들은 대개 맥콩키가 자신들과 그들의 구주 사이에 "필요한 유보"라고 불렀던 태도로 예수에게 접근한다. 그러나 그들은 점점 더 후기성도교회보다는 예수를 은혜의 주된 통로로 보고 있다. 오래전인 1835년에 원래의 모르몬 찬송가에서 엠마 헤일 스미스는 예수를 "내 친구"라고 묘사했다. 1992년에 비공식적이지만 권위 있는 모르몬 텍스트인 『모르몬교 백과사전』(Encyclopedia of Mormonism, 1992)은 예수를 "초대하고, 위로하고, 대답하고, 권고하고, 사랑하고, 울고, 인류의 죄로 인해 괴로워하고, 즐거움으로 가득 찬" "진실하고 자비로운 친구"로 묘사했다.[50]

모르몬교도는 그리스도인인가?

후기성도교회 신도들이 예수와의 개인적 관계를 배양하고 "거듭남"과 같은 복음주의적 주제들을 강조함에 따라 모르몬교와 복음주의 개신교를 구

---

49 "All Are Punished!" *Seventh East Press* (March 14, 1982), 8; T. Allen Lambert, "Developing a Personal Relationship," *Seventh East Press* (May 17, 1982), 9에 인용됨; Lavina Fielding Anderson, "Content and Analysis: 'You Have Heard True Doctrine Taught': Elder Bruce R. McConkie's 1981-82 Addresses," http://www.mormonalliance.org/case reports/volume2/part2/v2p2c06.htm에 인용됨; Toscano, *The Sanctity of Dissent*, 116; Bruce R. McConkie, "The Purifying Power of Gethsemane," *Ensign* (May 1985), 9.

50 McConkie, "What Is Our Relationship," 5; Smith, *A Collection of Sacred Hymns*, 98; John W. Welch, "Jesus Christ in the Book of Mormon," Daniel H. Ludlow 편, *Encyclopedia of Mormonism* (New York: Macmillan, 1992), 2:748에 수록된 글.

별하기가 더 어려워졌다. 1978년에 임한 새 계시가 남성만의 사제직을 흑인들에게도 개방한 뒤 모르몬교는 주류 종교들에 훨씬 더 가까와졌다. 1980년에 로널드 레이건이 대통령에 당선되어 정치적 주류가 우파로 돌아올 때쯤에는 모르몬교도 그 안으로 들어올 수 있었다. 머지않아 모르몬교도들과 복음주의자들은 서로 싸울 자세를 취하게 되었는데, 이는 부분적으로는 이 둘을 구분하기가 어렵게 되었기 때문이었다.

각자 상대방을 개종시키려고 함에 따라 복음주의자들은 모르몬교를 비기독교 "이단"이라고 묘사하기 시작했다. 남침례교가 반모르몬 공격을 이끌었는데 그들은 하나님, 예수, 구원에 대한 모르몬의 견해를 비성경적이자 비기독교적이라고 비난했다. 그들은 존 그레섬 메이천이 『기독교와 자유주의』(*Christianity and Liberalism*, 1923)에서 개신교 현대주의에 대해 비난한 말을 상기시키는 용어로 모르몬교도들에게 자기들의 신앙을 가질 권리를 부여했지만, 그들에게 그리스도인으로 가장하기를 중단하라고 주장했다. 그들은 모르몬교도들에게 하나님이 몸을 가지고 있다거나 인간이 신으로 진보할 수 있다고 믿고 싶으면 그렇게 믿으라고 했다. 믿음이 행함으로 대체되고 성경이 지속적인 계시로 대체될 수 있다고 믿고 싶으면 그렇게 믿을 수도 있다. 예수를 야웨라고 부르고 그가 결혼했다고 말할 수도 있다. 그러나 그렇게 말하면서 자신이 그리스도인이라고 말할 수는 없다. 남침례교는 1998년 여름 연례 총회를 솔트레이크시티에서 개최했다. 그들은 소책자를 나눠주는 외에도 모르몬교와 기독교의 차이를 강조하는 "모르몬교라는 수수께끼"(*The Mormon Puzzle*) 등의 비디오들을 보급했다.

자유주의 개신교 교파들도 모르몬교에 반대하는 입장을 발표했다. 미국 장로교는 1995년에 후기성도교회는 "기독교 교회의 역사적인 사도적 전통 안에" 들어있지 않다고 선언하며 장로교로 개종하는 모르몬교 신자

들은 다시 세례받아야 한다고 주장하는 "모르몬교에 관한 보고서"를 채택
했다. 2000년에는 미국 감리교 일반 총회에서 같은 효과가 있는 결의안을
통과시켰다. 1년 뒤 '신앙 선언을 위한 바티칸 회의'(Vatican Congregation for
the Declaration of the Faith)에서 로마 가톨릭교회는 모르몬교에서 개종한 사
람들에게 다시 세례받도록 요구할 것이라고 선언했다.

모르몬교도들은 자신들의 차이를 자랑스러워하는 방식으로 대응할
수도 있었을 것이다. 그러나 그들은 그와 정반대로 대응했다. 그들은 자신
을 평범한 그리스도인들이라고 말하고 있는데 자신의 평범성에 대해 그
들이 제시한 가장 중요한 증거는 그들의 강렬한 예수 사랑이었다. 1982년
에 모르몬교 지도자들은 "예수 그리스도의 또 다른 성서"라는 새로운 소
제목이 달린 모르몬 경전을 발행하기 시작했다. 1995년에 그들은 예수 그
리스도 후기성도교회의 공식 로고(특히 선교사들의 명찰에 사용됨)에서 예수
그리스도라는 단어의 크기를 다른 단어들의 크기보다 두 배로 키웠다. 또
한 1990년대 동안, 모르몬교도들은 자신들이 기독교에 속한다고 떠들썩
하게 알리는 일련의 책들을 펴냈다. 『모르몬교도는 그리스도인인가?』(Are
Mormons Christians?, 1991)에서 BYU 교수인 스티븐 E. 로빈슨은 이 책 제목에
서 제기된 질문에 단연코 그렇다고 답변했다. 그러나 그의 논리는 제의나
신조, 심지어 성경과는 아무 관계가 없었다. 그것은 예수와 관련이 있었다.
"온 세상이 후기성도들은 예수 그리스도를 알지 못하고, 사랑하지 않으
며, 예배하지 않는다고 말할지라도 나는 우리가 그렇게 한다는 것을 알고
있다. 만일 이것이 중요하지 않다면, 또는 이것이 그리스도인으로 여겨지기
에 충분하지 않다면 그 단어는 의미를 상실한 것이다." 역시 BYU 교수들인
다니엘 피터슨과 스티븐 릭스는 1992년 공저에서 "1세기에 사람들을 그
리스도인이 되게 했으며, 오늘날 사람들을 그리스도인이 되게 하는 것은"

"단순히 예수 그리스도에 대한 헌신이다. 그 헌신이 후기성도 종교에 가장 중요하다"고 주장하면서 기독교를 예수만으로 요약했다.[51]

후기성도교회 관계자들은 솔트레이크시티에서 열린 2002년 동계 올림픽 때의 대대적인 PR 활동에서 같은 입장을 취했다. 교주인 고든 B. 힝클리와 다른 후기성도교회 지도자들은 TV와 라디오에 잇달아 출연해서 모르몬교도들의 예수 사랑을 강조했다. 1998년 솔트레이크시티에서 개최된 남침례교 연례 총회 직전에 12인 위원회 위원장 대행인 힝클리와 보이드 K. 패커는 이 이슈에 대해 말했다. 힝클리는 "우리는 그리스도인인가?"라고 물었다. "물론이다!…[예수 그리스도는] 하나님의 아들이셨고, 인류의 죄를 위해 죽으셨으며, 무덤에서 살아나셨고, 부활하여 살아 계시는, 살아 계신 아버지의 아들이심을 우리보다 근본적으로 믿는 사람들은 없다." 패커는 모르몬교도들이 그리스도인이 아니라고 묘사하려는 노력을 "무식하고 불공정하다"고 말했다. 그는 이렇게 말했다. "나는 예수 그리스도를 증거한다." "예수 그리스도는 우리의 구속자시고 구주시다. 그분은 이 교회를 주재하신다." "모르몬 회사"에 관한 1997년 「타임」 커버스토리를 위한 인터뷰에서 힝클리는 자기 교회의 메시지는 "그리스도의 메시지다. 예수는 우리의 지도자시고, 우리의 머리시다. 그의 이름은 우리 교회의 이름이다"라고 말했다. 동계 올림픽 직전인 2001년, 후기성도교회 신도들은 언론기관에 자기 조직을 "모르몬 교회"로 부르지 말아달라고 요청했다. 후기

---

51   Stephen E. Robinson, *Are Mormons Christians?* (Salt Lake City: Bookcraft, 1991), 114;
      Daniel C. Peterson and Stephen D. Ricks, *Offenders for a Word: How Anti-Mormons Play
      Word Games to Attack the Latter-day Saints* (Provo, Utah: F.A.R.M.S., 1992), 27; 또한
      Shipps, "Is Mormonism Christian?" 그녀의 *Sojourner in the Promised Land*, 335-57에
      수록된 글도 보라.

성도교회 공식 웹 사이트에 게재된 서신에 따르면 이 기관에 대한 적절한 약어는 "예수 그리스도 교회" 또는 단순히 "그 교회"가 되었다.[52]

2000년 1월 1일 후기성도교회는 고(高)기독론에 대한 그들의 헌신을 확인하는 새로운 선언을 발표함으로써 새천년을 축하했다. 최고 통치 기구와 12인 위원회 위원들이 서명한(그리고 각자의 자필서명 팩시밀리가 첨부되어 독립선언문을 회상시키는 형식으로 제시된) "살아계신 그리스도"(The Living Christ)는 많은 모르몬교도들에게 새로운 계시로 받아들여졌다. 이 문서는 예수는 야웨라는 탈매지의 입장을 반복한다. 이 문서는 또한 "예수는 살아계신 그리스도이며, 불멸의 하나님의 아들이다. 그는 오늘날 자기 아버지의 우편에 서 계신 위대한 임마누엘이다. 그는 세상의 빛, 생명, 소망이다. 그의 길은 현세의 행복과 내세의 영생으로 이끄는 길이다"라고 확인한다.[53]

그해에 솔트레이크시티에 소재한 교회역사미술박물관은 "살아계신 그리스도"라는 이름의 미술 전시회를 개최하고 이 전시회를 그 문서를 중심으로 조직함으로써 이 21세기 선언의 중요성을 강조했다. 이 전시회 텍스트는 "예수 그리스도는 우리 종교의 중심"이라는 말과 "우리 신앙의 초점이다"는 말로 시작한다. 이 전시회는 예수의 신성과 교회에 대한 그의 권위를 회피하지 않았지만(한 그림은 예수를 지구를 창조한 야웨로 묘사했다), 예수

---

52   Church of Jesus Christ of Latter-day Saints, "Christ in the Church" 보도 자료, http://www.lds.org/media/newsrelease/extra/display/0,6025,527-1-126-2,00.html ; Boyd K. Packer, "The Peaceable Followers of Christ," http://www.lds.org/library/display/0,4945,1 13-1-47-7,00.html; David Van Biema, "Kingdom Come," *Time* 150.5 (August 4, 1997), 50-57; "Official Name of Church Re-Emphasized," 보도 자료 (March 5, 2001), http://www.lds.Org/media2/newsrelease/0,5637,666-1-4497,00.html.

53   "The Living Christ: The Testimony of the Apostles," http://www.lds.org/ library/ display/0,4945,163-1 -10-1 .FF.html.

를 "우리를 개인적으로 보살피고, 우리의 삶에 영향을 주며…우리를 사랑하고, 우리의 복지에 관심을 기울이는" 동정심 있는 구주로 묘사했다. 얀쉅스가 지난 25년간 후기성도 집단 내에서 "속죄 담론"이 부활했다고 언급했음에도 (그리고 이 전시회 자체가 속죄를 "인간 역사에서 중심적인 사건"이라고 확인했음에도) 불구하고 십자가에 달린 예수 그림은 하나도 없었다. 이 전시회는 모르몬교도들이 예수를 십자가에서 희생제물로 드려진 고난받는 종으로 보지 않고 신약성서의 바울과 모르몬 경전의 니파이족 그리고 "때가 찬 시대"에 조셉 스미스에게 나타난, 부활해서 살아 계시는 그리스도로 본다는 점을 보여준다.[54]

위대한 백인 하나님

이러한 대부분의 홍보 활동은 외부인들을 겨냥했지만 모르몬 지도자들은 모르몬교도 자신들 사이에서 예수를 재강조하고 재해석하기 위해서도 노력했다. 멀리 1961년에 모르몬 교회 지도자들은 후기성도 신도들이 그들의 회관 건물과 가정 진열용 "최고의 종교 그림"을 구할 수 있도록 미술에서의 복음(Gospel in Art) 사업을 하고 있었다. 당시에 대부분의 모르몬교도들은 하인리히 호프만, 베른하르트 플록호스트, 자매 티소 그리고 워너 샐먼을 통해 예수의 얼굴을 보았다. 샐먼의 "그리스도 두상"은 특히 인기가 있었으며 후기성도 가정, 회관, 도서관, 주일학교 교실에 걸렸고, 후기성

---

54   Shipps, *Sojourner in the Promised Land*, 112; "The Living Christ: What Think Ye of Christ?" http://www.meridianmagazine.com/arts/010403 livingl.html.

도 선교사들의 명함에 사용되었다. 그러나 샐먼은 모르몬교도가 아니어서 1960년대부터 후기성도 지도자들은 이제 새로운 예수 그림을 그릴 때라고 결정했다.

모르몬교도들은 항상 예수가 백인이라고 생각해왔다. 모르몬 경전에 따르면 예수의 모친은 "매우 아름다운 백인이었다"(1 Nephi 11:13). 인기 있는 한 모르몬 소책자는 예수를 "위대한 백인 하나님"이라고 부르며 그를 "턱수염과 파란 눈의 키 큰 백인 남성"으로 묘사한다. 19세기 말에 남성적인 예수가 부활한 이후 모르몬교도들은 또한 예수를 남성다운 구속자로 제시해왔다. 한 모르몬 신자는 1904년에 "그리스도는 머리털이 붉지 않았고, 여성적이지도 않았으며, 소화불량에 걸리지도 않았고, 꿈꾸는 감상주의자도 아니었다"라고 썼다. "성전에서 돈 바꾸는 자들을 쫓아낸 분은…건장하고, 가슴이 불룩하고, 어깨가 떡 벌어진 남자로서 잘 생겼고 키는 중간보다 컸다." 이러한 전통들을 마음에 두고서 교회 관계자들은 알도 레베치를 고용해서 베르텔 토르발센의 "크리스투스"(Christus)를 복제한 3m를 약간 상회하는 거대한 대리석 조각상을 만들게 했는데, 이 조각상은 현재 솔트레이크시티 템플 스퀘어의 방문자 센터(와 후기성도 공식 웹 사이트 홈페이지)에서 군림하고 있다.[55]

1983년에 교회 관계자들은 델 파슨이라는 모르몬교도 화가에게 예수 그림을 그리도록 위탁했다. 1984년에 모르몬 잡지 「엔사인」(Ensign)에 선보인 "주 예수 그리스도"(The Lord Jesus Christ)는 예수를 남성적이며, 명백한 백인 영웅으로 묘사한다. 샐먼의 대표적인 그림과 마찬가지로 이 그림은 머리와 가슴 부위만 있는 초상화다. 여기서도 예수는 그림을 보는 사람

---

55   "Christ in America," 내가 수집한 팜플렛; Reynolds, "The Personal Appearance," 498-99.

의 위쪽을 바라보고 있지만, 그의 시선은 그림을 보는 사람과 겨우 눈을 마주치지 않을 정도로만 위를 향하고 있다. 그러나 파슨의 예수는 샐먼의 예수보다 훨씬 억세다. 붉은 긴 옷을 늘어뜨리고 있지만 그는 명확하게 남성적이다. 그의 가슴은 넓고 목은 두꺼우며, 얼굴은 개척자처럼 햇빛에 그을었다. 파슨은 그 그림을 그릴 때 하나님의 손이 자기를 인도하는 것을 느꼈다고 말했는데 많은 모르몬교도들도 그렇게 생각한다. "주 예수 그리스도" 그림은 현재 후기성도교회 내부에서는 정경에 준하는 예수의 이미지다.

어느 면에서 보더라도 미술에서의 복음 사업은 대성공이었다. 미국 가정의 물질문화에 대한 최근의 한 연구에 의하면 후기성도 가정들은 평균 4개가 넘는 예수 그림들을 소장하고 있으며, 기숙사 방에 대한 또 다른 연구에서는 후기성도 학생들은 가톨릭이나 오순절파 학생들보다 종교 그림을 더 많이 가지고 있음을 발견했다. 관련된 한 연구에 의하면 모르몬 가정과 많은 모르몬 사업장들에 파슨의 "주 예수 그리스도" 그림 복제품이 있다고 한다.[56]

모르몬교도들이 남침례교와 기타 복음주의자들에 대항해서 자신이 기독교에 속함을 방어함에 따라 모르몬의 공식 간행물에서 예수의 존재도 더 강해졌다. 「교회 뉴스」(Church News)에서 조셉 스미스와 브리검 영의 생애에 관한 이야기들은 예수의 생애에 관한 이야기들에 자리를 내 주었다. 다른 간행물들에서는 예수 그림들이 "놀라운 증가"를 보였다. 「엔사인」은 1970년대에는 연 평균 20개의 예수 그림들을 발행했는데, 그 수가 1980년

---

56   Ronald S. Jackson, "We Would See Jesus: Visual Piety," http://www.byuh.edu/academics/ace/Speeches/Mckay/R_Jackson.html; "What's New: LDS Visual Piety," http://www.byuh.edu/whatsnew/20020214.cfm.

대에는 37개로 늘어났고 1990년대에는 75개로 늘어났다.[57]

모르몬교도들은 예수를 매우 강조했기 때문에 자기들의 독특성을 완전히 포기해야 한다고 느끼지는 않았다. 모르몬 역사 초기에 조셉 스미스는 자기 조직을 "온 땅 위에서 참되고 살아 있는 유일한 교회"라 부르고, 다른 모든 비모르몬교도들을 "이방인들"이라고 불렀다. 브리검 영은 소위 다른 그리스도인들은 "신약이 정의하는 기독교로서의 그리스도인들이 전혀 아니다"라고 결정했다. 오늘날의 모르몬교도들은 보다 평화적이지만, 그들은 하나님과 특별한 관계가 있는 "특별한 백성"이라는 자기들의 정체성을 완전히 포기하지는 않았다. 힝클리 교주는 자신이 다른 그리스도인들의 그리스도를 믿는지 질문 받았을 때, "아니다. 그들이 말하는 전통적인 그리스도는 내가 말하는 그리스도가 아니다. 왜냐하면 내가 말하는 그리스도는 때가 찬 이 시대에 계시되었기 때문이다"라고 말했다.[58]

복음주의자들은 그런 언급들을 토대로 모르몬교는 기독교가 아니라는 주장을 반복해왔다. 전에 모르몬교 신자였다가 지금은 거듭난 그리스도인이 된 산드라 태너는 "모르몬교 신학과 기독교의 차이는 기독교와 힌두교의 차이만큼이나 크다"고 주장한다. "모르몬 신학의 인간과 하나님 그리고 피조물에 대한 견해는 기독교의 견해와 판이하다."[59] 나는 여기서 그 논쟁을 해결하려고 시도하지 않는다. 이 분석은 기독교와 모르몬교의 경계에 대한 신학적 결정에 의존한다. 여기서 중요한 점은 모르몬교의 대응의 특

---

57 Noel A. Carmack, "Images of Christ in Latter-day Saint Visual Culture, 1900-1999," *BYU Studies* 39.3(2000), 66에 수록된 글.

58 *Doctrine and Covenants* 1:30; Young, *Journal of Discourses* 10:230; "Crown of Gospel Is upon Our Heads," *Church News* (June 20, 1998), 7.

59 John W. Kennedy, "Southern Baptists Take up the Mormon Challenge," *Christianity Today* 42.7 (June 15, 1998), 24에서 인용함.

징은 기독교를 예수만으로 정의한다는 것이다. 모르몬교가 이러한 경로를 택했다는 사실은 예수에 대한 그들의 헌신을 보여준다. 그것은 미국 기독교에서 예수의 중요성을 보여주는데, 미국에서는 예수가 신앙과 실천의 핵심 권위로서 교회, 신조 그리고 심지어 성경조차 대체했다. 그러나 이 문제에서 모르몬교의 방어가 18세기의 조너선 에드워즈와의 논쟁이나, 19세기의 이단 종파 재판에서는 그다지 성공적이지 못했을 것이라는 점을 주목해야 한다. 토머스 제퍼슨은 최소한 고든 힝클리 교주만큼이나 예수를 존경했을지 몰라도 그렇다고 제퍼슨이 그리스도인이었다고 믿는 사람은 거의 없다. 그리고 조너선 에드워즈도 의심할 나위 없이 힝클리나 제퍼슨보다 예수를 덜 사랑했지만 아무도 그가 진실한 그리스도인임을 의심하지 않았다. 현재 모르몬교도들이 자신을 그리스도인이라고 선전하는 예수 중심 논거는 매우 일관성이 있다. 최소한 현재 미국인의 기준에 의하면 이 점은 거의 반박할 수 없다. 그러나 신조의 전통적인 권위가 매우 심각하게 훼손되었기 때문에 이런 논거가 득세하고 있을 뿐이다.

모르몬교도들은 미국인 중의 미국인이라고 불려왔지만 그들을 그렇게 만든 것은 단지 그들의 검소함이나 노동 윤리만이 아니다. 토머스 제퍼슨 이후 수백만 명의 미국인들과 마찬가지로 모르몬교도들은 예수에 대한 충성을 맹세했다. 사실 많은 경우에 모르몬교도들은 자유주의 그리스도인들과 복음주의 그리스도인들보다 예수를 더 많이 찬미했다. 그러나 모르몬교도들도 예수를 양자택일 명제로 보기를 거부했다. 그들의 예수는 살과 피가 있는 하나님, 구약의 야웨로서 성부 하나님과는 전혀 딴판인 인물이다. 비록 모르몬교도들이 최근에는 동료이자 친구인 예수와의 보다 친밀한 관계를 향해 이동하기는 했지만, 대부분은 그와 거리를 유지하고 있으며 최소한 그들의 구주에게 다소 공식적으로 접근하고 있다. 달리 말해서 모르몬의 예수는 주로 고양과 신적 상태를 달성하려면 반드시 따라야 할 길을 보여준다는 점에서 중요한 장형으로 남아 있다.

모르몬교도들은 이 견해를 세상에 전하는 데 놀라운 성공을 거뒀다. 그러나 그들이 한 일은 거기에 그치지 않는다. 그들은 더 나아가 자신들의 예수, 즉 2,000년 전에 미국에 왔고 오늘날에도 모르몬 선지자들을 통해 말하고 있는 예수가 진정한 예수이며, 다른 그리스도인들은 모두 그를 잘못 알고 있다고 주장한다. 이처럼 대담한 주장은 그들의 그리스도인 지위를 위태롭게 할 뿐만 아니라 그들이 미국인임을 보여주기도 하는데, 왜냐하면 우리가 살펴온 것처럼 이것이 바로 미국의 방식이기 때문이다.

HOW THE SON OF GOD BECAME A NATIONAL ICON

자넷 맥켄지는 아프리카계 미국 여성을 "인민의 예수"(*Jesus of the People*)의 모델로 사용했는데 이 그림은 「National Catholic Reporter」가 후원한 "예수 2000" 미술 대회에서 수상했다.

_ 캔버스에 그린 유화 그림, 자넷 맥켄지에 의해 1999년 저작권 등록됨

6장 흑인 모세

43명의 사망자와 1,000명이 넘는 부상자를 낸 1967년 디트로이트 인종 폭동의 여파로 한 무리의 흑인들이 디트로이트 세이크리드 하트 신학교에 세워진 예수상의 얼굴을 검게 칠했다. 몇몇 백인들은 이에 대한 대응으로 이 상을 하얗게 칠했다. 선전 트럭이 성직자들이 예수를 하얗게 칠했다고 비난하며 학교를 지나간 뒤, 신학생들이 나서서 이 상을 검게 칠했다.

폭동이 발생하기 몇 달 전, 알버트 클레이지 주니어(1911-2000)는 자신의 블랙 마돈나 사원에 약 5.5미터 크기의 거대한 블랙 마돈나와 아기 그림을 설치해서 예수의 피부색을 이 도시의 의제로 올려놓았다. 폭동이 발생한 뒤 오래지 않아 디트로이트 소재 성 세실리아 로마 가톨릭교회는 두툼한 입술과 곱슬머리를 한 "흑인 그리스도"(Black Christ)의 놀라운 얼굴을 공개했다. 다양한 인종과 민족의 천사들이 그를 둘러싸고 있었다. 1969년에 세실리아 성당의 "흑인 그리스도"는 「에보니」(Ebony) 지에 등장했다. 잡지 본문에서는 "흑인 그리스도 탐구"라는 글이 또 하나의 예수 논쟁에 상당한 주의를 기울였다. 성 세실리아 성당의 레바논계 미국인 사제 레이몬드 엘리스 신부는 "우리는 그리스도가 흑인이기만 하다고 주장하지 않는다"고 설명했다. "우리는 단지 오늘날의 그리스도는 흑인이기도 하다는 점을 확인하기 원할 뿐이다." 그러나 나중에 자라모기 아베베 아기예만이라는 이름으로 개명하게 되는 초교파 흑인 기독교 민족주의자 운동(Black Christian Nationalist Movement) 창시자인 클레이지는 그렇게 하려 하지 않았다. "나는 '예수가 흑인이라면 좋지 않겠는가?' 또는 '예수가 흑인이라고 가정합시다'라고 말하지 않는다. 나는 예수가 흑인이었다고 말한다. 백인 예수는 존재한 적이 없다." 머지않아 전 국민들은 클레이지가 그의 지지자들이 주장하는 바와 같이 흑인들의 다음번의 영웅인지 아니면 그를 비방하는 사람들이 주장하듯이 "종교적으로 무식한" 선동가인지를 놓고 논쟁을 벌였다.[1]

이 드라마가 펼쳐지는 동안 미국 흑인 사회는 민권 운동과 블랙 파워로 갈라졌다. 1968년에 마틴 루터 킹 목사가 암살된 뒤에도 대부분의 흑인 교회들은 킹의 비폭력 시민 불복종 전략과 그의 통합 목표를 지지했다. 블랙 파워 운동은 킹의 전략과 목표를 거부했다. 대체로 세속적 운동인 블랙 파워는 블랙 팬더스(Black Panthers)와 스토클리 카마이클의 학생 비폭력 조정 위원회(Student Nonviolent Coordinating Committee; SNCC) 같은 단체들에 의해 인도되었다. 그러나 블랙 파워는 또한 이슬람 국가(Nation of Islam; NOI)로 알려진 신생 흑인 교파에 영적 중심을 두고 있었다. 인종이 확실하지 않은 순회 설교자인 월리스 D. 파드가 1930년에 디트로이트에서 설립한 NOI는 수십 년 동안 정치적 힘보다는 (파드 자신이 알라의 화신이라는 놀라운 주장 등) 이슬람에 대한 색다른 해석으로 더 많이 알려진 작은 조직이었다. 이슬람 국가는 1934년 파드가 신비하게 실종된 뒤 그의 뒤를 이어받은 일라이저 무함마드의 지도 아래 1950년대에 흑인 사회의 주요 종교적 대안이 되었다.

---

1   Alex Poinsett, "The Quest for the Black Christ," *Ebony* 24.5 (March 1969), 170-78; 또한 "Artists Portray a Black Christ," *Ebony* 26.6(April 1971), 177-80도 보라.

NOI 보급자인 맬컴 엑스의 친구 클레이지는 민권 운동 개혁에 대해서보다 블랙 파워 혁명에 훨씬 더 공감했다. 디트로이트의 인종 폭동으로 마음이 상하고 대담해진 그는 정치와 경제에서 흑인 분리주의를 주장했다. 그러나 그는 흑인 교회의 지지가 없으면 흑인 혁명은 성공하지 못하리라고 확신했다. 그래서 그는 흑인 메시아를 중심으로 한 블랙 파워의 기독교 형태를 만들기 시작했다.

『흑인 메시아』(*The Black Messiah*, 1968)라는 영향력 있는 설교 모음집에서 클레이지는 흑인 해방을 향한 첫걸음은 백인 그리스도를 십자가에 못 박고 흑인 메시아가 부활하는 것이라고 주장했다. 그는 "흑인들은 백인 그리스도에게 무릎 꿇고 예배해서는 품위를 지킬 수 없다"고 썼다. "우리는 백인들이 우리가 노예로 있을 때 우리에게 전해 주었고 우리를 갈가리 찢어 놓고 있는 이 백인 예수를 내려놓아야 한다." 제퍼슨 이후 미국의 종교 개혁가들과 마찬가지로, 그는 "예수의 종교"와 "예수에 관한 종교" 사이에 뚜렷한 선을 긋는 것으로 자기주장을 시작했다. 그러고 나서 그는 바울이 진정한 기독교를 변질시켰다고 비난했다. 그는 자기의 회중에게 직설적으로 말했다. "여러분은 잘못 인도되어 왔습니다." "여러분이 기독교라고 믿었던 것은…기독교가 아닙니다. 우리가 오늘날 세상에서 보고 있는 기독교는 예수에 의해 만들어지지 않았습니다. 오늘날의 기독교는 바울에 의해 만들어졌습니다." 클레이지에 따르면 바울의 예수는 "영적인 예수"이며 바울의 신학은 위험할 정도로 개인주의적이고 내세적이었다. 진정한 예수는 공동체적이고, 현세적이며, 정치적이었다. 그리고 예수는 문자적으로 흑인이었다. 즉 생물학적으로 흑인이었다.[2]

---

2   Albert B. Cleage, Jr., *The Black Messiah* (New York: Sheed and Ward, 1968), 3, 91, 37.

기독교를 "백인의 종교"라고 비판했던 이슬람 국가를 따라서 클레이지는 찬송가 "가장 아름다운 주 예수"(Fairest Lord Jesus)를 조롱했으며 주일학교 그림들을 "약하고 소심한 백인 예수"라고 공격했다. 그러나 클레이지는 기독교의 구주를 거부하는 대신 그를 흑인 국가의 흑인 영웅으로 재구성했다. 클레이지에 의하면 이스라엘 백성은 흑인이었다. 모세는 아프리카(이집트)에 체류했으며 흑인 여성과 결혼했다. 예수는 흑인 이스라엘 사람의 후손인 흑인 여성에게서 태어난 흑인 남성이었다. 그리고 예수는 가장 남자다운 남자였다. 그는 "평화가 아니라 칼"을 주러 온 "혁명적인 흑인 지도자인 열심당원"이었다. 예수를 배반한 유다와 다른 흑인 유대인들은 "당대의 엉클 톰들"이었다. 예수를 십자가에 처형한 권력은 "백인 국가 로마"였다.[3]

클레이지의 전투적 신앙에서는 개인들을 죄에서 구원하기 위해 십자가 위에서 죽는 것은 결코 예수의 의도가 아니었다. 대신에 예수는 포로들에게 좋은 소식을 전하고 "흑인 국가 이스라엘"을 위한 민족 해방 투쟁을 이끌기 위해 이 땅에 왔다.[4] 클레이지는 자기 교구민들에게 지금이야말로 흑인들이 예수를 백인 기독교로부터 되찾아 올 때라고 말했다. 백인의 압제에 대항하여 싸우기를 거부하는 아프리카계 미국인은 현대의 유다, 즉 백인화된 엉클 톰이었다.

클레이지는 예수가 흑인임을 입증한 뒤 하나님이 흑인임을 입증했다. 그의 주장은 태초에 창세기 1:27에서 "하나님이 자기 형상대로 사람을 창조"한 데서 시작했다.

3   Ibid., 86, 4, 214, 73, 24.
4   Ibid., 72.

만일 하나님이 사람을 자기 형상대로 창조했다면, 하나님이 어떻게 생겼는지 보려면 사람을 봐야 한다. 세상에는 흑인종이 있고, 황인종이 있으며, 홍인종이 있고, 극히 소수의 백인종이 있다. 하나님이 사람을 자기 형상대로 만들었다면 하나님은 틀림없이 이 흑인, 황인, 홍인, 백인들의 조합일 것이다.…그러니 우리가 하나님을 사람으로 생각한다면 하나님은 틀림없이 흑인, 황인, 홍인과 약간의 백인의 조합일 것이다. 우리는 하나님을 흑인 하나님으로 생각해야 한다. 미국에서는 흑인의 피가 한 방울만 섞여도 흑인이다. 그러니 미국법에 의하면 하나님은 흑인이다.[5]

클레이지는 자신의 흑인 마돈나 성전에서 이 흑인 하나님과 그의 흑인 아들을 중심으로 기독교를 전면적으로 개조했다. 크리스마스 축하는 "흑인 국가를 구원하러 온 흑인"의 탄생을 기념하는 것이었다. 고백한다는 것은 "나는 평생 순응하는 엉클 톰으로 살아왔다. 나는 사람들이 내게 원하는 모든 것을 해왔다"라고 인정하는 것이었다. 세례받는 것은 순응적인 흑인 교회와 "노예 기독교"의 엉클 톰 개인주의에 대해 죽고 공동체적인 흑인 국가의 새 삶으로 부활하는 것이었다. 성찬식에서 빵과 포도주를 먹고 마시는 것은 "흑인 국가를 위해 기꺼이 자신의 몸이 찢기고 피를 흘릴 의향이 있음"을 선언하는 것이었다.[6]

　　자신을 다른 흑인 목사들과 구분하는 클레이지는 NOI와 함께 기독교 국가도 상상했다. 맬컴 엑스와 기타 NOI 지도자들은 아프리카계 미국인 침례교도들과 감리교도들을 블랙 무슬림(그들의 회원들은 흔히 이렇게 불렸다)

5　　Ibid., 42-43.

6　　Ibid., 85, 95, 44, 82.

으로 바꾸기 위해 열심히 노력했다. 사실 그들은 일요일 아침에 감리교도, 침례교도, 오순절파들 사이에서 개종자를 구하러 흑인 교회 밖으로 "낚시" 소풍을 나갔다. 이 소풍에서 블랙 무슬림들은 자주 예수에 대해 말했다. 그들은 예수는 하나님이 아니라고 주장했다. 예수는 십자가 위에서 죽지 않았고 죽은 자들 가운데서 부활하지도 않았다. 그러나 그들은 예수를 변질된 종교의 핵심적인 상징이라고 거절하는 대신 자기들의 일원으로 포용했다. 그들은 흑인 그리스도인들에게 예수는 알라의 선지자였다고 말했다. 예수는 "자유, 정의, 평등"을 가르쳤고 백인들을 "악마의 종족"이라고 저주했다. 간단히 말하자면 "예수는 무슬림이었지 그리스도인이 아니었다."[7]

많은 흑인 사역자들은 NOI의 분열적 전술과 비기독교적이고 반유대주의적인 견해를 비난했다. 이에 반해 클레이지는 민권 운동 지도자들을 백인 인종차별주의자들보다 흑인 해방에 더 위협적인 장애물인 엉클 톰 노릇을 하는 서기관과 바리새인이라고 혹평했다. 그리고 블랙 무슬림 지도자들은 흑인 메시아의 사역을 하고 있다고 칭찬했다. 맬컴 엑스는 단지 클레이지의 "맬컴 형제"가 아니라 흑인 국가를 위한 성전(聖戰)에서 자기 목숨을 희생한 그리스도 같은 구주였다.[8]

클레이지가 맬컴 엑스와 NOI를 칭찬하기는 했지만 그는 NOI의 확고한 지지자들로 가득 차 있는 호수에서 자신의 낚시질을 했다. 그는 원수를

---

7 Elijah Muhammad, *The True History of Jesus* (Chicago: Coalition for the Remembrance of Elijah, 1992), 10, 19; Elijah Muhammad, *Message to the Blackman in America* (Chicago, Muhammad Mosque of Islam No. 2, 1965), 22; 또한 모두 Elijah Muhammad가 쓴 다음 문헌들도 보라;*The Birth of a Savior* (Chicago: Coalition for the Remembrance of Elijah, 1993)와 *Jesus: Only a Prophet* (Atlanta: Messenger Elijah Muhammad Propagation Society, 연도 미상).

8 Cleage, *The Black Messiah*, 193.

사랑하기는 불가능하고, 다른 뺨을 돌려대는 것은 미친 짓이라고 했다. 그리고 그는 맬컴 엑스가 기독교에 관해 설교한 모든 것에 "아멘"이라고 말했다. 클레이지는 맬컴 엑스가 변질된 바울의 백인 기독교를 비웃은 것은 옳았고 바울의 기독교는 진짜가 아니라고 주장했다. 사실 바울 서신들은 블랙 마돈나 성전에서는 성경으로 받아들여지지 않았다. 클레이지는 토머스 제퍼슨과 마찬가지로 신약성서를 수정해서 사용했는데, 그는 노예들에게 그들의 주인에게 복종하라는 바울의 모든 서신들(그리고 요한복음도 마찬가지임)을 도려냈다. 클레이지는 스토클리 카마이클에게 보낸 편지에서 "당신이 거부하고 있는 기독교, 당신이 그토록 반대하는 기독교"는 "흑인 메시아의 가르침에는 아무런 뿌리도 없는 노예 기독교입니다"라고 썼다.[9]

클레이지의 저서들에 나오는 설교들은 모두 "흑인 메시아인 예수 그리스도"에 대한 기도로 끝난다. 그러나 클레이지는 자기 이전의 많은 아프리카계 미국인들과 마찬가지로 예수를 주로 구약의 안경을 통해서 이해했다. 즉 그는 성경을 개인 구원보다는 집단적 자유 이야기로 읽었다. 클레이지는 "흑인의 종교는" "본질적으로 구약의 이스라엘 국가, 하나님의 선민 개념 그리고 '흑인 이스라엘인들의 문제는 우리의 문제와 똑같다'는 우리의 지식에 근거한다"는 것을 인식했다.[10] 『흑인 메시아』는 출애굽기의 소재들로 가득 차 있다. 이 책은 "우리는 하나님의 선민이다", "그러나 하나님은 바로의 마음을 굳어지게 했다", "광야로부터 안으로 들어오기", "약속된 땅"과 같은 설교들을 담고 있다. 이 책은 흑인 메시아를 흑인 모세, 즉 죄로부터의 구주가 아니라 압제로부터의 해방자로 묘사했다. 클레이지는 마틴

9   Ibid., 46.
10   Ibid., 111.

루터 킹과 마찬가지로 예수가 미국을 바빌론에서 시온으로 옮겨갈 혁명을 이끌 것으로 믿었다. 그는 킹과는 달리 흑인 왕국이라는 이 땅위의 천국을 상상했으며, 폭력을 광야를 헤쳐 나갈 통로라고 지지하며 자신의 흑인 모세를 칼로 무장시켜주었다.

흑인 해방과 여성주의 신학

클레이지는 1960년대 말 흑인 교회 내부에서 가장 유명한 신학자였지만 예수를 자신의 이미지대로 만든 아프리카계 미국인은 클레이지만이 아니었다. 아프리카계 미국인 역사가이자 메노파 평신도인 빈센트 하딩은 1967년부터 예수를 블랙 파워 운동의 주님이라고 불렀다. 『흑인 신학과 블랙 파워』(*Black Theology and Black Power*, 1969)에서 미시건주 아드리안 칼리지의 젊은 교수인 제임스 콘은 클레이지의 조악한 수사(rhetoric)를 체계적인 신학으로 개작해서 이를 폴 틸리히 및 기타 백인 신학자들이 그들의 저술에서 아프리카계 미국인들의 경험과 대화하도록 이끌었다. 콘은 졸지에 흑인 해방신학으로 알려진 라틴 아메리카 해방신학의 미국 버전에 대한 선도적인 대변인이 되었다.

1938년 인종을 차별하던 아칸소주에서 태어난 콘은 어릴 때 비어든 소재 마케도니아 미국 감리교 감독교회에 출석했다. 콘은 "나는 매주 일요일과 때로는 평일 밤에 활기찬 설교, 열띤 기도, 기운찬 복음성가, 사람들의 열정적인 간증을 통해 예수와 만났다"라고 썼다. "예수는 마케도니아에서 그리고 비어든의 흑인들의 삶에서 지배적인 실재였다." 콘은 클레이지와 마찬가지로 흑인 교회의 예수를 블랙 파워의 방식과 수단에 통합했다.

콘은 "흑인 신학은 블랙 파워의 신학적 목표이고, 블랙 파워는 흑인 신학의 정치적 목표다"라고 쓰고, 블랙 파워는 "20세기 미국에 대한 그리스도의 핵심 메시지다"라고 덧붙였다. 콘은 또한 클레이지처럼 예수에게 검은 색을 입혔다.

> "인종이 없는" 미국의 그리스도는 피부색이 밝고, 물결 모양의 갈색 머리를 하고 있으며, 때로는(참으로 놀랍게도) 푸른 눈을 하고 있다. 백인들이 두꺼운 입술과 곱슬머리를 한 예수를 발견하면 바리새인들이 예수가 세리들과 잔치를 벌이고 있는 것을 발견한 것만큼이나 불쾌한 일이다. 그러나 백인들이 듣고 싶어 하든 그렇지 않든 예수는 백인 사회에 매우 혐오스러운 모든 특징들을 지닌 흑인이다.[11]

흑인 됨에 대한 클레이지의 이해는 문자적이고 배타적이었던 반면, 콘의 이해는 비유적이고 보다 보편적인 해석에 열려 있었다. 콘은 "미국에서 흑인이라는 것은 피부색과는 별 관계가 없다"라고 썼다. "흑인이라는 것은 당신의 마음과 영혼과 정신과 몸이 소외된 사람들이 있는 곳에 함께하는 것을 의미한다.…그것은 본질적으로 마음과 영혼과 정신의 색깔에 의존한다." 예수의 흑인 됨에 대한 이러한 비유적 해석은 선의의 백인 자유주의자들도 (그리고 심지어 민권 운동 지도자들조차) 흑인이 될 수 있는 가능성을 열었다. 이는 또한 콘의 저서가 학생들에게 "밑으로부터" 행해진 신학을 열심히 소개하려는 개신교와 가톨릭 신학교들에서 필독서가 되게 했다. 콘이

---

11   James Cone, *Speaking the Truth: Ecumenism, Liberation, and Black Theology* (Maryknoll, N.Y.: Orbis Books, 1999), ix; James Cone, *Black Theology and Black Power* (New York: Seabury Press, 1969), 22, 1, 32.

주장한 바대로 흑인 됨이 "사람을 압제에서 해방시키는 데 참여하는 모든 사람들에 대한 존재론적 상징"이라면, 자신을 그 상징과 동일시하는 백인들은 흑인 국가에 수용될 수 있었다.[12]

흑인해방신학은 여성주의 신학이 출현할 무렵에 성장했는데 1960년대의 아들과 딸인 이들은 가까운 친척이었다. 흑인해방신학자들과 여성주의 신학자들 모두 급진적 개혁자들이었으며 예수와 기독교를 인종차별주의자나 성차별주의자로 이해하는 지배적 견해를 거부했다. 두 그룹 모두 하나님의 상징에 상당한 주의를 기울였다. 여성주의 신학에서 가장 유명한 구호를 만들어 낸 메리 데일리는 『하나님 아버지를 넘어서』(Beyond God the Father, 1973)에서 "하나님이 남성이라면 남성은 하나님이다"라고 했다.[13] 흑인해방신학자들은 하나님이 백인이라면 백인은 신이라는 유사한 주장을 내놓았다.

따라서 두 그룹은 예수의 모습을 다시 생각하는 미국의 전통에 참여한 셈이다. 콘과 클레이지 같은 흑인해방신학자들은 예수에게 검은 색을 입힌 반면 여성주의신학자들은 예수를 여성주의자로 둔갑시켰다. 데일리가 1971년에 잘 알려진 하버드 메모리얼 처치라는 바빌론으로부터의 (그리고 "가부장적 종교" 너머로) 탈출을 전개하자 일부 급진적인 여성주의신학자들은 데일리를 따라서 그녀가 "그리스도 숭배"라고 묘사한 예수에 대한 예배를 회피했다.[14] 그러나 기독교를 내부로부터 개혁하려는 사람들이 더 많았다. 그들도 바울이 예수의 평등한 종교를 교회의 가부장적인 종교로 전락시

---

12   Cone, Black Theology, 151, 26.
13   Mary Daly, *Beyond God the Father: Toward a Philosophy of Women's Liberation* (Boston: Beacon Press, 1973), 19.
14   Ibid., 69-97.

켰다고 비난했다. 결국 여성들에게 '자기 남편에게 복종'하고(엡 5:22) '교회에서 침묵하라'(고전 14:34)고 지시한 사람은 바울이 아니었던가? 이와 대조적으로 예수는 여성을 제자 삼았고 여성들에게 자유를 주는 방식으로 유대 율법을 해석했다.

1980년대에 새로운 그룹의 신학자들이 여성주의 신학과 흑인해방신학을 종합했다. 이 흑인 여성 사상가들은 "여성다운"이라는 용어를 "엄청난, 대담한, 용기 있는 또는 **의도적인** 행동을 일컫는" 것으로 정의한 소설가 앨리스 워커를 따라서 자신을 여성주의신학자라고 불렀다.[15] 그들은 콘과 데일리에게서 많은 내용을 빌려왔지만, 흑인해방신학(성차별주의자)과 여성신학(인종차별주의자) 모두를 비난했다. 그들은 콘과 클레이지에 의해 야기된 흑인의 경험을 남성의 경험으로 규정했으며 메리 데일리와 그 동료들의 여성 경험을 백인 여성의 경험이라고 규정했다. 그리고 나서 그들은 흑인 여성의 경험을 위의 경험들에 통합하기 위해 열심히 노력했다. 그들은 클레이지에 의해 등장한 흑인 남성 영웅들의 대열에 성경에 나오는 노예 하갈과 19세기의 아프리카 감리교 감독교회 설교자인 자레나 리 같은 인물들을 추가했다. 그들은 포스트 크리스천 여성주의자들에 의해 소환된 백인 여신들의 명단을 완전히 거부했다.

여성주의 신학자들은 특히 일부 급진적인 신학자들이 여신 숭배에 빠져드는 것을 경계했다. 사실상 모든 여성주의 신학자들은 흑인 교회에서 자랐으며 데일리의 표현을 빌리자면 "그리스도에 대한 숭배 너머로" 옮겨가는 것은 그들에게는 생각할 수 없는 일이었다. 노예 출신의 노예 폐지

---

15 Alice Walker, *In Search of Our Mothers' Gardens*: *Womanist Prose* (San Diego: Harcourt Brace Jovanovich, 1983), xi.

론자 연설가인 소저너 트루스는 종종 연설을 시작할 때 예수를 언급했는데 그녀는 예수를 "나와 하나님 사이에 서 있는 친구로서 그분을 통해 샘에서 물이 솟아나듯이 사랑이 흘러 나온다"고 묘사했다. 여성주의 신학자들도 예수를 언급했다. 그들은 예수를 개인의 구주이자 정치적 메시아, 즉 개인들을 죄에서 구원하고 그가 선택한 백성을 포로 상태에서 해방시키기 위해 세상에 온 하나님의 화신으로 보았다.[16]

가장 별난 여성주의자들은 예수를 흑인 여성으로 해석했다. 그러나 아무도 이를 문자적으로 받아들이지는 않았다. 흑인 교회 내부에서 성경은 권위를 유지하고 있었으며, 텍스트는 매우 유연했지만 가장 똑똑한 해석자조차도 예수를 드러내 놓고 흑인 여성으로 묘사할 만큼 성경 텍스트를 무리하게 해석할 수는 없었다. 그러나 여성주의 신학자들은 예수의 얼굴을 수백 년 동안 노예제도와 인종 분리, 인종 차별과 성 차별이라는 죄와 투쟁해왔던 아프리카계 미국인 여성에게서 가장 명확히 볼 수 있다고 주장했다. 선도적인 여성주의 신학자인 재클린 그랜트에 따르면 예수의 백인 남성 이미지는 아프리카계 미국 여성들을 2중으로 기분 나쁘게 한다. 여성과 가난한 사람들에 대한 누가의 특별한 관심과 이전의 해방신학 자료들에 근거해서 재클린은 예수를 "정치적 메시아"로 받아들인다. 그녀는 "흑인 여성들의 경험에서 발견되는 예수는 흑인 여성"이라고 결론짓는다.[17]

비판자들은 여성주의자들과 흑인해방신학의 흑인 예수를 보편적인 사랑의 종교를 편협한 증오의 파벌(또는 이단)로 바꾼 터무니없는 시대착오라

---

16   Daly, *Beyond God the Father*, 69-97; Sojourner Truth, *Narrative of Sojourner Truth* (Battle Creek, Mich.: The Author, 1878), 69.

17   Jacquelyn Grant, *White Women's Christ and Black Women's Jesus: Feminist Christology and Womanist Response* (Atlanta: Scholars Press, 1989), 215, 220.

고 비난했다. 예를 들어 「크리스천 센추리」는 클레이지를 가리켜 "모든 백인들을 적이라고 주장"하며 "그리스도를 흑인들의 전유물로 만들고 그를 분열을 야기하는 도구로 사용하기 원하는 것으로 보이는" 배교자라고 묘사했다. 보다 보수적인 비평가들은 문자적이든 비유적이든 예수를 흑인으로 묘사하는 모든 주장을 비웃으며 그런 생각은 미쳐 버린 1960년대 급진주의의 발산이라는 딱지를 붙였다. 흑인 예수의 위험을 지적하는 이러한 비판들이 옳은지는 논쟁거리다. 그러나 흑인 예수가 1960년대에 태어났다는 주장은 전혀 사실이 아니다. 아프리카계 미국인들은 클레이지의 『블랙 메시아』가 출현하기 100년도 더 전부터 흑인 예수에게 기도하고 있었다. 사실 그들의 기도는 하도 많고 감동적이어서 미국에서 흑인 예수의 전통에 대해 말하는 것도 일리가 있다.[18]

흑인 모세

앞에서 언급한 바와 같이 모든 성경 해석자들은 "정경 안의 정경"이라는 입장을 취한다. 클레이지 목사의 교회에서는 바울 서신들이 금지되었는데 그곳에서는 마태복음 10:34("나는 평화가 아니라 칼을 주러 왔다")이 사랑받았다. 아프리카계 미국인 신학자인 하워드 서먼은 복음서들과 함께 구약성서의 예언서들을 강조했지만, 제퍼슨과 클레이지처럼 바울 서신을 경계했다. 사실 모든 성경 해석자들이 정경 안의 정경이라는 입장을 취하는 강력한 경향에 대한 예시를 들어보자면 서먼이 어렸을 때 규칙적으로 성경

---

18   "Jesus: Blond or Black?" *Christian Century* 85.43 (October 23, 1968), 1328-29.

을 읽어주었던 그의 할머니는 (자신이 그리스도인의 사랑에 대해 동경했던 고린도전서 13장은 예외로 했지만) "종들아, 너희 상전들에게 순종하라"고 쓴 저자의 어떤 서신도 듣기를 거부했다. 노예였던 그녀는 백인 사역자들에게서 노예들이 주인들에게 지고 있는 의무에 대한 설교를 너무 많이 들었다. 그녀는 자기 손주에게 "나는 내 창조주께 만일 내가 읽는 법을 배우고 자유를 얻게 된다면" "성경의 그 부분을 절대로 읽지 않겠다고 약속했다"고 말했다.[19]

성경은 노예 기독교라는 "보이지 않는 기관"에서 거룩한 책이었지만 대부분의 노예 그리스도인들은 성경을 읽을 수 없었다. 자신들의 상황에 맞추어 메시지를 구성할 수 있었던 노예 설교자들은 신학 논쟁을 멀리하고 기억할 만한 이야기들을 중심으로 설교했다. 그들은 신약성서에서는 모든 종말론 이야기들의 어머니인 요한계시록과 더불어 십자가 처형과 부활을 강조했다. 그들은 구약성서에서는 예언서들과 이스라엘의 모험 이야기들을 포용했다. 구전(口傳)된 이 이야기들은 노예 종교의 사실상의 정경이 되었으며 그 정경의 중심은 출애굽 이야기였다.

성경의 출애굽 심포니에 나오는 기본 주제들인 파라오, 모세, 선민, 포로, 핍박, 추방, 디아스포라, 광야, 구원, 약속의 땅은 미국의 역사를 공부하는 대부분의 학생들에게 잘 알려져 있다. 청교도들은 자신을 하나님의 새 이스라엘로 보았다. 뉴잉글랜드 숲에서 성경적인 국가를 만들려는 그들의 노력은—페리 밀러의 인상적인 말로 표현하자면—"광야 속으로의 심부름"이었다. 청교도들은 그 심부름의 저쪽 끝에 그들의 약속의 땅이 놓여 있다고 믿었다. 미국의 독립 전쟁 중에 애국자들은 조지 워싱턴이 하나님으로

---

19   Howard Thurman, *Jesus and the Disinherited* (New York: Abingdon-Cokesbury ress, 1949), 31.

부터 파라오 조지 3세의 멍에에서 자기 나라를 해방하라는 위임을 받은 새로운 모세라고 생각했다. 반세기 뒤에 예수 그리스도 후기성도교회 교인들은 "미국의 모세"인 브리검 영의 인도 아래 서부로 심부름을 갔다. 보다 최근에는 마틴 루터 킹 목사가 민권 운동을 포로에서 해방되는 행진으로 보았다. 그가 1955년과 1956년에 앨라배마주 몽고메리의 버스 보이코트와 1963년 워싱턴 버스 행진을 이끌자 그의 추종자들은 킹 목사를 현대의 모세로 여겼다. 킹 목사가 암살된 뒤에는 많은 사람들이 그를 자기 백성에게 자유를 주기 위해 십자가에 못박힌 고난 받는 종인 현대판 예수로 보게 되었다.

앨버트 라보토가 보여준 바와 같이 아프리카계 미국인들은 출애굽한 백성이었고 그들의 교회는 출애굽한 교회였다.[20] 흑인 그리스도인들은 청교도들과 마찬가지로 대체로 구약의 세계에서 살았다. 노예무역이 시작된 때부터 흑인 교회 설립과 시민권 운동 행진에 이르기까지 그들은 자기들의 경험을 출애굽 주제들에 비춰 해석했다. 그들은 하나님이 친히 택한 백성을 포로에서 해방시키겠다는 약속을 자기들에게 적용해 줄 것이라고 주장하면서 자기들 가운데서 일련의 모세들, 즉 언더그라운드 레일로드(Underground Railroad, 지하철도) 네트워크의 "지휘자"인 해리엇 터브먼과 교육자인 부커 T. 워싱턴, 흑인 민족주의자인 마커스 가비 그리고 심지어 예수 자신까지도 찾아냈다.

그러나 아프리카계 미국인 그리스도인들은 수백 년 동안 구약과 신약의 유형 사이 및 성경 시대와 자신들의 시대 사이의 차이를 주의 깊게 구분

---

20   Albert J. Raboteau의 다음 문헌들을 보라; *Slave Religion: The "Invisible Institution" in the Antebellum South* (New York: Oxford University Press, 1978); *Fire in the Bones: Reflections on African-American Religious History*(Boston: Beacon Press, 1995).

하는 대신 이들을 모두 녹여서 성경 인물들로 하여금 미시시피의 목화밭에서 자기들과 함께 수고하도록 초대하고, 자기들이 여리고의 길을 걷는 사치를 누리게 하는가 하면, 자기들이 키레네의 시몬에게서 십자가의 짐을 덜어내 줄 책임을 떠맡게 하기도 했다. 그들은 또한 모세를 예수와 결합시키고 예수를 모세와 결합시키는 경향이 있었다.

마태복음은 계속해서 예수를 모세와 비교한다. 마태복음의 예수는 모세 오경에 필적하는 다섯 개의 주요 강연을 전해준다(그중 하나는 모세처럼 산 위에서 전해진다). 그러나 마태의 목표는 예수가 히브리 성경에 나타난 예언의 성취이며 이스라엘의 이전 예언자들보다 뛰어난 존재임을 증명하는 것이다. 하지만 노예 그리스도인들은 이 두 영웅들을 비교하는 것보다 훨씬 더 나갔다. 그들은 둘을 하나로 합쳐서 개인들을 죄에서 구원하고 집단을 노예 상태에서 구원해주겠다고 약속한 한 명의 해방자를 만들어냈다. 어느 북부군 군인이 1864년에 다음과 같이 관찰한 바와 같이 말이다. "성경에서 이스라엘 자녀의 구원 이야기처럼 그들이 익숙한 부분은 없다. 모세는 사람 안에 있는 높고, 고상하고, 완벽한 모든 것에 대한 그들의 **이상**이다. 나는 그들이 **영적** 구원자라는 관점에서가 아니라 궁극적으로 **자신들을** 속박의 감옥에서 끌어내줄 수 있는 두 번째 모세로서의 그리스도에게 익숙해졌다고 생각한다."[21]

역사가인 유진 제노비스는 흑인 설교자들의 설교와 노예 흑인 영가들에서 예수와 모세의 이러한 융합을 발견했다. 예를 들어 "오, 죽어가는 양이여!"(O the Dying Lamb!)는 모세의 행동을 죽임당한 어린 양이라는 예수의 상징과 결합한다.

---

21   Raboteau, *Slave Religion*, 311 -12.

모세가 밟은 곳을 가기 원하네.

오, 죽어가는 양이여!

모세가 약속된 땅에 들어갔기 때문이라네.

오, 죽어가는 양이여!

"시온의 배"(The Ship of Zion)는 예수를 출애굽 이야기의 중심, 즉 약속의 땅으로 향하는 "좋았던 옛적의 시온의 배"의 조타석에 둔다.

왕이신 예수가 선장이라네, 선장, 선장.

그리고 이 배는 약속의 땅으로 가고 있다네.

또 다른 영가인 "내 군대가 건너네"(My Army Cross Over)에서는 모세의 가장 큰 기적의 장소(홍해)가 예수의 세례 장소(요단강)와 만난다. 마치 두 장소가 같은 곳인 듯이 말이다.

내 군대가 건너네,

내 군대가 건너네.

오, 파라오의 군대는 익사했네!

내 군대가 건너네.

우리는 큰 강을 건너리,

내 군대가 건너네.

우리는 요단강을 건너리,

내 군대가 건너네.[22]

노예 그리스도인들은 자주 예수를 채찍 아래에서 자신들과 함께 고통 받는 위로자와 친구라는 사적인 언어로 묘사했다. 그러나 그들은 또한 예수를 신적인 힘으로써 노예제를 유지하는 남부의 힘을 압도하는, 구약의 왕과 전사라는 공적인 언어로도 묘사했다. 이 "주 예수"는 틀림없이 모세가 이스라엘 백성을 속박에서 해방시켰던 것처럼 그들을 노예상태에서 해방시켜줄 것이다. 그러나 예수는 단지 그것만 하지는 않을 것이다. 예수는 또한 신약성서식으로 말하자면 그들의 죄에서 그들을 구원할 것이다. 이후의 복음성가 "예수님, 결코 잊지 않을래요"(Jesus, I'll Never Forget)는 이렇게 노래했다.

> 예수님, 결코 잊지 않을래요. 저 이집트 땅에 있을 때
> 당신이 어떻게 강한 팔을 펴서 나를 이끌어 냈는지,
> 어떻게 죄의 속박을 깨뜨리고 내게 자유를 주었는지,
> 내게 기쁨과 평화와 승리를 주었는지.[23]

노예 그리스도인들에게 예수는 (죄로부터의) 구주이자 (노예상태로부터의) 해방자였다. 영가들 자체와 마찬가지로 예수는 고통을 참을 필요와 이로부터 벗어날 소망을 표출했다. 적어도 노예 그리스도인들이 만든 세상에서는 예

---

22   Thomas Wentworth Higginson, "Negro Spirituals" (1867), http://www. theatlantic.com/ issues/1867jun/spirit.htm.

23   Jon Michael Spencer, *Black Hymnody: A Hymnological History of the African-American Church* (Knoxville: University of Tennessee Press, 1992), 123.

수는 현세의 해방자이자 다른 세상의 해방자였다.

이 모세 같은 예수는 흑인 기독교를 정치적 저항과 사회 개혁을 위한 효과적인 도구로 변화시켰다. 유진 제노비스가 『굴러라, 요단강아 굴러라』 (*Roll, Jordan, Roll*)에서 주장한 바와 같이 노예들은 모세와 예수를 창의적으로 결합시켜서 신약의 구원의 은혜와 구약의 변혁적인 정의를 통합했다. 모세가 예수 안으로 들어오고 예수가 모세 안으로 들어감에 따라 "눈에는 눈"이라는 히브리 메시지는 "네 이웃을 사랑하라"는 기독교 메시지와 협상하게 되었다. 제노비스가 말한 바와 같이 "모세가 된 예수는 자신이 죽지 않고서도 이생의 구원을 약속하는 변화를 겪었다. 이러한 동화(assimilation) 는 '어떻게 영적 자유를 달성하고, 이 땅에서의 해방에 대한 신앙을 유지하고, 서로에게 가치와 사랑을 주입하며, 더 이상 혁명적인 해결책이 나올 것 같지 않은 정치적 현실과 화해할 것인가'라는 문제를 해결했다."[24]

더 많은 아프리카계 미국인들이 기독교로 개종함에 따라 노예 농장의 "침묵의 항구"(hush harbors)에서 태동한 예수에 대한 이처럼 새로운 이해가 확산되었다. 1730년대와 1740년대 활동한 대각성의 부흥운동가들이 약간의 흑인 개종자들을 낳기는 했지만 (아직도 남부에서 지배적인) 성공회 교인들의 문답식 교육은 새신자들을 많이 만들어내지 못했다. 18세기 말에는 아프리카계 미국인들의 5%만 그리스도인들이었다. 독립 전쟁 후 반세기 동안 침례교도들과 감리교도들은 남부의 노예들과 북부의 해방된 흑인들에게 보다 경험에 입각한 스타일을 들여왔다. 그들은 NAACP(전국 유색인지위개선협회) 설립자인 W. E. B. 뒤 부아가 나중에 "흑인들의 영혼"이라고 부른

---

24 Eugene D. Genovese, *Roll, Jordan, Roll: The World the Slaves Made* (New York: Pantheon Books, 1974), 272, 254-55.

사람들을 얻는 데 능숙했다. 흑인 설교자들은 이르게는 1780년대부터 독립적인 흑인 교구들을 설립했으며 그들의 노력은 아프리카 감리교 감독교회(1816년에 설립됨)와 아프리카 감리교 감독 시온교회(1821년에 설립됨) 같은 새로운 아프리카계 미국인 교파들의 길을 닦았다. 이 기관들에서 흑인 그리스도인들은 자신의 경험을 서부 아프리카, 유대, 기독교 요소들의 결합과 혼합해서 매우 대중적인 종교 문화를 만든 크리올(creole, 북미 태생 흑인) 기독교를 만들고 이를 유지했다.

이 크리올 문화는 뼛속까지 히브리적이었다. 백인 그리스도인들은 거의 전적으로 신약에 뿌리를 둔 기독교 형태를 만들어 내느라 바빴지만, 흑인 그리스도인들은 로렌스 레빈이 "구약 편향"이라고 부른 특성을 보이는데 그들은 다니엘, 다윗, 여호수아, 노아, 모세, 기타 히브리 족장들 같은 영웅 이야기들에 끌렸다.[25] 더욱이 흑인 그리스도인들은 (대부분의 백인 그리스도인들처럼) 구약 체제와 신약 체제 그리고 성경 시대와 그들 자신의 시대 사이를 세심하게 구분하기보다는 이 둘을 합쳐서 성서의 인물들에게 미시시피의 목화밭과 디트로이트의 공장에서 자신들과 함께 수고하도록 초청했다. 그리스도인들인 이 신자들은 예수를 소홀히 할 수 없었다. 그래서 요한계시록의 오실 왕과 수난 내러티브들의 고난 받는 종은 흑인 설교와 찬송가의 기본 소재가 되었다. 그러나 흑인 교회의 예수는 무엇보다도 히브리 영웅이었다. 흑인 신자들은 예수를 백인 그리스도인들의 신약성서 세계 안에서 부활시키기보다는 자신들이 만든 세계에서 환생시켰다. 아프리카계 미국인들은 하나님의 선민이었으며 예수 덕분에 그들이 겪고 있는 모든

---

25   Lawrence Levine, *Black Culture and Black Consciousness: Afro-American Folk Thought from Slavery to Freedom* (New York: Oxford University Press, 1977), 50.

속박들은 언젠가는 자유에 길을 내주게 될 것이다.

예수를 검게 칠하기

아마도 모세와 예수, 신약과 구약이 이처럼 융합되었기 때문에 19세기의 흑인 신자들은 대개 그들의 해방자에게 검은 칠을 하지 않았다. 많은 노예 내러티브들은 예수를 흰 옷을 입은 백인 남성으로 묘사하는데, 이 이미지는 오늘날에도 거투르드 모건 수녀의 그림에 남아 있다(모건 수녀의 그림들은 계속해서 예수는 신랑으로, 모건은 그의 신부로 묘사한다). 그리고 최소한 이전에 노예였던 한 사람은 흑인 그리스도를 명시적으로 거부했다. 남북 전쟁이 벌어진 지 수십 년 뒤에 예수가 흑인이냐고 물었을 때, 이전에 노예였던 그 사람은 이렇게 대답했다. "어떻게 그렇게 믿을 수 있나요? 주님은 백인임이 분명합니다. 나는 다른 종류의 사람이 나서서 구속하는 것을 본 적이 없거든요. 주님이 덩치 큰 흑인이라면 백인들은 그에게서 달아나야 할 겁니다. 나도 그에게서 달아날 겁니다."[26]

예수에게 검은 칠을 한 최초의 아프리카계 미국인 중 한 명은 캐시어스 클레이였다. 오늘날 이 이름은 블랙 무슬림이 된 뒤 자기의 "노예 이름"을 거부하고 무함마드 알리로 개명한 눈부신 헤비급 복싱 챔피언의 삶을 환기시킨다. 그러나 19세기에 이 이름은 자신의 신문인 「더 트루 아메리칸」(*The True American*, 1845년 켄터키주 렉싱턴에서 창간됨)을 사용해서 노예제

---

26   George P. Rawick et al., 편, *The American Slave: A Composite Autobiography: Supplement, Series l* (Westport, Conn.: Greenwood Press, 1977), 281-82.

도의 죄를 기록한 유명한 노예 폐지론자를 가리켰었다. 1893년에 클레이는 예수가 흑인임을 암시했다. 그는 "그리스도는 백인종이 아니었다"라고 썼다. "그러나 그가 오늘날 켄터키에서 살고 있다면 '흑인 전용' 차를 탈 것이다."[27]

아프리카 감리교 감독교회의 영향력 있는 감독인 헨리 맥닐 터너 목사는 1890년대에 "하나님은 흑인"이라고 확인해서 흑인 예수가 보다 잘 받아들여질 수 있는 길을 닦았다. 아프리카에 흑인의 고국을 만들기 위한 아프리카식민지건설협회(African Colonization Society, 1816년에 창설됨)와 같은 "아프리카로의 귀환"(Back to Africa) 그룹의 흑인 식민지 건설 운동의 초기 옹호자였던 터너는 아프리카 감리교 감독교회 저널인 「보이스 오브 미션스」(Voice of Missions)의 편집인이기도 했다. 터너가 그 저널의 한 면에서 하나님을 "니그로"라고 묘사한 뒤 어느 백인 독자가 예수는 백인이고 터너는 "미쳤다"고 선언하며 이의를 제기했다. 터너는 이를 견뎌냈다. 자주 인용되는 같은 저널의 1898년 사설에서 터너는 백인만이 하나님에 대해 상상하는 것을 끝내야 한다고 주장했다(그러나 그는 이를 흑인의 전유물로 대체하려고 시도하지는 않았다).

백인들이 하나님을 잘생기고, 균형 잡히고, 화려한 백인 남성이라고 믿는 것처럼 우리 흑인들은 성경적으로 및 다른 이유들로 하나님이 흑인이라고 믿을 권리가 있다. 여러분 대부분과 이 나라의 바보 같은 모든 흑인들은 하나님이 하늘 어딘가에 있는 보좌에 앉아 있는 하얀 피부, 푸른 눈, 곧은 머리, 오똑한 코, 얇은 입술을 하고 옷을 잘 차려입은 백인 남성이라고 믿

---

27   "Christ Jesus Not White," *Cleveland Gazette* (December 16, 1893), 1.

는다. 유사 이래로 말, 그림, 조각, 기타 어떤 형태나 모습으로 자신들의 하나님을 묘사하려 했던 모든 인종의 사람들은 그들을 만들고 그들의 운명을 정한 하나님은 자신들에게서 나타내진다는 아이디어를 전달해왔다. 그런데 왜 흑인들은 자신이 다른 사람들처럼 하나님을 닮았다고 믿지 말아야 하는가? 우리는 자신이 하나님과 같음을 믿지 않는 인종의 사람들에게 희망이 있다고 믿지 않는다.[28]

터너의 견해는 자메이카 태생으로서 보편적 흑인지위개선협회(Universal Negro Improvement Association; UNIA) 창립자이자 아프리카계 미국인 역사상 가장 초기 및 최대의 대중 운동 지도자인 마커스 모지아 가비(1887-1940)의 노력을 통해 많은 사람에게 전달되었다. "흑인종의 모세"로 널리 갈채를 받은 가비는 아프리카계 미국인들에게 미국에서의 속박에서 벗어나 대서양의 광야를 지나 아프리카에서 자유를 찾으라고 촉구했다.[29] 가비는 그 희망을 실현시키기 위해 '블랙 스타 라인'이라는 증기선 항로를 만들기까지 했다. 가비의 영향을 통해 에티오피아주의가 아프리카계 미국인들의 삶에서 주요 세력으로 등장했다. 시편 68:31의 "고관들은 애굽에서 나오고 구스인은 하나님을 향하여 그 손을 신속히 들리로다"에 뿌리를 둔 이 운동은 출애굽 이야기를 흑인 민족주의 열망과 결합했다.

'흑인들이 백인 구주를 예배하는 한 결코 스스로를 존중하지 않을 것'이라고 확신한 가비는 자신의 UNIA 추종자들에게 "우리 자신의 안경을

---

28   Toulouse and Duke 편, *Sources of Christian Theology*, 328-29; 또한 W. L. Hunter, *Jesus Christ Had Negro Blood in His Veins*(Brooklyn, N. Y.: Nolan Brothers, 1901)도 보라.

29   "The Moses of the Negro Race Has Come to New York," *New York World* (August 22, 1920), http://www.isop.ucla.edu/mgpp/lifeintr.htm.

통해" 하나님을 보라고 말했다. 그러고 나서 그는 그러기를 거부하는 모든 아프리카계 미국인들을 '아첨하는 엉클 톰들'이라고 불렀다. 일부는 가비의 UNIA를 세속적인 기관이라고 보았지만(이는 부분적으로는 가비가 UNIA를 한 기독교 교파로 바꾸라는 제안을 거절했기 때문이다), 이 그룹은 종교에 흠뻑 젖어 있었다. 로마 가톨릭에 대한 가비의 깊은 관심을 반영하여 UNIA 모임들은 고도의 종교 행사로 진행되었다. 이 모임에는 대개 주기도문, "그리스도인 군사들이여, 앞으로"(Onward Christian Soldiers) 또는 "유니버설 흑인 송가"(Universal Negro Anthem)와 같은 찬송가, 가비가 좋아하는 시편 68:31 읽기가 포함되었다. 그의 연설에서 가비는 후에 1980년대와 1990년대의 아프리카 중심주의가 성행할 때 보편화될 주장들을 보급했다. 그는 추종자들에게 문명은 아프리카에서 최초로 출현했으며 아담과 하와는 칠흑같이 검었었다고 알려줬다.[30]

가비는 헨리 맥닐 터너 감독이 그랬던 것처럼 하나님이 흑인이며 자부심이 강하다고 주장했다. 터너는 하나님이 흑인임을 비유적으로 본 반면(그리고 그는 자신이 "하나님의 피부색에 관해 까다로운 사람이 아니다"라고 했다), 가비는 예수가 문자적으로 흑인이라고 확언했다. 그는 자기 추종자들에게 "예수 그리스도가 백인이었다는 것을 절대로 인정하지 말라"고 말했다. "예수 그리스도는 그의 혈관에 모든 인종의 피를 가지고 있었다. 유대 민족은 아브라함과 모세에게로 거슬러 올라가는데 예수는 이들에게서 이새의 족보를 따라 출생했다. 모든 곳에 흑인의 피가 있으니 예수는 그 안에 흑인의

30   Amy Jacques-Garvey, *Philosophy and Opinions of Marcus Garvey* (New York: Universal Publishing House, 1923-25), 1.44. 가비의 영성에 대해서는 Randall K. Burkett, *Garveyism as a Religious Movement: The Institutionalization of a Black Civil Religion*(Metuchen, N.J.: Scarecrow, 1978)을 보라.

피를 많이 가지고 있었다." 1924년에 UNIA가 후원한 제4차 세계흑인국제컨벤션은 이러한 계열의 해석을 정경화해서 예수를 "슬픔의 흑인"으로, 그의 모친 마리아를 "블랙 마돈나"로 기름부었다. 같은 컨벤션에서 가비의 견해에 대한 종교적 배출구로서 1921년에 아프리카 정교회(African Orthodox Church)를 조직한 종전의 UNIA 목사인 조지 알렉산더 맥과이어 대감독은 UNIA 회원들에게 그들의 집에 있는 백인 마돈나와 백인 예수 그림들을 찢어 불태우라고 촉구했다. 그리고 그는 이렇게 말했다. "그러고 나서 우리 흑인 화가들에게 우리 어린이들을 교육시킬 흑인 마돈나와 흑인 그리스도를 부지런히 공급하게 합시다."[31]

가비가 1922년에 (통합과 인종 간 혼합에 대한 공동의 경멸을 논의하기 위해) 쿠 클럭스 클랜(Ku Klux Klan) 최고 지도자 대행과 경솔한 회의를 한 뒤 흑인 지식인들은 가비를 비웃었다. W. E. B. 뒤 부아는 그에게 "미국과 세계의 흑인 종족에 대한 가장 위험한 적"이라는 딱지를 붙였다. 자신을 "미국 유일의 급진적 흑인 잡지"로 선전한 사회주의자 조직인 뉴욕시의 「메신저」(Messenger)는 그보다 더 심하게 가비를 "최고의 흑인 자메이칸 바보"라고 불렀고 UNIA를 "무식한 흑인들의 악명 높은 협회"(Uninformed Negroes Infamous Association)라고 불렀다. 「메신저」 편집자들은 또한 가비를 추방하기 위해 열심히 노력했다. 그 노력이 결실을 거둬서 그는 우편 사기로 기소되었으며 1927년에 자메이카로 추방되었다. 가비는 1940년에 런던에서 가난한 무명인으로 사망했지만 그의 비전은 오순절파, 흑인 유대주의, 이슬람

---

31   Toulouse and Duke 편, *Sources of Christian Theology*, 329; Marcus Garvey, "African Fundamentalism," http://www.isop.ucla.edu/mgpp/ lifesamp.htm; "Negroes Acclaim a Black Christ," *The New York Times* (August 6, 1924), 3.

국가와 같은 다양한 운동들에서 지속되고 있다.[32]

　방언 말하기를 특징으로 하는, 기독교의 한 형태인 오순절파는 1906년에 로스앤젤레스 아주사 스트리트의 한 통합 교회에서 시작했다. 그러나 오순절파는 현기증이 날 정도로 급속히 많은 백인 교파들과 흑인 교파들로 나눠졌다. 지금은 "오직 예수"(또는 단일성, Oneness) 오순절파로 알려진 이들 중 한 그룹은, 주로 표준적인 삼위일체 양식에 따라 세례를 받은 사람들은 예수의 이름만으로 다시 세례를 받아야 한다는 그들의 주장으로 인해 1916년에 하나님의 성회에서 갈라졌다. 그들은 오직 예수주의를 극단적으로 밀고 가 성부, 성자, 성령의 기초를 이루는 신적 실재는 예수라고 주장했다. 단일성 오순절파는 대개 예수의 피부색에 관해 특정한 입장을 취하지는 않았지만 대체로 흑인이 주류를 이루는 오순절파는 예수의 피부색에 대해 뚜렷한 입장을 취했다. 살아 계신 하나님의 교회(The Church of the Living God)는 예수가 흑인이라는 점을 공식적인 교리의 하나로 채택했다. 이 교회의 교리문답서에는 이렇게 나와 있다.

　　예수는 흑인종의 일원이었는가?
　　그렇다. 마태복음 1장.
　　그것을 어떻게 아는가?
　　왜냐하면 그는 아브라함과 다윗 왕의 가문이었기 때문이다.
　　이 주장이 그리스도가 흑인으로 왔다는 충분한 증거인가?
　　그렇다.

32　David Van Leeuwen, "Marcus Garvey and the United Negro Improvement Association," http://www.nhc.rtp.nc.us:8080/tserve/twenty/tkeyinfo/garvey.htm.

왜 그런가?

왜냐하면 다윗이 연기 속의 가죽 부대같이 검어졌다고 말했기 때문이다.
시편 119: 83.[33]

무함마드의 환생

많은 흑인 유대인 그룹들도 예수를 흑인이라고 믿고 있는데 이는 많은 아
프리카계 미국인들이 출애굽기에 몰두함으로써 내리게 된 논리적 결론
이다. 흑인 감리교도들과 침례교도들은 아프리카계 미국인들과 유대교 신
자들을 동일시하는 것을 비유로 받아들였지만 흑인 유대교 신자들(흑인 히
브리와 흑인 이스라엘로도 알려져 있음)은 그들 이전의 모르몬교도들과 마찬가
지로 자신을 문자적으로 이스라엘 백성들과 동일시했다.

흑인 유대교 신자 그룹들은 (테네시주 채터누가에서) 1880년대와 (캔사
스주 로렌스에서) 1890년대에 최초로 출현했지만 대이주(Great Migration) 기
간 동안 남부에서 이주한 아프리카계 미국인들이 주요 도시의 중심부들에
서 스파라딤(이베리아계), 아슈케나짐(유럽계) 및 에티오피아 유대교 신자들
과 교류하기 시작함에 따라 20세기의 처음 사반세기 동안에 번창했다. 이
그룹들은 모두 흑인 교회의 선례를 따라 기독교 신학과 유대교 신학을 흑
인 민족주의 주제들과 혼합했다. 많은 그룹들은 세례와 세족식을 실천했으
며 예수의 말과 모범에 주의를 기울였다. 그러나 그들은 기독교와 유대교

---

33   Gayraud S. Wilmore, *Black Religion and Black Radicalism: An Interpretation of the
        Religious History of African Americans*, 3판 (Maryknoll, N.Y.: Orbis Books, 1998), 182.

의 표준적인 크리올화(creolization)보다 더 나아갔다. 대부분은 아프리카계 미국인들을 이스라엘의 잃어버린 지파들로 보았다. 일부는 더 나아가 흑인 유대교 신자들만이 진정한 유대인들이고 유럽인의 후손인 유대교 신자들은 사기꾼이라고 주장했다. 일부 유대교 지도자들은 흑인 유대교 신자들이 유대 율법과 탈무드를 소홀히 하고 크리스마스와 같은 기독교 명절을 지키는 것을 지적하며 그들을 진짜가 아니면서 잘난 체하는 사람들이라고 무시했다. 그러나 흑인 유대교 신자들은 최소한 몇 가지의 유대 계명들을 지켰다. 많은 사람들이 정결한 음식과 토요일 안식을 지켰다. 모두 이집트의 속박에서 이스라엘이 해방된 것을 기념하는 유대인의 큰 명절인 유월절을 지켰다.

하나님의 교회(The Church of God)는 기독교 교파 같지만 실제로는 보다 집요한 흑인 유대교 분파 중 하나다. 이 그룹의 설립자인 F. S. 체리에 의하면 하나님과 예수 모두 흑인이다. 히브리어와 이디시어를 읽을 수 있었다고 전해지는 체리는 활동적인 강사였다. 그는 자기 회중들에게 큰 소리로 "예수 그리스도는 흑인 남성이었다"고 말하곤 했다. "누구든 실제 예수상을 만들어 내가 틀렸음을 입증할 수 있다면 현금 1500달러를 주겠다." 그는 이렇게 말하고 나서 백인 그리스도 초상화를 꺼내 비웃었다. "도대체 이자는 누구인가? 아무도 모른다! 사람들은 이 자가 예수라고 말한다. 그것은 새빨간 거짓말이다. 예수는 흑인이다!" 체리는 (하나님의 형상대로 지어진) 아담과 하와는 흑인이었다고 주장했다. 진정한 유대교 신자들도 모두 흑인이었다. 백인 유대교 신자는 "사기꾼이고 주제넘은 사람"이었다. 체리는 인종차별주의적인 함의 신화(이 신화는 흑인의 기원을 성경의 함에 대한 저주로 거슬러 올라간다)를 영리하게 비틀어서 최초의 백인은 저주 때문에 그처럼 불운한

피부색을 가지게 되었다고 주장했다.[34]

NOI는 체리의 견해의 많은 부분에 공감했다. 그들은 기독교, 이슬람, 아프리카계 미국인 비밀 그룹(무어과학사원과 아흐마디아파 등)의 요소들을 창의적으로 혼합했다. NOI 교리에 의하면 최초의 인간들은 흑인이었다. 백인들은 야쿱(Yakup)이라는 미친 과학자가 도덕적으로 및 신체적으로 퇴화한 "파란 눈의 악마들"을 만들었을 때 비로소 출현했다. 뒤에 이 악마들의 후손들이 흑인들의 참된 종교(이슬람)를 훔쳐가고 흑인들에게 기독교를 강요했다. 그러나 이 하얀 악마들에게 할당된 6,000년의 통치는 20세기에 구주가 나타나서 흑인들에게 그들의 과거의 영광(과 참된 종교)을 가져다주면 끝나게 되어 있었다. 흑인 무슬림들은 기독교를 백인의 종교라며 비웃었고 유대인들을 "악마의 종족"이라고 비난했지만 예수를 신중하게 대했다. 그들은 예수의 신성과 동정녀 탄생을 부인했지만 예수를 자기들 중의 일원, 즉 자유, 정의, 평등을 가르친 무슬림 선지자로 받아들였다. 그들도 백인 그리스도라는 널리 퍼진 고정 관념을 거부했다. 맬컴 엑스는 1963년에 「플레이보이」에서 "그리스도는 백인이 아니었다. 그리스도는 흑인이었다"라고 말했다.[35]

NOI보다 먼저 설립된 무어과학사원은 그 창시자인 노블 드류 알리가 흑인들에게 "무어인"이라는 대안적 정체성을 부여하고자 했기 때문에 예

---

34   Ibid., 186.

35   Elijah Muhammad, *Message to the Blackman*, 101:3, http://www.seventh fam.com/
temple/books/black_man/blkindex.htm; Muhammad, *The True History of Jesus*, 19;
Malcolm X (*Playboy* interview May 1963), http://www.malcolm-x.org/docs/playboy.
htm. Edward E. Curtis IV는 그의 책 *Islam in Black America: Identity, Liberation, and
Difference in African-American Islamic Thought*(Albany: State University of New York
Press, 2002)에서 NOI의 비밀스런 기원을 훌륭하게 추적한다.

수를 아프리카계 미국인으로 묘사하지는 않았다. 그러나 이 그룹도 예수가 자기들에게 속한다고 주장했다. "무어파 미국인들을 위한 코란 문제들"이라는 이 교파의 교리문답집에 의하면 예수는 "당시에 팔레스타인의 일부를 지배하던 피부가 창백한 유럽 민족들의 냉혹한 압제에서 이스라엘을 구원하기 위해" 보내진 "알라의 예언자"였다. 예수는 십자가에서 죽은 뒤 예언자 무함마드로 환생했다.[36]

.

예술적 변모

아프리카계 미국인 화가들과 작가들도 그들이 자신에게 속한다고 주장할 수 있는 예수를 만들어냈다. 1920년대와 1930년대, 곧 강력한 흑인의 자긍심을 표현했던 할렘 르네상스기에 흑인 마돈나와 흑인 예수 그림들이 할렘 전역의 거실에 걸리기 시작했다. 이 시대의 많은 유명 흑인 화가들이 흑인 예수 그림들을 그렸다. "가톨릭 뉴올리언즈"(1941)라는 그림에서 제이콥 로렌스는 인기 있는 종교 미술이 가득 찬 가게에서 물건을 사고 있는 여성을 그렸다. 이 그림에서 가톨릭 도시로 추정되는 이 도시의 하얀 십자가들과 묵주들의 한가운데서 노란 십자가 위에 달려 있는 흑인 그리스도의 이미지가 두드러진다. 윌리엄 H. 존슨의 "예수와 3명의 마리아"(Jesus and Three Marys, 1939)는 더 직접적으로 예수에게 주의를 기울였다. 이 그림은 푸른 십자가에 달려 노란 후광을 발하는 흑인 예수가 중심이다. 그의 거대한 손들은 캔버스 한 쪽에서 다른 쪽까지 뻗어 있으며, (역시 후광을 발하는) 3명의

36　Noble Drew Ali, "Koran Questions for Moorish Americans" 소책자, 2, 5.

흑인 마리아들은 두려움에 싸여 바라보고 있다.

존슨은 자기가 순진하다는 점을 자각하면서 이 그림을 그렸다. 20세기의 다른 흑인 화가들은 자신이 순진하다는 점을 의식하지 못했다. 로렌스는 뉴욕에서 공식적으로 회화 교육을 받았고 존슨은 파리에서 교육을 받았지만, 이 "아웃사이더 예술" 화가들은 로렌스나 존슨이 받았던 것과 같은 공식적인 교육을 받지 못했다. 그럼에도 이들은 클레이지가 흑인 메시아를 설교하기 수십 년 전에 흑인 예수 이미지들을 만들어냈다. 오하이오주 콜럼버스의 이발사인 엘리자 피어스는 가장 중요한 20세기의 아프리카계 미국인 조각가들 중 한 명이었다. 그는 석판화 이미지들을 새긴 뒤 이 작품들에 밝은 가정용 페인트를 칠했다. 침례교 사역자의 아들(그리고 다른 많은 아웃사이더 예술가들과 마찬가지로 자신도 사역자였다)이었던 피어스는 초기에는 워너 샐먼 류의 백인 예수 작품들을 만들었지만, 대부분은 예수를 흑인으로 표현했다. "변용"(The Transfiguration, 1936)에서 피어스는 마태복음 17:2("그 얼굴이 해같이 빛나며 옷이 빛과 같이 희어졌더라")에서 요구하는 바와 같이 예수에게 흰 옷을 입혔지만 이 예수는 분명히 어두운 피부색과 새까만 머리털을 가진 흑인이었다. 그리고 그가 산에서 엘리야 및 모세와 함께 나타난 것은 구약과 신약, 모세와 예수를 융합하는 아프리카계 미국인들의 경향을 다시금 보여준다.

피어스의 제자인 르로이 아몬도 석판화 작품을 만들었는데 그 역시 예수를 아프리카계 미국인으로 제시했다. 확실히 1970년대의 흑인 신학에 의해 영향을 받은 놀랄 만한 십자가 처형 장면에서, 아몬(그 역시 평신도 사역자였다)은 골고다에서 예수 옆에 있던 두 범죄자들을 백인 남자와 악마로 변모시켰다. 그가 그린 예수는 머리털과 수염이 검고 피부색이 어두운, 근육질의 흑인이었다. "최후의 만찬"(The Last Supper), "예수 탄생"(Nativity)과 같은 아몬의 다른 작품들은 예수를 흑인 제자들, 흑인 마리아와 요셉에게 둘러싸인 완전한 흑인의 세상 그리고 어떤 경우에는 흑인들의 남부에서 따온 장면 안에 위치시킨다.

20세기에 발표한 일련의 시들에서 카운티 컬렌은 나무가 아니라 말로써 예수를 변화시켰다. 감리교 사역자의 아들이었던 그는 "다시 십자가에 박힌 그리스도"(1922)에서 "그리스도의 엄청난 잘못은 그가 피부색이 검다는 것이었다"라고 썼다. "유산"(Heritage, 1925)에서 그는 하나님을 자기 형상대로 다시 만들고 나서 이에 대해 사과하는 것이 적절하지 않을까 생각했다.

> 주여, 저는 흑인 신들도 만듭니다.
> 감히 당신까지
> 어둡고 절망적인 모습으로 그렸습니다.
> 어둡고 반항적인 머리를 한 모습으로 말예요.
> 현세의 슬픔이 강요하는 만큼이나 인내는 흔들리고,
> 급하고 뜨거운 분노의 표출은 수척한 볼과 지친 눈에 잘 어울리지요.
> 주여, 혹시 제가 필요로 해서
> 때때로 인간의 신조를 만든다 해도 용서하소서.

컬렌이 이 주제에 대해 가장 완전하게 다룬 것은 그의 긴 서사시인 "흑인 그리스도"(1929)로서 이 시는 예수의 생애와 죽음을 남부의 사형(私刑, lynching)이라는 맥락에서 해석했다. 문학 비평가들에게서는 대체로 무시되었지만(이는 아마도 컬렌이 불행하게도 963행 전체를 지루한 운율의 4보격으로 썼기 때문일 것이다), "흑인 그리스도"는 아프리카계 미국인 문학에서 이 주제를

가장 광범위하게 다룬 초기 작품 중 하나였다.[37]

　더 영향력 있는 할렘의 르네상스 시인인 랭스턴 휴스도 사형과 십자가 처형을 융합했다. 그의 "앨라배마의 그리스도"는 앨라배마주 스코츠보로에서 2명의 백인 소녀들을 윤간한 혐의로 기소된 9명의 10대 흑인들인 "스코츠보로 소년들"의 체포에 항의하기 위해 출간된 휴스의 작품집 『스코츠보로 리미티드』(Scottsboro Limited, 1932)에 최초로 등장했다. 그 책에 수록된 "앨라배마의 그리스도"에는 예수를 비탄에 잠긴 흑인 유모와 수확할 준비가 된 목화를 남겨두고 십자가에 못 박힌 흑인으로 묘사하는 프렌티스 테일러의 놀라운 그림이 동반된다. 십자가에 못 박힌 남부의 그리스도에 대한 휴스의 시적인 묘사는 미국 문학에서 가장 강력한 항의 중 하나다.

　　그리스도는 검둥이라네,

　　매 맞은 흑인이지.

　　오, 당신의 등을 드러내소서.

　　마리아는 그의 모친이지.

　　남부의 흑인 유모여,

　　입을 다무세요.

　　하나님은 그의 아버지라네—

　　위에 계신 백인 주인이시여,

37　　Jean Wagner, *Black Poets of the United States from Paul Lawrence Dunbar to Langston Hughes* (Urbana: University of Illinois Press, 1973), 335; Countee Cullen, *On These I Stand* (New York: Harper, and Row, 1947), 27-28.

우리에게 당신의 사랑을 주소서.

입에 피를 흘리는
가장 거룩한 사생아,
남부의 십자가에 달린
검둥이 그리스도

1932년에 소련 여행을 다녀온 뒤로 휴스는 더 자극적인 작품을 썼는데 이로 인해 그는 복음주의자인 에이미 셈플 맥퍼슨 추종자들의 피켓 시위와 하원 반미 활동 위원회의 조사에 직면했다. "그리스도여, 잘 가시오"에서 휴스는 성경을 죽은 텍스트라 부르고 교황과 설교자들을 돈을 긁어모으는 위선자들이라고 공격했다. 그러고 나서 그는 예수(정확하게는 백인의 예수)에게 갈 곳을 말해 줬다.

잘 가시오,
그리스도 예수 주 하나님 야웨여,
당장 여기서 꺼지시오.
전혀 종교가 없는 사람에게 자리를 내주시려오?
마르크스 공산주의자 레닌 소작농 스탈린 노동자인
나(ME)라는 이름의 진짜 사나이에게 말이오.
나라고 했소!
어서 서두르시오,
주여, 당신은 일에 방해가 되고 있소.
그리고 갈 때 성자 간디를 데리고 가시오.

성자 교황 비오 12세도,

성자 에이미 맥퍼슨도,

그리고 신성한 10센트의

거구의 흑인 성자 벡턴도 함께 데려 가시오.

그리스도여, 서두르시오.

옮겨 가시오![38]

물론 아프리카계 미국인들 모두가 이 흑인 예수를 받아들인 것은 아니다. 선구적인 흑인 과학자인 켈리 밀러는 마커스 가비의 흑인 하나님을 가리켜 "심지어 흑인들에게도 역겹다"고 했다.[39] 오늘날 일부 아프리카계 미국인 화가들은 여전히 예수를 금발과 푸른 눈의 소유자로 묘사하고 있으며 미국 전역의 아프리카계 미국인의 가정과 교회에서 워너 샐먼의 백인 그리스도 그림을 발견할 수 있다. 그러나 흑인 예수 그림은 이제 더 이상 희귀하지 않으며 대부분의 아프리카계 미국인들에게 흑인 예수 그림들은 반감보다는 자긍심을 불러일으키는 듯하다.

1880년대에 아프리카 중심주의 사상이 교회에서 회중들에게 더 확산 되고 더 많은 아프리카계 미국인들이 아프리카를 유대교와 기독교의 근원 으로 보게 됨에 따라 흑인 예수 이미지들이 흑인 교회들의 스테인드글라스 창, 그림, 벽화들에 나타나기 시작했다. 1990년대에 이 이미지들은 『오리 지널 아프리카 유산 스터디 바이블』(1993)과 『아프리카계 미국인 희년판』

---

38 Langston Hughes, *Scottsboro Limited: Four Poems and a Play in Verse* (New York: Golden Stair Press, 1932), 페이지 숫자가 표시되지 않았음; Benjamin E. Mays, *The Negro's God as Reflected in His Literature* (New York: Atheneum, 1968), 238–239.

39 William Mosley, *What Color Was Jesus?* (Chicago: African American Images, 1987), 24.

(1999) 등 특히 흑인 미국인들을 위한 성경들에 많이 등장했다. 메릴랜드 주의 포트 워싱턴 에벤에셀 아프리카감리교회에 설치된 흑인 예수 벽화를 그린 화가인 모리스 젠킨스는 "우리는 이를 주요 운동으로 본다"라고 설명했다. "노예무역이 우리 문화와 우리 종교를 빼앗아 갔다. 이제 흑인 교회가 빼앗긴 아프리카 전통들을 되살리는 것은 자연스러운 진전이다."[40]

흑인 예수의 이미지들을 만들어 배포한 활동가들이 있는가 하면 "백인 그리스도"의 이미지들을 근절하기 위해 노력한 이들도 있었다. 1970년대 말에 NOI의 일라이저 무함마드의 아들이자 후계자인 월리스 D. 무함마드가 설립한 신의 모든 이미지 제거위원회(Committee to Remove All Images of the Divine, CRAID)라는 그룹은 백인 예수의 이미지에 대한 반대 운동의 일환으로 UNIA(보편적 흑인지위개선협회) 목사인 조지 알렉산더 맥과이어 대감독의 책에서 한 페이지를 삭제했다. 그러나 이 경우에는 인종 및 이슬람의 토대에서 반대한 것이었다. 1990년대에 파문당한 아프리카 중심주의 로마 가톨릭 사제이자 아프리카계 미국인 가톨릭 회중 분리파 지도자인 조지 A. 스탈링스 주니어 대감독은 워싱턴 D.C.의 프리덤 플라자에 서서 백인 예수 이미지에 라이터로 불을 붙였다. 전국의 흑인 교회들에 흑인 예수 이미지를 비치하려는 목표를 세운 그의 흑인 교회/흑인 그리스도 프로젝트를 광고하려는 노력의 일환으로 스탈링스는 자기 추종자들에게 샐먼의 "그리스도 두상"을 포함한 푸른 눈과 금발의 예수 우상 이미지들을 관 속에 집어넣고 이러한 사기를 영원히 종식시키라고 촉구했다. 스탈링은 "거짓을 불살라라. 거짓을 불살라라"라고 말하면서 "흑인 예수가 다시 돌아올 것"

---

40   Laurie Goodstein, "Religion's Changing Face: More Churches Depicting Christ as Black," *The Washington Post* (March 28, 1994), A1.

이라고 덧붙였다. 3일 뒤 부활절에 스탈링스가 워싱턴 D.C.에 있는 자신의 이마니 사원에 "아프리카-아시아계 유대교 신자"인 예수의 초상을 드러냈을 때 그가 약속한 대로 흑인 예수는 죽은 자 가운데서 살아났다.[41]

1990년대와 2000년대에 흑인 예수 그림들은 교회 밖 미술계에서도 급증했다. 자넷 맥켄지는 「내셔널 가톨릭 리포터」가 후원한 "예수 2000" 컨테스트에서 왼쪽에 음양의 상징을 넣고 오른쪽에 아메리카 원주민의 영성을 상징하는 깃털을 넣은 뉴 에이지 예수 유화로 우승을 차지했다. 맥켄지의 "인민의 예수"(*Jesus of the People*)가 아프리카인이라는 점은 명백했지만 이 그림 속의 예수의 성은 불분명했다. 이는 부분적으로는 그(녀)의 몸을 가린 너무 큰 흑백 사제복(cassock) 때문이었다. 르네 콕스의 "요 마마의 최후의 만찬"(*Yo Mama's Last Supper*)에 등장하는 성을 바꾼 예수는 성별이 모호하지는 않았지만 브루클린 미술관이 2001년에 이 그림을 전시했을 때 또 하나의 예수 소동이 일어났다.

요 마마의 흑인 예수

아프리카계 미국인 사회에서는 "요 마마" 농담이 많이 있다. "요 마마는 매우 늙었다. 그녀는 모세에게 25센트를 빚졌다." 또 다른 농담은 이렇게 말한다. "요 마마는 매우 늙었다. 그녀는 최후의 만찬에서 시중을 든 여자였다." 그래서 콕스의 논쟁적인 작품은 내부자의 농담 부류였다. 이 작품도

---

41   Laurie Goodstein, "Stallings Campaign Targets White Depictions of Jesus," *The Washington Post* (April 10, 1993), B1.

6장   흑인 모세   **353**

예수를 최후의 만찬에 위치시키지만 이 예수는 주문을 받지 않는다. "요 마마의 최후의 만찬"(1996)은 5개의 대형 컬러 사진 패널들로 구성되어 있으며 만찬석상의 12명을 묘사한다. 이 중 11명은 흑인이고 (한 명은 수녀복을 입고 있다) 한 명은 백인 유다다. 패널의 가운데에 흑인 예수가 서 있는데 예수는 십자가 처형과 성찬식 거행을 시사하는 제스처로 팔을 배 높이까지만 펴고 있다. 완전히 옷을 차려 입은 맥켄지의 "인민의 예수"와 달리 콕스의 예수는 양 손목을 감싼 순백색의 스톨(아마도 노예 기독교의 쇠사슬들을 상기시킬 것이다) 외에는 나체다. 그리고 콕스의 유방이 큰 예수는 명백히 여성이다. 사실 이 예수는 콕스 자신이다.

"요 마마의 최후의 만찬"은 충격을 줄 의도로 그려졌다. 르네 콕스는 1980년대에 안드레스 세라노가 자기 소변에 잠긴 십자가 사진인 "소변 그리스도"(*Piss Christ*)를 보여준 뒤 명성(오명)을 얻는 것을 보았다. 그리고 그녀는 「르 몽드」 커버에 벤 아저씨와 제미마 아줌마를 인종차별주의 고정관념에서 해방시키는 만화책의 여주인공으로 출연한 뒤 약간의 유명세를 맛보았다. 콕스는 예수가 강력한 아이콘이며 비록 미국 사회에서 금기들이 점점 적어지고 있다 해도 예수의 놀랄만한 이미지는 여전히 물의를 일으킬 수 있음을 알았다. 그럼에도 불구하고 그녀의 "최후의 만찬"은 (제시 헴스 상원 의원이 전에 안드레스 세라노를 출세시켜 주었듯이) 뉴욕 시장 루돌프 줄리아니가 이 그림을 반가톨릭적이라고 혹평해서 콕스를 출세시켜 주지 않았더라면 소수의 사람들에게만 충격을 주었을 것이다. 줄리아니 시장은 이렇게 말했다. "역겨운 방식으로 종교의 신성을 더럽히고, 인종차별주의를 촉진하고, 반유대주의를 촉진하고, 반가톨릭주의를 촉진하고, 반이슬람주의를 촉진하려면, 당신 돈으로 하라.""그 일을 납세자의 돈으로 하지 마라." 줄리아니 시장이 포문을 열자 다른 전통주의자들이 가세했다. 가톨릭 리그 사장인 윌리엄 도노휴는 콕스의 "충격적인 그림"이 최악의 "가톨릭 강타"라고 비웃었다. 뉴욕 대주교인 에드워드 M. 이건은 콕스를 향해 "한심한 인간"이라고 진단하며 인신공격을 가했다. 그는 뉴욕시의 역사적인 성 베드로 성당의 연단에서 "궤변론자들은 이 그림이 문제가 없다고 말합니다"라고 말했다. "우리는 올바르고 품위 있는 것을 지지합니다. 우리는 박수는 없고 조롱만 있는 풍조에 대항하여 예수 그리스도의 삶을 삽니다."[42]

자메이카에서 태어나 가톨릭교회에서 자란 콕스는 이 논쟁을 대체로 피부색에 관한 소동이라고 규정했다. 콕스는 이렇게 말했다. "나체를 한 그리스도의 이미지들은 많이 있다." "나는 이 모든 소동은 인종 문제라고 추측한다. 사람들은 만찬석의 수뇌가 아프리카계 미국인 여성이라는 점을 문제 삼는다." 콕스는 흑인 하나님을 창세기 1:27("하나님이 자기 형상 곧 하나님의 형상대로 사람을 창조하시고 ")에 거슬러 올라갔던 터너에서 클레이지까지의 아프리카계 미국인 해석자들을 따라서, "우리는 모두 하나님의 형상을 따라 지음 받았다. 누구든 자신을 그렇게 제시한다 해서 아무 문제될 게 없다"고 주장했다.[43]

콕스의 작품은 미술 애호가들에게 충격을 주려는, 보다 넓은 현대의

---

42   "Photographer Renee Cox and NYC Mayor Giuliani's Call for a Decency Commission," http://www.artistsnetwork.org/news/yomama.html; Aida Mashaka Croal, "Renee Cox Speaks Out," http://www.africana.com/Daily Articles/index__20010227.htm; William Donohue, "Brooklyn Museum of Art Offends Again," http://www.dailycatholic.org/issue/2001 Feb/feb 17 nul.htm ; David Schwartz and Lauren Rubin, "Cardinal Draws Art Line," *New York Daily News* (March 5, 2001), 3.

43   Schwartz and Rubin, "Cardinal Draws Art Line," 3; Karen Croft, "Using her Body," *Salon* (February 22, 200.1), http://dir.salon.com/sex/feature/ 200 1/02/22/renee_cox/index.html.

욕망의 일부이지만 이는 예수에 대한 아프리카계 미국인들의 오랜 기간에 걸친 재해석과도 궤를 같이한다. 콕스는 성경 드라마에 흑인 배우들을 집어넣으려는 자신의 보다 광범위한 노력을 "대본 바꾸기"라 부른다.[44] 다른 사람들은 이를 "마법"이라 부르며 이 관행의 뿌리를 찾아 유독성 식물을 사용해서 강장 효과를 내도록 훈련 받은 서부 아프리카의 마법사에게 까지 거슬러 올라간다. 여성주의 신학이 콕스의 작품에 보다 직접적인 영향을 주었을 가능성이 높다. 콕스는 뉴욕시 소재 숌버그 흑인문화리서치센터에서 흑인의 역사에 관한 독서에 상당한 시간을 보냈으며 벨 훅스와 같은 여성주의 사상가를 인용하기 좋아한다. 따라서 "요 마마의 최후의 만찬"은 다 빈치의 고전뿐만 아니라 여성주의 신학에 대한 재해석으로 이해될 수 있다 (앨리스 워커의 "엄청난, 대담한, 용기 있는 또는 **의도적인** 행동" 촉구를 시각 예술로 전환한 것이다).

콕스의 작품에 큰 영향을 준 또 다른 요소는 수세기 동안 예수에게 자유를 호소해왔던 미국의 흑인 예수 전통이었다. 콕스는 마커스 가비(그도 자메이카 출신이다)와 마찬가지로 로마 가톨릭에 영향을 받았지만 그녀 자신의 설명에 의하면 로마 가톨릭을 넘어섰다. 사실 콕스는 조직된 종교를 완전히 거부했다. 그럼에도 불구하고 콕스는 예수의 아이콘적인 힘(과 성상 파괴의 힘)을 인정했다.

노예 제도와 인종 분리 그리고 그리스도인들이 두 제도 모두를 신성한 제도로 인정해 온 역사에 비추어볼 때 더 많은 아프리카계 미국인들이 콕스를 따라 "백인의 종교"에서 대규모로 탈출하지 않은 것이 놀랄 만하다.

---

44   Croal, "Renee Cox Speaks Out," http://www.africana.com/DailyArticles/ index_20010227.htm.

아프리카계 미국인들은 18세기 말의 부흥기에 대규모로 개신교로 개종했는데 이는 부분적으로는 복음주의가 서부 아프리카 종교 전통의 핵심적인 신앙, 관행, 정서와 맥을 같이하는 것으로 보였기 때문이었다. 오늘날 흑인들은 백인들이 교회에 출석하고 성경을 읽으며 예수와 가까운 관계를 유지하고 있다고 말하는 것보다 더 기독교화되어 있다. 흑인들은 속아서 그리스도인이 되었거나 계속 그리스도인으로 머물러 있는 것이 아니다. 그들은 기독교를 자신의 것으로 만들 수 있었기 때문에 그렇게 했다. 미국 역사상 가장 영향력 있는 노예 내러티브인 『미국인 노예 프레더릭 더글러스의 생애 이야기』(Narrative of the Life of Frederick Douglass, an American Slave, 1845)에서 노예 폐지론 연설가인 프레더릭 더글러스는 기독교를 거의 거부할 뻔했다. 그는 "사역자들 대신 유괴범들, 선교사들 대신 여성을 채찍질 하는자들, 교인 대신 요람을 강탈하는 자들"을 만들어냈던 신앙을 위선적이라고 맹렬히 공격했다. 그의 공격으로 인해 그를 신앙심이 없는 사람이라고 말하는 이들도 있었다. 그러나 더글러스가 토머스 제퍼슨보다 더 신앙심이 없지는 않았다. 제퍼슨과 마찬가지로 그는 "이 땅의 기독교와 그리스도의 기독교" 사이에 "아주 큰 차이"가 있음을 인식하고 이 둘을 구분했다. 더글러스는 미국의 종교는 "모든 잘못된 호칭의 절정, 가장 뻔뻔한 사기, 가장 심한 명예훼손"이라고 썼다. 그는 "부패하고, 노예를 보유하며, 여성을 채찍질하고, 요람을 약탈하며, 편파적이고 위선적인 이 땅의 기독교"를 아주 미워했다.[45]

더글러스와 다른 아프리카계 미국인들이 기독교 전통을 자신들의 신

---

45 Sernett, *Afro-American Religious History*, 104. 미국 흑인과 백인들의 신앙과 관행의 현저한 특징 비교는 George Gallup, Jr., and D. Michael Lindsay, *Surveying the Religious Landscape: Trends in U.S. Beliefs* (Harrisburg, Penn.: Morehouse, 1999), 52-54를 보라.

세계 상황 및 서부 아프리카의 뿌리에 맞춰 수정함에 따라 새로운 형태의 기독교가 출현했다. 오늘날 흑인 교회의 특징적인 표지 중 하나는 철저한 성경주의다. 19세기 말에 많은 주류 개신교 회중들에게서는 **오직 성경**이 **오직 예수**에게 길을 내줬지만 흑인 신자들은 예수와 성경 모두를 굳게 붙들어서 예수라는 인물을 통해 성경을 읽고, 성경을 통해 예수를 이해했다. 아프리카계 미국인 화가들이 그린 유명한 예수 그림들은 대개 제2차 세계대전 이후 대부분의 예수 그림을 주도하게 된 머리 어깨 초상을 삼가고 주인공을 인식할 수 있는 성경 이야기 안에 제시한다. 예를 들어 프레드 카터의 "동산에서 기도하시는 예수"(*Jesus Praying in the Garden*, 1987)는 흑인 예수의 클로즈업을 제시함으로써 어느 정도 대중적인 초상화 장르에 동조하지만, 그 배경은 명백히 겟세마네 동산이며 그 순간은 예수가 "이 잔이 내게서 지나가게 하옵소서"(마 26:39)라고 기도했던 때다.

아프리카계 미국인들은 대개 신약성서의 장면에 나오는 예수를 묘사하지만 여전히 그를 구약의 왕들과 선지자들의 후계자로 본다. 흑인 그리스도인들은 다른 많은 그리스도인들과 마찬가지로 예수를 십자가에서 자신들의 죄를 짊어짐으로써 구원을 가능하게 한, 고난 받는 종으로 본다. 그러나 그들은 신약의 예수와 구약의 모세를 결합해서 내생뿐 아니라 이생에 대해서도 관심을 가지며, 자신들을 죄에서뿐만 아니라 압제에서도 해방하는 하나의 흑인 모세를 만들어냈다. 그리고 나서 이 구속자가 참으로 살아있음을 확실히 하려는 듯이 그들은 마커스 가비, 해리엇 터브먼 그리고 존경받는 마틴 루터 킹 목사와 같은 다양한 흑인 여성들과 남성들에게서 계속적으로 예수를 환생시킨다.

미국 수도에 약 7천 명의 회중을 둔 유니온 템플 침례교회의 "최후의 만찬" 벽화에서 예수를 환생시키기에 대한 이러한 강력한 열의를 볼 수 있다. 1968년에 디트로이트의 성 세실리아 성당에서 공개된 돔과 마찬가지로 6m-9m 크기의 거대한 이 벽화는 흑인 예수를 일단의 천사들 가운데 위치시킨다. 이 벽화에서는 천사들이 모두 흑인이다. 이 벽화에서 하늘로 올라가고 있는 호전적인 흑인 예수를 둘러싸고 있는 흑인 성자들의 무리에 가비, 터브먼 그리고 킹이 나타난다. 이 교회의 웹사이트에 "아프리카 히브리 후예인 흑인"으로 묘사된 이 예수는 거대하고 강력하다. 그의 눈은 불타는 듯이 이글거리고 존슨의 "예수와 3명의 마리아"를 연상시키는 그의 손은 엄청나게 크다. 달리 말하자면 그는 찰리 브랙스톤이 1990년에 발표한 시 "종말"(Apocalypse)에서 그에게 부여한 역할을 쉽게 해낼 수 있는 것으로 보인다.

> 보라.
> 예수는 덩치 크고 천한 흑인 놈팽이다.
> 그의 피부색은 연기에 그을린 잿빛이고
> 그는 열 받아 잔뜩 골이 나 있다.[46]

부분적으로는 히브리 족장이고 부분적으로는 묵시록의 전사인 이 호전적인 예수 아래에 흑인 역사의 12사도들이 최후의 만찬 때처럼 앉아 있거나 서 있는데 그들 중 많은 사람들이 예수의 강한 왼쪽 어깨에 걸쳐진 스톨의 패턴을 반영하는 전통적인 아프리카 의상을 입고 있다. 가비, 터브먼, 킹과 함께 프레더릭 더글러스와 넬슨 만델라가 등장한다. 일라이저 무함마드, 맬

---

46   Kevin Powell and Ras Baraka 편, *In the Tradition: An Anthology of Young Black Writers* (New York: Harlem River Press, 1992), 112.

컴 엑스 그리고 이슬람 국가의 루이 패러칸도 화가의 상상력에 의해 예수의 제자들로 바뀌어 그곳에 등장한다. 여성주의 신학(그리고 시민권 운동)에 대한 동의로, 로자 파크스와 도로시 하이트도 그 식탁의 영광스런 자리에 합세한다.

이 그림은 아프리카계 미국인들이 예수를 흑인으로 보는 보는 경향뿐 아니라 예수가 노예 농장에서 태어난 아프리카계 미국인들의 경험에서 계속 환생한 것으로 보려는 결심도 보여준다. 수백 년 동안 아프리카계 미국인들은 예수를 십자가에서 자신들의 죄를 짊어짐으로써 그들의 구원을 가능하게 한 구주로 받아들였다. 그러나 그들은 단순히 백인 예수를 그들의 흑인 가족 안으로 입양하지는 않았다. 아프리카의 마법사들과 마찬가지로 그들은 금발머리와 푸른 눈의 예수라는 독소를 죄에서뿐만 아니라 압제로부터도, 그리고 예수 자신의 몸을 통해서뿐만 아니라 신자들의 몸을 통해서도 자신들을 해방시키는 흑인 모세라는 강장제로 변화시켰다.

제임스 리드의 『목판화로 그린 그리스도의 생애』(*The Life of Christ in Woodcuts*, 1930)
에 나오는, 제목이 없는 이 그림은 예루살렘 성전에서 환전상들을 채찍으로 쫓아내는 화난
예수를 묘사한다.

7장 랍비

존 F. 케네디 대통령은 크리스마스를 "모든 사람의 보편적인 휴일"이라 부르며 "그리스도인들뿐만 아니라 무슬림, 힌두교도, 불교도들도 평화의 왕자의 탄생을 축하하기 위해 12월 25일에 일을 쉰다"고 덧붙였다.[1] 편리하게도 그는 전통적으로 예수의 생일을 축하하지 않았던 유대인들을 빠뜨렸다. 그러나 케네디의 말이 시사하는 바와 같이 (그리고 미국 대법원 결정이 확인하는 바와 같이) 크리스마스는 미국에서 거룩한 날이자 휴일이 되었으며 크리스마스의 영적 목적과 세속적 목적을 구분하기는 점점 더 어려워지는 듯하다. 그 결과 유대교 신자인 미국인들은 크리스마스 때 어떻게 그들의 종교 전통과 국가 모두에 충실할지 곤혹스러워 한다. 그들은 크리스마스 트리를 장식해야 하는가? 선물을 교환해야 하는가? 산타클로스에게 집을 열어줘야 하는가? 예수에 대해서는 어떻게 해야 하는가?

1925년 크리스마스 직전 일요일에 약 3,000명의 군중이 뉴욕시 카네기홀에 모여 랍비 스티븐 S. 와이즈의 "예수에 대한 한 유대인의 견해"라는 주제의 강연을 들었다. 와이즈는 역사적 예수의 실제를 긍정하면서 강연을

---

1   Jonathan D. Sarna, "Is Judaism Compatible with American Civil Religion?: The Problem of Christmas and the National Faith," Rowland A. Sherrill, *Religion and the Life of the Nation: American Recoveries* (Urbana: University of Illinois Press, 1990), 156에 수록된 글.

시작했다. "나는 오랫동안 다른 많은 유대인들처럼 예수는 결코 존재한 적이 없다고 믿어왔다.…그러나 나는 이제 그렇지 않다고 말한다. 예수는 실제로 존재했다."[2] 그는 계속해서 예수는 그리스도인이 아니라 유대교 신자였으며 유대인들은 그를 자신들 중의 하나로 받아들여야 한다고 말했다. 와이즈의 언급은 유대교로부터 엄청난 비난을 받았고, 미국의 유대교에서 예수의 위치와 미국 문화에서 유대교의 위치에 대한 재평가를 촉진했다. 예수는 정말 유대교 신자였는가? 와이즈는 배교자의 원조인 바울의 발자취를 따르고 있는 것인가? 유대인들은 미국 문화 및 미국의 기독교 다수파에 자신들을 어느 정도로 맞출 것인가? 그들은 어디까지 가야 하는가?

와이즈(1874-1949)는 부다페스트에서 태어났는데 유아 때 가족들과 함께 미국으로 건너왔다. 와이즈는 그의 부친 및 조부와 마찬가지로 랍비 공부를 해서 랍비로 임명되었다. 개혁파 유대교 입장을 취한 그는 유대교 전통을 과학적 사실, 이성의 법칙과 진보라는 실제에 적응시켰다. 그러나 그는 시온주의자의 대의를 열렬히 긍정함으로써 다른 개혁파 동료들과 구분되었다. 다른 개혁파들은 또 다른 조국을 사모하면 반유대주의를 불러일으키고 유대인들로 하여금 미국사회에서 완전한 참여자가 되지 못하게 할 것이라고 주장했지만, 와이즈는 "우리가 좋은 미국인이 되려면 더 좋은 유대인이 되어야 하고 더 좋은 유대인이 되려면 시온주의자가 되어야 한다"라고 말한 자기 친구이자 미국 대법원 판사인 루이스 브랜다이스의 정서를 긍정했다.[3] 1925년 무렵 와이즈는 창립 운동에서 유례없는 5백만 달러를

2   "Jesus Lived, Dr. Wise Tells Jews," *The New York Times* (December 21, 1925), 24.
3   American Jewish Historical Society, "Justice D. Brandeis and American Zionism," http://www.ajhs.org/publications/chapters/chapter.cfm?documentID=281.

모금하기로 다짐한 새로운 시온주의자 조직인 유나이티드 팔레스타인 어 필(United Palestine Appeal)을 운영하고 있었다.

와이즈가 미국의 유대교와 국제 시온주의 운동에서 중요한 위치에 올라서자 그는 지도적인 민주당 정치인들 및 자유주의 개신교 사역자들과 긴밀하게 협력했다. 사회적 행동주의를 종교 생활의 중심에 둔 사회복음의 한 형태를 수용한 그는 1919년 전국유색인지위개선협회(National Association for the Advancement of Colored People; NAACP)의 설립과 1920년 미국시민자유 연합(American Civil Liberties Union; ACLU)의 설립을 도왔다. 그는 1922년에 뉴욕시에서 유대인종교연구소(Jewish Institute of Religion)라는 개혁 신학대학 을 세웠다.

와이즈는 정치계에서는 오락가락했지만 연설가로서 명성을 얻었다. 1906년에 그는 뉴욕시의 가장 오래된 개혁파 유대교 회당이자 오늘날 세계 최대의 개혁파 공동체라고 알려진 임마누엘 회당의 고위직을 제의받았다. 그러나 이 회당의 신탁 이사회가 강단을 통제하려는 것을 알고 나서 과감 하게 그 자리를 거절했다. 그러고 나서 그는 「뉴욕 타임즈」에 편지를 보내 자신의 결정과 공개적인 설교단에 대한 자신의 책무를 설명했다. 와이즈는 "나는 고위 성직자는 회중의 견해를 대표하는 것이 아니라 자신이 이해한 진리를 선포해야 한다고 생각한다. 사역자는 자신의 직무상 의무를 수행하 는 과정에서 때로는 일부, 또는 심지어 많은 회중의 견해와 다른 표현을 할 필요가 있을 수 있다."[4]

와이즈는 때때로 논란의 여지가 있는 자신의 견해를 자유롭게 표현

---

4   Melvin I. Urofsky, *A Voice that Spoke for Justice: The Life and Times of Stephen S. Wise*
     (Albany: State University of New York Press, 1982), 91-92.

하기 위해 자유 회당(Free Synagogue)을 세웠다. 이 회당은 한 극장에서 모이다가 나중에는 만인구원파 성전에서 모였으며 1910년에 카네기홀에 정착했는데, 당시 카네기홀은 대개 일요일에는 문을 닫았었다. 이처럼 넓은 장소와 와이즈의 연설 재능이 결합되어서 몇 주 만에 (호기심을 지닌 저널리스트뿐만 아니라) 수천 명의 회중이 모이게 되어 와이즈는 미국에서 가장 잘 알려진 랍비—미국 유대교의 빌리 선데이—가 되었다. 자유 회당의 뚜렷한 표지 중 하나는 일요일 집회였는데, 이는 와이즈가 맥없는 예배라고 생각한, 전통적인 안식일인 토요일 집회에 대한 대안으로 고안되었다. 이 일요일 집회 중 한 모임이었던 1925년 12월 20일에 와이즈는 가장 악명 높은 설교를 했다.

"예수에 대한 한 유대인의 견해"

"예수에 대한 한 유대인의 견해"는 예루살렘에 있는 히브리 대학교의 친시온주의자 학자가 쓴 예수에 관한 중요한 책에 대해 감사하는 리뷰였다. 요셉 클라우스너의 『나사렛 예수』(Jesus of Nazareth)는 1922년에 히브리어로 출간되었고 1925년에 영어로 번역되었다. 이 책은 예수에게는 유대교가 없다는 에르네스트 르낭과 같은 학자들의 주장과 예수는 아리아인이었다는 휴스턴 스튜어트 채임벌린 같은 인종차별의자들의 주장을 부인했다. 이 책은 예수는 팔레스타인의 유대 문화에 젖어 있었다고 주장했다. 클라우스너는 예수가 거의 "자아 숭배"에 가까운 "과장된 자기 확신"을 지니고 있었다고 비판했지만, 예수를 "위대한 도덕 교사이자 비유의 예술가"이며 "유대교 신자 가정의 참된 유대교 신자"라고 칭찬하기도 했다. 그의 예수는 신이나 메시아가 아니라 강력한 교사였다. 예수의 윤리적 교훈은 때로는 실제적이지 않고 내세적이었지만, 그럼에도 "형식면에서 다른 어떤 히브리 윤리집에서도 찾아볼 수 없는 숭고함, 독특성, 창의성"을 보여주었다. 클라우스너는 제퍼슨처럼 예수를 "도덕주의자이자 세상의 개혁가"로 묘사했는데, 그의 책을 끝맺은 수사적인 미사여구는 클라우스너가 앞의 "몬티첼로의 현인인 토머스 제퍼슨에게 빚을 지고 있다는 사실과 제퍼슨의 성경을 모른다는 사실 모두를 암시하는 듯하다. 그는 "[예수의] 윤리 규정에서 기적과 신비주의의 포장을 벗겨내는 날이 온다면 예수의 윤리 책은 이스라엘 문헌에서 영원히 최상의 보물 중 하나가 될 것이다"라고 썼다.[5]

그날 카네기홀에서 와이즈는 유대교를 위한 예수를 되찾았다. 그는 19세기의 독일 학자인 브루노 바우어가 보급한 '예수는 존재한 적이 없다'는 견해를 부인하는 데서 시작했다. 와이즈는 이 견해와는 반대로 "예수는 존재했다"고 확언했다. 그런데 예수는 정확히 어떤 존재였는가? 와이즈에 의하면 예수는 상당히 전형적인 유대교 신자였다. 그의 견해에 의하면 역사적 예수는 하나님의 오른쪽에 속한 것이 아니라 아브라함부터 모세, 미가, 아모스에 이르는 위대한 유대인 교사들의 선상에 있었다. 불행하게도 그리스도인들은 예수를 실제 모습대로 받아들이지 못했다. 그러나 미국의 유대인들은 나사렛의 랍비를 칼뱅주의(그리고 이 문제에 대해서는 와이즈 자신)처럼 불의와 압제에 대해 하나님의 진노를 내려달라고 빌었던 유대인 선지자 중 하나로 받아들일 수 있는 더 좋은 입장에 있었다.

"예수에 대한 한 유대인의 견해"는 미국 내 유대인들의 거센 비판을

---

5   Hubert Osborne 편, *Whom Do Men Say that I Am?*(London: Faber and Faber, 1932), 115,
     121, 109, 122, 107, 122.

야기했으며 와이즈가 저지른 대참극을 구경하려는 그리스도인들의 행렬을 끌어들였다. 아마도 이 말이 자극한 감정 때문에 미국의 많은 신문들과 잡지들은 그 논쟁을 오해했다. 예를 들어 「뉴욕 타임즈」 편집인은 이 논쟁이 예수가 실존 인물이었는지에 관한 것이라고 잘못 생각했다. "예수 신화" 이론은 19세기에서 20세기로 넘어가던 무렵에 유럽에서 다소 되살아났지만 미국에서는 큰 매력을 끈 적이 없었다. 그래서 역사적 예수의 존재 여부는 진정한 이슈가 아니었다. 예수가 유대교 신자였다는 사실도 최소한 개혁파 유대인 사회에서는 이미 알려진 사실이었기 때문에 예수가 유대교 신자였다는 와이즈의 선언도 논쟁거리가 아니었다. 진정한 문제는 미국의 유대교가 향하고 있는 방향이었다.

현재와 마찬가지로 당시에도 미국의 유대교에는 개혁파, 보수파, 정통파라는 3개의 주요 파들이 있었다. 각각의 사회에서 핵심적인 난제는 유대인으로서의 지위와 미국인으로서의 지위를 조화시키는 것, 즉 통합과 분리사이의 올바른 균형이었다. 일반적으로 개혁파 유대인들은 자신들의 전통을 미국의 상황에 적극적으로 적응시킨 반면 정통파는 동화에 격렬하게 반대했다. 보수파는 일부 사안(예컨대 성서비평과 회당에서의 남녀 합석)에 대해서는 개혁파 편을 들고, (유대 율법의 권위와 할례의 필요 같은) 다른 사안에 대해서는 정통파 편을 들었다.

유대인들은 미국에 대한 견해와 미국 사회에 완전한 참여자가 되는 것의 가능성과 바람직함에 대해서도 의견을 달리했다. 종교적 자유와 정교분리 약속을 수용한 개혁파는 대개 미국을 세속 사회로 보고, 그리스도인들이 유대인들을 미국 사회에 동등한 참여자로 받아들이려 한다는 점에 대해 낙관적이었다. 정통파는 대개 미국을 반유대주의가 가득한 기독교 국가로 보고, 통합에 대한 희망을 순진하다고 생각했다. 미국화에 대한 격렬한 반대론자인 정통파는 개혁파를 미국적 성공이라는 제단 위에 유대 율법(과 정체성)을 즐거이 희생제물로 바칠 수 있는 열렬한 적응자들로서 아브라함 카한의 『데이비드 레빈스키의 출세』(The Rise of David Levinsky, 1917)에 나오는 주인공 데이비드 레빈스키의 패거리로 보았다. 그들의 견해로는 개혁파의 지나치게 열성적인 동화주의는 그리스도인과의 상호 결혼과 기독교로의 개종 등 자유주의의 많은 참상을 초래할 것으로 보였다.

물론 이처럼 다양한 견해들은 사회적, 경제적 상황의 차이에 뿌리를 두었다. 정통파는 동유럽에서 새로 도착한 사람들이 우세했는데, 그들 중 많은 이들이 가난했고 이디시어만 사용할 수 있었다. 개혁파들은 대개 훨씬 이전인 19세기에 독일에서 이주해왔으며, 영어를 유창하게 구사했고, 어느 정도 경제적 성공을 거뒀고, 사회적으로 인정받았다. 그들은 레위법을 엄격히 지키면 그리스도인인 이웃들과 보다 가까운 관계를 맺지 못하게 될 것으로 생각해서 이를 원하지 않았다.

1925년 당시 개혁파 유대교가 미국 내 유대인 사회의 주류였다. 그러나 과거 50년 동안 주로 동유럽에서 약 250만 명이 도착해서 개혁파의 우월한 지위를 위협했다. 또한 보수파의 급속한 성장도 개혁파의 지위를 위협했는데, 많은 사람들은 보수파를 미국화가 결코 나쁜 것이 아니라고 보는 사람들과 미국을 **트레파 메디나**(trefa medina, 불결한 땅)로 보는 사람들 사이의 타협에 대한 고전적인 예로 생각하게 되었다.[6]

와이즈에 대한 맹렬한 공격은 정통파와 뉴욕에 기반을 둔 이디시어 신문들에게서 나왔는데, 이들은 와이즈가 기독교의 신을 포함한 미국주의라는 우상과 놀아나고 있다고 주장했다. 「데어 모르겐 저널」(Der Morgen

---

6   Hasia R. Diner, *Jews in America* (New York: Oxford University Press, 1999), 57.

Journal)은 두꺼운 검정색 테두리 안에 반(反)-와이즈 사설을 실었다. 이러한 애도의 상징은 이 변절자 랍비가 억제되지 않으면 미국 유대교의 죽음을 주재할 것임을 (아니면 아마도 이 저널의 편집인들은 이미 변절자 와이즈의 초상을 치르고 있음을) 암시했다. 「타게블랏」(*Tageblatt*)은 와이즈가 "보다 젊은 세대를 세례단 앞으로" 유혹하고 있다고 말했다. 「데어 타크」(*Der Tag*)는 와이즈가 예수를 가족처럼 대우한다고 비난했다. "와이즈 박사는 그가 지금 받아들이고자 하는 하나님을 위해 우리가 얼마나 많은 피를 흘렸는지 모른단 말인가?" 머지않아서 랍비 그룹은 와이즈를 공식적으로 책망했다. 정통파 랍비 연합은 와이즈가 "우리 자녀들을 개종으로 몰아가려" 위협한다고 질책했다. 정통파 청년 단체인 청년 이스라엘(Young Israel)은 와이즈의 설교를 "유대교에 대한 중대한 위협"이라고 규정하는 결의안을 통과시켰다. 특히 엄격한 정통파 랍비 그룹인 아구다트 하라보님은 사실상 그를 파문했다.[7]

가장 심한 욕은 정통파 진영에서 나왔지만 예수더러 유대교로 개종하라는 와이즈의 촉구를 유대인들보고 기독교로 개종하라는 촉구로 오해한 일부 개혁파들도 그에게 등을 돌렸다. 미국에서 가장 오래된 유대인 공동체 중 하나인 조지아주 사바나의 미크베 이스라엘 회당(Temple Mickve Israel)의 랍비인 조지 솔로몬은 자기의 동료가 "그가 봉사하고 있는 대의보다 스티븐 와이즈 자신의 영광을 더" 생각한다고 질책했다. 필라델피아의 헨리 레프만 박사는 와이즈의 말은 반유대주의를 감소시키기는커

---

7 Melvin I. Urofsky, "Stephen S. Wise and the 'Jesus Controversy'," *Midstream* 36.6 (June/July, 1980), 37에 수록된 글; Herbert Danby, *The Jew and Christianity* (New York: Macmillan, 1927), 113; "Rabbis See Peril in Wise's Sermon," *The New York Times* (December 29, 1925), 9; "Calls Dr. Wise a Menace," *The New York Times* (December 30, 1925), 1.

넝 "KKK단의 손에 실탄을 쥐어 주기만 할 것"이라고 말했다. 개혁파의 가장 신랄한 비판은 뉴욕시의 벧엘 회당 랍비인 사무엘 슐만에게서 왔다. 그는 솔로몬과 마찬가지로 자기의 라이벌이 인기에 영합한다고 비난했다. 그는 「뉴욕 타임즈」에 이렇게 말했다. "유대교 강단의 선정주의자가 다시 날뛰는가? 랍비 와이즈의 말은 전혀 쓸모없다. 기독교가 예수를 단순한 사람 이상의 존재로 알고 있다는 사실은 논란의 여지가 없다. 그러므로 그는 유대교 신자일 수 없다. 그리스도인들이 예수를 신이라 부르기를 그치면, 이스라엘은 사람인 그를 어떻게 대할지 알게 될 것이다."[8]

"유대교, 예수 그리고 개혁파 유대교 강단에서의 타락"이라는 설교에서 슐만은 어조를 높여서 와이즈의 설교를 모욕이라고 불렀으며, 와이즈가 크리스마스마다 예수를 탄생시키고 부활절마다 예수를 부활시키는 경향을 "상스럽고 품위가 없다"고 규정했다. 슐만은 와이즈가 청중을 기독교로 개종시키려는 의도가 있었다고 말하지는 않았지만, 그는 예수를 칭찬하는 데서 기독교를 포용하는 데로 나아가는 경사는 가파르고 미끄럽다고 주장했다. 와이즈가 "예수의 종교"(그는 이를 가치 있게 여겼다)와 "예수에 관한 종교"(그는 이를 비판했다)를 뚜렷이 구분했지만, 슐만은 그 둘은 같다고 주장했다. 슐만의 견해로는 "예수로의 개종"은 "기독교로의 개종의 첫 단계"였다. 사실 슐만은 "예수를 교사로 받아들이는 유대인 회중은 한 세대 안에 기독교 안으로 흡수될 것이다"라고 예언했다.[9]

---

8   "Rabbi Fears Dr. Wise Serves His Own Glory," *The New York Times* (December 27, 1925), 18; "Dr. Leffmann Calls Dr. Wise to Account," *Jewish Exponent* (January 1, 1926), 2; Urofsky, *A Voice that Spoke for Justice*, 196.

9   Rabbi Samuel Schulman, *Judaism, Jesus and the Decadence in the Reform Jewish Pulpit* (New York: Temple Beth-El, 1926), 3, 18, 14.

슐만은 설교의 끝 무렵에 와이즈를 가리켜 "강력한 유대 민족주의자 이자 인종차별주의자이고 시온주의자"라고 말했는데, 이 말이 그의 본심을 드러냈을 수도 있다.[10] 1920년대에 미국의 많은 개혁파 랍비들은 시온주의를 지지하고 있었다. 그러나 슐만은 시온주의는 세속적인 이스라엘을 낳기만 할 것이라고 주장했으며 결코 이를 묵과할 수 없었다. 확실히 "개혁파 유대교 강단에서의 타락"이라는 이 비난은 어느 정도는 브랜다이스 진영의 "미국화된 시온주의"에 반대하는 판단이었다. 와이즈에게 유나이티드 팔레스타인 어필(UPA)의 의장직에서 사임할 것을 요구한 미즈라히의 결정도 마찬가지였다(미즈라히는 종교적 시온주의를 증진하는 평신도 조직이었다). 와이즈는 이 요구에 대응하여 이 모든 사건을 커다란 오해라고 묘사하고 사직서를 제출했는데, 이로 인해 즉각적으로 그의 대의명분에 찬성하는 무리가 규합되었다.

예수 논쟁 와중에 많은 개혁파 랍비들이 와이즈의 견해와 맥을 같이하는 설교들을 하고 있음이 알려졌다. 뉴헤이븐의 랍비인 시드니 S. 테데쉬는 예수를 가리켜 "위대한 도덕 교사"라고 칭찬했고, 프로비던스의 랍비인 새뮤얼 M. 거프는 그를 "일류의 종교 천재"라고 불렀다. 또 다른 크리스마스 설교에서 뉴저지주 뉴어크의 랍비인 루이스 브라운은 "나는 예수가 실제로 생존했었고, 유대교 신자였으며, 유대교 교리들을 설교했다고 믿는다"라고 말했다. 아마 랍비 하이만 에넬로가 개혁파의 입장을 가장 강력하게 방어했을 것이다. 그는 (와이즈가 직책을 거절했던) 임마누엘 회당에서의 설교에서 "예수의 가르침에 과도하게 도취되어" "예수에 대한 과도한 찬양"을 보이는 유대인들을 비판하는 것으로 설교를 시작했다. 그러고 나서 그는 자신

---

10   Schulman, *Judaism, Jesus*, 13.

이 더 흥분해서 와이즈보다 더 열광적으로 유대인 예수에 관해 말했다. 에넬로는 자기 회중들에게 "예수는 서구 문명 그리고 아마도 전체 문명의 종교 생활에서 가장 저명한 인사가 되었다"라고 말하고, 그럼에도 예수는 "유대 신앙의 충실한 일원이고 유대 신앙을 사랑하는 사람"이라고 덧붙였다.[11]

반유대주의로 포위된 시대에 유대교 신자들과 그리스도인들 사이의 긴밀한 연대를 갈망했던 자유주의 개신교인들도 와이즈를 옹호했다. 「크리스천 센추리」, 「크리스천 애드버케이트」, 「처치 맨」과 「인디펜던트」 모두 와이즈에 찬성하는 기사를 실었고, 많은 개신교 사역자들은 예수에 대한 이 랍비의 견해를 옹호하는 설교를 했다. 하트포드 신학교의 에드윈 녹스 미첼은 「뉴욕 타임즈」에 보낸 편지에서 "뉴욕의 랍비인 와이즈는 예수의 도덕적, 영적 리더십을 받아들이는 고상하고 용기 있는 행동을 했다. 이는 종교적 관용과 인종 간 화해를 향한 첫걸음이다. 그리고 모든 교파의 그리스도인들은 그들의 신앙의 설립자의 정신에 대한 이 표명을 환영해야 한다"라고 썼다. 이 시기 자유주의 개신교의 선도적인 대변인들 중 한 사람이었던 해리 에머슨 포스딕은 이 랍비를 가리켜 "뉴욕 최고의 그리스도인"이라고 불렀다. 그러한 지지는 와이즈가 기독교를 거의 받아들였다는 와이즈 비판자들의 주장을 강화시켰기 때문에 이러한 지지는 좋은 면과 불리한 면이 있었다. 나중에 정통파 랍비들의 비판과 기독교 사역자들의 지지를 돌아보면서 와이즈는 "나를 형제로 받아들이고 기독교 울타리 안으로 환영하는 것과 동료 랍비들이 난폭한 혹평을 가한 것 중 어느 것이 더 상처를

---

11   "Christ as Ethical Light," *The New York Times* (December 26, 1925), 3; "Agrees with Dr. Wise," *The New York Times* (December 26, 1925), 3; "Jesus a Loyal Jew, Asserts Dr. Enelow," *The New York Times* (December 27, 1925), 18.

줬는지 모르겠다"라고 썼다.[12]

개혁파 유대교와 개신교 기독교의 지지가 분출하는 가운데 보수파 유대교도 와이즈에 대한 지지에 가세했다. 와이즈에게 보낸 편지에서, 클리블랜드 출신 보수파 랍비(그리고 동료 시온주의자)인 솔로몬 골드만은 "정신이 온전한 유대인이라면 아무도 이스라엘의 영원한 이상에 대한 당신의 충성심을 의심하지 않을 것입니다"라고 썼다. 필라델피아의 랍비인 맥스 D. 클라인은 보수파의 본산인 유대 신학교 랍비 연맹을 대표해서 와이즈와 아구다트 하라보님 둘 다 죄를 지었지만, "시온주의를 위해" 와이즈가 의장직을 계속 유지해야 한다고 말했다. 그러나 가장 중요한 옹호자는 메이시 백화점의 소유자이자 유대인 자선가인 나단 스트라우스였는데, 그는 크리스마스에 와이즈에게 편지를 써서 그에게 유나이티드 팔레스타인 어필의 의장직을 유지하라고 촉구하며 팔레스타인의 복지 사업에 65만 달러를 기부하겠다고 발표했다.[13]

결국 스트라우스와 같은 지지자들이 와이즈의 지위를 구했다. 「주이시 데일리 불리틴」이 205명의 시온주의 리더들을 대상으로 실시한 여론조사에서 190명은 와이즈가 계속 의장직을 맡아주기 원한다고 답변했다. 미국 시온주의조직의 투표에서는 압도적으로(71:1) 그가 의장직을 유지해 달라고 했다. 가장 결정적인 투표는 1926년 1월 3일에 실시된 UPA 집행위원회의 투표였는데, 이 위원회는 59:9로 와이즈의 사표를 반려했다. 그날 와이

---

12   "Jew and Christian Come to Wise's Aid," *The New York Times* (December 28, 1925), 3;
      The New York Times (February 4, 1925), 18; Stephen Samuel Wise, *Challenging Years: The
      Autobiography of Stephen Wise* (New York: Putnams Sons, 1949), 283.
13   *Jewish Daily Bulletin* (December 23, 1925), 1; "Dr. Wise Vindicated by Zionists," *Jewish
      Exponent* (January 8, 1926), 13.

즈는 동료들에게 감사를 표하면서 요나서의 "이브리 아노키"(*Ivri Anochi*, 나는 히브리 사람입니다)로 짧은 인사말을 마무리했다.[14]

새로운 것은 없다

와이즈의 반대자들은 중년의 이 랍비가 예수께로 조금씩 다가가는 유례없는 죄를 저지르는 무서운 아이인 것처럼 행동했다. 그러나 와이즈가 예수에 관해 말한 내용에 획기적인 것은 전혀 없었다. 사실 그의 모든 주장들은 이전에 미국의 다른 랍비들이 여러 번 말한 내용들이었다.

중세 시대에 유럽의 유대인들은 대체로 예수를 무시했다. 그리스도인들이 일상적으로 유대인들을 향해 그들이 신을 죽였다고 비난하던 시대에는 대부분의 유대인 사회에서 예수라는 이름조차 금기어였다. 감히 예수에 대해 언급하는 유대 텍스트들은 대개 예수를 "그 사람" 또는 "나무에 달린 그 사람"이라고 불렀으며, 그 사람에 대한 유대인들의 판단은 그리스도인들이 유대인들을 "그리스도를 죽인 자들"이라고 묘사하는 것만큼이나 거칠었다. 『예수의 톨레도트』(*Toledoth Yeshu*)가 중세의 고전적인 태도였는데, 이는 10세기에 기록되기 전 이르게는 6세기부터 민간전승으로 회람되었을 가능성이 있는 유명한 예수의 생애 이야기였다. 이 선정적인 텍스트에 따르면 예수는 강간으로 임신된 사생아로서 자라서 흑마법에 능통한 마법사가 되었다. 클라우스너는 『예수의 톨레도트』를 꾸며낸 이야기라며 일축

---

14   Urofsky, "Stephen S. Wise," 40 ; Urofsky는 이 문장을 "나는 유대인이다"로 번역하지만 ivri라는 말은 실제로는 "히브리"라는 뜻이다.

했지만 이 텍스트가 설사 꾸며낸 이야기라 할지라도 현대 이전 시대 유대인들의 예수에 대한 적개심을 보여준다. 그런데 이 적개심은 그리스도인들이 수 세기 동안 유대인들에게 자행한 폭력에 뿌리를 두고 있음을 주목해야 한다.

18세기의 계몽 운동과 유럽에서 유대인들의 자유의 증가로 인해 예수에 대한 보다 관대한 해석이 등장했다. 정통파 사회의 대부분은 여전히 예수를 부랑자로 보았다. 사실 1920년대까지도 정통파 학자인 아론 카민카는 뉴욕 기반의 「하토렌」(*HaToren*)에 클라우스너의 책에 관해 쓰면서 예수를 단지 "그 사람"으로 지칭하곤 했다.[15] 그러나 유대인들이 시민권을 획득하고 여러 유럽 국가들에서 유대인-그리스도인의 관계가 개선되면서 일부 자유주의적인 유대인들은 예수의 이름을 부르고 예수의 가르침을 칭찬하기 시작했다.

프랑스 국적의 유대인인 조셉 살바도르는 D. F. 슈트라우스의 『예수의 생애』가 나온 지 불과 3년 뒤인 1838년에 파리에서 출판된 2권짜리 책 『예수 그리스도와 그의 가르침』(*Jésus-Christ et sa doctrine*)으로 반환 요구 작업을 시작했다. 슈트라우스는 현대 성서비평의 길을 준비한 반면, 살바도르는 예수를 비참하게도 그리스도인이라고 잘못 알려진 유대교 신자로 보는 현대 유대인의 견해를 시작했다. 곧이어 예수가 유대교 신자라는 주제가 유럽의 유대인 사회에 하도 널리 퍼지다 보니, 예수에 관한 유일한 논쟁은 그가 어떤 부류의 유대교 신자였는지에 관한 것인 듯했다. 그는 독일 학자인 아브라함 가이거가 주장한 바와 같이 바리새파 랍비였는가? 가이거와 같은 나라 사람인 하인리히 그래츠(와 살바도로)가 주장한 바와 같이 분리된 금욕

---

15   Danby, *The Jew and Christianity*, 103.

주의 공동체인 에세네파의 일원이었는가? 아니면 영국의 클로드 몬티피오리가 말한 바와 같이 영적 기인(奇人)이었는가?

미국에도 와이즈의 선구자들이 있었는데 그중 가장 중요한 인물은 아이작 메이어 와이즈(스티븐 S. 와이즈의 친척이 아님)였다. 그는 처음에는 예수의 존재를 의심했지만 궁극적으로는 일련의 설교와 책에서 예수를 "힐렐 학파의 바리새 선생"으로 존경하게 되었다.[16] 미국 개혁파 유대교의 아버지로 널리 존경받는 메이어 와이즈(1819-1900)는 미국 히브리회중연합(1873년), 히브리유니언 대학(1875년), 미국랍비중앙회(1889년) 설립에 핵심적인 역할을 했다. 그는 또한 유명한 피츠버그 플랫폼(1885년)의 기안을 주재했는데 이 문서는 메이어 와이즈의 유대교가 계시보다는 이성, 제의보다는 윤리, 미신보다는 과학 그리고 제사장보다는 예언자들과 연합했음을 명확히 보여준다.

메이어 와이즈는 자기 세대의 다른 개혁파 지도자들과 마찬가지로 유대인들을 미국 문화에 통합시키는 데 열중했으며, 자기 민족이 종교와 문화의 주류로 편입되려면 랍비들이 기독교를 검토할 필요가 있음을 이해했다. 메이어 와이즈는 기독교에 관한 일련의 책을 썼으며, 1869년에 자신이 발행하는 주간지인 「더 이스라엘라이트」(The Israelite)에 "예수 자신"이라는 중요한 에세이들을 싣기 시작했다. 그의 신학적 궤적은 여러 면에서 토머스 제퍼슨의 신학적 전개를 닮았다. 메이어 와이즈는 제퍼슨과 마찬가지로 처음에는 예수를 일축했는데 이는 부분적으로는 와이즈가 기독교 교리와 성경의 절반의 진리에서 해방된 예수를 상상할 수 없었기 때문이다. 그

---

16 Samuel Sandmel, "Isaac Mayer Wise's 'Jesus Himself,'" American Jewish Archives 편, *Essays in American Jewish History* (New York: Ktav Publishing House, 1975), 354에 수록된 글.

러나 일단 예수의 종교와 예수에 관한 종교를 구분할 수 있다고 생각하자, 메이어 와이즈는 갈릴리의 랍비를 자신의 랍비로 받아들였다. 제퍼슨에게는 구속되지 않은 이 예수는 각성한 현자였으며 유대 당국에 대한 맹렬한 비판자였다. 와이즈에게 예수는 유대인 바리새인이자 유대인들에 의해서가 아니라 (자기 백성을 로마의 점령에서 해방시키기 위한 선동 때문에) 로마인들에 의해 순교한 애국자였다. 와이즈는 또한 성서 비평에 대해 소박하게 접근한다는 점에서 제퍼슨을 닮았다. 메이어 와이즈는 독일의 신약 학자들(그리스도인과 유대인 모두)에 익숙했지만 자신이 성서학자는 아니었다. 어느 전기 작가가 말한 바와 같이 그는 "독학해서 무리한 내용을 저술한 약삭빠른 설교자"였다.[17]

이삭 메이어 와이즈의 사역은 19세기 말경 미국 개혁파 유대교를 지배하게 될 예수를 인정하는 견해를 향한 중요한 걸음을 대표했다. 이전의 미국 유대인 사상가들은 대체로 기독교의 핵심적인 상징을 무시했지만 와이즈는 현명하게도 현대 미국에서 예수는 피할 수 없는 존재라는 점을 인식했다. 오늘날과 마찬가지로 당시의 미국인들은 예수에 대처해야만 했다. 와이즈는 유대인들이 예수를 무시한다면 그들은 주류 지위를 주장하지 못하게 되고, 예수라는 상징에 대한 정의(와 그 힘의 행사)를 그리스도인들에게만 맡기게 될 것이라고 추론했다. 그래서 부쉬넬과 비처는 예수를 감상적인 개신교인으로 만들었지만 와이즈는 예수를 유대인으로 개조했다. 와이즈가 예수에게 유대교 신자의 지위를 회복시켜주자 유대인들이 예수를 포용하는 것은 수치가 아니라 긍지가 되었다. 그러나 머지않아 예수를 향한 미국 유대인들의 태도는 회복을 넘어 반환 요구로 옮겨가게 되며 예수는

---

17   Sandmel, "Isaac Mayer Wises, 'Jesus Himself,'" 355.

모든 시대를 통틀어서 가장 위대한 랍비 중 한 사람으로 개조된다.

"그리스도들의 백성"

프랑스의 살바도르, 독일의 가이거와 그래츠 그리고 영국의 몬티피오리의 선행 연구에 뿌리를 두기는 했지만 이 반환 요구 과정은 학자들이 최초로 역사적 예수 탐구에 박차를 가함에 따라 미국에서 꽃을 피웠다. 이의 핵심적인 시기는 1890년대였는데 이 시기 들어 예수에 관한 개혁파 랍비들의 저술이 쏟아져 나왔다. 가장 주목할만한 두 명의 기여자들은 카우프만 콜러와 그의 동서인 에밀 G. 허쉬였다. 그들은 함께 예수를 원형적 개혁파 유대인, 즉 자신들과 마찬가지로 유대교 전통을 부족주의에서 보편성으로, 제의주의를 자유로 바꾸기 위해 애쓴 예언자적인 인물로 제시했다.

　독일의 바이에른에서 태어난 콜러(1843-1926)는 디트로이트의 벧엘 회중에게 사역하기 위해 1869년에 미국으로 건너왔으며 머지않아 미국 개혁파 사회의 유력자로 부상했다. 그는 1885년 피츠버그 플랫폼 채택의 선두에 섰으며 1903년에 아이작 메이어 와이즈의 뒤를 이어 히브리유니언 대학의 학장이 되었다. 룩셈부르크에서 태어난 허쉬(1851-1923)는 대학생 때 "비센샤프트 데스 유덴툼스"(*Wissenschaft des Judentums*, 유대학) 학파 및 이 학파의 비판적인 유대 역사 분석과 성서 분석에 영향을 받았다. 그는 1869년에 미국으로 온 뒤 볼티모어와 루이빌에서 랍비로 사역하다 콜러에게서 시카고 시나이 회당의 강단을 물려받았다. 1892년에 그는 시카고 대학교에서 랍비 문학과 철학 교수 자리를 차지했다. 허쉬는 30년이 넘도록 미국 개혁파 유대 사회에 중요한 기관지인 「리폼 애드버케이트」(*Reform Advocate*)를 편집했다. 콜러와 허쉬 모두 유대교와 기독교 간의 대화에 깊은 관심을 보였는데 그들은 1893년 시카고 세계종교회의에서 유대인 사회 대표로 이를 주창했다.

카우프만 콜러는 『모세와 예수』(*Moses and Jesus*, 1892), 『유대인의 관점에서 본 예수 그리스도』(*Jesus of Nazareth from a Jewish Point of View*, 1899) 같은 저서에서 예수와 바울을 뚜렷이 구분했다. 사실 그는 기독교의 잘못된 점을 모두 바울 탓으로 돌렸다. 그는 바울을 "타르수스라는 그리스 섬 출신의, 성마르고 유령을 보는 광신자로서 유대에 있을 때 격노한 열심당원처럼 행동하면서 자기의 다혈질의 모든 진노를 유대인들에 쏟아 부었다"고 묘사했다. 콜러는 예수에 대해서는 바울과 대조적으로 "가장 훌륭하고 가장 진실한 유대교의 아들들 중 하나"로 환영했다. 그래츠와 마찬가지로 그는 예수를 바리새파가 아니라 에세네파로 보았다. 그러나 그는 예수의 금욕주의가 아니라 보통 사람들에 대한 사랑에 초점을 맞췄다. 콜러에게 예수는 "가난한 사람들의 도우미"이자 "넘어진 사람들을 동정하는 친구"였다. 물론 예수는 "율법과 구약 인물들에게서 매우 강력하게 표현된 단호한 정의의 요소, 완전한 남성다움의 개발에 필수적인 확고한 자기 확신 그리고 가정과 사회, 산업과 세상의 진보를 이루는 모든 사회적 특질들"을 결여한 다소 지나치게 교양 있는 사람이었다. 그러나 그럼에도 그는 "결점을 보충하는 사랑의 원칙에 대한 독특한 전형"이었다.[18]

허쉬는 예수가 결혼하지 않은 데 대해 비판하지 않을 수 없었지만 예수가 사람들의 마음을 끄는 사람이며 아름다운 연설가라고 칭찬했다. 『유

18　Kaufmann Kohler, *Christianity vs. Judaism: A Rejoinder to the Rev. Dr. R. Heber Newton* (New York: n.p., 1890), 3; Dr. K. Kohler, "Jesus of Nazareth from a Jewish Point of View," 팜플릿(1899).

대인들과 예수』(*The Jews and Jesus*, 1893)에서 허쉬는 『예수의 톨레도트』를 "가장 역겨운 풍자"이며 "모든 추잡함의 오수 구덩이"라고 비난했다. 예수를 "고상한 인물"이라고 부른 그는 예수가 유대교 신자라고 주장했다. 그는 "유대인은 어떤 계파에 속하든 나사렛의 위대한 예언자의 매력, 아름다움, 충심에서 우러나오는 완벽성을 기꺼이 인정한다"고 썼다. "예수는 우리 일원이다. 우리는 그를 거부하지 않았다." 허쉬는 가이거(그는 유럽에서 가이거와 함께 공부했다) 및 자신의 부친 사무엘 허쉬(그도 예수에 관한 책을 썼다)와 마찬가지로 예수가 가르친 내용은 "예수 자신이 자기 선생들의 입술로부터 들었던 교리를 되풀이"한 것이었기 때문에 예수의 가르침들은 최소한 내용 면에서는 독특하지도 독창적이지도 않다고 주장했다. 예수가 율법주의적 교화를 참지 못하고, 공허한 의식을 경멸하고, 윤리의 의도에 주의를 기울인 것은 모두 유대교에서 물려받은 유산이지 이에 덧붙여준 선물이 아니었다. 산상수훈은 탈무드의 논의에 확고하게 뿌리를 둔 유대교 설교였고 "모든 내용이 어떤 형태로든 유대 회당에서 사용하던 기도문에 다 포함되어 있는" 주기도문은 카디쉬 기도를 수정한 것이었다. 황금률조차 유교와 위대한 탈무드의 현인인 힐렐에게서 차용했다.[19]

그러나 허쉬는 예수가 오래된 내용을 새로운 방식으로 표현했음을 인정했다. "예수의 말들은 아주 천재적이다. 그러나 내용이 아니라 이 말들을 제시하는 방식이 그렇다." 당시에 바리새파, 사두개파, 에세네파 모두 자기들이 일반인들보다 더 낫다고 생각했지만 예수는 일반인들이 이해할 수 있는 언어로 얘기했다. 그리고 유대 청년의 묵은 포도주를 담은 새 포도주 부

---

19   Emil G. Hirsch, *The Jews and Jesus* (Chicago: Bloch and Newman, 1893), 9, 12, 28, 12-13, 13.

대 때문에 "그의 말은 손쉽게 세계적으로 유통되는 도덕이 되었다."[20]

예수를 되찾으려는 19세기의 모든 주장 중, 허쉬의 "예수의 교훈들"에 나오는 다음과 같은 주장이 개혁파의 입장을 가장 웅변적이고 간결하게 요약할 것이다.

> 그는 과거에 우리의 일원이었으며, 지금도 우리의 일원이다. 우리가 탈무드의 랍비들을 인용한다면 베들레헴의 랍비도 인용해야 하지 않는가? 안에서 유대교의 정신과 빛이 불타고 있는 사람은 누구나 유대교에 의해 되찾아져야 하지 않는가?…유대교가 자신의 아들을 되찾고, 그 아들이 이러한 추구의 풍부한 보상을 갖고 자기 어머니에게 돌아오는 기쁜 이 날이여. 복음서들의 신약성서는 유대인의 사고, 유대인의 종교, 유대인의 보편주의를 제시한다. 유대인이자 사람이었던 예수의 교훈에는 유대교를 넘어서는 요소는 하나도 없는 반면 유대교와 일치하는 요소만 있다.[21]

물론 탕자는 신약성서에 나오는 비유로서, 대개 기독교 목사들은 이를 모든 죄인들에게 하나님이 제공한 자비에 관한 메시지로 해석한다. 여기서 허쉬는 유대인 예수를 그 기독교의 이야기 안에 두고서 예수를 자기 어머니의 집을 버린 아들로 묘사하고 그의 유대인 가족과의 재결합은 집 나감과 돌아옴으로 재해석한다.

유대인들에 대한 기독교의 선교가 예수의 그러한 환생의 넓은 맥락이었다. 그리스도인들은 "당신들은 왜 예수를 거부하는가?"라고 물었다. 이

---

20   Emil G. Hirsch, *The Doctrines of Jesus* (Chicago: Bloch and Newman, 1894), 20.

21   Ibid., 21.

질문에 허쉬와 그의 동료들은 "우리는 거부하지 않는다"라고 대답했다. 그러고 나서 그들은 자신들이 받아들이는 사람(위인 예수)과 받아들이지 않는 사람(메시아 예수)이 정확히 누구인지 다소 길게 설명했다. 이러한 환생의 또 다른 맥락은 기독교의 반유대주의, 특히 유대인들이 예수를 죽였다는 고대의 비난이었다. 이 비난에 대해 중세 시대에 일부 유대인들은 자신들이 참으로 예수를 죽였으며, 예수가 스스로를 신이자 메시아라는 그릇된 주장을 하는 한 기꺼이 그를 다시 죽이겠다고 답변했다. 살바도르는 1838년 책에서 비슷한 취지의 주장을 펼쳤다. 그러나 허쉬, 콜러, 아이작 메이어 와이즈는 유대인들이 신을 죽였다는 비난을 가장 저질스런 중상이라며 이를 부인하고, 로마인들이 잘못이었다는 그들의 입장을 지지하기 위해 성서비평이라는 새로운 도구에 의존했다. 와이즈는 "아직도 유대인들에게 '그리스도를 죽인 자들'이라고 소리지르는 광신자 무리는 복음서를 정확하게 읽고 이해할 필요가 있다"고 썼다.[22] 그러나 "오버아머가우 수난극에 대한 한 랍비의 인상"(*A Rabbi's Impressions of the Oberammergau Passion Play*, 1901)에서 이러한 현대적 입장을 가장 주의 깊게 발전시킨 사람은 필라델피아에 위치한 크네세트 이스라엘 회당(Congregation Keneseth Israel)의 랍비인 조지프 크라우스코프였다.

뮌헨 외곽의 바이에른 알프스에서 10년마다 상연되는 이 유명한 수난극은 1634년에 초연된 이후 유대인들을 탐욕스러운 그리스도 살인자들로 묘사해서, 여러모로 가장 유명하고 지속되는 반유대주의의 전형이 되었다. 20세기 말에는 이 극을 만든 지역 거주민들이 (예를 들어 유대인들에게서 뿔 모

---

22   Isaac M. Wise, *The Martyrdom of Jesus of Nazareth: A Historic-Critical Treatise on the Last Chapters of the Gospel* (Cincinnati: American Israelite, 1874), 131.

양의 모자를 벗겨내고 예수를 "예슈아"라 부르며) 이러한 반유대주의를 약화시켰지만, 1900년에 크라우스코프가 방문했을 때에는 그들은 여전히 기꺼이 아돌프 히틀러가 나중에 "유대민족이라는 철저한 오물과 수렁"이라고 표현한 방식으로 상연하고 있었다.[23] 이와 동일한 반유대 정신이 미국 최초의 예수 영화인 "오버아머가우의 수난극"에 생기를 불어넣었다. 이 영화가 개봉된 지 2년 뒤에 크라우스코프는 직접 이 영화를 관람하러 갔는데, 아마도 이것이 그의 여행을 자극했을 것이다.

크라우스코프가 바이에른에서 본 이 극은 그의 판단으로는 "극적으로는 스릴이 있지만" "역사적으로는 거짓"이었다. 즉 "명백히 일어나지 않았고 결코 일어날 수도 없었으며, 명백히 자기 모순적이고, 유대 역사와 율법과 종교를 난폭하게 모욕하는 거짓 덩어리, 유대인을 향한 비열한 창작"이었다. 크라우스코프는 예수는 뼛속까지 유대인이었기 때문에 유대인들은 그와 다툴 이유가 없었고, 더구나 그를 심리하고 기소하고 죽일 이유는 더더욱 없었다고 주장했다. 예수의 피는 (유대 민족주의자라는) 정치적 이유로 그를 사형시킨 로마인들에만 책임이 있었다. 크라우스코프는 가장 초기의 기독교 저작들은 유대인들에 대해 비교적 우호적이었음을 주목했다. 그리스도인들은 나중에야 그들의 성경에 유대인들에 대한 중상을 삽입하고, 예수를 "로마를 미워하는 사람에서 로마의 후원자로", "이스라엘의 애국자에서 이스라엘의 적대자로" 바꿔서 그들의 어머니 종교에 등을 돌렸다. 진정한 예수는 기독교 신학의 "인성 없는 신"이 아니라 겸손한 유대인 "황금률

---

23 James S. Shapiro, *Oberammergau: The Troubling Story of the World's Most Famous Passion Play* (New York: Pantheon Books, 2000), 168.

교사"였다.[24]

다른 유대인들도 수백 년 동안 그리스도인들과의 논쟁에서 비슷한 주장을 했다. 그러나 크라우스코프는 이런 주장들을 새로 정교하게 다듬어서 성서학자들을 언급하며 자기의 입장을 강화했는데 그 과정에서 예수에 대한 칭찬을 첨가했다. 크라우스코프가 십자가 처형이라는 주제에 세심한 주의를 기울였다는 사실―와이즈의 『나사렛 예수의 순교』(The Martyrdom of Jesus of Nazareth, 1874)와 허쉬의 "한 유대인의 관점에서 본 십자가 처형"(The Crucifixion Viewed from a Jewish Standpoint, 1892) 같은 텍스트에서도 마찬가지다― 은 (유대인들의 예수) 회복 프로젝트가 부분적으로는 유대인들이 예수에 대해 적의를 품고 있지 않았음을 보여주려는 동기가 있었음을 시사한다. 그러나 유대인들을 십자가에 못박은 민족이 아니라 십자가에 못박힌 민족으로 제시하려는 보다 대담한 또 다른 동기가 작용하고 있었던 듯하다. 크라우스코프와 그의 추종자들은 십자가에 못박은 자들은 유대인들이 아니라 그리스도인들이었다고 주장했다. 허쉬는 "가시관을 누가 쓰는가?…채찍질을 누가 느끼는가?"라고 물었다. 예수뿐 아니라 유대인들도 마찬가지다. "우리는 십자가를 졌는데, 그 무게는 예수가 자신의 사형장으로 지고 갔던 것보다 천 배는 더 무거웠다." 콜러는 "유대인들은 그리스도의 백성이다"라고 결론지었다.[25]

---

24 Joseph Krauskopf, *A Rabbi's Impressions of the Oberammergau Passion Play* (Philadelphia: Edward Stern and Co., 1901), 56, 109, 78, 81, 109; Krauskopf의 *Jesus—Man or God?: Five Discourses*(Philadelphia: Rayner Publishers, n.d.)도 보라.

25 Hirsch, *The Jews and Jesus*, 26; Kaufman Kohler, *Reform Advocate* 10 (December 21, 1895), 745.

가장 매혹적인 인물

크라우스코프가 오버아머가우에 갔던 때쯤 예수는 개혁파 유대인 설교단 에서뿐만 아니라 신도석에서도 존경을 받았다. 1899년 콜러의 주도로 미 국 유대인 지도자들의 예수에 대한 태도에 관해 실시한 설문조사에서는 중 세 유럽에서는 보편적이었던 예수에 대한 적개심이 발견되지 않았다. 필라 델피아 로데프 숄렘 회당의 랍비인 헨리 버코위츠는 예수를 "가장 점잖고 고상한 랍비"라고 불렀다. 히브리유니언 대학 교수인 랍비 데이비드 필립 슨은 "그의 사랑스러운 성품"과 "엄청난 천재성" 모두를 칭찬했다. 이 설 문 조사 결과를 발행한 이사도르 싱어는 예수가 미국 전역의 개혁파 회당 들에서 환영받는 손님이 되었다고 결론지었다. 그는 "우리 시대의 수천, 수 만 명의 교육 수준이 높은 고결한 유대인들이" "점차 기독교의 중심 인물 에 대한 선조들의 태도를 버리고 있다"라고 썼다. 현대에는 존경심이 중세 시대의 "무시, 반감과 두려움"을 대체했다. 그는 이제 "많은 회당들, 특히 미국의 회당들에서는 바로 그 예수를 칭찬하는 설교를 듣는다 해도 이상하 지 않다"라고 썼다. 그리고 예수가 "유대라는 오래된 큰 가지 중 가장 고상 한 작은 가지의 하나"라는 공감대가 널리 퍼졌음에 이의를 제기할 유대인 은 거의 없다.[26]

    캘리포니아 출신의 진보적 유대 비즈니스맨인 해리스 웨인스톡은 이 러한 "예수에 대한 정서 변화"를 "예수가 유대인의 이름에 비춘 영광을 이

---

26   George L. Berlin, *Defending the Faith: Nineteenth-Century American Jewish Writings on Christianity and Jesus* (Albany: State University of New York Press, 1989), 169, 172; Isidor Singer, "The Attitude of the Jews Toward Jesus," *North American Review* 191.650 (January 1910), 128-29.

해하는 듯한 우리의 현대 랍비들의 지성적이고 발전적인 설교" 때문으로 보았다. 그는 『유대인 예수』(Jesus the Jew, 1902)에서 자기의 어린 시절 이야기로 이 변화를 예시했다. 어느 날 웨인스톡의 유대인 친구가 예수에 관한 책 한 권을 안식일 학교에 가져왔다. 랍비는 "신성모독이다! 신성모독이야!"라고 소리 질렀다. 그는 그 책을 너무도 혐오한 나머지 "그 책을 만지는 것조차 두려워하는 듯했다." 그러나 이 사건은 웨인스톡에게 예수를 멀리하라고 가르치기보다는, 그의 호기심을 자극했다. 그는 신약성서를 읽기 시작했는데, 거기서 그는 "신약성서의 전통에 따르면 예수는 유대인으로 태어나, 유대인으로 살고, 유대인으로 죽었음"을 발견했다. 그는 "예수가 설교한 높은 도덕성은 가장 순수한 형태의 유대주의였으며…그의 마음 속에 새로운 신앙 또는 새로운 종파를 만든다는 생각은 전혀 없었음"을 발견했다. 웨인스톡은 또한 신약 연구에 기초해서 예수는 속죄, 선택, 예정과 같은 교리를 가르치지 않았다고 결론지었다. 그리고 19세기에서 20세기로 넘어갈 무렵에는 다른 개혁파들도 같은 결론에 도달하고 있었다. 웨인스톡의 말로 표현하자면 예수에 관한 이전의 금기들이 "현대 유대인들의 마음 속에서는 예수의 성품의 아름다움과 고상함에 대한 깊은 이해로 빠르게 대체되고 있었으며" 많은 안식일 학교들이 젊은이들에게 웨인스톡이 "이스라엘이 세상에 전해 준 최고의 선물 중 하나"라고 묘사한 사람의 생애에 대해 소개하고 있었다.[27]

웨인스톡은 유대인들에 의해 환생되었지만 여전히 그리스도인들에게 존경받는 유대인 예수가 "신적인 어머니 종교인 유대교와 유대교의 고귀한

---

27   Singer, "The Attitude of the Jews," 132; Harris Weinstock, *Jesus the Jew and Other Addresses* (New York: Funk and Wagnalls, 1902), 12, 14, 34.

딸인 기독교 사이의 연결 고리"가 될 수 있기를 희망했다. 히브리 성서의
가계와 미국 개신교의 신화 모두를 상기하는 놀라운 구절에서 웨인스톡은
유대교, 기독교와 미국을 공통의 대의로 연결한다.

> 아브라함이 없었더라면 모세가 없었을 것이다. 모세가 없었더라면 예수가
> 없었을 것이다. 예수가 없었더라면 바울이 없었을 것이다. 바울이 없었
> 더라면 기독교가 없었을 것이다. 기독교가 없었더라면 루터가 없었을 것
> 이다. 루터가 없었더라면 그들의 팔에 유대 성서를 끼고 이 땅의 해안에
> 착륙한 필그림 파더들이 없었을 것이다. 필그림 파더들이 없었더라면 시
> 민적 또는 종교적 자유가 없었을 것이다. 시민적 또는 종교적 자유가 없었
> 더라면 폭정과 독재가 여전히 지구를 지배하고 있을 테고 인류는 아직도
> 정신적, 도덕적, 신체적 속박 속에서 살고 있을 것이다.[28]

웨인스톡 같은 평민들과 와이즈, 콜러, 허쉬, 크라우스코프 같은 랍비들의
견해는 1901년에서 1906년 사이에 발행된 12권짜리 전집인『유대 백과사
전』의 출현으로 더 많은 사람들에게 전달되었다.『유대 백과사전』은 개혁
파와 보수파의 합작품이었기 때문에 그들은 또한 개혁파 유대교를 넘어서
기 시작했다. "지저스 크라이스트 슈퍼스타"에 대한 이 백과사전의 방대
한 기사는 콜러가 쓴 '신학에서의 예수', 조셉 제이콥스(1900년에 영국에서 미
국으로 건너와 그 후 유대 신학교에서 가르친 보수파 유대인)가 쓴 '역사에서의 예
수'에 관한 섹션 등을 수록했다. 이 사전은 복음서들의 역사적 신뢰성에 대
해 중대한 회의를 표명했는데, 이 사전의 견해에 의하면 복음서들은 진정

---

28   Weinstock, *Jesus the Jew*, 37, 28.

한 역사적 예수가 아니라 4명의 복음서 저자들의 특수한 이미지들에 의해
만들어진 일련의 신학적 예수들을 제시했다. 이 사전이 설명하는 예수는
독창적인 내용은 하나도 가르치지 않은 충실한 유대인이었다. 그는 신학
적 이유 때문이 아니라 심리적인 이유 때문에 (그의 가르침의 독특성 때문이 아
니라 그의 "매력적인 성격"의 힘 때문에) 추종자들을 끌어 모았다. 그 인격을 묘
사하기 위한 노력으로 이 사전의 집필자들은 윌리엄 제임스의 『종교 경험
의 다양성』(Varieties of Religious Experience, 1902) 출간으로 유행하게 된 종교에
대한 새로운 심리적 접근법에 손을 댔다. 그들은 예수가 "소크라테스, 무함
마드, 나폴레옹과 같은 다른 위대한 인간 지도자들에게서 보편적이고(그들
의 경우 환각이 수반되었다)" "도취적인 탈속 경향"을 보인 치유자이자 신비
주의자였다고 주장했다. 기독교의 기원을 찾는 독자들은 다시금 예수가 아
니라 사도 바울을 기독교의 창시자로 지목했는데, 바울은 예수의 생애가
아니라 예수의 죽음에 초점을 맞춤으로써 기독교를 유대의 뿌리에서 떼어
내 오늘날의 반유대주의를 지향하는 기독교 전통을 마련했다.[29]

이 백과사전 편찬자들이 예수를 "매력적인 성격"으로 묘사한 것은 이
사전의 저자들이 인격의 문화에 빚졌음을 보여준다. 워렌 서스만에 의하면
"매혹적", "매력적", "지배적", "강력한"이라는 단어들은 1890년대(이 시기
에 개혁파 랍비들의 예수에 관한 저술들이 시작되었다)에 형성되어서 1920년대와
1930년대(이 시기에 유대인들의 예수에 대한 관심이 정점에 도달했다)에 성숙한, 새
로운 자기주장 문화의 핵심 단어들이었다. 대부분의 개혁파 랍비들은 이
백과사전을 따라서 예수의 가르침에 독창성을 부여하기를 거절했지만 그

---

29   Cyrus Adler 외 편, *The Jewish Encyclopedia* (New York: Funk and Wagnalls Co., 1906),
     7.161; Shuly Schwartz, *The Emergence of Jewish Scholarship in America: The Publication of
     the Jewish Encyclopedia*(Cincinnati: Hebrew Union College Press, 1991)도 보라.

럼에도 그들은 인격의 문화에 의존해서 (허쉬와 콜러가 그랬듯이) 예수의 "매력"에 대해 말했다. 그러나 임마누엘 회당(Temple Emanu-El)의 랍비인 에넬로보다 그 문화에 깊이 잠긴 사람은 없었다.[30]

『예수에 대한 한 유대인의 견해』(A Jewish View of Jesu, 1920)에서 에넬로는 예수를 "사상 최고로 매혹적인 인물"이라고 극찬했다. 에넬로는 예수를 새로운 종교를 세울 의도가 없었던 (그것은 바울이 한 일이었다) 충실한 유대인으로 묘사하는 표준적인 입장을 따랐지만 예수에게 상당한 독창성을 부여했으며, 예수를 "독특한 종교 교사"라고 묘사했다. 그는 "최고의 인격은 최대의 독창성이다"라고 썼으며 그가 묘사한 예수는 이 두 가지를 겸비했다. 그는 예수를 에세네파와 일치시키려는 이전의 노력을 일축하고, 예수가 군중들을 지배하기는 했지만 자신을 군중들로부터 구분했던 변덕스러운 신비주의자라고 묘사했다. 그는 "모든 위대한 인물들과 마찬가지로", "예수는 어떤 파벌에도 속하지 않았다. 그는 자기 자신이었다. 그는 진정으로 군중에 속한 적이 없었고 어떤 파에 속할 수도 없었다"라고 썼다. 예수가 독특했던 점은 그가 종교는 개인적이라고 주장했다는 것이다. 물론 예수는 유대교의 전통과 이상을 가르쳤다. 그러나 그의 천재성은 "이러한 전통과 이상들을 새롭게 표현하고, 새롭게 강조하며, 이것들에게 매력적인 인품이라는 영원한 호소력을 부여한" 데 있었다. 이전의 유대 교사들은 "비인격적으로" 가르친 반면 예수는 "인격적으로" 가르쳤다. 그는 종교를 원칙의 영역에서 인간의 현실로 끌어내렸다.[31]

---

30 Susman, *Culture as History*, 277; Hirsch, *The Jews and Jesus*, 28; Kohler, "Jesus of Nazareth", 페이지가 표시되지 않았음.

31 H. G. Enelow, *A Jewish View of Jesus* (New York: Bloch, 1931), 181, 106, 18, 39, 82, 101.

1925년의 예수 논쟁 이전에 예수를 되찾았던 마지막 유대인 사상가는 스티븐 와이즈 자신이었다. 1900년, 와이즈는 해리스 웨인스톡이 주도한 미국 전역의 안식일 학교들에 예수에 관한 가르침을 도입하는 운동을 후원했다. 와이즈는 그 제안을 재가하는 편지에서 그러한 가르침은 유대인 어린이들에게 "예수는 유대인 중의 유대인으로서 진지하고 고매한 유대 신앙의 교사였다는" 사실을 소개해 줄 것이라고 썼다. 그러나 예수에 관한 와이즈의 초기 발표들의 대부분은 그리스도인 청중들 앞에서 이루어졌다. 와이즈는 당대의 다른 개혁파 랍비들과 마찬가지로 교회들에서 정규적으로 설교했는데 그 설교들에서 와이즈의 접근법은 회중에게 먼저 죄에 대해서 얘기하고 난 다음 은혜에 대해 언급하는 루터의 접근법을 뒤집었다. 와이즈는 대개 예수를 칭찬하는 것으로 시작했다. 그러고 나서 예수의 숭고한 도덕적 가르침대로 살지 못한다고 청중들을 책망했다.[32]

1913년에 와이즈는 자유주의 개신교 잡지인 「더 아웃룩」에서 그의 1925년 설교에서보다 예수를 훨씬 더 많이 칭찬했다(와이즈는 당시의 모르몬 교도들처럼 예수를 "장형"이라고 불렀다). 그는 "예수는 단지 한 사람의 유대인이 아니라 바로 그 유대인, 유대인 중의 유대인이었다"라고 썼다. 그는 "다른 유대인들은 예수를 기독교가 잘못 이해하는 모습으로가 아니라 실상대로, 즉 유대인 교사, 유대인 리더, 이스라엘의 예언자, 유일하게 독실하지는 않지만 명확한 비전을 품고, 부드럽게 사랑하며, 이기심이 없고, 거룩한 사

---

32   Harris Weinstock, *Shall Jesus of Nazareth Be Taught in the Jewish Sabbath School?* (1900), 18-19. 실론 출신 불교 개혁가인 Anagarika Dharmapala도 Wise가 "예수에 대한 유대인의 견해"를 설교한 날 같은 도시의 한 교회에서 설법하면서 같은 전략을 따랐다. "Buddhist Upbraids Western Christians," *The New York Times* (December 21, 1924), 24를 보라.

람으로 받아들였다"라고 덧붙였다. 그는 바울이 예수를 그리스식의 혼동의
산에 묻었다고 썼다. 이제 유대인들은 "교리적 기독교라는 무덤에서 예수
의 가르침이라는 몸의 부활"을 초래해서 예수를 자신들의 소유로 되찾아오
고 있다. 와이즈는 유대인들은 예수가 남긴 유산의 진정한 수호자들이었으
며, 미래에는 "예수를 죽인 자들"이 아니라 "예수를 간직한 자들"로 기억될
것이라고 예언했다.[33]

대담성과 동화

예수는 유대인이라는 와이즈의 이전의 (그리고 보다 도발적인) 선언들은 말할
것도 없고, 와이즈가 자기보다 앞선 사람들에게 많은 빚을 지고 있다는 점
에 비추어 볼 때 그의 1925년 설교에 대한 강한 반발은 다소 수수께끼다.
앞에서 언급한 바와 같이 시온주의라는 복잡한 정치가 논란을 확대시켰을
가능성이 있다. 그 설교가 뉴욕에서 전해졌다는 사실도 문제가 되었다. 당
시 절반 가까운 유대계 미국인들이 뉴욕시에 거주하고 있었는데 그래서
이 지역의 유대인들은 미국의 유대교 형성에 불균형적으로 과도한 역할을
했다. 그 설교가 유대인들에게 전해졌다는 사실도 한 가지 요인이었다. (와
이즈가 반복적으로 해왔던 것처럼) 랍비가 교회에서 청중들에게 예수의 가르침
대로 살라고 도전하는 것과 회당에서 그렇게 하는 것은 전혀 다르다. 마지
막으로 「더 아메리칸 이스라엘라이트」가 지적한 바와 같이 1920년대 중반

---

33   Stephen S. Wise, 'The Life and Teachings of Jesus the Jew," *Outlook* 104 (June 7, 1913),
295-97.

에 미국에서 가장 유명한 랍비였던 와이즈가 그 말을 했다는 사실도 중요한 요인이었다.[34]

또 다른 불꽃은 1920년대의 자유주의 개신교와 개혁파 유대교의 현저한 수렴이었다. 19세기의 마지막 30년 동안 개혁파 랍비들과 유니테리언 교회 사역자들은 그들의 자유주의적인 신앙을 놓고 긴밀한 유대를 모색해 왔다. 일부는 병합도 고려하면서 유대인들과 그리스도인들이 하누카와 크리스마스를 하나의 국경일로 쇨 수 있지 않을지, 혹은 실현되려고 하는 통일의 기수(旗手)로 모세와 예수 중 누가 더 적절할지 궁금해 했다. 그러나 20세기 초에 자유주의 개신교가 유니테리언주의로 옮겨감에 따라 더 넓고 더 대담한 친선이 가능해 보였다.[35]

미국 유대교 역사에서 중요한 연도인 1924년에 미국 의회는 존슨-리드법을 통과시켜 유대인 이민의 급류를 실개천으로 줄였다. 지난 50년 동안 대부분 동유럽 출신 정통파 유대인 이민자들이 미국으로 쏟아져 들어와 이전 세대의 독일 태생 개혁파 랍비들의 권위에 도전했으며 샌프란시스코의 선도적 랍비인 마틴 메이어는 "미국에서 유대인들의 미래는 수적 우세로 인해…러시아계 유대인들의 손에 달려 있게 될 것이다"고 예언했다.[36]

34   "Flirting with Christianity," *American Israelite* (January 14, 1926), 3.

35   이 이야기는 다음과 같은 Benny Kraut의 일련의 논문들에서 세심하게 고찰되었다; "Reform Judaism and the Unitarian Challenge," Jonathan D. Sarna, 편 *The American Jewish Experience* (New York: Holmes and Meier,1986), 89-96에 수록된 글; "The Ambivalent Relations between American Reform Judaism and Unitarianism in the Last Third of the Nineteenth Century," *Journal of Ecumenical Studies* 23.1(1986), 58-68; "A Unitarian Rabbi? The Case of Solomon H. Sonneschein," Todd M. Endelman 편, *Jewish Apostasy in the Modern World* (New York: Holmes and Meier,1987), 272-308에 수록된 글.

36   Marc Lee Raphael, *Profiles in American Judaism: The Reform, Conservative, Orthodox, and Reconstructionist Traditions in Historical Perspective* (San Francisco: Harper and Row,

와이즈가 예수 논쟁을 시작할 무렵에는 유대인 이민은 거의 끝났으며, 미국에 거주하는 450만 명의 유대인들은 미국 유대인들의 미래는 자신들과 미국에서 태어난 자기 자녀들의 손에 달려 있음을 깨닫게 되었다. 이민 정책과 유형의 변덕이 아니라 유대계 미국인들의 선택이 미국의 유대인 사회가 어떻게 될지를 결정하게 될 것이다. 그리고 와이즈 논쟁의 양 진영 모두 이를 적절한 방향으로 몰아가기 위해 필사적으로 매달렸다. 와이즈와 독일계 미국인 개혁파에게는 그때가 바로 미국의 문화적, 종교적 본류로 강력하게 이동함으로써 (그리고 가능하면 동유럽 출신 이민자들을 수용함으로써) 그들의 리더십을 재확립해야 할 시점이었다. 정통파에게는 그들의 저항을 높일 시기였다. 와이즈에 대한 정통파의 반대는 부분적으로는 개혁파 대의의 놀라운 성공(캘빈 쿨리지 대통령이 존슨-리드법에 서명했을 때 사실상 보증된 성공)에 대한 보수파의 반발이었다.

와이즈에 대한 반대는 또한 새롭게 발견된 예수라는 유명 인사에 대한 반응으로 이해되어야 하는데, 예수는 1920년대 미국에서는 와이즈의 선임자들이 19세기 후반에 저술할 때에 비해 더 중요한 인물이 되어 있었다. 『불가피한 그리스도』(*The Inescapable Christ*, 1925)라는 제목이 암시하는 바와 같이 1920년대의 미국에서 예수를 간과할 수는 없었다. 1925년에 메트로 골드윈 메이어(Metro-Goldwyn-Mayer; MGR)는 영화 "벤허"를 출시했다. MGM 설립자인 루이스 B. 메이어는 이 영화를 "모든 그리스도인들이 봐야 할 영화!"라고 선전했지만, 메이어가 자신들의 동료라는 사실에 대해 상당한 자부심을 느꼈던 많은 유대인들도 이 영화를 보았다. 한편 바튼의 『미지의 인물』과 파피니의 『그리스도의 생애』는 베스트셀러 리스트의 상위 또

1984), 39.

는 그 근처를 차지했지만 그리스도인들만 이 책들을 읽은 것이 아니었다.

주류 기독교의 공적인 힘은 과거에 정점에 도달했지만 예수의 문화적 권위는 광란의 1920년대에 새로운 정점에 도달하고 있었다. 대부분의 주류 개신교회 내부에서는 예수가 성경을 대신해서 가장 중요한 종교적 권위가 되었다. 그러나 자유주의자들이 예수에게서 기적을 행하는 능력을 없애고 동정녀 탄생, 대속, 부활과 같은 논란의 여지가 있는 교리들을 제거함에 따라 이 교회들에서 칭찬받은 예수는 상당히 많은 부분에서 탈기독교화되었다. 일부 개신교인들은 심지어 랍비 솔로몬 H. 소네스카인이 그랬던 것처럼 예수를 "인류의 가장 위대하고 신성한 구원자들 중 하나이지만…**유일한 구원자**는 아닌" 것으로까지 보게 되었다. 한편 개혁파 유대인들은 유대인이 선민이라는 주장을 무시하고 많은 의식 준수(크라우스코프는 이를 유대교의 "방해가 되는 배타성과 의식주의"라고 불렀다)를 제거함으로써 유대교의 독특성 중 많은 부분들을 없앴다. 1920년대 중반 무렵에는 "기독교 세계가 중세 신학의 모든 헛소리들에 대해 등을 돌리는 것에 비례해서 유대교 세계는 예수를 점진적으로 인정하는 쪽으로 옮겨갈 것"이라는 또 다른 랍비의 예언이 실현되는 듯했다. 일부 자유주의 그리스도인들과 개혁파 유대인들에게는 기독교와 유대교가 수렴하고 있으며 그 수렴점은 예수 자신인 것으로 보였다.[37]

예수가 급속도로 기독교라는 자신의 본거지를 떠나 전반적인 미국 문

---

37 Kraut, "American Reform Judaism and Unitarianism," 66-67에 인용된 Sonneschein Letterbooks, Vol. III, Box x-132, 146, American Jewish Archives에 수록된, Letter of Solomon H. Sonneschein가 Lewis Godlove에게 보낸 1885.12.29자 편지; Krauskopf, *A Rabbi's Impressions*, 216; Ernest R. Trattner, *As a Jew Sees Jesus* (New York: Scribner, 1931), 180.

화 안으로 옮겨가고 미국 기독교와 유대교 간의 더 긴밀한 유대가 가능하리라는 전망에 직면한 유대계 미국인들은 두 가지 중요한 선택에 직면했다. 첫째, 그들은 그리스도인들이 예수가 누구인지를 정의할 독점권이 있는지를 결정해야 했다. 둘째, 그들은 예수를 긍정할지 부정할지 결정해야 했다. 각각의 사안에 대해 정통파 유대인들과 개혁파 유대인들은 매우 다른 결정을 내렸다.

정통파는 그리스도인들에게 예수를 정의할 권리를 양보했다. 더 정확하게 말하자면 그들은 자신들이 예수에 대한 기독교의 표준적인 정의라고 생각했던 내용, 즉 예수가 기적을 행하는 하나님이자 사람이며 메시아(이는 당시 주류 개신교 내부에서는 한물간 견해였다)라는 견해를 받아들였다. 종교적 외부인이라는 자신들의 지위에 비춰볼 때 그들은 자신들이 이 전국적인 유명인사에 대한 미국의 견해를 형성할 수 있다는 희망이나 욕망을 품지 않았다. 그들에게 예수는 베이브 루스의 투구처럼 범접할 수 없었다. 그래서 그들은 예수를 기독교 세계의 모든 반유대주의 증오의 원천으로 보고 예수와 그의 종교 모두를 배척했다.

이에 반해 개혁파 유대인들은 그리스도인들에게 기독교의 핵심 단어들의 의미를 결정할 권리를 양보하려고 하지 않았다. 그들은 『이상한 나라의 앨리스』의 험프티 덤프티(『이상한 나라의 앨리스』에서 등장한다고 많이 알려져 있지만, 사실은 『거울 나라의 앨리스』에서 등장한다. 담벼락에 앉아 있는 거대한 달걀이며, 넥타이를 매고 있는데 달걀이기 때문에 넥타이인지 허리띠인지 구분이 가지 않는다. 단어의 의미를 제멋대로 바꿔서 사용한다―역자주)처럼, 대담하게도 자신들이 논쟁적인 단어들(심지어 예수나 기독교처럼 함정이 있는 것 같은 단어들조차)을 사용하면 이 단어들은 정확히 자신들이 의도하는 바를 의미하리라고 믿었다. 그리고 그들이 부분적으로는 그리스도인들에게 받아들여지길 원하는 마음에 의해 동기가 부여된 것이 명백함에도 그 결과는 그리스도인들에게 결코 탐탁하지 않았다. 예수에 관해 얘기한다는 사실 자체는 확실히 개혁파 유대인들이 미국인이라는 점을 보여주었지만, 예수에 대해 그들이 말하는 방식은 그들이 유대인이라는 점을 명백히 보여주었다. 클라우스너가 쓴 바와 같이 예수는 "손가락 끝까지" 유대인이었기 때문에[38] 유대인들은 예수의 가르침을 이해하는 면에서는 유리한 입장에 있었다. 그리고 이러한 교훈들을 면밀히 조사해보니 예수가 가르친 내용과 바울 및 나머지 기독교 세계가 행동하는 것 사이에 큰 차이가 있음이 드러났다. 개혁파 유대인들은 자기들이 기독교로 개종할 필요가 없다고 암시했다. 오히려 그리스도인들 자신이 그들의 구주라고 부르는 사람과 같이 행동할 필요가 있었다.

양측의 입장 중 어느 쪽이 더 대담한지 판단하기는 어렵다. 정통파는 기독교의 핵심적인 상징을 긍정하기를 거부함으로써, 그리고 많은 경우 심지어 예수의 이름을 말하기조차 거부함으로써 압도적인 기독교 문화를 거부했다. 그러나 개혁파의 접근법에는 기독교 세계의 역사는 예수의 야비한 배신의 이야기라는 주장이 은연중에 내포되어 있기 때문에 그들이 더 대담했을 수도 있다. 확실히 개혁파의 속내는 기독교계에서 수용되길 바라는 마음에 의해 동기가 부여된 동화주의였다. 그러나 그들이 결코 지나친 대가를 치르지는 않았다. 예수를 환생시킨 다른 사람들과 마찬가지로 그들은 나사렛의 목수를 '부활하신 유일한 주'가 아니라 '위대한 여러 유대 사상가들 중 한 명'이라고 해석했다. 그들도 예수를 기독교 환경에서 끄집어내 그들 자신의 종교 환경 안으로 옮기고 나서는 예수의 문화적 권위에 의

---

38   Thomas Walter, *Jewish Views of Jesus: An Introduction and Appreciation* (New York: Arno Press, 1973), 102.

존해서 자신들이 호의를 사려고 하는 바로 그 그리스도인들을 비판했다. 역사가인 수잔나 헤셸은 아브라함 가이거의 예수에 관한 저술 연구에서 이 프로세스를 "시선을 뒤집기(reversing the gaze)"라고 부른다. 아프리카계 미국인 전통에서는 이를 마법이라고 불렀다. 어떻게 부르든 이는 확실히 정통파가 비난했던 아부나 많은 사람들이 미국의 개혁파 유대인들에게 붙여준 동화주의라는 이름에도 들어맞지 않았다. 랍비 스티븐 와이즈의 목표는 유대교를 보다 기독교처럼 만들려는 것이 아니라, 기독교를 보다 유대교처럼 만들려는 것이었다. 이 점에서 그는 자신의 정통파 적수들보다 미국 기독교에 덜 순응했을 수도 있다.[39]

유대인들과 그리스도인들에 대한 공개서한

예수 논쟁 이후 몇십 년 동안 예수를 되찾으려는 유대교의 노력이 확산되었다. 1934년 출간된 예수에 대한 현대 유대인들의 태도에 관한 리뷰는 "현대 유대인은 예수를 고상하고 매력 있는 인물, 보통 사람들의 옹호자로 본다"라고 보고했는데 이는 예수도, 성품의 문화도 소멸되지 않았음을 확인한 것이었다.[40] 1937년에 프랑스 사제인 조제프 봉시르뱅은 『유대인들과 예수: 새로운 태도들』(Les Juifs et Jésus; attitudes nouvelles)을 발간했다. 봉시르

---

39   Susannah Heschel, *Abraham Geiger and the Jews* (Chicago: University of Chicago Press, 1988), 1-22; 마법에 대해서는 Theophus Harold Smith, *Conjuring Culture: Biblical Formations of Black America*(New York: Oxford University Press, 1994)를 보라.

40   Jacob Gartenhaus, *Jew and Jesus* (Nashville: Sunday School Board of the Southern Baptist Convention, 1934), 12.

뱅은 미국인 랍비들의 설교들을 광범위하게 검토한 뒤 예수를 향한 반감은 반환 요구 전략에 길을 내줬다고 결론지었다. 그러나 이 반환 요구 프로젝트는 개혁파 랍비들의 설교가 아니라 유대인 소설가들의 책에서 정점에 도달했다. 1930년대에 러시아 태생 작가인 존 쿠르노스의 『유대인들과 그리스도인들에 대한 공개서한』(*An Open Letter to Jews and Christians*, 1938)과, 논란이 되는 이디시어 소설가인 숄렘 애쉬의 『그 나사렛 사람』(*The Nazarene*, 1939)이 반환 요구 프로젝트를 극단적으로 추구했다.

처음에는 「아틀란틱 먼슬리」(*Atlantic Monthly*) 1937년 12월호 기사로 실렸던 쿠르노스의 책은 해리스 웨인스톡의 책처럼 어릴 때의 기억을 배경으로 삼았다. 쿠르노스는 자신을 "그리스도를 죽인 자"라고 불러서 예수를 "축복이 아니라 저주를 불러일으키는, 혐오하고 저주해야 할 이름"으로 바꿨던 광신도 이웃의 그리스도를 회상하는 것으로 그의 공개서한을 시작했다. 쿠르노스는 잘 확립된 패턴을 따라서 예수의 진짜 기독교(그는 이를 "예수주의"라고 불렀다)와 바울 및 이웃 광신도들의 가짜 기독교를 뚜렷이 구분했다. 그러고 나서 그는 예수를 되찾으려는 미국 유대인 사회의 노력 중 가장 입에 발린 주장을 제시했다. 쿠르노스는 예수가 유대인의 삶의 초점을 "부족주의(이를 민족주의라 부른다)에서 보편성으로, 형식주의에서 자유로, 문자에서 정신으로" 재설정했기 때문에 (간단히 말해서 예수는 개혁파 유대인들이 19세기와 20세기에 이를 쟁취하기 위해 싸우게 될 변혁을 예상한 것으로 보이기 때문에) 모세보다 위대하다고 주장했다. 유대교의 특별한 천재("유대교의 가르침의 정점이자 절정")인 예수는 모든 유대인의 존경뿐만 아니라 사랑을 받을 자격이 있었다. 그리고 쿠르노스 자신의 예수 사랑은 끝이 없는 듯했다. 쿠르노스는 "예수가 없었더라면, 예수가 신화였다면" 그는 "꾸며내졌어야 했을 것이다. 그가 없다면, 그가 상징하는 모든 것들이 없다면, 서구인들은 완전히 파산할 것이다"라고 썼다. 그의 견해로는 그런 사람을 부인한다는 것은 단순히 베드로가 부인한 수치를 떠안기만 하는 것이 아니었다. 그것은 "유대의 유산을 거절하는 것이고, 이스라엘 최고의 인물을 배신하는" 것이었다. 간단히 말해서 "지금껏 살았던 유대인 중 가장 위대한 사람"을 포용하지 않는 사람은 나쁜 유대인이었다.[41]

쿠르노스의 편지는 모든 사람을 화나게 한 것 같았다. 예수회 사제인 에드먼드 A. 월시 신부는 예수에 대한 쿠르노스의 열린 태도를 환영했지만, 가톨릭교회가 자신의 구주에 대해 정의할 권리가 있다고 주장했다. 그는 "그리스도를 받아들인다는 것은 온전한 그리스도를 받아들임을 의미한다"라고 썼다. "유대인 사회가 이제부터 그리스도를 자신들의 가장 위대한 예언자로 여기라는 초대를 받아들인다면 유대교는 이 예언자의 두 가지 주요 주장, 즉 자신이 하나님의 아들이자 메시아라는 주장을 받아들여야 한다." 쿠르노스에 대한 가장 신랄한 비판은 동료 유대인이자 뉴욕의 랍비인 루이스 I. 뉴먼에게서 나왔는데 그는 쿠르노스가 그리스도인들의 더러운 돈을 위해 장사하고 있다고 공격했다. 뉴먼은 예수를 유대교의 가장 위대한 예언자로 포용함으로써 그리스도인들의 호의를 얻으려는 쿠르노스의 노력은 "학식이 있고, 자존감이 있는 유대인들에게서는 전혀 승인받지 못하는" "가증한 흥정"이라고 썼다. 뉴먼은 계속해서 모세가 어디에 묻혔는지 아무도 모르는 데에는 이유가 있다고 썼다. 그 이유는 바로 유대교의 일신론이 하나님만을 예배하기 때문이다.[42]

---

41   John Cournos, *An Open Letter to Jews and Christians* (New York: Oxford University Press, 1938), 22, 24, 77, 118, 12, 10, 13, 60.

42   Edmund A. Walsh, S.J., "An Epistle to the Romans: Modern Style," *Atlantic Monthly* 161.2 (February 1938), 141, 140; Louis I. Newman, "Biting on Granite: A Jewish

뉴먼이 인식한 바와 같이 쿠르노스의 『공개서한』은 부분적으로는 기독교와 유대교의 거리를 줄힘으로써 미국에서 유대인의 자리를 마련하려는 노력의 일환이었다. 그러나 이는 예수와 기독교를 유대인의 빛에 비추어 해석하려는 대담한 노력이기도 했다. 토머스 제퍼슨에서 스티븐 와이즈까지의 미국인들과 마찬가지로 쿠르노스는 기독교의 교조주의에서 풀려난 예수, 즉 "후광이 없고, 기적적 탄생이 없고, 기적이 없이" 순전히 인간적인 교사로서의 예수를 포용했다. 쿠르노스는 속죄와 부활 교리를 부인했지만 속죄와 부활이라는 수사에 의존해서 가장 대담한 주장을 펼쳤다. 그는 "실제 십자가 처형"은 예수가 죽은 지 오랜 뒤에 일어났으며, 진짜 "그리스도를 죽인 자들"은 유대인이 아니라 그리스도인들, 즉 살아 있는 예수 정신을 죽은 교리들과 공허한 제의들로 덮은 바울과 기타 교조주의자들이라고 주장했다. 그는 진정한 부활은 예수(유대인의 예수)가 "교리와 외면적 형식의 무덤에서" 살아날 때 찾아올 것이라고 썼다.[43]

쿠르노스는 이어서 이러한 외면적 형식 중에는 유럽의 박물관들에 걸려 있는 유럽의 많은 그리스도들이 있다고 주장했다. 그는 유럽 화가들의 예수 그림들은 "이교도, 여성, 그리스, 또는 중세의 인물이었고, 때로는 달콤하고, 너무도 흔하게는 고통에 시달리고 여윈 모습"인데, "그 그림들 중 어느 것도 유대인이 아니며 어떤 그림도 유대인에게 생생한 실재를 전달하지 않는다"고 썼다. 그는 "유대인만이 그를 그리거나 조각하거나 그의 전기를 쓸 수 있지 않은가?"라고 물었다. 쿠르노스는 유대인 조각가인 제이콥 엡스타인을 염두에 두었을지도 모른다. 쿠르노스는 전에 엡스타인의 평범

Rejoinder," *Atlantic Monthly* 161.2 (February 1938), 244.

43   Cournos, *Open Letter*, 152, 159, 127.

한 유대인 그리스도 조각에 관한 리뷰에서 엡스타인을 "우리 시대의 가장 위대한 예술가"라고 묘사한 바 있다. 그러나 그가 이디시어 소설가인 숄렘 애쉬를 염두에 두고 있었을 가능성이 더 큰데, 왜냐하면 쿠르노스가 나중에 『공개서한』에서 애쉬가 그런 전기를 쓰고 있다고 밝혔기 때문이다. 쿠르노스는 "내가 숄렘 애쉬에 대해 조금이라도 안다면", "그것은 애쉬의 동료 종교인들을 놀라게 할 묘사가 될 것이다"라고 예언했다.[44]

그 나사렛 사람

폴란드에서 태어난 애쉬(1880-1957)는 1910년에 미국으로 건너와 10년 뒤 미국 시민으로 귀화했다. 그는 저술활동 초기에는 히브리어로 저술했지만 일찌감치 이디시어로 전환했으며 국제적으로 찬사를 받는 최초의 이디시어 작가가 되었다. 그는 이디시어로 소설, 희곡, 단편, 수필들을 썼지만 이 작품들은 그가 귀화한 조국에서 영어로 번역되어 (그리고 물론 이디시어로도) 널리 읽혔다. 애쉬의 작품은 주로 동유럽과 미국에서의 유대인의 삶에 중점을 두었지만, 가장 논란이 되는 그의 작품들은 기독교적 주제를 취했다. 예수(『그 나사렛 사람』[The Nazarene]), 바울(『그 사도』[The Apostle, 1943]), 마리아(『마리아[Mary, 1949]』)에 관한 포괄적인 역사 소설들은 지금은 그의 기독론 3부작이라고 불리는데, 이들은 모두 미국의 베스트셀러 목록에 올랐다. 1909년에 발표한 단편 "어느 카니발 밤에"(In a karnival nakht)는 예수를 호감

44　Cournos, *Open Letter*, 44; John Cournos, "Jacob Epstein: Artist-Philosopher," *The Studio* 79.328(July 16, 1920), 174; Cournos, *Open Letter*, 181.

이 가는 순교자로 묘사하여 이디시어를 말하는 사람들 사이에서 열띤 논쟁을 촉발했다. 그러나 그에게 정말 큰 문제를 안겨준 작품은『그 나사렛 사람』이었는데, 이 소설은 1925년 와이즈의 크리스마스 설교 이후 미국 내 유대교 사회에서 볼 수 없었던 예수 논쟁을 일으켰다.

698쪽 분량의『그 나사렛 사람』에 비하면 파피니의 장편소설『그리스도의 생애』는 중편소설처럼 보였다. 그러나 이 책은 세부적인 내용들도 자세히 기술했다. 애쉬는 그 주제에 관해 연구하기 위해 1,000권이 넘는 책을 수집했다고 전해지는데 그 노력이 결실을 맺어서 자메 티소의 예수 그림들과 같은 역사적인 세부 사항들을 풍부하게 수록한 작품이 탄생했다. 애쉬는 신약성서를 모방해서 "갈릴리의 랍비"를 로마 군인, 바리새인, 가장 대담하게는 가롯 유다 등 여러 사람의 관점에서 제시한다. 충격적인 줄거리를 통해 로마 군인과 바리새인은 1930년대의 폴란드에서 반유대주의 동양학자(판 비아돔스키)와 그의 젊은 조수(익명의 이 책 해설자)로 환생한다. 유다의 목소리는 고대 사본, 즉 오래 동안 잃어버렸다가 발견되어서 비아돔스키와 그의 조수에 의해 번역된 "가롯 유다"가 썼다고 하는 복음서 조각을 통해 소개된다. 이처럼 경합하는 견해들―로마 군인과 바리새인의 회복된 기억과 위경인「유다 복음」(이 위경만으로도 이 책의 거의 1/3을 차지한다)―로부터 우화의 달인이자 "억압받고 거절당한 사람들, 하나님과 인간에게 버림받은 사람들"의 동정심 많은 친구라는 예수의 이미지가 출현한다. 감수성이 풍부한 이 사람은 자신의 사명을 이스라엘의 외부로 확장함으로써 사두개인들을 격분시키지만 그럼에도 불구하고 여전히 탈리트를 걸치고, 회당에서 토라를 읽고, 성경을 힐렐에 비춰 해석하는 "경건하고 율법을 준수하는 유대인"이다. 그러나 랍비 예슈아 벤 요셉(요셉의 아들 예슈아)이라고 불리는 그는 평범한 유대인이 아니다. 그는 기적을 일으키고, 궁극적으로는 자신이 메시아라고 믿게 된다. 최소한 그의 동시대인들에게 이 "경이로운 사람"은 "여느 랍비보다 1,000배는 더 고귀한" 것으로 보인다. 마르크 샤갈의 "하얀 십자가"(White Crucifixion, 1938년에 완성된, 탈리트를 걸치고 유대인 대학살과 불타는 토라들의 이미지로 둘러싸여 십자가에 못 박힌 예수 유화 그림)와 필적할 만한 텍스트에서 예수는 충실한 유대인으로 순교한다. 그는 귀밑머리에 피가 엉긴 채 유대 성경에서 가장 신성한 말인 "이스라엘아, 들으라! 주 우리 하나님 여호와는 한 분이시다"를 암송하며 마지막 숨을 쉬고 있다.[45]

이전의 유대인 예수 회복자들의 뒤를 따라 애쉬는 예수를 십자가에 처형한 데 대해 로마인들을 비난한다. 그는 유다를 무죄로 만들기 위해 상당한 노력을 기울이는데, 이 소설에서 유다는 부패한 사람이 아니라 지나치게 열성적인 사람으로 그려지고, 탐욕에 이끌리는 사람이 아니라 헌신에 이끌리는 사람으로 묘사된다. 이 소설에 등장하는 다른 유대인들은 예수에 관해 서로 의견이 갈린다. 빌라도가 군중들에게 예수를 놓아줄지 "바라바"를 놓아줄지 물을 때, 모여 있던 사람들은 만장일치로 대답하지 않는다. 대신 커다란 논쟁이 벌어져 어떤 사람들은 예수를 "신성 모독자"라 하고, 몇몇은 그를 "거룩한 사람"이라 하고, 또 다른 사람들은 그의 메시아 지위를 확증해줄 표지를 간절히 기다리고 있다.[46] 유대인들의 합의가 이루어지지 않자, 빌라도는 어쩔 수 없이 스스로 결정해야 한다. 결국 로마 총독이 아니라 바리새인들이 예수의 피에 대한 책임에서 벗어난다.

『그 나사렛 사람』을 다룬 이방인 비평가들 중 보수주의자들은 애쉬가

---

45   Sholem Asch, *The Nazarene* (Maurice Samuel 역; New York: G. F. Putnams Sons, 1939), 498, 265, 482, 471, 472, 685.

46   Asch, *The Nazarene*, 654.

유다를 무죄로 만들기 위해 복음서들을 희롱한다고 비판한 반면, 자유주의자인 검토자들은 그 소설이 원래의 내용에 너무 충실하다고 보았다. 그러나 그 책이 빼어난 작품이라는 데에는 의견이 일치했다. 「타임」은 "르낭의 작품 이후 예수를 가장 이례적으로 환기시킨다"고 표현했다. 「뉴욕 타임즈」는 "멋지게 파고들며" "심원하다"고 썼다. 「크리스천 센추리」는 『그 나사렛 사람』을 "위대한 주제에 대해 위대한 작가가 쓴 위대한 소설"이라고 갈채를 보내며 애쉬가 "큰 선행을 베풀어서 미래 세대는 그를 복되다고 말하게 될 것"이라고 덧붙였다. 일부 유대인 작가들도 이 책을 칭찬했다. 「아틀란틱 먼슬리」의 한 기사에서 존 쿠르노스는 이 소설을 "최고의 업적"이라고 부르면서 저자가 예수를 "지금까지 살았던 가장 훌륭한 유대인, 유대인 자신들의 문화와 역사에서 최고의 인물로 받아들일 가치가 있는 사람"으로 묘사한 것을 칭찬했다. 문학 평론가인 알프레드 카진은 특히 예리한 리뷰를 발표했는데 그는 이디시어를 말하며 자랐고, 외국 전통(그의 경우 현대 미국 문학)을 취해서 자신의 것으로 삼을 배짱도 있었다. 「뉴 리퍼블릭」에 기고한 글에서 카진은 그 소설이 뛰어난 요소가 있다고 인정하기는 했지만 이를 위대하다고 판단하는 것은 거부했다. 그는 그 책을 "고독하고 이상한 재능을 가진 나사렛의 랍비인, 요셉의 아들 예슈아에 대한 매우 따뜻하고 때로는 감동적인 묘사"라고 하면서 애쉬가 주제에 대해 "비난이나 광적인 애착이 없이" 접근했다고 칭찬했다. 그는 이 소설이 강렬하다고 생각했으며 이 강렬함의 근원을 애쉬가 히브리의 예수를 재발견한 데 돌렸다. 그는 "**하베르** 숄렘에 따른 복음서보다" "더 이디시의 특징을 잘 나타내고 위엄이 있을 수 있는 것은 아무것도 없다"고 결론지었다.[47]

---

47   "The Nazarene," *Time* (October 23, 1939), 41; "Recent Religious Books," *The New York*

많은 백인계 유대인 언론도 애쉬를 **하베르**(이디시어로 "친구"를 의미함)로 받아들였다. 미국에서 가장 영향력 있는 보수파 유대교 조직중 하나인 「더 아메리칸 히브리」(*The American Hebrew*)는 이 소설이 "문학적으로 및 영적으로 큰 가치가 있다"고 보고, 바리새파를 기독교의 오랜 고정관념에서 구하려는 애쉬의 노력을 칭찬했다. 필라델피아에 기반을 둔 「주이시 엑스포넌트」(*Jewish Exponent*)는 이 소설을 "멋진 전개와 영적 힘이 있는 역사 소설"이라고 부르면서 자기 십자가를 지고 골고다로 가는 예수를 잔인하게 채찍질하는 로마 군사("가장 잔인한 로마인")를 독일 태생으로 묘사하기로 한 애쉬의 결정을 칭찬했다.[48]

이디시 비평가들은 애쉬가 결코 **하베르**가 아니라고 보았으며 그 책을 주제뿐만 아니라 공감 면에서도 기독교적이라고 혹평했다. 카진의 말로 표현하자면 "「더 레이디스 홈 저널」이 페이스 볼드윈을 연재했던 것처럼" 전에 애쉬를 자랑스럽게 연재했던 뉴욕 기반의 이디시 일간지 「포워드」는 발췌문을 싣기를 거부했으며 그 신문의 리뷰어들은 애쉬가 유대인 독자들 앞에 개종이라는 금단의 열매를 걸어두었다고 비난했다. 「포워드」의 편집인은 『데이비드 레빈스키의 출세』의 저자로 (그리고 애쉬의 책을 출판함으로써 그로 인해) 유명해진 자유사상 사회주의자인 아브라함 카한이었다. 그러나 카한은 이제 자기의 피보호자에게 등을 돌린 채 2년 동안 지그문트 프로이트가 『모세와 일신교』(*Moses and Monotheism*) 영어판(이 책도 1939년에 출간되

Times (October 14, 1939), 17; Karl M. Chworowsky, "Jesus the Jew," *Christian Century* 57.6 (February 7, 1940), 179-80; John Cournos, "The Nazarene" *Atlantic Monthly* 164.5 (November 1939), n.p.; Alfred Kazin, "Rabbi Yeshua ben Joseph," *New Republic* (November 1, 1939), 375, 376.

48   Emanuel K. Schwartz, "The Nazarene Lives Again," *American Hebrew* (November 10, 1939), 4; "A Jewish View of Jesus," *Jewish Exponent* (November 17, 1939), 1, 8.

었다) 출간 후 견뎌야 했던 것보다 더욱 신랄한 반 애쉬 운동을 일으켰다. 이디시어로만 출간된『숄렘 애쉬의 새로운 길』(*Sholem Asch's New Way*, 1941)에서 카한은 애쉬가 유대인들을 "예수주의"로 개종시키는 비밀 임무를 시작한 트로이의 목마라며 그를 르윈스키보다 더 악평했다.[49]

「포워드」의 작가(그리고 최근에 정통파로 개종한 사람)인 허만 리버만의 글들에서는 비난 수위가 새롭게 최악에 도달했는데 그의 비난은 사형 언도를 제외하면 살만 루슈디의 "악마의 시"(*The Satanic Verses*)를 금한, 1989년에 내려진 이란의 파트와(율법에 관한 종교적 결정)를 상기시킨다. 리버만은『그 나사렛 사람』을 "명백한 선교 책자"라고 규정하고 그 저자가 "기독교 신앙을 위해 유대인들 사이에서 진정한 십자군 성전"을 수행했다고 공격했다. 리버만은 "그리스도인들이 그렇게 하고 싶으면 애쉬를 새로운 사도의 자리에 등극시키게 하라"고 썼다. "유대인들에게는 그는 단지 신성 모독자, 잘못된 인도자, 유혹자, 가장 귀하고 거룩한 모든 것들에 대한 반역자, 이스라엘 집을 타락시키는 자, 성전의 선동자일 뿐이다." 애쉬에 대한 리버만의 공격은 매우 잔인하고 인신공격적이어서 그렇지 않았더라면 이 소설에 우호적이지 않았을 사람 중 애쉬를 동정하게 된 사람도 생겨났다. 히브리유니언 대학의 랍비인 새뮤얼 샌드멜은 애쉬의 그리스도 소설을 "장황하다"고 판단하고 독자들에게 "애쉬가 예수 시대의 것으로 돌리는 유대주의는 사실은 현대 이전의 폴란드 유대주의다"라고 경고했지만 자신이 애쉬에 대한 리버만의 "무자비한 공격"을 읽어보니 그에 대한 깊은 동정심을 느낀다고 덧붙

---

49   Kazin, "Rabbi Yeshua ben Joseph," 375; Hannah Berliner Fischthal, "Scholem Asch and the Shift in His Reputation: The Nazarene as Culprit or Victim" (Ph.D. diss., City University of New York, 1994), 115.

였다.[50]

애쉬는 『그 나사렛 사람』에 대한 비판에 대응해서 물러섰을 법도 했다. 1920년대에 와이즈도 그의 예수 논쟁을 주로 언론의 오해 탓으로 돌리며 그렇게 했다. 그러나 애쉬는 물러서지 않았다. 사실 그는 더 뻔뻔해져서 히틀러가 백인 그리스도의 이름으로 유럽 전역에서 맹위를 떨칠 때에도 예수를 유대인 중의 유대인으로 지지하였다. 애쉬는 기독론 3부작 외에도 『내가 믿는 것』(What I Believe, 1941)과 같은 의견서들도 썼다. 그 책에서 그는 예수의 가르침들을 "시편 저자들 및 예언자들의 가르침과 더불어 최고의 유대 천재성의 성취" 반열에 두었다. 그는 1944년 인터뷰에서 예수에 대한 자신의 이해를 다음과 같이 요약했다.

내게 예수 그리스도는 하나님의 아들과 사람의 아들 모두로서 모든 시대, 모든 역사 중 가장 뛰어난 인물이다. 그가 말한 바나 행한 바는 모두 오늘날 우리에게 가치가 있는데, 다른 사람에 대해서는 살아 있는 사람이든 죽은 사람이든 간에 이렇게 말할 수 없다. 얼쩡거릴 중간지대는 없다. 예수를 받아들이거나 거부할 수 있을 뿐이다.[51]

---

50 Chaim Lieberman, *The Christianity of Sholem Asch: An Appraisal from the Jewish Viewpoint* (Abraham Burstein 역; New York: Philosophical Library, 1953), 7, 1, 85; Samuel Sandmel, *We Jews and Jesus* (New York: Oxford University Press, 1965), 117.

51 Sholem Asch, *What I Believe* (Maurice Samuel 역; New York: G. P. Putnams Sons, 1941), 106; Ben Siegel, *The Controversial Sholem Asch: An Introduction to his Fiction* (Bowling Green, Ohio: Bowling Green University Popular Press, 1976), 148.

유대-기독교 전통

1930년대에 유대인 저자들이 예수에 대해 친화적으로 과도하게 이동한 한 가지 이유는 의심할 나위 없이 유럽의 파시즘과 나치즘 그리고 소비에트연합의 공산주의의 출현이었다. 쿠르노스는 자신의 『공개서한』을 그리스도인들뿐만 아니라 "히틀러, 스탈린, 무솔리니의 적그리스도 삼위일체"도 수신 대상으로 했는데 그들은 예수를 "키 크고, 홀쭉하고, 머리색이 연한 북방 전사"라는 "그들 자신의 사탄의 이미지"로 개조했다. 쿠르노스에 의하면 이 반유대적이고 반기독교적인 공격에 대한 유일하게 효과적인 대응책은 유대인들과 그리스도인들이 연합전선을 펴는 것이었다. 쿠르노스는 자신의 반-적그리스도 연합군을 "유대-기독교"라고 지칭하면서 이 결합을 이 세상의 최후, 최고의 희망이라고 보았다. 쿠르노스는 " 오늘날의 세상에는 두 개의 아이디어들이 있다. 공산주의와 파시즘은 우리를 노예로 만드는 반면, 유대-기독교는 우리를 자유롭게 해 줄 것이다"라고 썼다. 기독교가 독단적 신조를 버리고 유대교가 배타성을 버리기만 한다면 이 두 종교는 "예수의 이름으로 하나의 연합전선을 펼" 수 있을 것이다.[52]

유대-기독교라는 용어의 발전을 연구해온 마크 실크에 의하면 이 말은 1930년대에 좌파 가톨릭과 개신교인들이 자신들을 "기독교 전선"(Christian Front)의 이름으로 라디오에서 반유대적 독설을 퍼붓고 있던 미시간 출신의 가톨릭 사제인 찰스 코울린 신부와 같은 반유대주의자들과 구분하기 위해 이 용어를 사용한 데서 유래한다고 한다. 실크의 설명에 의하면 유대 사상가들은 대개 그러한 생각을 유대교 소수파를 신학적으로나

---

52   Cournos, *Open Letter*, 10, 114, 172, 29, 61.

정치적으로 기독교 다수파에 종속시키는 결과를 초래할 처방이라고 비판하는 듯하다. 그러나 유대 작가들 중 일부는 실크가 인용한 기독교 사상가들보다 훨씬 오래 전에 그 개념을 받아들였다.[53]

제2차 세계대전이 끝나갈 무렵에 이디시어로 저술되어 1945년에 영어로 번역된 애쉬의 『같은 운명: 그리스도인들에게 보내는 서한』(One Destiny : An Epistle to the Christians)은 쿠르노스의 『공개서한』과 같은 패턴을 따랐으며, 여러모로 유사점이 있었다. 이 책도 성경 계시록의 긴급함과 수사로써 나치의 힘과 신학에 대응했다. 이 책도 적그리스도와 반유대주의를 결합하고 "나치 짐승"이 유대인들과 "유대-기독교 아이디어"를 둘 다 집어삼키려 하고 있다고 주장했다. 그리고 기독교와 유대교를 포괄하는 예수가 세상을 구원할 것이라는 희망을 표명했다. 애쉬는 진정한 기독교와 진정한 유대교를 "하나의 완전체의 두 부분들"이라고 부르며 "이 둘이 합쳐지기 전에는 어떠한 해방도, 평화도, 구원도 올 수 없을 것"이라고 예언했다. 다른 사람들은 유대인 대학살을 건설적인 유대-기독교 관계가 끝났다는 신호로 보았지만, 애쉬는 세계 역사상 이 두 종교가 재접근하는 데 지금처럼

---

53 Mark Silk, "Notes on the Judeo-Christian Tradition in America," *American Quarterly* 36.1 (Spring 1984), 65-85. Silk가 지적한 바와 같이 옥스퍼드 영어 사전에 인용된 "유대-기독교"라는 용어는 비록 아주 다른 의미로 사용되기는 했지만, 1899년에 최초로 사용되었다. 옥스퍼드 영어 사전에서 이 용어가 현대적 의미로 처음 등장하는 것은 이 사전이 1939년에 "유대-기독교적 도덕 제도(Judaeo-Christian scheme of morals)"에 대해 언급하는 부분이다. 그러나 Cournos는 "유대-기독교"라는 단어를 최소한 1938년에 바로 그 의미로 사용했다. 시카고 기반의 개혁주의 랍비인 Bernhard Felsenthal은 1899년 논문에서 1세기 에비온파를 "유대-그리스도인들"이라고 불렀다. Emma Felsenthal의 "Concerning Jesus, Surnamed 'The Christ,'" Emma Felsenthal 편, *Bernhard Felsenthal, Teacher in Israel* (New York: Oxford University Press, 1924), 192에 수록된 글을 보라. 또 다른 역사적 논의는 Deborah Dash Moore, "Jewish GIs and the Creation of the Judeo-Christian Tradition," *Religion and American Culture* 8.1 (Winter 1998), 31-53을 보라.

좋은 시기는 없었다고 주장했다. 그는 그리스도인들이 나치즘에 대한 저항의 선봉에 서왔다고 주장했다. 애쉬는 유대인, 특히 미국의 유대인들 가운데서 예수에 관한 "혁명적인 의견 변화"가 일어나고 있음을 알아차렸다. 그에 따르면 유대인들과 그리스도인들은 서구 문명을 만들었는데, 그들이 한 하나님 안에서의 "공통의 신앙"을 갱신하는 것이 "불길에 휩싸여 있는 세상을 구원하는 유일한 수단"이었다.[54]

제2차 세계대전 뒤 "유대-기독교 전통"이 미국의 종교와 정치 생활에서 주요 수사어구로 등장했다. 신을 믿지 않는 공산주의가 큰 사탄으로서의 나치를 대체하자 많은 미국인들은 자신을 유대교와 기독교의 한 하나님과 언약을 맺은 백성으로 보게 되었다. 1930년대에 애쉬와 쿠르노스는 예수가 유대교와 기독교 전통을 함께 묶는 다리 역할을 할 수 있기를 희망했다. 문학가였던 그들은 자유주의 유대인들에게 호소할 수 있을 만큼 충분히 기독교로부터 해방되었으면서도, 자유주의 그리스도인들에게 호소할 수 있을 만큼 충분히 기독교에 뿌리를 둔 예수를 생각해내는 창의력을 발휘했다. 그런 계획들은 유대인 대학살이라는 바위에 세게 부딪혔다.

물론 몇몇은 예수가 여전히 유대교와 기독교의 연결 고리 역할을 할 수 있다는 희망을 간직했다. 존 M. 외스터라이허(유대교로부터의 개종자)가 이끄는 일군의 자유주의 로마 가톨릭 지식인들은 1953년에 세튼홀 대학교에 유대-기독교 연구소를 설립하고 「더 브리지」(*The Bridge*. 가교라는 뜻)라는 적절한 이름을 가진 영향력 있는 연보를 발행했다. 유대-기독교를 이해하라는 그들의 촉구는 로마 가톨릭교회가 다음과 같은 조치를 취하는 데

54　Sholem Asch, *One Destiny: An Epistle to the Christians* (Milton Hindus 역; New York: G. P. Putnam's Sons, 1945), 33, 8, 9, 82, 83, 87-88.

도움이 되었다. (1) 제2차 바티칸 공의회(1962-65) 동안, 로마 가톨릭 교리들이 어떤 방식으로 수용소 화장터의 화염에 연료를 공급했는지 고려했다. 그리고 (2) 1965년 "Nostra Aetate"(우리 시대에)에서 (신을 죽였다는 비난을 포함한) "경멸의 신학"을 뒤집었다. 가톨릭 저자들의 글만 게재하는 외스터라이허의 정책에 반대하는 유대 비평가들은 「더 브리지」를 일방통행로라 부르면서 예수를 유대인과 그리스도인 사이의 연결 고리로 해석하려는 그의 시도를 노골적인 선교 노력이라고 불렀다.[55]

이전 시기인 1926년에 랍비 슐만은 예수는 유대교와 기독교를 연합시키는 인물이 아니라 분열시키는 인물이라고 주장했었다. 그는 유대인들과 그리스도인들은 결코 예수를 연결고리 삼아 연합하지 않을 것이라고 주장했다. "만일 그들이 연합한다면, 한 하나님에 대한 신앙이 그 연합을 가져올 것이다." 최소한 이 점에서는 슐만이 옳았다. 냉전 시기에 미국의 그리스도인들과 유대인들이 협력했을 때, 그들은 "예수주의"가 아니라 유일신론의 깃발 아래 모였다. 1950년대에 미국 의회는 충성 서약에 "예수 아래서"(under Jesus)가 아니라 "하나님 아래서"(under God)라는 말을 삽입했다. 역시 1950년대에 유대인 사회학자인 윌 허버그가 쓴 『개신교, 가톨릭, 유대교』(Protestant, Catholic, Jew, 1955)라는 획기적인 책이 포괄적인 유일신론이라는 좋은 소식을 선포하고, 가톨릭과 유대교 모두 한때 개신교만의 주류였던 곳으로 들어오도록 환영받았다는 사실을 축하했다. 허버그에 의하면

---

55   Egal Feldman, *Catholics and Jews in Twentieth-Century America* (Urbana: University of Illinois Press, 2001), 9-14; The Editors, "A Statement of Purpose," John M. Oesterreicher 편, *The Bridge: A Yearbook of Judaeo-Christian Studies: Volume I* (New York: Pantheon Books, 1955, 페이지 표시를 하지 아니함)에 수록된 글. Feldman은 74-83에서 Oesterreicher와 그의 연구소에 대해 논의한다.

개신교, 가톨릭, 유대교는 국가적 신앙을 같이하는 3개의 큰 분파들이 되었다. 세 종교 모두 하나님의 아버지 됨과 인류의 형제 됨(문화적 조류에 아직 "자매 됨"이라는 용어는 나타나지 않았다)을 지지했다. 이들은 모두 평등과 민주주의를 긍정했으며 종교를 믿지 않는 공산주의에 확고히 반대했다. 허버그의 "3중 용광로" 이론은 미국 사회에서 유대인들의 지위에 관해 많은 것을 말했지만 예수에 대해서는 침묵을 지켰다. 유대인 대학살로 인해 기독교의 잔혹한 반유대주의 역사에 대한 인식이 높아진 뒤로 예수는 유대교-기독교 관계에서 다리가 아니라 걸림돌이 되었으며, 2002년에 저명한 미국의 유대인들이 서명한 유명한 "그리스도인들과 기독교에 대한 유대인 성명서"에서 예수는 전혀 언급되지 않았다.[56]

제2차 세계대전 이후 수십 년 동안 예수에 대한 유대인들의 관심은 상당히 식었지만, 그러한 관심이 완전히 사라진 것은 아니다. 히틀러 정권에 의해 약 600만 명의 유대인들이 죽임을 당한 유대인 대학살로 인해 유대교에서 예수를 되찾으려는 프로젝트는 사실상 끝나게 되었다. 또한 유대인 대학살로 인해 예수에 대한 중세 유대인의 견해가 간헐적으로 회복되곤 했다. 영국 작가인 휴 J. 숀필드는 1937년에 『예수의 톨레도트』 새 번역본을 냈으며, 이 책의 후속편으로 『유월절의 음모』(*The Passover Plot*)를 펴냈는데, 1966년에 베스트셀러에 등극한 이 책은 예수는 십자가 위에서 죽은 듯이 보였을 뿐이라고 주장함으로써 부활을 일축했다. 그런 견해에 "아멘"이라고 말한 미국의 유대인들은 극소수에 지나지 않았지만 제2차 세계대전 이후 예수에 대한 그들의 칭찬은 훨씬 누그러졌다.

---

56 Schulman, *Judaism, Jesus*, 19; "*Dabru Emet*: A Jewish Statement on Christians and Christianity," http://www.icjs.org/what/njsp/dabruemet.html.

유대인의 탐구

1950-60년대부터 유대인들이 예수에 대해 관심을 보인 장소는 회당에서 대학교로 이동했다. 1952년에 예루살렘의 정통파 신문인 「하모디아」(*Ha-Modia*)는 미국의 개혁파 랍비들이 아직도 예수의 도덕적 가르침에 관해 설교하고 있다고 불평했다. 그러나 일반적으로 학자들이 랍비들을 대신해서 그 나사렛 사람에 대한 지도적인 해석자가 되었는데, 이는 부분적으로는 오랫동안 유대인 지식인들에게 닫혀 있던 교수직이 마침내 그들에게 열리고 있었기 때문이었다.

이 시기 동안 랍비 새뮤얼 샌드멜(1911-1979)이 예수에 관한 미국 유대인의 입장에 대한 가장 유력한 대변자로 떠올랐는데 그는 예수에 대해 보다 회의적으로 (그리고 보다 많은 주석을 달고) 접근하는 새로운 경향의 전형이 되었다. 그는 히브리유니언 대학에서 랍비 훈련을 받았지만, 예일 대학교에서 신약 연구로 박사학위를 받았고 히브리유니언 대학/유대종교연구소가 된 기관에서 1952년에 교수가 되었다. 역사적 예수에 대한 새로운 탐구의 한 가운데서 쓰인 샌드멜의 주요 저서는『유대인의 신약성서 이해』(*A Jewish Understanding of the New Testament*, 1956)와『우리 유대인들과 예수』(*We Jews and Jesus*, 1965)였다. 처음 책에서 샌드멜은 20세기의 처음 몇십 년을 뒤돌아보고 유대인들과 그리스도인들은 당시 "예수에 대해 다소간의 이해를 공유하려는 시점"에 있는 것 같다고 말했다. 그러나 1965년 무렵에는 이해의 공유가 이들에게서 멀어졌다. 샌드멜은 "유대인들과 그리스도인들은" "예수라는 문제에 대해 지난 100년 동안 사이가 벌어졌던 것보다 오늘날 더 벌어져 있다"라고 썼다. 샌드멜의 말로 표현하자면 유대교가 예수를 되

찾는다는 조셉 클라우스너의 희망은 "실현 가능성이 없는 꿈"이 되었다.[57]

예수에 관해 좀 더 조심스러운 샌드멜의 견해는 유대인 대학살 이후 시대에 보다 더 잘 들어맞는다. 샌드멜은 자신의 선행자들보다 신약 비평의 상세한 내용을 훨씬 잘 알았다. 스티븐 와이즈는 전업 랍비였고 숄렘 애쉬는 소설가였던 반면 샌드멜은 신약 연구로 박사 학위를 받은 대학 교수였다. 역사가였던 샌드멜은 훈련받은 학자라고 할지라도 역사적 예수에 관해 알 수 있는 능력이 있는지에 대해 회의적이었다. 그는 유대 작가들이 기독교의 역사를 예수가 주연을 하고 바울이 악당 역을 하는 멜로 드라마로 바꾸는 경향을 조소하면서, 아이작 메이어 와이즈부터 하이만 에넬로에 이르는 개혁파들이 예수에 관해 "마치 예수가 19세기 미국 랍비인 것처럼" 쓴 데 대해 비판했다. 샌드멜의 견해로는 유대인 예수의 삶은 명백히 허구가 아닌 것들조차도 상상력의 산물이었으며, 이러한 책들의 저자들은 너무도 흔히 신약성서에서 예수의 말과 행동으로 묘사되는 모든 것들을 예수가 실제로 말하고 행하기라도 했던 것처럼 신약에 대해 순진하게 접근했다. 샌드멜은 예수가 유대교의 "정점이자 절정"이라는 존 쿠르노스의 주장을 가장 신랄하게 비판했다. 그는 "이런 식의 억제되지 않은 신축성 때문에 나는 학자의 현학적인 지식의 엄격한 한계 내에 머무른다"고 썼다. 결국 그는 쿠르노스에 대해서보다 예수에 대해 더욱 부드러웠지만, 갈릴리의 랍비에 대한 그의 견해는 칭찬하는 설교라기보다는 선거일 밤에 패배한 정치인이 자신의 적수에게 마지못해서 건네는 칭찬처럼 들렸다. 예를 들어 샌드멜은 예수가 "성인"이었다는 데에는 동의했지만 "인간의 미덕들의 탁월

---

57 Sandmel, *We Jews and Jesus*, 103, 104, 111.

성에서 다른 성인들을 능가했다"는 점은 부인했다.[58]

오늘날 미국 유대인들의 예수에 관한 저술은 설교단에 위치한 와이즈의 후계자들이 아니라 학계에 포진한 샌드멜의 후계자들에 의해 주도되고 있다. 1970년대 이후 여러 신앙을 가진 신약 학자들이 또 다른 역사적 예수 탐구에 관여하고 있다. 오늘날의 제3차 탐구를 (19세기의) 제1차 탐구 및 새로운 탐구(1950년대에 시작되었음)와 구분시키는 한 가지 주요 특징은 현재 미국 학자들이 이 분야를 주도하고 있다는 점이다. 또 다른 특징은 유대인 학자들이 적극적으로 참여한다는 점인데 그들은 최초로 역사적 예수 연구의 중심에 서 있다. 와이즈가 1925년에 크리스마스 설교를 했을 때 유대 지식인들에게 대학교 교수직은 거의 완전히 닫혀 있었고, 유대인들이 기독교의 기원에 대해 말하는 내용에 관심을 기울이는 기독교 학자들은 별로 없었다. 유대인 대학살 이후, 특히 제2차 바티칸 공의회 이후 종교 간 대화가 밑바닥의 신부, 목사, 랍비들의 교류뿐 아니라 신약학 연구에서도 특징이 되었다. 더구나 1940년대와 1950년대에 사해 두루마리들과 기타 고대 사본들이 발견되어서 초기 기독교와 제2성전기 유대교 역사는 밀접하게 연결되어 있음이 명백해졌다.

오늘날 역사적 예수에 관심이 있는 독자들은 다비드 플루서, 게자 버미스, 파울라 프레드릭슨 같은 저명한 유대인 역사가들이 쓴 책들을 참고할 수 있다. 이 학자들은 예수가 유대인이라는 사실을 강조하는데, 이는 E. P. 샌더스의 『예수와 유대교』(*Jesus and Judaism*, 1985), 제임스 H. 찰스워스의 『유대교 내에서의 예수』(*Jesus Within Judaism*, (1988), 존 P. 마이어의 『변두리의 유대인』(*A Marginal Jew*, 1991) 그리고 브루스 칠튼의 『랍비 예수』(*Rabbi*

---

58   Ibid., 114, 117, 110.

416   2부   환생

Jesus, 2000) 같은 비유대인들의 책에서도 맥을 같이한다. 사실 예수가 유대인이라는 사실은 역사적 예수 연구에 관한 제3차 탐구의 또 다른 특징이다. 예수를 연구하는 학자들이 동의하는 바가 많지 않음에도 불구하고 예수의 뿌리가 유대인이라는 점에 대해서는 광범위한 합의가 형성되어 있다. 예수를 대체로 유대 문화와 떨어진 것으로 묘사하는 예수 세미나는 이 규칙에 대한 유명한 예외로서, 학자들은 로버트 펑크와 그의 동료들의 저서가 예수가 유대인에게 뿌리를 두고 있다는 사실을 흐리는 경향이 있다고 불평한다.

　오늘날의 제3차 탐구의 또 다른 현저한 특징은 이 제3차 탐구가 19세기 말과 20세기 초의 개혁파 랍비들의 예수에 관한 저술들을 아주 유사하게 반영한다는 점이다. 많은 경우 최근의 학문 연구들은 주로 여러 나라 말로 쓴 각주들에 의해 100년 전의 예수에 관한 개혁파 설교들과 구별된다. 이러한 랍비들에게서와 마찬가지로 현대의 학자들에게 예수는 랍비 스티븐 와이즈가 말한 바와 같이 "신화가 아니라 역사적 존재이며, 신이 아니라 인간이고, 그리스도인이 아니라 유대인이다." 지금은 와이즈의 크리스마스 설교 뒤에 일어났던 수준의 격렬한 비난은 대체로 없는 편이지만 예수가 어떤 종류의 유대인이었느냐가 여전히 핵심 문제다. 즉 어떤 학자가 설명한 바와 같이 "예수가 유대인이라는 점은 지금은…[심지어] 이에 대해 입에 발린 말만 할 수 있는 신약 학자들에게조차 자명하다."[59]

　사실 역사적 예수 연구에서 예수를 점점 더 유대인으로 만드는 것이 하나의 경향인 듯하다. 보스턴 대학교 교수인 파울라 프레드릭슨의 『나사

59　"Orthodox Jews Ask Ousting of Dr. Wise," *The New York Times* (December 31, 1925), 2; Paula Fredriksen, "Who He Was," *New Republic* (October 15, 2001), 53.

렛 예수: 유대인의 왕』(Jesus of Nazareth: King of the Jews, 1999)은 예수를 가리켜
율법을 준수하는 유대인으로서 유대 성경에 정통하고 예루살렘 성전의 희
생 제의에 탐닉한 사람으로 묘사한다. 『유대인 예수』(Jesus the Jew, 1973)에서
예수를 기적을 일으키는 카리스마적인 사람으로 묘사함으로써 제3차 탐
구가 시작되도록 도움을 준 영국의 역사가 게자 버미스는 『변하는 예수의
얼굴들』(The Changing Faces of Jesus, 2001)에서 자신의 주인공은 "토라의 영원한
타당성"을 가르치고 예언자들의 저술들로부터 영감을 이끌어낸, 매우 신실
한 유대인이었다고 주장한다.[60]

그러한 언어는 명백히 유대교에서 예수를 되찾으려는 개혁파 랍비들
의 이전의 노력을 상기시킨다. 현대 유대인 학자들은 스티븐 와이즈 및 그
의 선행자들보다 예수에 관해 더 의심하기는 하지만, 그들은 이전 저술들
의 주장과 매우 충실하게 맥을 같이한다. 의심의 해석학을 가지고 신약에
접근하는 그들은 예수의 종교와 예수에 관한 종교를 뚜렷이 구분하며, 예
수에 관한 종교의 기원이 바울과 기타 초기 그리스도인들에게로 거슬러
올라간다고 주장한다. 그들은 예수가 신이고 메시아라는 주장을 일축하고,
예수의 십자가 처형에 대해 유대인이 아니라 로마인들을 비난한다. 이러한
작업이 축적되어서 예수를 기독교 세계에서 유대교로 되돌려 놓게 된다.
그러나 최근의 여러 학자들은 예수를 매혹적인 인물로서 제2성전기 유대
교의 수수께끼로 보기 때문에 그 과정에서 예수는 자신의 특성의 어떤 것
도 상실하지 않는다.

현재, 예수 탐구에 관한 책들은 대개 논픽션 분야에서 나타나지만 그

---

60   Geza Vermes, *The Changing Faces of Jesus* (New York: Viking Compass, 2001), Richard N.
      Ostling, "The Jewish View of Jesus in Black and White," *Associated Press* (June 16, 2001)
      에 인용된 글.

들도 소설가와 화가들이 예수에게 자신의 모습을 투영시키는 경향에서 벗어나지는 않는다. 새뮤얼 샌드멜은 "역사적 예수를 그의 유대적 배경에 맞추려는 시도는 다소 불확실한 인물을 불확실한 배경 안에 두는 격이다"라고 말했다. 그러나 그러한 불확실성 때문에 이 과업을 단념한 사람은 별로 없었다. 사실 그러한 불확실성으로 인해 대담하게도 시온주의자들은 예수를 조국을 위한 순교자로 해석하고, 개혁파 유대인들은 그를 사회 정의를 위한 십자군으로 포용할 수 있었다. 『나사렛 예수: 유대인의 왕』에서 파울라 프레드릭슨은 21세기의 귀에 거슬리지 못하는 모든 예수 개념에 대해 경고한다. 그녀는 시대착오는 "역사가의 최초의 적이자 마지막 적"이라고 쓰고서, 샌드멜과 마찬가지로 예수를 히피, 공급을 중시하는 경제학자, 여성주의자, 또는 그 문제에 관한 한 여타의 형태의 현대인으로 바꾸려는 시도를 비웃는다. 그러나 그런 경고의 목소리가 유대인 사상가들이 예수를 기독교의 후견인들로부터 떼어내어 자신들의 거울에 비친 상으로 개조하는 일을 막지는 못했다.[61]

---

61   Paula Fredriksen, *Jesus of Nazareth, King of the Jews* (New York: Alfred A. Knopf, 2000), 25. 그녀 자신이 시대착오에 빠져 있다는 비난에 대해 (가톨릭 신자로 양육되었으나 유대교로 개종한) Fredriksen은 다음과 같이 답변한다. "나는 '독실한' 유대인이 아니다. 나는 기독교가 아니라 무신론으로부터 개종했고, 초등학생 시절에 시온주의자였던, 21세기 포스트 이탈리아 가톨릭의 영적으로 모호한 사람이다. 당신은 이 사실이 역사적 예수에 대한 내 묘사에 대해 뭔가를 알려 준다고 생각하는가?" ("파울라 프레드릭슨과의 대화", http://www.jesusarchive.com/Epistle/01-02/QandA_feb01.html).

예수 문화

『유대인의 눈으로 본 예수』(Jesus Through Jewish Eyes, 2001)라는 최근의 책은 예수에 관한 유대인 랍비, 평신도, 학자들(거의 모두 미국에서 살면서 일하고 있다)의 수필과 시를 수록하고 있다. 한 수필가는 현재 미국 문화는 "예수 문화"라고 썼다. 미국에서 예수는 "사실상 벗어날 수 없으며" 따라서 미국인들은 최소한 부분적으로라도 예수가 자신에게 어떤 의미가 있는지 이해함으로써 자신을 정의한다. 또 다른 필자는 "이제 그리스도인들이 예수를 유대인으로 인정해야 할 때다.…또한 이제 유대인들이 예수를…형제로 되찾을 때이기도 하다"라고 썼다. 이 책에 기고한 한 수필가는 해묵은 농담으로 이 점을 지적한다. "예수가 유대인이었다는 것을 어떻게 아는가? 그는 자기 아버지의 직업을 가졌고, 서른 살까지 집에서 살았으며, 예수가 하나님이라고 생각한 어머니가 있었다!" 이 수필은 약간 더 나은 유머로 끝맺는다. 나이가 들어가는 한 유대인 여성이 병상에서 커다란 예수 사진이 보이는 가톨릭 병원에 입원해 있다. 지나가던 수녀가 그 여성이 유대인임을 알아차리고 그 사진을 치우겠다고 제안한다. 그 여성은 이렇게 대답한다. "아니에요. 우리 민족 출신 청년 중 그렇게 성공한 사람도 없지요. 그냥 놔두세요!"[62]

아마도 유머는 진지하게 받아들여지지 않아야 할 것이다. 그러나 이런 농담들 및 유대인 사회 외부에서 그러한 농담들이 만연하다는 사실은 미국에서 유대인 예수에 관한 역사에 대해 최소한 두 가지 중요한 점을 시

---

62   Beatrice Bruteau 편, *Jesus through Jewish Eyes: Rabbis and Scholars Engage an Ancient Brother in a New Conversation* (Maryknoll, N.Y.: Orbis Books, 2001), 71, 34, 126, 133.

사한다. 이 농담들은 첫째, 유대교에서 예수를 되찾으려는 노력이 지속되고 있음을 시사한다. 유대교에서 자랑스럽게 예수를 차지하려는 프로젝트는 미국에서 1860년대에 시작되어서 1890년대에 증가되었고, 1920년대와 1930년대에 정점에 도달했다. 제2차 세계대전과 유대인 대학살 이후 유대인 예수에 대한 대중적 관심이 줄어들기는 했지만, 미국의 유대인 공동체나 미국 문화 일반에서 그 관심이 사라지지는 않았다. 오늘날 미국인들이 이러한 농담들에 웃는 이유는 유대인 예수가 비정상적이기 때문이 아니라 그 예수가 흔하기 때문이다. 이제 모든 사람들이 예수는 선량한 유대 청년이었다는 것을 안다.

이 농담들은 둘째, 예수 문제가 이제는 더 이상 이전 세대의 유대계 미국인들에게서만큼 뜨거운 논쟁거리가 아님을 암시한다. 예수에 관해 얘기하거나 글을 쓰는 유대계 미국인들은 예수에 관해 좀처럼 쿠르노스처럼 알랑거리지 않는다. 애쉬의 후계자들이라기보다는 샌드멜의 후계자들인 그들의 저작은 일반적으로 혐오의 대상이 아니라 존경의 대상이다. 예수를 좋은 유대인으로 묘사하면 아직도 예수를 되찾으려는 사람들을 반역자라고 비판하는 많은 정통파 유대인들의 피를 끓게 할 수 있다. 그러나 쿠르노스와 애쉬에게 가해졌던 거친 표현들은 대체로 완화되었다. 무엇보다 시간이 지남에 따라 예수를 유대인이라고 한다 해서 반드시 유대인에게 그리스도인이 되라고 요구하는 것이 아니라는 점이 명백해졌다. 더구나 회복주의자들의 반항 정신(예수를 많은 유대인들 중 하나로 환생시킨 점과 특히 자신들이 예수가 참으로 어떤 존재였는지에 대해 평균적인 그리스도인들보다 더 잘 이해한다는 그들의 주장)이 차츰 더 명백해졌는데, 이는 특히 유대인 학자들이 예수 전기로 상을 받은 데서 잘 드러났다. 예수가 기독교 선교에 대항하는 강력한 도구가 될 수 있는데 왜 유대인 예수에 반대하겠는가?

예수와 유대교에 관한 통찰력이 있는 자신의 책에서 새뮤얼 샌드멜은 유대인 예수를 기독교의 그리스도와 구분했다. 그러고 나서 그는 세 번째 범주인 "서구 문화의 예수"를 제안했다.[63] 샌드멜은 자신은 예수와 아무런 종교적 관계가 없지만 서구 사회의 참여자로서 그리스도인이나 유대인들뿐만 아니라 서구 문화 전체에 속한 이 문화적 예수와 절연할 아무런 이유가 없다고 말했다. 미국의 유대인 사상가들은 이 "서구 문화의 예수"의 중요성에 대해 크게 기여해왔다. 그들이 예수를 유대교 안으로 맞아들임에 따라 그들은 또한 예수가 미국에서 보다 안락해지도록 했다. 그 과정에서 그들은 미국 문화를 "예수 문화"로 바꾸는 데 도움을 주었다.

아마도 정통파는 이를 우려하는 듯하다. 샌드멜은 "유대인들은 종교의 예수와 서구 문화의 예수를 분별한다고 믿을 수 있다"고 확신했다.[64] 샌드멜은 또한 유대인들은 미국인의 삶에서 유명인의 부인할 수 없는 힘에 저항하고, 자신들의 종교를 원리들에서 개성들로 전환시키는 것을 피할 수 있다고 확신했다. 정통파는 이에 대해 자신이 없었는데 그들의 두려움이 전혀 근거가 없는 것은 아니었을 수도 있다. 그의 접근법이 세속적이었기 때문에 샌드멜은 다양한 예수들 사이의 구분을 유지할 수 있었는지도 모른다. 그러나 랍비, 소설가, 학자들 모두 이러한 구분을 흐려 놓아서 예수에게 문화의 역사 안에서뿐만 아니라 미국 유대교의 역사(그리고 아마도 관행)에서도 존재할 자리를 만들어주었다.

---

63   Sandmel, *We Jews and Jesus*, 111.

64   Ibid., 112.

AMERICAN JESUS

HOW THE SON OF GOD BECAME A NATIONAL ICON

샌프란시스코 베단타협회의 의뢰를 받아 가톨릭 평신도인 유진 시어도시아 올리버가 1920년 대에 그린 "요가 수행자 예수"(*Christ the Yogi*)는 예수를 온화한 힌두 화신으로 묘사한다.

_베단타 출판사 제공

8장   동양인 그리스도

오늘날 미국 전역에 소재한 힌두교 가정과 사원들에는 놀랄만한 신상(神像)이 전시되어 있다. 흘러내리는 흰옷을 입고, 긴 머리를 가냘픈 어깨 뒤로 제켜놓은 이 성자는 가부좌를 틀고, 눈을 내리 깔고 명상에 잠겨 있다. 후광이 그의 머리를 두르고 있고, 그의 몸은 성 프란치스코처럼 야생 동물들(비둘기 한 마리가 그의 오른 어깨를 장식하고 있고, 토끼 한 마리가 그의 왼발 옆에서 놀고 있으며, 그의 뒤에서는 눈 표범 한 마리가 잠자고 있다)로 둘러싸여 있다. 이 그림 속의 텍스트에는 이렇게 쓰여 있다. "[그는]…광야에서 들짐승들과 함께 있었다"(막 1:13). 1920년대에 가톨릭 신자인 유진 시어도시아 올리버가 어느 힌두 수도승의 지시대로 그린 이 그림은 "요가 수행자 그리스도"(Christ the Yogi)라고 불린다. 이 예수는 명백히 자연, 자신 그리고 하나님과 평화를 유지하고 있다. 그는 자신이 누구인지 정확히 알고 있다. 그리고 그가 힌두교도라는 점은 명백하다.

　이 그림(미국의 힌두교도들에게 이 그림이 차지하는 위상은 미국의 개신교인들에게 워너 샐먼의 그리스도 초상이 차지하는 위상만큼이나 유명하다)이 보급된 배후의 이야기는 미국의 베단타협회의 이야기다. 이 이야기는 대개 1893년에 세계 콜럼비아 엑스포지션(World's Columbian Exposition)과 합동으로 시카고에서 열린 세계종교회의(World's Parliament of Religions) 때 미국에 온 최초의 힌두교 선교사 스와미인 비베카난다(1863-1902)의 도착으로 시작했다고 전해진다. 그러나 거의 20년 전에 예수가 북부 인도의 한 마을에 찾아온 날이 보다 유용한 출발점일 수도 있다.

그날 예수를 만난 사람은 서부 벵골 출신의 존경받는 신비주의자인 라마크리슈나였다. 라마크리슈나(1836-86)는 젊은 시절에 아드바이타 베단타의 불이((不二) 이원론적 철학을 받아들였다. 이 철학은 브라만(신)과 아트만(자아/영혼)이 본질적으로 하나라고 주장하며 모든 종교가 하나라고 가르친다. 그러나 라마크리슈나는 단순히 모든 종교가 하나라는 주장에 만족하지 않았다. 그는 이를 경험하기로 결심했다. 그래서 이 힌두교의 칼리 여신 신봉자는 처음에는 알라에 그리고 나중에는 불교의 참선에 귀의했다. 그는 1874년에 기독교로, 보다 정확하게는 예수에게로 전향했다. 한 추종자는 라마크리슈나의 기독교 체험을 이렇게 묘사했다.

어느 날 스리 라마크리슈나가 다른 신자의 거실에 앉아 있다가 마돈나와 아기 그림을 보았다. 이 그림에 대한 명상에 잠겨 있을 때 그는 이 그림이 살아서 빛나는 것을 보았다. 그리스도에 대한 황홀한 사랑이 스리 라마크리슈나의 마음을 채웠고, 기독교 교회에서 신자들이 예수 앞에서 향을 피우고 촛불을 켜는 환상이 보였다. 스리 라마크리슈나는 3일 동안 이 경험의 마법에 걸려 있었다. 4일째에 닥샤인스워의 작은 숲을 걷다가 그는 평온한 용모를 한 어떤 사람이 자신에게 시선을 고정시키고 다가오는 것을 보았다. 스리 라마크리슈나의 마음 가장 깊은 곳에서 "이분은 인류의 구속을 위해 자기 심장의 피를 쏟아낸 예수다. 이분은 바로 사랑의 화신인 그리스도다"라는 깨달음이 왔다. 그러고 나서 사람의 아들이 스리 라마크리슈나를 껴안고 그의 안으로 들어갔으며, 스리 라마크리슈나는 초월적 의식 상태인 삼매경(三昧境)에 들어갔다. 이렇게 해서 스리 라마크리슈나는 그리스도의 신성을 확신하게 되었다.[1]

곧바로 라마크리슈나의 제자들은 그리스도를 신으로 예배하고 이러한 "예수의 상태"에 도달하고자 하였다. 많은 사람들이 예수와의 신비로운 연합에 관한 유사한 경험을 했다고 보고했다.

1886년에 라마크리슈나가 사망한 직후 일군의 추종자들(전설에 의하면 12명)이 크리스마스 이브에 모여서 예수와 그의 절제된 삶, 그의 신 의식의 실현에 관해 토의했다. 그들의 리더는 스와미 비베카난다였는데 그는 라마크리슈나 운동의 초기 단계에서 바울의 역할을 하게 될 운명을 띤, 지칠 줄 모르는 조직가였다. 비베카난다는 그의 친구들에게 예수의 탄생, 세례, 죽음과 부활에 대해 들려줬다. 그는 바울이 어떻게 "부활한 그리스도의 복음을 설교하고 기독교를 도처에 전파했는지" 설명했다. 이제 그들이 그렇게 해야 할 때였다. 그래서 그들은 예수가 그랬던 것처럼 자기를 부인하며 금욕주의자로 살기로 맹세했다. 그 뒤에 비베카난다와 그의 열두 명의 동료들은 예수 친화적인 라마크리슈나의 복음을 전파하는 방법의 일환으로 라마크리슈나 수도회(Ramakrishna Order)를 설립했다.[2]

이후 비베카난다는 로마 가톨릭 신부인 토머스 아 켐피스의 『그리스도를 본받아』(The Imitation of Christ)의 낡은 사본을 들고서 인도 전역으로 순

1   Swami Prabhavananda, The Sermon on the Mount According to Vedanta (Hollywood: Vedanta Press, 1963), 15.

2   His Eastern and Western Disciples, The Life of Swami Vivekananda, 4판, (Mayavati, Almora, Himalayas: Advaita Ashrama, 1949), 159-60; Swami Nikhilananda, "The Hindu View of Christ" Message of the East 27.2(April-June 1938), 81-83.

례 여행을 떠났다. 그의 가장 유명한 순례는 미국으로의 순례였는데 그는 미국에서 세계종교회의에 참석했다. 비베카난다는 시카고에서 예리한 재치, 멋진 외모와 아일랜드 억양으로 청중을 끌어모았다. 비베카난다는 자신의 종교에 대해 말하면서, 청중이 힌두교에 대해 최초로 직접 접촉하도록 했다. 힌두교의 살아 있는 화신의 얘기를 들어보니 그의 신앙은 선교사의 설명에서 강조되는 마녀 화형의 공포나 우상숭배와는 아무런 관계가 없는 듯했다. 비베카난다는 모든 종교들은 하나의 신적 실재가 발현된 것이기 때문에 인도에서의 선교는 어리석다고 주장했다.

세계종교회의가 종료된 다음 비베카난다는 미국 전역에서 강의하며 모든 종교가 하나라는 라마크리슈나의 복음을 전파했다. 그는 메인주 엘리엇에 소재한 영적 휴양 센터인 그린 에이커의 단골 고객이었는데, 그곳에서 그는 신사고 운동(New Thought) 지도자인 랠프 월도 트라인 등 미국의 다양한 종교인들을 만났다. 그는 또한 매사추세츠주 케임브리지에 소재한 미세스 사라 불 살롱에서 자주 강연을 했는데, 그곳에서 그는 종교 심리학자인 윌리엄 제임스 등 많은 하버드 교수들과 친구가 되었다. 비베카난다는 1894년에 뉴욕시에서 미국 최초의 주요 힌두교 조직인 베단타협회를 설립했다. 1897년에 인도로 돌아갈 때까지 그는 미국 전역의 도시들마다 베단타 센터들을 세워놓았다. 이 조직들에서 베단타 신도들은 예수 탄생 이야기를 읽고, 산상 설교를 묵상하고, 예수의 생애에 관한 강의를 듣고, 크리스마스 캐롤을 부르고, 요가 수행자 그리스도를 관조하면서 크리스마스를 축하했다. 예배자들은 "내면에서 그리스도를 묵상하고", "그의 살아 있는 임재를 느끼라"는 말을 들었다.[3] 보스턴, 샌프란시스코 등의 베단타협회

---

3   Prabhavananda, *The Sermon on the Mount*, 15.

에서 그들은 지금도 계속 그렇게 하고 있다.

화신

힌두교도들은 비베카난다가 1893년에 미국에 오기 오래 전, 또는 라마크리슈나가 1874년에 닥샤인스워 숲에서 그리스도를 만나기 오래 전부터 예수를 알고 있었다. 사실 그들은 포르투갈의 가톨릭 교도들이 16세기 초에 최초로 인도의 고아주에 도착한 이후 예수의 이야기를 바꿔 말해오고 있었다. 따라서 베단타 학파가 미국에 들여온 예수 전통은 미국의 관점에서는 상당히 오래된 것이었다. 사실 이는 예수 그리스도 후기성도교회나 크리스천 사이언스 교회보다 더 오래되었다.

　(1828년에 설립된) 종교및사회개혁협회 브라모 사마지(Brahmo Samaj)의 리더인 람 모한 로이(1772-1833)는 힌두교와 기독교를 조화시키려 시도함으로써 인도의 기독론을 만들어내는 데 도움을 주었다. 그의 동시대 인물인 토머스 제퍼슨과 마찬가지로 로이는 예수의 도덕적 가르침의 탁월성은 긍정하면서도 그의 신성은 부인하는, 유니테리언주의 교도들에게 공감하는 유일신론자였다.『예수의 교훈: 평화와 행복으로 가는 안내서』(*The Precepts of Jesus: The Guide to Peace and Happiness*, 1820)는 제퍼슨의 축약되고 수정된 성서와 마찬가지로 복음서에서 모든 초자연주의를 제거했다.

　19세기 인도의 르네상스 기간에 예수에 대한 힌두교의 관심이 활기를 띠었다. "예수 그리스도: 유럽과 아시아"에 관한 1866년 강연에서 "새로운 체제"(New Dispensation)라고 불리는 개혁 운동의 옹호자인 케슈브 찬드라

센은 예수가 "유럽인이 아니라 아시아인"이었다고 주장했다.[4] 『동양인 그리스도』(*The Oriental Christ*, 1883)에서 또 다른 브라모 사마지 리더인 P. C. 모줌다는 센과 마찬가지로 예수를 동양인이라고 묘사했다. 그러나 그는 한 걸음 더 나아가서 자신을 힌두교도일 뿐 아니라 예수 신자라고 불렀다.

한편으로는 라마크리슈나와 다른 한편으로는 이러한 인도의 예수 전통에 영감을 받은 미국의 베단타 신도들은 20세기 동안 수백 종의 책, 강연, 기사들을 만들어냈다. 그중 가장 중요한 세 가지는 스와미 비베카난다의 "메신저 그리스도"(Christ, the Messanger; 1900), 스와미 파라마난다의 『그리스도와 동양의 이상』(*Christ and Oriental Ideals*, 1923), 스와미 아크힐라난다의 『그리스도에 대한 힌두교의 견해』(*Hindu View of Christ*, 1949)다. 보스턴과 로스앤젤레스에 베단타 센터를 설립한 스와미 파라마난다(1884-1940)는 1960년대와 1970년대에 이르러 지도자(guru)들이 폭발적으로 증가하기 전에 미국에서 가장 유명한 힌두 리더 중 한 명이었다. 파라마난다는 마하리시 마헤쉬 요기가 구도자들을 초월적 명상으로 인도하기 오래 전에 미국인들에게 힌두교를 가르쳤다. 세상을 부인하는 금욕주의자가 아니었던 파라마난다는 멋있는 옷과 빠른 자동차들을 좋아했다. 농담을 좋아하는 어떤 사람은 그를 "할리우드 스타 스와미"라고 불렀다. 스와미 아크힐라난다(1894-1962)는 섭리의 베단타협회(Vedanta Society of Providence)를 설립해서 이끌었고, 파라마난다가 1940년에 사망한 뒤 보스턴 베단타협회를 이끌었다. 그는 파라마난다처럼 화려하지는 않았지만 미국 지성인 세대, 특히 제2차 세계대전 중 및 후의 보스턴 지역 철학자들과 신학자들에게 베단타를 소개하는 데 도움이 되었다.

---

4   Arvind Sharma 편, *Neo-Hindu Views of Christianity* (New York: E. J. Brill, 1988), 7.

언뜻 보기에는 "메신저 그리스도", 『그리스도와 동양의 이상』, 『그리스도에 대한 힌두교의 견해』는 모두 매우 전통적으로 보인다. 미국의 유대인 해석가들(그리고 람 모한 로이 자신)은 예수의 신성을 부인했지만, 이 3개의 텍스트들은 모두 예수의 신적 속성을 매우 기뻐했다. 비베카난다는 예수를 "빛의 메신저"이자 "사냐신"(sannyasin)이라고 불렀다. 아크힐라난다는 예수를 기적을 일으키는 "요가 수행자"라고 묘사했다. 그러나 예수에 대한 베단타 학파의 가장 유명한 호칭은 신의 화신(avatar)이었다. 미국의 유대인 예수 찬미자들은 조심스럽게 그를 단순히 예수라고 불렀지만 베단타 학파는 그를 그리스도라고 칭송했다.

비베카난다, 파라마난다 그리고 아크힐라난다는 모두 예수를 신의 화신, 경배할 가치가 있는 신의 구현으로 보았다. 제2차 세계대전 뒤 그리스도에 대한 힌두교의 견해를 쓴 아크힐라난다는 개신교 자유주의 신정통 비평이 유행하던 시기에 예수를 정신병자라고 조롱한 심리학자들뿐만 아니라 (위대한 도덕 교사라는) 미적지근한 칭찬만 쏟아내는 싱거운 자유주의자들에게도 도전했다. 아크힐라난다는 예수가 "나와 아버지는 하나다"라고 한 말은 비유적으로 한 말이 아니었다고 주장했다. 예수는 출생 때 자신의 신성을 알았던 "완전히 각성한" 신인(神人)이었다. 아크힐라난다는 비베카난다를 인용해서 "동양인인 내가 나사렛의 예수를 예배해야 한다면" "내게는 오직 한 가지 방법만 남겨져 있다. 그것은 바로 예수를 하나님으로 예배하는 길뿐이다. 그 외에는 다른 방법이 없다." 확실히 아크힐라난다가 그렇게 한 것은 잘한 일이었다. 보스턴 대학교 신학대학 교수이자 그 스와미의 친구인 폴 존슨은 그를 "독실한 힌두교인"일 뿐만 아니라 "내가 알고 있는

가장 훌륭한 그리스도인"이라고 불렀다.[5]

물론 비베카난다, 파라마난다, 아크힐라난다와 같은 베단타 학파가 예수를 성육신(incarnation)한 존재라고 묘사한 것은 대부분의 그리스도인들이 의미하는 성육신과는 다른 의미였다. 기독교 전통에서는 성육신은 대개 단 1회적인 사건으로서 하나님이 예수 그리스도라는 인간 안에서 몸을 취하는 신비로 여겨진다. 반면 성육신에 해당하는 산크리트어는 '아바타'로서 이 말은 문자적으로는 신의 지구로의 "강림"을 의미하며, 힌두교도들에 의하면 이는 유일한 역할이 아니라 되풀이되는 역할이다. 예를 들어 비슈누는 10번의 화신이 있었는데 그는 거북이, 물고기, 난장이, 크리슈나와 부처로 강림했다고 한다. 비베카난다, 파라마난다, 아크힐라난다는 모두 힌두교 경전인 바가바드 기타를 인용해서 아바타들이 많음을 강조했다. "언제 어디서나 미덕이 쇠퇴하고 악덕이 성행하면 나 자신이 환생한다." 파라마난다의 번역은 이렇게 이어진다. "선을 보호하고 악을 멸망시키고 종교를 재건하기 위해 나는 대대로 태어난다."[6]

여기서 핵심 개념은 신은 필요할 때마다 육신을 취하며, 아바타들은 하나가 아니라 많다는 점이다. 추상적으로는 신은 하나이지만, 그 추상적인 신은 인간의 상상을 넘어선다. 다행히도 신은 자신을 알리기 위해 인간의 몸으로 환생한다. 인간이 신으로부터 멀어질 때마다 그러한 신의 강림이 일어난다. 인간은 반복적으로 신에게서 멀어지기 때문에 신의 환생도 거듭해서 일어난다. 따라서 예수는 하나의 아바타이지만 유일한 아바타로 이해

---

5   Swami Akhilananda, *Hindu View of Christ* (Boston: Branden Press, 1949), 36, 43;
     Carl T. Jackson, *Vedanta for the West: The Ramakrishna Movement in the United States*
     (Bloomington: Indiana University Press, 1994), 112.

6   Swami Paramananda, *Christ and Oriental Ideals*, 3판 (Boston: Vedanta Centre, 1923), 26.

되어서는 안 된다. 크리슈나도 신이 강림한 존재이며 부처 역시 그렇다. 또는 베단타 학파가 흔히 하는 방식으로 말하자면 크리슈나와 부처도 그리스도들이다. 비베카난다는 이렇게 썼다. "그러므로 하나님을 나사렛의 예수에게서뿐만 아니라 예수 전후에 왔던 모든 위대한 사람들과 앞으로 올 모든 위대한 사람들에게서 발견하자." "그들은 모두 동일한, 무한한 신의 현현(顯現)이다."[7]

이런 체계에서 그리스도의 역할은 무엇인가? 그것은 인간을 죄에서 구원하고 천국으로 인도하는 것이 아니다. 사실 베단타 학파는 원죄를 단호하게 거부한다. 파라마난다는 이렇게 말한다. "베단타는 우리가 죄를 강조하기를 금한다." "아무도 죄인이라고 부르지 마라. 모든 사람은 불멸의 축복의 자녀들이다." 베단타 학파에 의하면 모든 인간은 "본질적으로 완벽하다." 그러나 문제는 우리들 대부분에게서 그러한 완벽성이 드러나지 않고 잠재되어 있다는 것이다. 간단히 말해서 인간은 무지하다. 그리고 그들은 자신의 신성에 대해 모르고 있다. 그렇다면 구원에서 예수의 역할은 우리의 속죄가 아니다. 파라마난다는 "우리가 어떤 구주를 믿는다면 우리는 그저 손을 내밀어 그가 우리를 구하도록 하면 된다는…아이디어는" "중대한 잘못이다"라고 쓴다. 아바타의 목적은 인간의 신성을 구현하고 다른 사람들을 완벽함으로 이끄는 것이다. 비베카난다는 예수가 "세상의 죄를 가져간다"는 기독교의 주장은 "그리스도가 우리에게 완벽해지는 방법을 보여줄 것임을 의미한다"라고 썼다. 예수도 "하늘에 계신 너희 아버지의 온전하심과 같이 너희도 온전하라"(마 5:48)고 말하지 않았는가? 예수, 실로 모

---

7 Swami Vivekananda, *The Complete Works of Swami Vivekamnda* (Mayavati Memorial Edition; Calcutta: Advaita Ashrama, 1997), 4.152.

든 아바타의 역할은 우리가 그러한 완벽성—그가 누렸던 신에 대한 직접적인 깨달음—을 달성하고 (베단타 학파가 가장 좋아하는 근거 텍스트들 중 한 구절에서) 예수가 "나와 아버지는 하나다"(요 10:30)라고 말한 것처럼 말할 수 있도록 고무하는 것이다.[8]

물론 현대 미국의 그리스도인 중 대다수가 갖고 있는 예수에 대한 견해는 이와 아주 다른데, 그들은 죄의 실재성과 그들의 구세주의 독특성 모두를 주장한다. 그러나 이 스와미들은 그것이 문제라고 믿었다. 전통적인 그리스도인들은 하나님의 하나뿐인 독생자라는 예수의 지위를 긍정함으로써 무한한 신을 제한하고, 예수를 독단화하고, 그리스도인들을 소위 "이교도들"을 증오하는 자로 만든다는 것이다. 그래서 전통적인 그리스도인들은 "독단적인 그리스도, 조직과 제도의 신조에 얽매인 그리스도"를 고수하는 반면, 베단타 학파는 "신성의 영혼이자 무한한 하늘을 칸막이로 나눌 수 없듯이 칸막이로 나눌 수 없는 존재인 그리스도"를 생각해냈다.[9]

그리스도의 이상

힌두교도들은 예수를 하나의 아바타로 보는 것과 아울러 동양인 그리스도 예수를 칭찬했다. 서양에서는 P. C. 모줌다의 『동양인 그리스도』(Oriental Christ)에서 최초로 발표된 이 견해는 급속히 자체의 생명력과 다양한 의미

---

8 Paramananda, *Christ and Oriental Ideals*, 40-41, 91, 66; Vivekananda, *Complete Works*, 7:4; Akhilananda, *Hindu View of Christ*, 53.

9 Paramananda, *Christ and Oriental Ideals*, 18.

들을 지니게 되었다.

일부 베단타 학파의 저술에서는 예수를 동양인이라고 부르는 것은 그의 인종 또는 민족에 대한 주장으로서, 그의 혈관 속에 아시아인의 피가 흐른다는 주장이었다. 스와미 비베카난다는, 기독교 선교사들이 "[예수를] 푸른 눈과 금발을 가진 사람으로 그리려고 시도한다"고 그들을 맹비난했을 때 이러한 이해를 확인하는 듯했다. 그는 "그 나사렛 사람"은 "동양인"이었다고 주장했다. 또 다른 베단타 학파의 관점에서는 예수를 동양인이라고 부르는 것은 역사적 사실에 관한 주장으로서 예수가 동양 사상의 영향을 받았거나 젊은 시절(일부 이야기들에서는 십자가 처형 뒤)에 인도를 방문했다고 말하는 셈이었다. 파라마난다는 팔레스타인 지역에 인도 불교를 전해준 선교사들이 에세네파의 설립을 고무했는데 에세네파가 세례 요한에게 영향을 줬고, 세례 요한은 예수 자신에게 영향을 줬다고 주장해서 이처럼 널리 퍼진 신화를 한 몫 거들었다. 다른 베단타 학파는 노토비치의 『예수 그리스도의 미지의 생애』에 근거해서 예수는 10대와 20대의 "잃어버린 시기"에 아시아에서 공부했다고 주장했다. 그러한 역사적 주장의 한 가지 목적은 아시아인들을 이교도로 보는 고정 관념을 깨려는 것이었다. 예수가 인도와 티베트의 아시아 스승들에게서 사사(師事)했다면 아시아인들은 존경할 가치가 있을 것이다. 그리고 힌두교가 기독교의 근원에 영향을 줬다면 힌두교 역시도 존경할 가치가 있을 것이다.[10]

그러나 그들이 예수를 가리켜 동양인이라고 언급한 것은 일반적으로 인종적 주장이나 역사적인 주장이 아니었다. 그보다는 그들은 예수를 특정 신념이나 가치 체계에 연결시켰다. 이 스와미들은 아무도 역사적 예수

---

10   Vivekananda, *Complete Works*, 4.142.

에 대해 그다지 관심이 없었으며 이들 3명 모두 그리스도를 살아 있는 사람이라기보다는 영원한 원칙, 즉 "동양적 이상"의 구현으로 보았다. 그들이 "그리스도-이상"이라고 부른 것을 정의하려는 노력의 일환으로 비베카난다, 파라마난다, 아크힐라난다는 모두 동서양의 고정 관념들을 비난했으며, 예수를 서양보다는 동양과 연결시켰다. 이 세 명은 이 범주들을 각기 다르게 생각했지만 그럼에도 모두 동양을 영적으로 탁월한 곳으로 묘사하고 서양을 정치적·경제적·기술적 성취를 이룬 곳으로 묘사했다. 비베카난다는 "아시아의 발언권(voice)은 종교의 발언권이고", "유럽의 발언권은 정치의 발언권이다"라고 썼다. 파라마난다는 "동양의 심장은 주로 영성을 갈망한다"라고 쓴 반면, 아크힐라난다의 말로 표현하자면 서구 문명은 "인간의 문제들에 대한 해법으로 쾌락의 길을 강조했다."[11]

『예수 그리스도 이야기』(Story of Jesus Christ, 1897)에서 미국의 소설가인 엘리자베스 스튜어트 펠프스는 자신의 주인공을 동양의 성자들과 비교했는데, 이 소설에서 동양의 성자들이 비현실적인 몽상가들이라는 고정관념은 수많은 선교 여행담들에서 비롯되었다. 그녀는 자신의 실제적인 구주에 대해 "그는 사색에 자신을 낭비하지 않았고, 목적이 없는 동양의 몽상에 빠져들지도 않았다"라고 썼다. "그는 돌기둥 위에 결가부좌를 틀고 앉아서 꿈과 고독에 몸을 맡기는 인물, 호기심에 찬 사람들의 구경거리, 보통 사람들의 입장에서 볼 때 허수아비가 아니었다. 그는 무익한 무아지경이나 초연한 정신적 경험 속으로 물러나지 않았다." 베단타 학파는 예수를 이렇게 특징짓는 데는 동의했지만, 동양의 현자들에 대한 고정관념에는 동의하지 않

11   Paramananda, *Christ and Oriental Ideals*, 44; Vivekananda, *Complete Works*, 4.142; Paramananda, *Christ and Oriental Ideals*, 21; Akhilananda, *Hindu View of Christ*, 47.

왔다. 비베카난다는 "서양에서는 가장 말을 잘하는 설교자가 최고의 설교자다"라고 썼다. 그러나 동양에서 진정한 성자는 자신이 설교하는 바를 실천하는 사람이다. 비베카난다는 예수는 또한 "매우 실천적이었다"라고 덧붙였다.[12]

베단타 학파가 예수가 실천적이었다고 한 말은 예수가 펑크난 타이어를 교체할 줄 안다거나 고장난 수도꼭지를 고칠 줄 안다는 의미가 아니었다. 그 말은 예수가 자신의 믿음을 일상생활에 적용할 줄 안다는 것을 의미했다. 그들은 서양에서는 그리스도인들이 실천보다는 신학에 몰두한다고 주장했다. 그러나 "동양에서는 종교는 원칙, 교리, 신조에 대한 믿음의 문제가 아니다. 그것은 존재(being)와 변화(becoming)이고, 실제 실현이다." 이 관점에서 볼 때 예수는 신성과 인성의 하나 됨을 단순히 설교만 한 것이 아니라 이를 명백히 보여줬다는 점에서 확실히 동양적이었다. 그리고 그는 베단타 학파가 기독교 선교사들에게서 떠올리는 위선의 기미는 전혀 보이지 않으면서 그렇게 했다. 파라마난다는 신약성서의 한 가지 비유를 새롭게 해석함으로써 이 점을 보여줬다. "그리스도가 바위 위에 지은 집과 모래 위에 지은 집이라는 두 집의 비유를 얘기했을 때 의미한 바가 바로 이것이었다. 이 집들은 하나는 이론 또는 단순한 믿음, 다른 하나는 실천이라는 두 계열의 종교 생활을 상징한다." 모래 위에 지은 집은 교리, 신조, 조직화된 종교의 집, 즉 교회 출석과 마지못해 하는 척하는 집이고, 바위 위에 지은 집은 예수의 진정한 영성의 집이었다. 파라마난다는 "사람은 특수한 신조를 고수함으로써가 아니라 삶에 의해서 좋은 그리스도인이 된다"라고 결

12   Phelps, *The Story of Jesus Christ*, 118; Vivekananda, "Christ the Messenger," Swami
      Satprakashananda, *Hinduism and Christianity: Jesus Christ and His Teachings in the Light
      of Vedanta* (St. Louis: Vedanta Society of St. Louis, 1975), 71에 수록된 글.

론지었다.[13]

베단타 학파의 동서양에 대한 설명은 남성다움과 여성다움에 대한 빅
토리아 시대의 고정관념에도 의존했다. 다른 많은 해석자들과 마찬가지로
그들은 동양은 여성다움과 연결시키고, 서양은 남성다움과 연결시켰다. 여
기에서도 예수는 서양적 요소보다는 동양적 요소가 더 많았다고 말해졌다.
찰스 M. 셸던의 베스트셀러 『예수라면 어떻게 하실까?』를 염두에 두고 쓴
글인 "그리스도께서 오늘 오신다면"(If Christ Came Today)에서 파라마난다
는 (셸던처럼) 예수께서 "오늘 오신다면" 무엇을 하실지 물었다. 파라마난다
는 이 글을 제2차 세계대전이 임박한 1938년에 썼는데, 이 글에서 그는 예
수가 "평화의 왕자"가 되어 온유한 자, 마음이 순결한 자, 평화의 중재자를
축복할 것이라고 결론지었다. 파라마난다는 예수는 절제주의자라고 주장
했다. 예수는 "온유하고, 겸손하며⋯용서하고, 자비롭고⋯부드럽고 사랑하
는" 사람이었다. 예수가 오늘 재림한다면 그는 문명이 무익한 폭력으로 전
락하는 것을 거부할 것이다. 그는 또한 자신을 남자다운 전사로 바꾸려는
수십 년의 노력을 거부할 것이다. 파라마난다는 위대한 국가들은 "청년들
에게 자신의 권리를 지키고, 겁쟁이라고 불리지 않기 위해 싸우라"고 가르
치기를 중단해야 한다고 썼다. 젊은 남성들은 대신 "진정한 포기"를 실천함
으로써 예수를 모방해야 한다.[14]

예수의 여성화주의자와 남성화주의자 사이의 경쟁에서 베단타 학파
는 여성화주의자 편을 들었다. 마돈나와 아이의 그림을 본 뒤 예수의 신성

---

13   Paramananda, *Christ and Oriental Ideals*, 37, 23.

14   Swami Paramananda, "If Christ Came Today," *Message of the East* 27.4 (October–
      December 1938), 197, 198, 199, 203.

을 믿게 된 라마크리슈나와 마찬가지로 미국의 일부 베단타 학파는 자신들의 숭배의 초점을 아기 예수께 맞췄다. 파라마난다의 친구이자 그의 가장 귀한 조력자들 중 한 명인 시스터 데이야는 "아기 그리스도와 아기 크리슈나"를 비교하는 에세이를 썼는데 그녀는 빅토리아 시대 말기의 다른 여성들과 마찬가지로 주로 아기 예수께 끌린 듯했다. 미국의 베단타협회 내부에서는 예수를 기억하는 중요한 날은 대개 성 금요일이나 부활절이 아니라, 파라마난다가 "무력하고 어린아이같이 순진한 모든 것들과 얽힌…그 무한한 부드러움의 상징"이라고 묘사한 크리스마스였다.[15]

「베단타 매거진」(*Vedanta Magazine*)과 같은 기관들에서 베단타 학파는 예수 그림을 사용해서 예수에 관한 그들의 크리스마스 설교를 예시한다. 그들이 가장 널리 배포한 그림들은 일반적으로 예수의 성년기 그림보다는 유년기 그림을, 남성다움보다는 여성다움을 강조했다. 하인리히 호프만의 "성전에 있는 그리스도"(*Christ in the Temple*, 1871)는 그런 그림 중 하나였는데, 베단타 학파는 대개 이 어린 예수의 얼굴 확대판을 만들었다. 12세 소년이 예루살렘 성전에서 서기관들과 신학적 세부사항에 관해 토론하는 것(이 서사적 그림의 원래 배경)은 확실히 그들의 관심을 끌지 못했다. 뉴욕시 스와미인 아브헤다난다의 말로 표현하자면 그들의 관심을 끈 것은 "온유하고 친절하며 자기희생적인 사람의 아들인" "예수 그리스도"의 부드러운 얼굴이었다.[16]

20세기 초에 베단타 학파는 자기들의 예수 그림이 필요하다고 결정

15　Swami Paramananda, "Christ: The Divine Talisman," *Message of the East* 21.10 (December 1932), 291.

16　Swami Abhedananda, "Christ and Christmas" *Vedanta Magazine* 5.12(December 1909), 197.

했다. 샌프란시스코 베단타협회를 이끌었고 그곳의 북미 최초의 힌두 사원 건물을 감독했던 스와미 트리구나티타는 유진 올리버로 하여금 "요가 수행자 그리스도"를 그리도록 의뢰했다. 이 그림도 성 프란치스코 성화 카드의 모든 남자다움을 갖추고 있다. 호전적이기보다는 유순한 예수를 환기시키는 이 그림은 테디 루스벨트와 당대의 다른 남성적인 그리스도인들이라면 남성다움보다는 여성다움과 관련시켰을 특질들을 강조했다.

　　제임스타운과 플리머스에 최초로 정착한 이후 미국인들은 그들의 종교적 신념과 관행을 미국의 토양에 적응시킴으로써 미국인으로서의 그들의 정체성을 형성했다. 베단타 학파가 예수를 동양인이라고 언급할 때 그들은 예수의 특징뿐 아니라 자신들의 특징에 대해서도 말하는 것이다. 그들은 예수는 자신들과 마찬가지로 미국에서 살고 있지만 그의 영적인 고향은 인도라고 말한다. 예수를 재배치하고 재해석함에 따라 인도계 미국인 스와미들과 미국에서 태어난 그들의 추종자들은 미국의 종교 드라마에 완전히 참여할 권리를 주장하게 되었다. 힌두교에 대해 널리 퍼진 고정관념에 이의를 제기함으로써 베단타 학파는 자신들의 종교 유산을 적대적인 선교사들이 정의하도록 놔두지 않고, 자신들이 이를 정의할 권리가 있다고 주장했다. 그리스도가 동양인이었는데 아마도 서구인들이 힌두교에 대해 고정관념을 갖고 있다고 의심할 수 있을 것이다. 그러나 고정관념이 베단타 학파가 말한 유일한 단어는 아니었다. 이들은 자신들과 자신의 종교를 정의할 권리를 주장하는 것보다 더 대담한 일을 했다. 그들은 기독교를 정의할 권리도 주장했다.

예수 대 교회 기독교

베단타 학파에 의해 만들어진 동양인 그리스도는 정통적이면서도 비정통적이고, 급진적이면서도 전통적이었다. 예수가 신의 화신임을 강조했다는 점에서 비베카난다와 그의 후계자들은 19세기에서 20세기로 넘어가던 무렵 천국과 지옥, 죄에 대한 비난, 초자연적인 표적들에 대한 어조를 누그러뜨리는 자유주의 형태의 기독교로 향하던 동시대의 많은 개신교인들보다 신학적으로 더 보수적이었다. 그들보다 앞 시대의 인물인 람 모한 로이는 유니테리언주의자들을 동료 여행자라면서 그들에게 구애했지만, 베단타 학파는 유니테리언주의자들이 예수를 단지 위대한 사람으로만 보는 것을 비판했다. 그들은 예수는 모방하고 예배할 가치가 있는 신의 화신이라고 주장했다. 베단타 학파는 예수를 하나님의 아들이라고 일컫는 데 대해 편안하게 생각했으며, 예수가 다양한 기적을 일으켰다고 생각했다. 그들은 또한 박식한 개신교 설교자들과 성경 구절을 토론할 수 있을 정도로 오랫동안 성경을 읽어온 사람들이었다.

그럼에도 불구하고 예수의 신성의 성격에 대한 베단타 학파의 이해는 상당히 이단적이었다. 그들은 예수의 기적들을 인정하기는 했지만 기적을 일으키는 것은 힌두 요가 수행자들에게는 평범한 기술이라고 주장하며 그 기적들의 중요성을 폄하했다. 그리고 그들은 성서를 거듭 인용했지만, 대개 성서가 신의 영감을 받았다고 믿지는 않았다. 스와미 아브헤다난다는 브리검 영처럼 "과학적 조사의 빛"이 성서의 "황당하고 무의미한" 신화들을 비춘 것을 기뻐한다.[17] 물론 이런 견해를 보이는 아브헤다난다와 그의 동료들

---

17   Abhedananda, "Christ and Christmas," 195.

은 자유주의 개신교 학자들과 그리 다르지 않다. 기적이나 성경의 무오성에 별로 관심이 없었던 베단타 학파는 공허한 제의와 낡아빠진 신조들을 제거한 기독교(예수만의 종교)를 요구했다는 점에서 개신교 주류에 반대한 것이 아니라 이에 찬성한 것이다.

베단타 학파를(자유주의자든 근본주의자든) 그들 주위의 그리스도인들과 구분시키는 요소는 그들이 역사적 예수에 대해 전혀 관심이 없다는 것이었다. 그리스도인들은 대개 고대 지중해 세계에서 살았던 사람이었고 오늘날 신자들의 마음속에 살아 계신 구주인 역사적 예수와 살아 계신 그리스도 모두를 긍정해왔다. 그러나 예수의 추종자들은 실제로는 대개 이 중 어느 한쪽을 강조해왔다. 예를 들어 타르수스의 바울과 조셉 스미스는 역사적 예수보다 살아 계신 그리스도를 강조했다. 미국의 라마크리슈나 추종자들도 살아 계신 그리스도가 인간의 마음속으로 들어갈 수 있는 능력을 강조했다. 그러나 그들은 역사적 예수를 무시하는 데서 더 나아갔다. 많은 사람들이 실제로 역사적 예수를 부인했다.

19세기에서 20세기로 넘어가던 무렵 유럽에서 예수는 결코 존재한 적이 없었다는 견해가 어느 정도 부활하고 있을 때 미국의 그리스도인들은 대개 이 이론을 무시했으며 지도적인 개혁파 랍비들은 이를 반박했다. 그러나 베단타 학파는 이 이론에 의해 힘을 얻은 듯했다. 스와미 비베카난다는 처음에는 역사적 예수를 믿었지만 신기한 꿈을 꾼 뒤 예수가 실존 인물이었다는 데 대해 의심하게 되었다. 그러나 그런 의심은 그에게는 아무런 문제도 아니었다. 그는 "신약성서가 예수가 태어나고 나서 500년 안에 쓰였는지 여부는 전혀 중요하지 않다. 심지어 예수의 생애의 얼마만큼이 사실인지도 중요하지 않다"라고 썼다. "그러나 그 배후에는 우리가 본받기 원하는 뭔가가 있다." 스와미 아브헤다난다는 예수의 생애, 특히 그의 젊은 시절의 사건들은 "역사적 사실들에 근거한 것이 아니다"라는 점을 인정했다. 그리고 그는 자기가 복음서들이 만들어낸 가공의 인물이라고 보는 존재에 대해 전혀 어려움을 느끼지 않는다고 주장했다.

> 베단타의 제자들은 예수라는 인물이 실존 인물이었는지 여부, 베들레헴에서 동정녀에게 태어났는지 여부, 그가 구약의 예언 또는 이스라엘 집의 부족 신인 야훼의 약속의 성취였는지 여부, 유대 민족의 메시아적 희망이었는지 여부에 대해 신경쓰지 않는다. 그러나 베단타의 제자들은 우주적 로고스 또는 신의 말씀이 동일한 전능자의 다른 화신들에서와 같이 구주 그리스도의 뛰어난 인격 안에서 드러난 것을 인식한다.

시스터 데이야는 더 간결하게 같은 취지로 말했다. 그녀는 이렇게 썼다. "나사렛의 예수가 신화로 증명된다 할지라도" "그리스도는 여전히 살아 있을 것이다!" 그것은 이 베단타 학파에게는 예수가 사람이라기보다는 원칙, 역사적 실제라기보다는 영원한 이상에 더 가까웠기 때문이었다.[18]

역사적 예수에 대한 이러한 관심의 결여는 자아에 대한 전통적인 힌두교의 견해와 일치한다. 유대인들과 그리스도인들은 대개 "영혼과 몸은 하나의 존재"라는 토마스 아퀴나스의 인간관을 인정했지만, 힌두교인들은 인간의 본질은 영혼뿐이며 몸은 진정한 자아의 외면이라고 봐서 이를 묵살해왔다. 고대 그리스인들은 이 견해를 공유해서 개인은 본질적으로 영적인 존재이며, 몸은 무덤 또는 감옥으로 보았다. 그러한 그리스 문화에 영향

---

18   Vivekananda, *Complete Works*, 4.146; Abhedananda, "Christ and Christmas," 197, 198; Sister Daya, "Christ-Mass," *Message of the East* 12.10 (December 1923), 228.

을 받은 영지주의 그리스도인들은 예수를 완전한 신이지만 완전한 인간은 아닌 존재로 이해하는 것을 인정했다. 예수는 단지 몸을 가진 것으로 보였을 뿐이라는 것이다. 베단타 학파는 이러한 이단적인 견해를 취했다. 비베카난다는 예수가 "성욕을 잃은", "육체에서 이탈된 영혼"이라고 썼다. "십자가에 못박힌 것은 외관상 그렇게 보인 환각일 뿐이었다." 스와미 아브헤다난다는 예수의 몸을 "단순한 껍데기"라고 묘사했으며, 예수의 영혼은 그의 몸과 "분리되었다"고 말했다.[19]

베단타 학파는 모든 인간이 그리스도들이 될 수 있다고 주장함으로써 그리스도인들과 구분되었다. 아바타 그리스도와 마찬가지로, 동양인 그리스도는 역사적 존재가 아니라 되풀이되는 실재이며, "신을 의식하는 최고의 상태"가 존재하는 곳이면 어디에서나 발견될 수 있다. 아브헤다난다는 기독교, 힌두교, 불교, 또는 다른 어떤 종교를 통하든 "그 상태에 도달하는 사람은 누구나" "그리스도가 된다"라고 썼다. 사람들이 종교들 사이에 차이가 있다고 생각하는 것은 환상이다. 확실히 신조들과 제의들에는 큰 차이가 있다. 그러나 이러한 외면을 넘어서 내면을 볼 경우, 단순한 외관을 넘어 근저의 본질을 볼 경우, 세계의 모든 위대한 종교들은 동일한 영원한 진리를 설교하고 인간과 신의 합일이라는 동일한 목표를 위해 일한다는 점을 알게 될 것이다. 한 신이 여러 형태로 나타나는 것과 마찬가지로, "한 종교"에 "많은 측면들"이 있다. 베다 문헌들은 이 스와미들에 의해 규칙적으로 인용되는 한 문장에서 "진리는 하나"인데 "사람들이 이를 다른 여러 이름들로 부른다"라고 말한다. 또는 파라마난다가 말하는 바와 같이 "모든 위

---

19   Vivekananda, *Complete Works*, 4.145, 1.328; Swami Abhedananda, "Vedanta and the Teachings of Jesus," *Vedanta Monthly Bulletin* 3.9 (December 1907), 153.

대한 신앙들은 인간에게 인간과 신의 관계를 보여주기 위해 내려온 하나의 위대한 우주적 정신의 표현들이다."[20]

얼핏 보기에는 이러한 접근법은 놀라울 정도로 관대해 보인다. 그러나 더 조사해보면 이 견해는 충격적으로 대담하다. 베단타 학파는 단지 종교들의 유사성을 주장하기만 한 것이 아니다. 그들은 모든 종교들이 근본적으로 동등하다고 주장했다. 그리고 그들은 모든 인간에 의해 공유되는 하나의 종교를 묘사할 때 거의 전적으로 힌두교의 관점에서 정의해서 아바타들로 넘쳐나는 반면 신조들은 남아 있지 않았다. 비베카난다는 "인간의 보편적 종교가 될 수 있는 것은" "베단타이며, 베단타뿐이다"라고 썼다. 기독교에 대해서 베단타 학파는 아주 단호했다. 그들은 종교를 "예수 그리스도의 종교"와 "교회 기독교"라는 진정한 종교와 거짓 종교로 구분했다. 그러고 나서 그들은 예수("교리상의 그리스도"가 아니라 "보편적인 그리스도")의 권위에 의존해서 전통에 관해 그들이 틀렸다고 생각하는 모든 것들에 반대했다. 아브헤다난다는 "그리스도의 종교, 즉 진정한 기독교"에는 "교리, 신조, 체계, 신학이 없었다. 그것은 마음의 종교였고, 의식, 제의, 성직자 직분이 없는 종교였다"라고 썼다. 기독교에서 혐오감을 일으키는 모든 것들(원죄, 지옥, 대속, 몸의 부활 등)은 바울과 초기 교회 교부들을 통해 나중에 생겨났으며, 오늘날의 참된 기독교에서는 설 자리가 없다.[21]

그들 이전의 랍비 카우프만 콜러 및 에밀 허쉬와 궤를 같이해서 이들

---

20 Swami Abhedananda, *Why a Hindu Accepts Christ and Rejects Churchianity* (New York: Vedanta Society, 1901), 15; Paramananda, *Christ and Oriental Ideals*, 31, 19.

21 Vivekananda, *Complete Works*, 3.182; Abhedananda, *Why a Hindu Accepts Christ*, 1; Swami Paramananda, "Christ and the New Year," *Message of the East* 42.4 (October/ December 1953), 196.

베단타 학파는 예수, 성서, 크리스마스를 해석할 권리보다 훨씬 더 많은 것을 요구했다. 그들은 자신들이 그리스도인들보다 이러한 상징들을 더 잘 이해한다고 주장했다. 이 교사들 대부분은 그들의 멘토인 라마크리슈나처럼 자신들이 그리스도인이라고 주장하지는 않았지만 많은 이들이 좋은 그리스도인("삶을 사는" 사람)과 나쁜 그리스도인(그렇게 하지 않는 사람)을 구분할 수 있다고 주장했다. 스와미 아브헤다난다는 수백 편의 베단타 학파 크리스마스 설교들 중 하나에서 "베단타만이 우리가 그리스도의 영적 이상과 영적 크리스마스의 진정한 의미를 이해하도록 도와줄 수 있다"라고 대담하게 주장했다.[22]

미국의 가장 용감한 베단타 학파는 아마도 "요가 수행자 예수"를 그리도록 의뢰한 샌프란시스코 베단타협회 리더인 스와미 트리구나티타였을 것이다. 그는 "힌두교의 관점에서 본 나사렛의 예수"(1915-16)에서 대담하게도 베단타 학파의 논리적 결론을 피력했다. "교회 바깥에는 구원이 없다"는 뿌리 깊은 로마 가톨릭의 주장을 흉내 내서, 트리쿠나티타는 자아실현에 관한 베단타 학파의 가르침만이 "진리로 인도한다"라고 썼다. 그는 "세례와 그리스도를 구주로 영접하는 것이 당신을 구원할 수 있을 것인가?"라고 물었다. "그렇지 않다.…자아를 실현하지 못하면 성서, 교리, 세례가 당신을 구원할 수 없다." 트리구나티타의 입장은 다른 종교의 길들이 전혀 쓸모없다는 것은 아니었다. 다른 신앙들을 통해서도 신과 동등해지는 것을 실현할 수는 있었다. 그러나 그의 견해로는 누구든 자아실현의 도상에 있는 사람은 "진정한 베단타 신도"였다.[23]

---

22   Abhedananda, "Christ and Christmas," 198.
23   Swami Trigunatita, "Jesus of Nazareth from the Hindu Standpoint," *Voice of Freedom* 7.9

훨씬 뒤인 20세기에 로마 가톨릭 신학자인 카를 라너는 다른 종교를 믿고 있지만 그럼에도 불구하고 하나님의 은혜와 그리스도의 죽음으로 구원받은 사람들을 지칭하는 "익명의 그리스도인들"이라는 용어를 사용하게 된다. 그리스도인이 아닌 사람들이 그의 겸손을 좋아하지 않고 그를 비난한 것은 당연하다. 그러나 트리구나티타가 모든 진정한 구도자들을 익명의 힌두교 신자들이라고 본 것도 이에 못지않게 주제넘은 짓이었다. 그는 "당신이 어떤 방식, 어떤 방법으로 종교 생활을 영위하든(그리스도인이든, 무함마드교도이든, 불교 신자이든), 당신이 진지하게 진리를 추구하는 구도자라면 당신은 훌륭한 베단타 신도이며, 힌두교에 속한다. 힌두교가 당신의 종교다"라고 썼다.[24]

요가 수행자 예수

스와미 트리구나티타가 이런 말을 썼을 때 베단타협회는 영향력 및 숫자 양면에서 미국의 선도적인 힌두교 조직이었다. 스와미 요가난다의 도착으로 그 상황이 변했다. 세계종교회의에 참석하기 위해 미국에 왔던 비베카난다와 마찬가지로 요가난다(1893-1952)도 종교 간 컨퍼런스에 참석하러 미국에 왔다. 그는 1920년 보스턴에서 개최된 국제 종교 자유주의자 회의(International Congress of Religious Liberals)에 참석했다. 궁극적으로는 인도로 돌아간 비베카난다와 달리 요가난다는 미국(로스앤젤레스)에 집을 두고 미

(December 1915), 162, 168, 162.

24   Ibid., 162.

국 시민이 되었다.

전임자들보다 한 세대 젊었던 요가난다는 힘있는 연설가이자 유능한 조직가였다. 그는 힌두교를 미국의 상황에 열심히 적응시키는 사람이기도 했다. 그는 브루스 바튼의『미지의 인물』을 "멋진 책"이라고 칭찬했으며 바튼이 칭찬했던 광고 기법을 능숙하게 이용해서 자신의 임무를 수행했다. 그는 또 자신의 메시지를 치료에 관심을 보이는 미국의 새로운 성품 문화에 적응시켰다. 그는 "그리스도 의식" 배양에 관한 강의에 추가해서 "친구를 사귀는 신성한 기술", "더 호감이 가는 사람이 되는 방법", "역동적인 의지 개발하기"에 관해 강연했다. 그는 베단타 학파보다 자기 부인을 훨씬 덜 강조하고 자기실현을 훨씬 더 강조했다. "성품 개발하기"에서 그는 자기실현의 목표를 내면에 있는 "신의 성품"을 일깨우는 것이라고 묘사했다. 이러한 공격적인 적응은 상당한 보상을 안겨주었다. 1935년에 설립되어 현재 로스앤젤레스에 본부를 두고 있는 그의 자아실현협회(Self-Realization Fellowship; SRF)는 급속도로 미국 최대이자 가장 영향력 있는 힌두교 조직이 되었다.『어느 요가 수행자의 자서전』(Autobiography of a Yogi, 1946) 출간으로 요가난다의 영향력은 SRF 전성기 때의 15만 회원과 150개 센터를 훨씬 넘어서까지 확산되었다. 이 자서전은 1960년대와 1970년대의 대항문화에서 필독서가 되었다.[25]

『어느 요가 수행자의 자서전』은 요가난다와 그의 스승인 스리 유크테스와르 기리의 생애 이야기를 들려주는 것 외에도 크리야 요가라 불리는 요가난다의 독특한 힌두교 수행 형태를 간략히 설명한다. 크리야 요가

---

25   Paramahansa Yogananda, *The Divine Romance* (Los Angeles: Self-Realization Fellowship, 1994), 339; Paramahansa Yogananda, *Man's Eternal Quest and Other Talks*, 2판 (Los Angeles: Self-Realization Fellowship, 1982), 328, 155-59, 139-48, 420-30, 154.

는 다른 힌두교의 영적 기법들과 마찬가지로 탄생, 죽음, 재탄생이라는 끝없는 윤회에서 해방된다는 목표를 지향한다. 그러나 두 가지 차이가 있다. 첫째는 크리야 요가가 빠르고 쉬운 결과를 약속한다는 점이다. 미국인들이 음식이 빨리 나오기를 좋아하고 구원이 즉각적으로 오는 것을 좋아하므로 요가난다는 자신의 새롭고 개선된 요가를 신에게 가는 "비행기 노선"이라고 부른다. 그는 "**크리야 요가**는 이를 통해 인간의 진화가 빨라질 수 있는 도구다"라고 설명한다. "8시간씩 1,000번의 **크리야**를 수행하면 요가 수행자에게 1,000년 동안의 자연 진화에 해당하는 효과가 있다." 크리야 요가를 구분 짓는 두 번째 특징은 크리야 요가의 과학적 기법이다. 스승에게서 제자에게 전수되는 요가난다의 호흡법은 단전으로부터 영적 힘(kundalini)을 정수리에 있는 영적 중심부로 끌어 올려서 자아와 신의 합일이라는 인식의 정점에 도달하기를 갈망한다. 요가난다는 이 수행을 "과학적 해탈 기법"이라고 부르며 "성 요한, 성 바울, 기타 제자들"이 이를 이용했다고 주장했다.[26]

요가난다는 베단타협회 관련자들보다 기독교와 힌두교의 구분을 더 흐려 놓았다. 그는 거듭해서 신약성서를 인용했으며 그의 집 제단에 걸어 놓은 5개 아바타 그림 중 예수 그림이 중앙에 있었다. 요가난다는 또한 예수에 관해 많이 언급했는데, 그에게 예수는 비밀리에 크리야 요가를 수행하는 사람이었다. 즉 예수는 무엇보다 죽음에서 부활함으로써 상황(matter)에 대한 지배권을 보여준 "영적 거인"이었다. SRF 전승에 따르면 크리야 요가 창설자인 아바타 바바지는 예수와 지속적인 영적 교류를 하고 있

---

26   Paramhansa Yogananda, *Autobiography of a Yogi*, 4판 (New York: Philosophical Library, 1952), 249, 247, 354, 244.

었다. 사실 예수가 바바지에게 나타나 서양에 크리야 요가를 전파하기 위해 요가난다를 보내라고 말해서 요가난다의 미국 선교가 시작되었다.

베단타 학파와 마찬가지로 요가난다는 예수가 인간이 자신을 일깨워 본질적 신성에 도달한 많은 아바타 중 하나라고 말했다. 그러나 베단타 학파는 대개 예수를 동양인이라고 말했지만 요가난다는 그를 동양인이자 서양인, 즉 동서양을 종합한 사람으로 보았다. 1930년대와 1940년대에 그가 정규적으로 행한 연설인 "예수: 동서양의 그리스도"에서 요가난다는 예수를 아시아에서 태어나 미국에서 스승으로 받아들여짐으로써 동서양의 일치를 구현한 "동양과 서양 사이에 위치한 거인"이라고 불렀다.[27]

요가난다는 예수가 반복적으로 환생한다고 믿었기 때문에 그가 역사적 예수보다 살아 있는 그리스도께 더 초점을 맞췄다 해서 놀랄 일은 아니다. 라마크리슈나와 마찬가지로 그는 살아 있는 그리스도를 신비하게 만났다고 하며, 그것도 여러 번 만났다고 한다. 한번은 캘리포니아주 엔시니타스에 있는 그의 은신처에서 "그리스도의 생애의 영적 해석" 작업을 하던 중에 요가난다는 예수께 올바른 단어를 인도해달라고 간청했다. 그의 자서전에서 묘사한 바와 같이 그의 거실에 갑자기 파란 빛이 쏟아져 들어왔다.

나는 복되신 주 예수의 빛나는 형상을 보았다. 그는 턱수염과 콧수염이 듬성듬성한 25세 가량의 젊은이로 보였다. 중간에서 갈라진 그의 긴 흑발은 희미하게 빛나는 황금 후광으로 둘러싸여 있었다. 그의 눈은 언제나 놀라웠다. 내가 바라보고 있을 때 그의 눈은 무한히 변했다. 각각의 신적 표정 변화에서 나는 직관적으로 전달되고 있는 지혜를 이해했다. 그의 영광스

---

27   Yogananda, *Divine Romance*, 336; Yogananda, *Man's Eternal Quest*, 284.

러운 눈에서 나는 무수한 세상을 지탱하는 그의 힘을 느꼈다. 그의 입에 성배가 나타났다. 그 잔은 내 입술로 내려 온 뒤 예수께 돌아갔다. 잠시 후에 그는 내게 안심시키는 아름다운 말들을 해줬는데, 그 말들이 매우 개인적이어서 나는 이를 발설하지 않고 내 마음 속에만 간직한다.[28]

여기서 요가난다도 기독교를 받아들이지 않고서 예수를 사랑할 수 있는 방법을 발견했다. 요가난다도 예수와 기독교를 뚜렷이 구분하고 둘 모두에 대해 자신의 방식대로 해석하기를 고수했다. 그가 '예수가 요가난다 자신이 설교한 것을 실천했다'라는 결론에 도달한 것은 놀랄 일이 아니다. 자신이 그리스도인들보다 예수를 더 잘 이해한다는 그의 대담한 주장(토머스 제퍼슨, 스와미 비베카난다 등 다른 사상가들도 그와 같은 주장을 한다)은 주목할 가치가 있다. 요가난다는 거듭해서 "참된 기독교"에 대해 언급했는데 그의 견해로는 참된 기독교는 환생과 같은 유서 깊은 힌두 교리를 포함했다. 그는 또한 십자가 처형 및 부활과 같은 전통적인 기독교 교리들의 진정한 의미를 예언할 수 있는 능력이 있다고 주장했다. 예를 들어 요가난다에 의하면 그리스도의 진정한 재림은 개인들이 각성해서 "그리스도 의식"에 도달하는 것이었다. 그리고 그 의식의 진정한 좌석은 마음에 있는 것이 아니라 눈썹 사이에 위치한 일곱 번째 차크라에 있었다. 요가난다는 규칙적으로 힌두교와 기독교 사이의 유사성을 발견했으며 그러고 나서 이 유사성들을 동등성으로 요약했다. 요가난다가 우주적 생명력이라고 묘사한 고대 인도의 주문인 옴(Aum)은 성령과 동일했다. 신약성서에 나오는 예수의 가르침은 힌두경전 바가바드 기타에 나오는 크리슈나의 가르침과 "정확한 일치"를

---

28   Yogananda, *Autobiography of a Yogi*, 491.

보인다.[29]

　미국의 다른 여러 예수 해석자들처럼 요가난다는 거울을 세심히 바라보고 나서 자신의 형상에 따른 예수를 만들어냈다. 그러나 그는 여기서 더 나아갔다. 그는 자신의 이미지가 참된 이미지이며, 자신이 바울이나 아우구스티누스보다 예수를 더 잘 이해했고, 자신이 최소한 마르틴 루터나 조너선 에드워즈만큼 예수를 존경한다고 주장했다. 요가난다는 "예수: 동서양의 그리스도"에서 "나는 때때로 예수를 믿느냐는 질문을 받는다"라고 썼다. "나는 이렇게 대답한다. '왜 그런 질문을 하는가? 우리 인도인들은 아마도 당신들보다 예수와 그의 가르침들을 더 존경할 것이다.'"[30]

　스와미 요가난다는 1952년에 사망했지만, 그가 설립한 거의 500개의 SRF 센터(자체 집계에 따르면 54개국에 거의 500개가 있다) 덕분에 그의 선교는 아직도 살아 있다. 오늘날 이 센터들이 생기를 띠게 하는 한 가지 원칙은 모든 종교의 평등이다. 로스앤젤레스 외곽의 퍼시픽 팰리세이드에 있는 자아실현협회 레이크 사원에는 방문객들이 사색에 잠겨 호수 주위를 걸으면서 힌두교, 불교, 유대교, 기독교 및 이슬람교의 진리들을 명상하도록 격려하는 종교들의 뜰(Court of Religions)이 있다. 현장의 선물 가게에서는 요가난다와 그의 스승, 크리슈나와 예수 등의 아이콘들이 포함되어 있는 제단들이 활발하게 팔리고 있다. 미국 전역의 SRF 센터들에서 경건한 예수 그림들(대개 호프만이 그린 "그리스도 두상")도 볼 수 있는데, 이 센터들도 베단타 협회들처럼 크리스마스 시즌을 동양인 그리스도와 교제할 수 있는 시간으

29　Yogananda, *Divine Romance*, 335; Yogananda, *Autobiography of a Yogi*, 332, 370; Yogananda, *Man's Eternal Quest*, 285.

30　Yogananda, *Man's Eternal Quest*, 289.

로 축하한다.

베단타협회와 SRF를 통해 예수는 미국의 힌두교에서 환생했다. 브루스 바튼과 워너 샐먼은 예수를 미국의 기독교 내부에서 유일한 구주로 부활시켰지만, 선구적인 이 힌두교 스승들은 수백만의 신들이 있고 각각의 신들이 여러 번 나타나는 방대한 힌두교 서사시 내부에서 예수에게 생명을 부여했다. 이 우주적인 드라마에서는 신이 인간사에 한 번만 강림하는 것이 아니라 계속해서 반복적으로 강림한다.

부처가 될 존재

미국의 불교 신자들은 대개 크리스마스를 축하하지 않지만 최소한 소수는 예수를 존경하며 그들도 예수를 자신들의 형상대로 고쳐 만들었다. 미국의 불교 신자들은 3-400만 명으로 추산되며 공식적으로 불교로 개종하지는 않았지만 불교의 관습을 배양하거나 불교적 세계관을 가진 많은 동조자들이 있다. 이 불교 신자들은 기본적으로 두 범주로 분류될 수 있다. 한편으로는 문화적 불교 신자, 즉 자신의 신앙을 선택한 것이 아니라 물려받은 "한 번 태어난" 사람들이 있다. 타고난 불교 신자들에는 아시아 국가로부터의 이민자들이 많지만, 이 범주에는 미국에서 여러 세대 동안 활동해온 미국 불교 사원과 같은 그룹의 수행자들도 있다. 다른 한편으로는 대항문화 불교신자, 즉 개신교, 가톨릭 또는 유대교 (또는 "기타" 종교) 신자로 양육되었으나 불교 또는 일정한 형태의 불교 수행을 통해 전향한 "두 번 태어난" 사람들이 있다. 개종한 불교신자들에는 진지한 수행자들이 많으며 일부는 승려나 여승이 되기도 했다. 다른 사람들은 책이나 간헐적인 주말 피정이 불교신앙생활의 대부분인 파트타임 신자들이다. "두 번 태어난" 불교도 공동체 안에도 "한 번 태어난" 불교도, 즉 1960년대와 1970년대 개종자들의 자녀들이 있다. 미국에서는 대항문화 불교 신자들이 언론의 주된 관심 대상이지만 그럼에도 문화적 불교 신자들의 수가 훨씬 많아서 모든 불교 수행자들의 약 3/4을 차지한다.

미국 힌두교 안에서와 마찬가지로 미국 불교 내부에서는 예수에 대한 관심은 비트 세대 작가인 잭 케루악과 같은 개종자 사이에서 가장 높은 듯하다. 케루악은 『멕시코시티 블루스』(*Mexico City Blues*, 1959)에서 예수와 부처 모두에 대한 신앙을 고백했다. 소위 "서점 불교신자", 즉 대부분의 불교의 교훈을 스승보다는 텍스트에서 얻는 사람 중에서는 불교신자의 예수 해석에 대한 수요가 1990년대에 특히 강했다. 그러한 수요의 많은 부분이 달라이 라마와 틱낫한이라는 두 저자에 의해 충족되었다.

티베트 사람들의 영적·정치적 망명 지도자인 달라이 라마(1935년 출생)는 1990년대의 불교 번성기 때 미국에 와서 불교의 화신이 되었다. 주류 개신교 설교자들이 권력의 전당(및 「타임」 커버스토리)에서 밀려나는 시대에 달라이 라마는 「타임」 커버에 등장했고 조지 H. W. 부시, 빌 클린턴, 조지 W. 부시 등의 미국 대통령과 몇 차례 면담했다. 그의 생애는 1997년에 2편의 고예산 할리우드 영화인 "쿤둔"(*Kundun*)과 "티베트에서의 7년"(*Seven Years in Tibet*) 제작을 고취했다.

수십 년 동안 불교와 기독교 간의 대화에 활발하게 관여해 온 달라이 라마는 1968년 인도의 다람살라에 있는 자신의 망명자의 집(home-in-exile)에서 가톨릭 저자인 토머스 머튼을 포함한 다른 수도승들과 같이 명상 수행에 관해 토론했다. 그러나 그는 요가난다 스타일의 종교 일치에는 관심을 보이지 않았다. 머튼은 한때 "비평, 시스템이나 종교로서 연구되면 선

(禪)과 가톨릭은 물과 기름처럼 섞이지 않는다[31]"라고 말했다. 달라이 라마는 불교와 기독교를 결합하려는 노력을 "야크의 머리를 암소의 몸통에 붙이려고 노력하는 것"과 같다고 했다.

그러나 달라이 라마는 최소한 예수가 속담에 나오는 방 안의 코끼리처럼 누구나 그에 대해서 문제라고 알고는 있지만 아무도 얘기하지 않는 존재 역할을 하는 미국에서는 예수를 무시할 수 없다는 것을 발견했다. 달라이 라마를 만난 많은 그리스도인들은 그의 비폭력, 겸손한 태도, 뛰어나 보이는 영적 상태를 가리키며 그를 예수와 비교했다. 그러나 달라이 라마는 그런 비교에 반대했다. 그는 1993년 「뉴욕 타임즈」에 "나를 예수와 비교하지 마시오. 그분은 위대한 교사입니다"라고 말했다. 예수에 대한 달라이 라마의 가장 광범위한 언급은 『착한 마음: 예수의 가르침에 대한 한 불교 신자의 관점』(The Good Heart : A Buddhist Perspective on the Teachings of Jesus, 1996)에 나온다. 그곳에서 그는 산상수훈을 붓다의 최초의 설교와 비교하며, 두 창시자들이 이야기와 비유를 통해 가르치는 경향이 있음을 주목한다. 예를 들어, 예수와 붓다 모두 "단순성과 소박함"을 설교했다. 붓다와 그의 승려들은 손에 탁발을 들고 구걸하면서 인도 전역을 돌아다녔고 예수는 그의 제자들에게 "여행을 위해 음식, 지팡이, 짐 꾸러미, 돈 등 아무것도 가지고 가지 말라"라고 말했다.[32]

궁극적으로 달라이 라마는 예수를 높게 평가한다. "불교 신자인 내

---

31   John W. Healey, "When Christianity and Buddhism Meet," *Commonweal* 124.1(January 17, 1997), 11-13.

32   Claudia Dreifus, "The Dalai Lama," *The New York Times* (November 28, 1993), 6.52; Dalai Lama, *The Good Heart: A Buddhist Perspective on the Teachings of Jesus* (Boston: Wisdom Publications, 1996), 96.

게…예수는 완전히 각성한 존재 또는 매우 높은 영적 성취를 이룬 보살이다."[33] 많은 불교 신자들에게는 완전한 자비심을 배양한 부처가 될 존재인 보살은 인간의 성취의 정점이기 때문에 이는 참으로 높은 찬사다. 이는 또한 예수에 대한 또 하나의 영리한 해석인데, 여기서 예수는 메시아가 될 운명이 아니라 성불할 운명이다.

달라이 라마 다음으로는 그와 자주 비교되는 틱낫한(1926년 출생)이 미국에서 가장 영향력 있는 불교계 인사다. 1966년에 베트남 전쟁을 비판한 뒤 프랑스로 망명한 베트남 선승(禪僧)이자 테이(Thây)인 틱낫한은 프랑스의 플럼 빌리지라는 불교 공동체에서 살고 있다. 그는 규칙적으로 미국 여행을 하는데, 그곳에서 그는 자신이 불교의 사회복음 형태를 가리키기 위해 작명한 "참여 불교(engaged Buddhism)"의 선도 기관들인 파랄랙스 프레스(Parallax Press)와 상즉종(相卽宗, Order of Interbeing) 등 다양한 기관에서 활발하게 활동하고 있다. 틱낫한도 토머스 머튼을 만났으며, 수십 년 동안 불교-기독교 대화에 참여해왔다. 그러나 달라이 라마와 달리 틱낫한은 종교 전통들을 혼합하는 데 전혀 거리낌이 없었다. 그는 자신의 집 제단에 붓다와 예수의 사진을 모두 가지고 있었으며 예수를 자신의 "영적 조상들" 중 하나로 채택했다.[34]

예수에 관한 틱낫한의 저술 중 『살아 계신 붓다, 살아 계신 그리스도』(Living Buddha, Living Christ, 1995)와 『귀향: 예수와 붓다가 형제로 귀향하다』(Going Home: Jesus and Buddha as Brothers, 1999)가 1990년대 베스트셀러 불교 서

---

33   Dalai Lama, *The Good Heart*, 83.

34   Thich Nhat Hanh, *Going Home: Jesus and Buddha as Brothers* (New York: Riverhead, 1999), 195.

적에 포함되었다. 두 책에서 그는 요가난다와 같이 두 종교 사이에 존재하는 유사성을 발견하고 나서 이 유사성들을 동일성으로 등치시켰다. 그래서 유념(mindfulness)은 성령이고, 열반과 하나님은 존재의 근거이며, 환생과 부활은 하나이고 동일하다. 예수와 붓다는 일란성 쌍둥이들은 아니지만 최소한 동일한 영적 공동체에 속하고, 똑같이 묵상에 숙달되어 있고, 똑같이 유념과 동정심 배양에 헌신된 "형제들"이다. 그에 따르면 붓다는 "거듭났고", 예수는 "각성"했다. 그들은 "매우 거룩하고, 매우 심오했고, 매우 위대했다."[35]

교황을 비난할 기회나 대담함을 가진 불교 저자는 많지 않다. 그러나 틱낫한은 그렇게 했다. 『살아 계신 붓다, 살아 계신 그리스도』는 명백히 요한 바오로 2세의 『희망의 문턱을 넘어』(Crossing the Threshold of Hope, 1994)에 대한 대응이었다. 그 책에서 교황은 제2차 바티칸 공의회 이후의 종교간 대화에 대한 가톨릭교회의 열의를 확인했지만, 계속해서 불교를 "세상에 무관심한…'무신론 체계'"라고 규정하고 독자들에게 불교의 명상에 내포된 위험에 대해 경고했다. 그는 또한 예수를 "완전히 독창적이고 독특한" 존재, 구원에 이르는 하나의 유일한 문지기라고 묘사했다. 틱낫한은 이에 대응해서 예수에 대한 교황의 주장이 편협하고 피상적이라고, 즉 "삼위일체의 하나됨의 깊은 신비"에 충분히 주의를 기울이지 않는다고 일축했다. 예수의 독특성에 관한 교황의 주장에 대해 그는 이렇게 대답했다. "물론 그리스도는 독특하다. 그러나 독특하지 않은 사람이 누가 있는가? 소크라테스, 무함마드, 붓다, 당신과 나 모두 독특하다. 그 주장의 배후에는 기독교가 유

---

35   Nhat Hanh, *Going Home*, 91; Thich Nhat Hanh, *Living Buddha, Living Christ* (New York: Riverhead Books, 1995), 37.

일한 구원의 길을 제공하며 다른 모든 종교들은 소용없다는 주장이 깔려 있다. 이런 태도는 대화를 배제하고 종교적 불관용과 차별을 조장한다. 그것은 도움이 되지 않는다."³⁶

여기서 이 비그리스도인은 예수를 자신이 적절하다고 보는 대로 해석할 권리보다 훨씬 더 대담한 주장을 하고 있다. 틱낫한은 불교 승려이면서도 자신이 예수와 예수의 가르침에 대해 더 잘 이해한다고 주장하면서 삼위일체의 신비에 관해 교황을 가르치려 하고 있다. 예수에 관한 달라이 라마의 책은 하나의 대화로 쓰였고, 그 책에서 달라이 라마는 (자신의 말을 주의 깊게 한정함으로써) 자신이 예수를 존경한다는 겸손함을 보였지만, 테이(틱낫한)는 훨씬 더 대담하다. 그는 자신이 "예수의 다르마"라 부르는 것에 대해 상세하게 해석하면서, 영혼 및 내세와 같은 사안들에 대한 기독교와 불교의 신학적 차이를 "피상적"이고 "실제가 아니"라며 일축한다. 그는 "최고의 신학자는" "신에 대해 결코 말하지 않는 사람이다"라고 주장한다.³⁷

『귀향』에서 틱낫한은 그리스도인들을 향해 십자가에 달린 예수의 그림을 "연좌에 앉아 있는 그림 또는 명상하며 걷고 있는 그림" 등 보다 긍정적인 그림들로 바꾸라고 도전한다.³⁸ 가톨릭 화가인 유진 올리버가 샌프란시스코 베단타협회를 위해 '요가 수행자 그리스도'를 그린 것이 바로 여기에 해당했다. 그들의 매체는 시각 자료가 아니라 텍스트였지만 달라이 라마, 틱낫한 그리고 비베카난다와 요가난다 등의 스와미들은 모두 유사한 프로젝트에 관여했다.

---

36   Pope John Paul II, *Crossing the Threshold of Hope* (New York: Alfred A. Knopf, 1994), 86, 45; Nhat Hanh, *Living Buddha*, 193.

37   Nhat Hanh, *Going Home*, 140, 15, 8.

38   Ibid., 46.

종교들의 국가

자신의 저서 『여러 세기를 통틀어 본 예수』(*Jesus Through the Centuries*, 1985)에서 야로슬라프 펠리칸은 예수는 이제 더 이상 서양에만 속하지 않는다고 설득력 있게 주장했다. 한국, 일본, 중국의 그리스도인들 모두 예수를 주님이라고 부른다. 이 책이 나온 지 20년이 지난 지금, 이 점이 너무 명백해서 이에 대해 반복할 가치조차 없는 듯하다. 그러나 예수가 최소한 미국에서는 더 이상 그리스도인들에게만 속하지 않는다는 점은 반복할 가치가 있다. 19세기 말 이후 미국의 힌두교 신자들과 불교 신자들은 예수에 관한 질문을 제기해왔으며, 1965년 이후 이민 붐의 와중에도 그들의 영향력은 증가해왔다. 오늘날 달라이 라마를 따르는 미국인들은 예수를 보살이라고 생각한다. "요가 수행자 그리스도" 그림이 걸려 있는 샌프란시스코 베단타 협회 회중들은 예수를 "영력"이 매우 발달된 "위대한 요가 수행자"로 포용한다. 하레크리슈나 교도들은 예수를 그들의 최고 지배자인 크리슈나의 화신으로 영접하며 도교 신자들은 예수를 "영원한 도"라고 부른다.[39]

비베카난다, 트리구나티타, 요가난다의 대담함을 상기해보라. 비베카난다의 말을 빌리자면 그들의 예수 예배는 "억제되지 않고 자유로웠다." 이들은 모두 예수를 기독교와 고대 팔레스타인의 족쇄에서 해방시켜 현대 미국의 힌두교인들의 마음속에 태어나도록 초청했다. 파라마난다에 의하면 예수에 관한 그리스도인들의 독점적 견해(예수가 자신들의 소유이며 자신들만의 소유라는 견해)는 "전쟁과 불관용"만을 낳았을 뿐이다. 베단타 학파

---

39 Jackson, *Vedanta for the West*, 84; Hieromonk Damascene, *Christ the Eternal Tao* (Platina, Calif.: Valaam Books, 1999).

의 보다 세계주의적인 접근법은 "완벽한 조화와 보편적 관용"을 가져다줄 것이다. 이러한 종교 대가들은 모두 종교의 연합을 설교했지만, 이들은 또한 올바르게 이해된다면 세계의 모든 종교들은 힌두교의 진리로 수렴될 것이라고 주장했다. 예수는 힌두교도였고, 그의 참된 제자들도 모두 힌두교도였다. 베단타협회와 자아실현협회 회원들은 다원주의적이면서도 기독교적인 국가에서 겨우 살아남기만 한 것이 아니었다. 그들은 대담하게도 예수를 힌두교의 영웅으로 생각하고, 미국을 힌두국가로 보았다. 틱낫한의 사역과 (이보다는 덜하지만) 달라이 라마의 사역에서도 이와 유사한 대담성이 드러난다. 그리고 미국인들이 고를 수 있는 예수의 이미지 메뉴에 아바타, 요가 수행자, 보살, 부처가 될 존재가 추가되었다.[40]

예수가 오늘날 미국에서 인기 있는 이유는 부분적으로는 시민들의 압도적 다수가 그리스도인이기 때문이다(이는 19세기와 20세기의 미국 그리스도인들에 의해 일어난 수많은 예수의 부활 덕분임을 주목해야 한다). 그러나 그리스도인들이 예수에 관한 해석에 대한 독점권을 유지했더라면 예수는 전국적 아이콘이 되지 않았을 것이다. 전국적 아이콘으로서의 그의 지위는 대체로 미국의 자유사상가, 유대인, 힌두교도와 불교도들이 공모해서 기독교로부터 예수를 탈취해서 (바울의 말로 표현하자면) 그를 "모든 사람들에게 모든 것"이 되도록 해방시킨 대담한 노력 덕분이라고 할 수 있다. 이민자들의 나라가 시크교, 힌두교, 유교, 불교 신자들이 거주하는 종교들의 나라가 됨에 따라 구할 수 있는 예수의 폭도 확대되었다. 이러한 아시아 종교 신자들은 예수를 자신의 형상대로 만드는 것 이상의 일을 하고 있다. 그들은 예수를 미국의 형상대로 만들고 있다.

---

40   Vivekananda, *Complete Works*, 4.152; Paramananda, *Christ and Oriental Ideals*, 50.

HOW THE SON OF GOD BECAME A NATIONAL ICON

랄프 코작의 "웃고 있는 예수" (*Jesus Laughing*)는 중세의 "슬픔의 사람" 전통과 현저히 대비된다.

_ PRAISE SCREEN PRINTS에 의해 1977년에 저작권 등록됨. WWW.JESUSLAUGHING.COM

결론

예수가 [자유자재로 변하는 모습과 예언력을 가진 바다의 신인] 프로테우스처럼 다양한 형태를 갖고 있는 나라에서 어떤 형태가 최고의 자리를 차지하는지를 특정하기는 어렵다. 그러나 웃는 예수가 이에 들어맞을 수도 있는데, 이는 이 그림 속의 예수가 묘지에서 태어난 것으로 보이기 때문이다.

허버트 이튼 박사가 1917년에 캘리포니아주 글렌데일에 포레스트론 추모공원(Forest Lawn Memorial Park)을 세웠을 때 그의 목표는 유쾌한 묘지를 만드는 것이었다. 이 공원의 설립 신화에 따르면 이튼은 1917년 새해 첫날 차를 운전하고 자신이 관리하고 있던 낡은 묘지에 갔다. 이 음울한 곳을 둘러보면서 그는 이곳을 새로 단장하기로 다짐했다. 그는 일부는 약속이고 일부는 고백인 진술을 간단히 적어두었는데 이 메모는 현재 "창립자의 신조"로 기념되고 있다. 이 메모에서 이튼은 자신의 묘지를 "햇빛이 어둠과 다르듯, 영생이 죽음과 다르듯 여타 묘지들과는 다른 묘지…보기 흉한 기념물들과 이생의 죽음을 상징하는 기타 관습적인 표지들이 없고, 대신 우뚝 솟은 나무, 넓은 잔디밭, 후두둑 떨어지는 분수, 노래하는 새, 아름다운 꽃들로 가득한 곳, 내부는 빛과 색채들로 가득하고 세계 최고의 역사와 로맨스들을 생각나게 하는 고상한 추모관"으로 만들겠다고 다짐했다. 그는 이 맹세에 쾌활한 기독교의 세 가지 신조를 덧붙였다. "나는 행복한 영생을 믿는다. 나는 우리 남겨진 사람들은 그분을 믿고서 우리보다 먼저 떠나간 사람들이 더 행복한 삶으로 들어갔다는 확실한 믿음 안에서 즐거워해야 한다고 믿는다. 나는 무엇보다 웃으시면서 당신과 나를 사랑하시는 그리스도를 믿는다."[1]

이후 몇십 년 동안 이튼은 포레스트론을 미국에서 가장 크고 수익성이 좋은 묘지 중 하나로 전환시켰다. 그는 묘비를 잔디와 같은 높이의 기념표지로 대체했다. 그는 예배당들을 세우고 부자와 유명 인사들의 결혼식을 유치했다. 그는 또한 죽은 사람들을 "사랑받는 사람들"이라고 부르고, 묘지를 "추모 공원"이라고 부르며, 자신의 묘지에서 죽음에 대한 전통적인 수사를 몰아냈다. 이러한 노력들로 인해 이튼은 미국의 유쾌함을 몹시 싫어하는 영국 작가인 에벌린 워(『사랑받는 사람들』[*The Loved Ones*, 1948]에서)와 제시카 미트포드(『미국의 죽는 방식』[*The American Way of Death*, 1963]에서)에 의해 신랄하게 풍자되었다. 미국의 많은 지식인들은 영국의 지식인들처럼 키득거렸지만 미국의 보통 사람들은 이곳에 모여 들어서 이곳을 남부 캘리포니아 지역에서 관광객이 가장 많이 몰려드는 곳이 되게 했다. 브루스 바튼은 많은 사람들을 대표해서 포레스트론을 "떠난 사람들을 위한 고상한 안식처이자 산 사람들을 위한 영원한 기쁨"이라고 칭찬했다. 그는 이튼을 대변하여 미국의 모든 묘지들에게 포레스트론의 접근법을 채택하라고 도전했다. 바튼은 "그렇게 되기 전에는 우리는 우리 자신을 진정한 기독교 국가라 부를 수 없을 것이다"라고 썼다. "왜냐하면 우리는 사랑하시고 웃으셨던 주님… 자신이 돌아가시기 바로 전날 밤에 '힘 내라, 내가 세상을 이겼다', '내가 살

---

1   Ralph Hancock, *The Forest Lawn Story* (Los Angeles: Academy Publishers, 1955), 63.

기 때문에, 너희도 살 것이다'라고 말씀하신 분을 예배하기 때문이다."[2]

포레스트론이 22만 제곱 미터(약 67,000평)에서 120만 제곱미터(약 369,000평)로 확장되자, 이튼은 이곳을 레오나르도 다빈치의 "최후의 만 찬"(*Last Supper*) 복제품(스테인드글래스에 그린 작품)과 얀 스티카의 거대한 원 작 그림인 "십자가 처형"(*The Crucixifion*) 등 예수 예술로 채웠다. 그러나 그 에게는 여전히 "환하게 웃는 그리스도"가 없었다. 1950년대 초의 어느 시 점에 이튼은 엄한 그리스도 그림들에 싫증을 느끼게 되었다. 그는 "그리스 도가 애정이 있고 웃는 구주였음에도 불구하고 기독교가 그분을 슬픔의 사람으로 만드는 것은 비극적인 잘못이다"라고 썼다. 그래서 그는 이탈리 아 화가 사회를 대상으로 환하게 웃는 그리스도를 가장 잘 그린 그림에 현 상금을 주는 대회를 열었다. 출품작 중 이튼의 인정을 받은 작품이 없어서 아무도 상금을 받지 못했다. 많은 그림들은 웃지도 않았고, 침착한 그림들 은 이튼의 말로 표현하자면 "어딘지 슬퍼 보이고 확실히 유럽인의 얼굴"이 었다." 이튼은 "내가 찾고 있는 그림은 밝음으로 가득차고, 내적인 즐거움 과 희망의 빛을 지니고 위를 바라보는 그리스도다. 나는 미국인의 얼굴을 한 그리스도를 원한다"라고 설명했다.[3]

조지 산타야나는 언젠가 "미국 생활은 강력한 용매다. 그것은 아무리 어렵고 이질적이라 해도 모든 지적 요소들을 중립화하고 이를 고유한 선 의, 자기만족, 경솔함, 낙천주의 안으로 용해하는 듯하다"라고 썼다.[4] 이 용

---

2   Bruce Barton, "A First Step Up Toward Heaven," *Art Guide of Forest Lawn* (Glendale, Calif.: Forest Lawn Memorial-Park Association, 1963), iii에 수록된 글.

3   Hancock, *The Forest Lawn Story*, 159 "Wanted: the American Smile," *Time* (May 19, 1952), 84.

4   George Santayana, *The Character and Opinion of the United States* (New York: Charles Scribners Sons, 1920), John Bartlett 편, *Familiar Quotations*, 14판 (Boston: Little, Brown

매는 상당 기간 영적 채찍과 당근, 지옥의 위협과 천국의 약속, 지옥의 짐과 은혜의 선물, 성 금요일과 부활절에 마음이 끌렸던 미국의 그리스도인들에게 강력한 영향을 끼쳤다. 1887년에 헨리 워드 비처가 사망했을 때 그의 가족들은 애도하기를 거부했다. 그들은 초상집에서 철야하는 대신 파티를 열었다. 즉 그들은 그의 집 정문에 관습적인 검정색 잔주름이 있는 얇은 판 모양의 고무 대신 장미꽃이 가득한 "꽃의 장례식"을 거행했다. 20세기 중반, 기독교 상품 판매자들은 미국인들이 더 이상 십자가에 못박힌 그리스도 그림들에 마음이 끌리지 않는다는 것을 깨닫고서 유쾌한 예수의 상반신 초상에 그들의 마케팅 노력을 쏟아 부었다. 10-20년 뒤에 대형 교회 목사들은 마케팅 설문조사 결과를 통해 그들의 목표 시장은 타락과 사망에 대해 듣는 데 싫증을 느끼고 있음을 알게 되었다. 그래서 그들은 죄의 삯에 대해 말하기를 중단하고 그들의 교회에서 십자가를 없앴다. 오늘날 미국의 가톨릭, 감리교, 성공회, 루터교, 장로교 신자들 가운데 약 다섯 명 중 한 명만 악마를 믿으며, 거듭난 그리스도인들의 77%가 인간은 "기본적으로 선하다"라고 말한다.[5]

유럽인들에게는 이질적이지만 미국인들에게는 익숙한 이러한 보편적인 낙관주의도 이튼의 생전에는 "환하게 웃는 그리스도" 그림을 만들어 내지 못했다. 헨리 워드 비처는 브루클린 플리머스 회중교회의 부유한 회중들에게 "쾌활하고, 서글서글하고, 아주 매력적인" 예수를 제공했다. 그는 회중들에게 예수를 따른다는 것은 "세상에서 가장 행복한 사람이 되는 것

and Co., 1968), 867에 인용된 글.

5   "Barna Poll on U.S. Religious Belief-2001," http://www.adherents.com/misc/BamaPoll.html; George Barna, *What Americans Believe* (Ventura: Regal, 1991), 89.

이다"라고 확신시켰다. 그리고 『미지의 인물』에서 브루스 바튼은 행복 추구를 종교적 목표로 승격시켰다. 바튼은 하나님은 "자기 자녀들이 행복해지기를 원하는 행복한 신"이며, 예수는 "지금까지 살았던 사람 중 가장 다정한 사람"이라고 썼다. 그러나 이튼은 1966년에 사망할 때까지 감히 "슬픔의 사람"이라는 전통에서 그처럼 단호하게 벗어나고자 하는 화가를 찾을 수 없었다. 1987년에 가톨릭 월간지 「리구리안」 4월호 표지에 실린, 랄프 코작이라는 화가가 그린, 머리를 뒤로 젖히고 웃음을 터뜨리는 호방하게 웃는 예수 그림이 바로 여기에 부합하는 그림이었다. 20세기가 끝날 즈음에 환하게 웃는 그리스도 그림은 도용될 정도로까지 널리 퍼졌다. "도그마"(Dogma, 1999)라는 영화에서, 어느 가톨릭 성직자는 구식의 십자가상을 웃음 짓고, 윙크하는 등으로 삶을 격려하는 유별나게 행복한 "친구 그리스도"로 대체하겠다고 다짐했다.[6]

예수의 문화적 예속

미국인의 특성에 관한 획기적인 연구인 『고독한 군중』(The Lonely Crowd, 1950)에서 사회학자 데이비드 리스먼(과 공동 저자인 네이선 글레이저 및 레우엘 데니)은 3가지 주요 성격 유형을 발견했다. "전통 지향형" 인간은 조상들에 의해 기록된 규칙을 따른다. "내부 지향형" 인간은 그들의 부모에 의해 제시된 규칙을 따른다. "타인 지향형" 인간은 동료들의 인정을 받기 위

6　Beecher, *The Life of Jesus*, 343; Henry Ward Beecher, *Yale Lectures on Preaching* (New York: Fords, Howard, and Hulbert, 1892), 1.190–91; Barton, *The Man Nobody Knows*, 75, 58.

해 기꺼이 규칙을 왜곡한다. 리스먼에 따르면 처음 두 유형은 탈공업화 서비스 지향 사회에 적응하기 어려운 반면 타인 지향형은 서비스 사회에서 번성한다. 예수는 최소한 미국에서는 전형적인 타인 지향형 성격의 소유자다. 사람들을 즐겁게 하는 데 열심인 예수는 동료들에게 사랑받기 위해 모든 사람들에게 모든 것이 되어 자신의 메시지와 외모를 적응시켰다. 비판자들은 헨리 워드 비처가 미국의 양심을 일깨우는 것이 아니라 여론 동향에 비위를 맞춘다고 비난했지만 미국의 예수는 점점 더 문화적 바람의 변화에 적응했다. 핵심적인 자아의식이 없는 그는 테디 루스벨트 시대에는 운동으로 근육질을 만들고, 대항문화 전성기에는 머리를 길게 늘어뜨리는 등 최신 유행을 좇는 데 가장 큰 관심을 기울이는 듯하다. 미국인들은 예수가 광란의 군중들보다 뛰어난 사람이라고 칭찬하면서도, 그가 자신들과 마찬가지로 행동하고 말할 때 가장 큰 박수갈채를 보냈다. 그들은 자기들이 웃고 있다면 예수도 같이 웃기를 원했다.

1930년대에 예일 신학교 교수인 리처드 니부어는 바로 이런 상황을 염두에 두고 문화에 대한 "교회의 예속"을 비난했다.[7] 미국의 실험이 전개됨에 따라 미국인들은 점차 예수를 신성, 교리, 심지어 기독교 자체로부터도 해방시켰다. 19세기의 복음 각성기에 태어난 예수는 남북 전쟁 뒤에 자유주의 개신교의 후원 아래 한 사람이 되었고, 그다음에는 유명인사가 되었다. 20세기에 비그리스도인들이 그를 포용해서 전국적 아이콘으로 변화시킴에 따라 예수는 기독교라는 자신의 집을 떠나 자립했다. 그러나 이처럼 속박에서 풀린 예수는 결코 완전히 자유롭지는 않았다. 과거에서 해방

---

7   H. Richard Niebuhr, Wilhelm Pauck, and Francis Miller, *The Church Against the World* (New York: Willet, Clark, 1935), 128.

된 그는 현재의 포로가 되어 감상적 문화, 남성성 운동을 거쳐 1960년대의 과잉에 예속되었다.

『세상에 맞서는 교회』(*The Church Against the World*, 1935)에서 니부어는 미국이 자기 자신과 연애를 벌이고 있고 미국 기독교가 미국 문화에 심취해 있다고 도전했다. 끊임없이 변하는 교회와 세상 사이의 관계에 초점을 맞춘 니부어는 추(pendulum)가 갈등과 제휴, 철수와 관여 사이를 오갔음을 발견했다. 제1차 세계대전 초기 및 대공황이 한창이던 때 이 책을 저술한 니부어는 현대에는 하나님이 너무 친절해졌고 교회와 문명은 너무 안락해졌다고 주장했다. 그는 교회가 "불가피하게 개종한 황제와 정부, 상인과 기업가와 제휴하고, 문화 안에서 평화롭게 살 때에는" "신앙이 그 힘을 잃고…규율이 느슨해지며, 회개는 형식적으로 되고, 부패가 우상숭배와 함께 들어오고, 교회가 자신이 후원한 문화와 연결되고, 이에 따라 부패하게 된다"라고 썼다. 그래서 그는 "현 세대의 과제는 교회를 부패한 문명에 대한 예속으로부터 해방시키는 것인 듯하다"라고 결론지었다. 니부어는 몇년 뒤에 지금은 미국 신학의 고전이 된 『그리스도와 문화』(*Christ and Culture*, 1951)에서 이 주장을 보다 정교하게 가다듬었지만 기본적인 비판은 1930년대에 형성되었다.[8]

역사가들은 상당 기간 동안 문화에 대한 교회의 예속을 비난해오고 있다. 앤 더글러스는 칼뱅주의의 황혼에 수반한 신학의 서거를 한탄했다. 크리스토퍼 래시는 소비자 자본주의의 치유 문화에 대한 기독교의 굴복을 비판했다. R. 로렌스 무어는 "진정한 종교 예언자는 어디에 있는가?"라고 묻고서, "자신의 자아상이 빠르고, 친절하고, 죄책감 없는 소비에 놓여 있는

---

8   Ibid., 123-24.

국가에서 진정한 예언자가 있을 수 있는가?"라는 질문으로 앞의 질문에 대답한다. 그는 미국의 종교는 "변혁적인 힘"을 잃었다고 결론지었다.[9]

　　최근에는 복음주의자들과 근본주의자들이 문화에 대한 미국 기독교의 예속을 가장 강하게 비판하고 있는데 이는 부분적으로는 산타야나가 미국 생활의 핵심이라고 파악했던 느긋한 낙관주의가 거듭난 사람들 안에도 편만한 것으로 보이기 때문이다. 이러한 수용에 대해 부정적인 태도를 보이는 복음주의 비판가와 근본주의 비판가들은 기독교와 문명을 엄밀하게 구분하며, 불결한 세상으로부터 물러나는 것이 모든 진정한 신자들의 의무라고 믿는다. 1990년대에 미국 기독교의 세속화와 싸우기 위해 고백하는 복음주의자 연합(Alliance of Confessing Evangelicals)이라는 단체가 결성되었다. 이 단체의 "케임브리지 선언"(1996)은 "오늘날의 복음주의 교회들은 점점 더 그리스도의 영이 아니라 이 시대의 영에 의해 지배되고 있다"라는 말로 시작했다. 교회들은 오류가 없는 성경의 좋은 소식을 설교하고 있어야 할 때 "자기 존중의 복음"과 "건강과 부(富)의 복음"을 가르친다. 1997년에 기독교 음악가인 스티브 캠프는 웹 상에 현대 기독교 음악(CCM) 산업에 맞서는 "107개 주제"를 올려서 또 다른 회개를 촉구했다. 그는 "지난 몇 년 동안 명백하게 그리스도 중심적인 음악에서 인간 중심적인 음악으로 이동해 왔다. 신앙의 대상은 더 이상 그리스도가 아니라 자기 존중이며, 신앙의 목표는 더 이상 거룩이 아니라 우리의 행복이다"라고 썼다.[10]

9　　R. Laurence Moore, *Selling God: American Religion in the Marketplace of Culture* (New York: Oxford University Press, 1994), 276, 275.

10　　"The Cambridge Declaration of the Alliance of Confessing Evangelicals," http://www.alliancenet.org/intro/CamDec.html; Steve Camp, "A Call for Reformation in the Contemporary Christian Music Industry," http:// www.worship.com/steve_camp_107_theses.htm.

보수적인 그리스도인들은 특히 이러한 용기의 상실이 예수에 대한 믿음에 미친 영향에 대해 괴로워한다. 『2002년 교회 현황』(*The State of the Church 2002*)에서 복음주의 여론 조사원인 조지 바나는 가톨릭, 루터교, 감리교 신자들의 1/3만이 예수가 죄가 없었음을 믿고 있으며, 거듭난 그리스도인들의 절반만이 예수가 죄가 없었다는 견해를 명확하게 인정할 용의가 있음을 발견했다. 로어노크 대학교 종교 교수이자 성공회 성직자인 제럴드 맥더모트에 따르면 이러한 데이터는 "대중 신학에서의 획기적 변화"와 "그리스도의 신성에 대한 신앙의 상실"을 가리킨다. "…지난 30년 동안 미국의 목사들은 미국인들의 자아도취 기질에 반하는 신학을 설교할 용기를 상실했다." 이 요소들이 합쳐져서 예수를 "칭찬할만한 친구 달라이 라마보다 나을 것이 없는 존재"로 축소시키고 있다.[11]

이러한 비판자들은 뭔가를 알고 있다. 존 위거는 자신의 미국 감리교 역사 이야기에서 감리교도들이 자신의 목적을 위해 대중문화를 흡수했는데, 그러한 흡수가 두 방향으로 작용했음을 인정했다. 위거는 "평범한 미국인들이 가장 깊이 간직한 희망, 두려움, 편견에 호소하지 않고서는 그들을 대규모로 끌어들일 수 없었다"고 주장했다.[12] 예수의 인기에도 대가가 수반되었다. 브루스 바튼이 예수를 이용해서 세속적인 비즈니스계를 기독교화하기 위해 노력했을 때, 그는 자신이 환기시키고 있는 하나님과 자신이 변화시키려 하고 있는 경제 질서를 명확하게 구분하지 못해서 비즈니스계가 그를 흡수해버렸다. 확실히 예수가 미국을 변화시키기는 했지만, 미국도 예

---

11   "Barna Poll on U.S. Religious Belief-2001," http://www.adherents.com/misc/BarnaPoll. html.

12   Wigger, *Taking Heaven by Storm*, 193.

수를 변화시켰다. 최소한 미국에서는 예수는 계몽주의의 회의론, 부흥 운동의 열정, 소비자 자본주의의 치유 문화에 의해 흔들렸다. 예수는 미국인들이 여성화된 영웅을 요구할 때에는 다정하고 순종적으로 변했다. 그는 미국인들이 남성적인 전사를 요구할 때에는 근육을 키우고 전투에 뛰어들었다. 여성주의와 민권 운동이 탄력을 얻고 베이비부머들이 뉴에이지 음악을 열심히 들었을 때에는 예수는 음양 모두에 대해 편안한 흑인 양성 소유자가 되었다.

이런 상황에서는 예수가 슬그머니 뒷문으로 빠져 나와서 고대 팔레스타인으로 돌아가도록 허용하는 것이 최선일 수도 있다. 헨리 캐드버리는 『예수를 현대화하기의 위험』(*The Peril of Modernizing Jesus*, 1937)에서 바로 이렇게 제안했다. 하버드 교수이자 확고한 평화주의자인 캐드버리는 예수를 전쟁에 동원하려는 시도를 불편해했다. 그는 "예수의 옷을 벗기고 그에게 주홍색 군사 복장을 입히고⋯그를 조롱했던" 신약성서의 로마 군사 이야기에 대해 말했다. 캐드버리는 "군사들은 예수에게 자신들의 옷을 입혔는데, 우리는 모두 그에게 우리의 사고로 옷 입히는 경향이 있다"라고 썼다. 캐드버리는 이 점을 명백히 하지는 않았지만 미국인들도 예수를 조롱하고 있다고 말하는 듯하다. 미국인들은 예수에게 남성다운 구속자(또는 이 점에 관해서는 부드러운 구주 또는 슈퍼스타) 옷을 입히고 예수가 자신들이 요구하는 대로 행동하기를 기대한다.

미국에서는 예수가 "왕중왕"으로 널리 환영받는다. 그러나 그 왕은 자신의 신하들에게 노예처럼 반응하는 이상한 군주다. 최소한 캐드버리 및 그와 같은 생각을 하는 비판자들의 관점에서는 미국의 예수는 이곳에서는 이런 대의를 위해 희생되고 또 다른 곳에서는 다른 대의를 위해 희생되는 복잡한 문화적인 (및 대항문화적인) 체스 게임에서 핍박당하는, 왕보다는 졸에 더 가까운 존재다.

"최적의 긴장"

이 견해에서는 인간의 역사에 의해 더럽혀지지 않는 불변의 예수가 가정되는데, 예수는 많은 부활과 환생에 의해 어느 정도 침해된다는 점이 문제다. 신학적 관점에서는 변하지 않는 예수가 필수적일지도 모른다(비록 성육신 교리가 예수를 명백히 사회의 아귀다툼 안에 위치시키기는 하지만 말이다). 그러나 문화와 종교 역사의 관점에서는 예수는 결코 불변의 존재가 아니다. 창세기에서 하나님은 사람을 자기 형상대로 창조했다. 미국에서는 미국인들도 거듭해서 예수를 자신들의 형상대로 만들었다.

　　예수를 표상하는 상징물을 포함한 기독교 상징들은 하나님으로부터의 선물일 수도 있지만 그럼에도 불구하고 그 상징들은 역사적으로 조건 지워진 특정한 시대와 장소의 산물이다. 니부어가 "그리스도와 문화"의 문제에 대한 어떠한 해법도 사회적으로 구성되며 죄에 의해 얼룩져 있다는 점을 인정한 것은 잘한 일이다. 니부어는 "인간 문화의 문제에 대한 그리스도의 대답과 그리스도인의 대답은 별개다"라고 썼다. 카운티 컬렌도 상대적인 예수 개념들의 위험을 인식했다. 자신의 "흑인 그리스도"는 최소한 부분적으로는 자신의 욕망의 산물임을 안 그는 자기 시 "유산"(Heritage)을 다음과 같은 간구와 고백으로 끝맺었다. "주여, 혹시 제가 필요로 해서 때때로 인간의 신조를 만든다 해도 용서하소서."[13]

13　　H. Richard Niebuhr, *Christ and Culture* (New York: Harper, 1951), 2; Countee Cullen,

물론 컬렌의 필요는 전혀 새로울 것이 없으며 그의 딜레마도 마찬가지다. 죽은 종교만이 같은 상태로 머무른다. 살아 있는 믿음은 끊임없이 환경의 변화에 적응한다. 제의(祭儀)의 영역에서는 순결이 있을지 모르나, 수신자들이 항상 자신의 주위 환경과 협상하며 성과 속을 섞고 혼합하는 문화 및 종교 역사에서는 그렇지 않다. 성경을 새로운 언어로 번역하는 과정에도 타협이 있다. 붓다나 공자, 크리슈나 또는 예수의 이야기를 말하고자 하는 모든 노력들 자체가 이전의 이야기들을 개작한 이야기들이다. 누가복음과 마태복음은 부분적으로는 마가복음에 기초하고 있고 바울 서신들은 이 텍스트들의 재해석, 즉 태동하고 있는 기독교 운동을 유대교의 제한된 한계(및 예수 자신의 아람어 공동체) 너머의 그리스어를 사용하는 세계로 확대시킨 것이다

바울과 그의 계승자들이 기독교 전통을 적극적으로 그리스화시켰던 것처럼 미국인들이 기독교 전통을 미국화시키지 않았더라면 미국은 그처럼 빨리 그리고 널리 기독교화하지 않았을 것이다. 찰스 피니의 "새로운 척도"는 제2차 대각성 때 기독교의 확장에 매우 중요했다. 오늘날 거듭난 신자들 사이에서 매우 귀중하게 여겨지는 예수와의 개인적 관계에 대한 강조는 19세기 중반에 새로 생겨난 개념이다. 근본주의조차도 미국의 발명품이며, 그것도 최근의 발명품으로서, 근본주의자들은 20세기 초까지만 해도 자신들의 변하지 않는 신앙 조항들을 명확히 표현하지 않았었다.

물론 변화가 불가피하다고 해서 모든 변화가 바람직한 것은 아니다. 사회학자인 아만드 모스는 신흥 종교 운동들은 항상 주변 환경에 대한 동화와 이에 대한 저항 사이의 "최적의 긴장"을 유지하기 위해 분투한다고

On These I Stand (New York: Harper and Brothers, 1947), 28.

주장했다.[14] 종교들이 적응하기를 거부하면 소멸될 수도 있지만 너무 자유롭게 적응하면 다른 이유로 죽는다. 그리 새롭지 않은 종교들도 마찬가지이며, 이런 종교들도 문화와 끝나지 않는 2인무를 추면서 항상 너무 많은 수용과 너무 적은 수용 사이에서 올바른 균형을 추구한다. 미국의 전체 역사에서 그리스도인들은 그 "최적의 긴장"을 계속적으로 조정해왔다. 그 과정에서 그들은 기독교의 본질과 비본질을 구분하는 선을 그었다 다시 긋기를 반복해왔다. 종교 권력이 중앙에 집중된 곳에서는 그 과업을 위한 절차가 명확했다. 바티칸은 파문했고, 식민지 시대의 매사추세츠는 추방했으며, (1692년 마녀 재판이 있었던 도시인) 세일럼은 교수형에 처했다. 그러나 미국의 자유분방한 영적 시장에는 대중의 여론과 개인의 양심 외에는 실제적인 권위를 지닌 곳이 없었다. 약하기는 하지만 여론과 양심이라는 그러한 권위가 전혀 비효과적인 것은 아니었다. KKK단이 예수를 군중들에게 "KKK 교리"라는 표시가 찍힌 빵을 건네주는 KKK 단원으로 묘사하는 그림을 배포했을 때, 선의의 미국인들이 충격을 받은 것도 이해할 만하다. 대중의 비난으로 KKK 단원의 격렬한 십자가라는 표현(과 예수의 명성 더럽히기) 유포가 중단되었다. 그러나 대중의 여론은 불안정하며 개인의 양심은 변덕스럽다. 더욱이 위로부터 온 권위적인 선언으로 이 둘을 억제할 수 있는 예언자의 음성은 약해졌거나 무시되었다.

그러나 그런 음성이 전혀 없지는 않았다. 미국의 예수의 다양한 모습들을 자아도취적이고 문화 긍정적이라고 일축하기 쉬운데 미국에서의 많은 예수의 부활들이 바로 자아도취적이고 문화 긍정적이었다. 그러나 그의 환생들은 종종 문화를 부정했다. 프레더릭 더글러스는 노예 폐지론의 대

14　Mauss, *The Angel and the Beehive*, 3-17.

의에 급진적인 예수를 끌어들였으며, 윌리엄 로이드 개리슨은 예수(와 그의 "네 이웃을 사랑하라"는 계명)를 자신의 신문인 「더 리버레이터」(*The Liberator*, 해방자)의 발행인으로 삼았다. 유대인들은 유대인 예수를 이용해서 반유대주의와 싸우고 스티븐 와이즈가 "기독교의 그리스도 부재"라 부른 것을 비판했다.[15] 힌두교도들은 아시아로부터의 이민 제한과 인도계 미국인들에 대한 고정 관념에 대항해 싸우기 위한 노력의 일환으로 "동양인 그리스도"를 들먹였다. 그리고 복음주의자들은 죄와의 개인적인 투쟁뿐 아니라 물질주의와 소비주의에 대한 집단적인 전투에서도 그들의 구주에게 호소한다. 확실히 미국의 예수는 하나의 아이콘일 뿐만 아니라 인습 타파주의자이기도 하다.

예수 국가

미국인들이 예수가 진정으로 누구인가에 관해 합의에 이를 가능성은 매우 낮지만 그럼에도 그들은 예수가 아주 중요하다는 점에 대해서는 당분간 동의하고 있다. 인종, 민족, 성, 계급, 종교로 분열된 나라에서 예수는 공통의 문화적 화폐 역할을 한다. 확실히 해 두자면 이 문화적 예수는 성경에 나오는 하나님의 아들의 그림자이지만 그럼에도 불구하고 대중이 그에게 이끌리고 있다. 사실은 예수가 보다 더 인간이 될수록 그의 인기가 올라가는 듯하다. 예수가 그리스도인들과 비그리스도인들, 종교가 없는 사람들 모두에게 그처럼 인기가 있는 점에 비추어 승리주의자적인 결론을 내릴 유혹을

15　　Urofsky, *A Voice that Spoke for Justice*, 195.

받기 쉽다. "십자가나 죽음에 대한 내용은 잊어버리세요. 예수는 미국에서 살아 있으며 미국에서 잘 지내고 있습니다. 그리고 모든 사람들이 그의 영광에 대해 증거하고 있습니다"라고 설교하는 설교자도 있다. 침례교 설교자인 조지 다나 보드맨은 세계종교회의에서 그가 전했던 "인류를 연합시키는 분이신 그리스도"에 관한 설교에서 같은 취지로 말했다. 그는 다양한 종교를 믿는 청중들에게 "나사렛의 예수는 보편적인 사람(Homo), 본질적인 남편(Vir), 인간 본성의 아들입니다. 그에게서 모든 인종, 연령, 성별, 능력, 기질이 섞이는 예수는 원형적인 사람, 이상적인 영웅, 완전한 성육신, 완벽해진 인간 본성의 상징, 펼쳐지고 실현된 인간성의 정수…역사의 진정한 아바타입니다"라고 말했다.[16] 두 번의 세계대전과 유대인 대학살을 겪은 뒤로는 그러한 승리주의가 약해졌지만, 어떤 의미에서는 보드맨의 상상이 실현되었다. 미국인들이 모두 예수를 "원형적인 사람"으로 이해하는 그의 견해에 "아멘"이라고 말하지는 않겠지만 미국인들은 대체로 예수를 미국의 하나의 아바타 부류로 받아들였다. 많은 사람들은 보드맨의 견해보다 더 나아가서 예수를 모든 "인종, 연령, 성별"뿐만 아니라 모든 종교를 연합시키는 사람이라고 인정했다.

1960년대 이후 합의의 역사는 유행이 지났으며 그러한 역사가 돌아올 조짐은 보이지 않지만, 최소한 이 경우 미국인들에게는 그들의 많은 차이들의 근저에 놓여 있는 뭔가 중요한 것이 있는 듯하다. 예수는 미국의 생활에서 주요 인물이다. 우리가 알기로 예수는 미국에 발을 들여 놓은 적이 없지만, 그는 조지 워싱턴, 에이브러햄 링컨, 마틴 루터 킹 주니어 목사를 모

---

16 George Dana Boardman, "Christ the Unifier of Mankind," Richard Seager 편, *The Dawn of Religious Pluralism: Voices from the Worlds Parliament of Religions,* 1893(LaSalle, Ill.: Open Court, 1993), 466-67에 수록된 글.

두 합한 것보다 더 많은 주의를 끌고 더 많은 자원을 동원했다. 이는 미국이 기독교 국가라는 견해에 대한 강력한 증거가 아닌가?

이렇게 결론을 내릴 경우의 문제는 많은 미국인들에게 있어서 예수는 전혀 그리스도인이 아니라는 점이다. 확실히 기독교 선전에 예수의 문화적 권위가 사용되어왔다. 그러나 이 권위는 나사렛 사람을 교리적이지 않고, 교파에 얽매이지 않으며, 그리스도인이 아니라고 보는 미국인들에 의해 기독교 내부와 외부에서 기독교를 개혁하거나 전복시키는 데도 사용되었다. 토머스 제퍼슨, 랍비 카우프만 콜러, 스와미 비베카난다는 모두 예수에 관해 유사한 전략을 채택했다. 그들은 모두 예수의 종교와 예수에 **관한** 종교를 뚜렷이 구분했으며 또한 예수의 종교를 이용해서 예수에 관한 종교를 공격했다. 기독교 때문에 예수를 사랑한 미국인들도 있었지만, 그들은 기독교에도 불구하고 예수를 사랑했다. 미국이 예수 국가라 해서 기독교 국가가 되는 것은 아니다.

아마도 미국의 예수는 이 나라가 다종교 국가임을 보여주는 듯하다. 결국 이곳에서는 불교 신자, 흑인 유대교 신자, 모르몬교도와 무슬림들 모두 미국의 문화적, 종교적 내부자들보다 기독교를 더 잘 이해한다고 주장했다. 모르몬교도들은 모르몬 경전과 보다 최근의 계시에 근거해서 자신들이 예수에 대해 더 나은 통찰력을 갖고 있다고 주장했다. 유대인들은 예수가 유대인이기 때문에 자신들이 예수를 더 잘 이해한다고 말했다. 랍비 번하드 펠젠탈은 "유대인들이야말로 진정한 그리스도인들이며, 소위 그리스도인들이 그리스도의 종교에 대해 완전히 이질적인 많은 교리들을 고백하는 한 그들은 그리스도인이 아니다"라고 썼다.[17] 이는 대담한 주장들

---

17   Felsenthal, *Bernhard Felsenthal*, 265.

이지만 여기서는 모세나 조셉 스미스가 아니라 예수가 주제임을 기억해야한다. 붓다는 일부 그룹에서는 사랑받고 숭배되고 있지만 그는 미국의 영웅이 아니며 미국은 그의 생일을 휴일로 기념하지 않는다. 분명히 예수에게 비춰지는 스포트라이트는 미국의 다른 종교들보다 미국의 기독교를 훨씬 더 많이 부각한다.

미국의 예수는 미국이 기독교 국가라거나 다종교 국가라는 점을 보여주지 않는다. 그는 미국이 기독교 국가인 동시에 다종교 국가임을 보여준다. 예수는 기독교의 힘 때문에 미국의 주요 인물이 되었지만 오로지 종교적 이견의 힘 때문에 전국적인 유명 인사가 되었다. 개신교인들 가운데서 태어났지만 이제는 그리스도인과 비그리스도인들 가운데서 살고 있는 예수 자신과 마찬가지로 미국은 개신교 국가로 시작하여 전 세계에서 가장 기독교적이면서도 종교적으로 가장 다양한 국가, 법률적으로는 세속적이고 국민의 선호상으로는 종교적인 국가로 발전했다. 이 나라 국민들의 중요한 문화적 산물인 미국의 예수는 우리에게 미국에서는 기독교가 우세하다는 사실, 즉 모든 종교 신봉자들과 어떤 종교도 믿지 않는 사람들 모두 미국의 예수의 핵심적인 상징들을 인지해야 함을 말해준다. 그는 또한 기독교의 대중적인 힘은 부인할 수는 없지만 절대적이 아니며, 그리스도인들은 심지어 자기 종교의 중심인물에 대해서조차 독점권이 없다는 사실도 알려준다.

미국의 예수는 미국에서는 성과 속이 복잡하게 얽혀 있다는 점도 말해준다. 예수는 유대교의 인물이고, 기독교의 인물이며, 무슬림의 인물이지만, 세속적인 인물이기도 하다. 사실 예수에 관해 가장 흥미를 자아내는 몇몇 개념들은 종교 집단의 외부, 즉 교회에 다니지 않는 화가, 음악가, 소설가들에게서 비롯되었다. A. J. 랭거스의 『예수 그리스도들』(*Jesus Christs*,

1968)은 공상 과학계 외부에는 잘 알려지지 않았지만(부분적으로는 공공 도서관에서 너무 자주 도둑맞기 때문이다), 모든 시대를 통틀어 가장 영리한 예수 소설일 것이다. 「뉴욕 타임즈」에 베트남 전쟁 기사를 실었던 랭거스는 예수를 포레스트 검프보다 능숙하게 시공을 가로질러 고대 팔레스타인, 나치 독일, 현대 미국에서 죽었다 부활하기를 반복하는 인물이라고 상상한다. 한 장면에서는, 그는 전기의자에 묶인 사형수이면서 자기 자신에게 마지막 의식을 베푸는 목사로 등장한다. 『예수 그리스도들』(*Jesus Christs*)은 미국 문화에서 예수의 순응성과 다양성을 조소하지만 이 소설은 또한 예수가 살아 움직일 수 있으며 자신의 존재를 종교 제도의 한계들 너머로 넓힐 수 있는 능력이 있음도 강조한다.

물론 예수에 대한 관심이 미국으로만 제한되지는 않는다. 예수에 대한 관심은 의심할 나위 없이 프랑스 인류학자인 로제 카유아가 "신성함(sacred)의 내면화"라고 묘사한 과정과 독일 철학자인 에릭 푀겔린이 초월성의 "내재화"라고 이름붙인 과정의 일부였다. 하나님이 "저 위"로부터 "여기"로 이주함에 따라 많은 현대 국가들에서 예수가 성부를 가리게 되었다. 그러나 미국인들은 그 프로세스에 신기록을 세웠다. 사회학자인 아담 셸리그면이 옳다면 그리고 초월성의 "내재화"가 현대성의 중요 부분이라면, 미국인들이 점차 그들의 시야를 예수에게서 성령으로 옮기리라고 기대하는 것도 불합리하지 않을 것이다. 결국 성령은 삼위일체의 세 위격 중 가장 내재적인 존재이기 때문이다. 미국에서 오순절파 및 기타 형태의 성령 종교의 급속한 성장과 일부 복음주의 대형 교회들에서 십자가를 비둘기 이미지로 대체하는 것은 그런 추세에 대한 증거를 제공하는 듯하다.[18]

18　Roger Callois, *Man and the Sacred* (New York: Free Press, 1959), 132; Eric Voegelin, *The*

그러나 당장은 대부분의 미국인은 그들의 눈을 예수께 똑바로 고정하고 있다. 1990년대의 "예수라면 어떻게 하실까?" 열풍은 지나갔지만, 미국인들은 아직도 『예수라면 무엇을 잡수실까?』(*What Would Jesus Eat?*, 2002)와 같은 책을 읽고 있으며, "예수라면 어떤 차를 운전할까?"와 같은 질문을 함으로써 연료 소비가 많은 스포츠 유틸리티 자동차(SUV)의 적절성을 판단한다. 높이 33미터, 무게 340킬로그램에 "왕의왕, 주의주"라는 글자가 등에 새겨진 열기구 풍선인 "예수 풍선"은 아직도 매년 부활절마다 북부 캘리포니아 상공을 떠다니며 아래에 있는 시민들에게 부활한 그리스도를 설교한다. 그리고 해마다 새로운 논쟁들(가장 최근에는 "요셉의 아들, 예수의 형제 야고보"라고 새겨진 고대의 관에 관한 논쟁과 예수의 죽음에 관한 멜 깁슨의 소름끼치는 영화)이 일어나는 듯하다. 예수라면 이 모든 것들에 대해 어떻게 판단할까? 아무도 알 수 없다. 아마도 그는 등을 기대고 웃지 않을까?

New Science of Politics, an Introduction (Chicago: University of Chicago Press, 1952), 120; Adam B. Seligman의 *Modernity's Wager: Authority, the Self, and Transcendence* (Princeton, N.J.: Princeton University Press, 2000)에서 이 사안들에 대해 도발적으로 논의하는 내용도 보라.

1791	수정 헌법 제 1조 비준으로 종교는 연방의 명령이 아니라 개인의 선택 문제가 됨.
1801-1830년대	제2의 각성이 미국 인구를 급속히 기독교화함.
1804	토머스 제퍼슨이 제퍼슨 성경 제1차 초안 "나사렛 예수의 철학"을 펴냄.
1830	모르몬 경전이 발행됨.
1835	다비트 프리드리히 슈트라우스의『예수의 생애』가 영어로 번역되어 나옴.
1841	유니테리언 사역자인 윌리엄 웨어의『줄리안: 또는 유대의 경치』가 미국에서 발행된 최초의 예수 소설이 됨.
1842	조셉 스미스 주니어가 그의 동료 모르몬교도들에게 "엔다우먼트"라는 새로운 제의를 소개해서 "텍스트 모르몬교"에서 "성전 모르몬교"로의 이동 신호를 보냄.
1844	조셉 스미스의 "킹 폴렛 담화"가 대담하게 예수 그리스도 후기성도교회를 기독교 신조와 이전의 모르몬교로부터 멀어지게 함.
1850년대	커리어 앤드 이브스사가 "푸블리우스 렌툴루스, 티베리우스 카이사르 치하의 유대 거주자"가 썼다고 하는 외경 서신에 기초한 석판화, "우리의 복되신 구주의 진정한 초상화"를 발행함. 이는 당시 인기있던 수많은 예수석판화중 하나임.
1852	해리엇 비처 스토의『톰 아저씨의 오두막』이 예수의 자기희생적 사랑을 강조함.
1861-65	남북 전쟁
1861	호레이스 부쉬넬의『예수의 품성』이 빅토리아 시대 여성성의 "수동적 미덕"을 강조함.
1863	에르네스트 르낭의『예수의 생애』 영어 번역본이 등장함.
1865	후기성도교회 총재인 브리검 영이 예수를 자신의 "장형"이라고 부름.

1869	아이작 메이어 와이즈가 자신의 주간지인 「더 이스라엘라이트」에 "예수 자신"에 관한 일련의 에세이를 게재함.
1871	피스크 대학교 희년 찬양단이 첫 번째 전국 투어를 시작해서 흑인 영가에 대한 주의를 끔. 헨리 워드 비처의 『그리스도의 생애』가 출현함. 두 번째 책은 20년 뒤에 나오게 됨.
1875	"죄짐 맡은 우리 구주"가 P. P. 블리스와 아이라 생키의 『복음성가집』(Gospel Hymns and Sacred Songs) 초판에 데뷔함.
1880	남북 전쟁 장군인 루 월리스의 『벤허, 그리스도 이야기』가 출간됨.
1889	하인리히 호프만이 "그리스도 두상"("그리스도와 젊은 부자 관원"이라는 보다 큰 캔버스화의 일부임)을 그림. 이 그림은 이후에 미국에서 가장 유명한 예수 그림 중 하나가 됨.
1890	후기성도교회 윌포드 우드러프 교주가 사실상 모르몬교도들 사이의 일부다처제를 불법화하는 성명을 발표해서 유타가 주의 지위를 갖게 되는 문을 열고 모르몬교 역사에서 새 시대 도래를 안내함.
1893	세계종교대회로 인해 힌두교 개혁가인 스와미 비베카난다가 미국에 옴. 이 회의는 또한 "빌라도 앞의 그리스도"(1881)와 "갈보리의 그리스도"(1884)를 전시한 백화점 왕 존 워너메이커 덕분에 예수 신앙의 통로도 됨.
1894	러시아 전쟁 특파원 니콜라스 노토비치의 『예수 그리스도의 미지의 생애』(1894)가 예수의 "잃어버린 시기"를 인도와 티베트에서 체류한 것으로 설명함. 스와미 비베카난다가 뉴욕시에 베단타협회를 설립함.
1897	찰스 M. 셸던의 『그분의 발자취를 따라서: "예수라면 어떻게 하실까?"』가 예수를 사회복음 십자군으로 변화시킴. 엘리자베스 스튜어트 펠프스가 『예수 그리스도 이야기』에서 주인공을 여성주의자로 묘사함.
1898	자메 자크 요셉 티소의 365점의 구아슈 그림 시리즈 "우리 구주 예수 그리스도의 생애"가 뉴욕시 아메리칸 갤러리즈에서 전시됨. 미국 최초의 예수 영화인 "오버아머가우 수난극"이 개봉됨. 아프리카 감리교 감독 교회의 헨리 맥닐 터너가 "하나님은 흑인이다"라고 확인함.
1901	랍비 조지프 크라우스코프가 『오버아머가우 수난극에 대한 한 랍비의 인상』에서 기독교가 유대인들을 "그리스도의 살인자"라고 비난하는 반유대주의 태도를 보인다고 비판함.

1903	브루스 바튼의 부친인 윌리엄 바튼의 『나사렛 예수』가 출현함.
1904	토머스 제퍼슨의 『나사렛 예수의 생애와 교훈』이 국회 도서관에 의해 최초로 발행됨.
1906	『유대 백과사전』이 예수를 "매력적인 인물"로 묘사함.
1908	『예수의 심리』가 예수의 마음 속의 새로운 관심을 보여줌. 남북 전쟁 군목 레비 H. 다울링의 『예수 그리스도의 물병자리 복음』이 출간됨. 모든 장들은 이후 노블 드류 알리에 의해 『무어 과학 사원의 거룩한 코란』 안에 삽입됨.
1910-15	『더 펀더멘탈즈』가 근본주의의 특질을 정의함.
1911	"사라지고 있는 남성들"을 교회로 되돌리려는 노력의 일환으로 남성과 종교 진흥 운동(The Men and Religion Forward Movement)이 설립됨.
1913	해리 에머슨 포스딕의 『구주의 남성다움』이 남성적인 예수를 제시함.
1914 - 1919	제1차 세계대전
1915	제임스 탈매지의 모르몬 고전 『예수 그리스도』가 예수를 구약의 여호와와 동일시함. 워런 코난트의 『그리스도의 남자다움』이 출간됨.
1917	스탠리 홀이 『심리학에 비춰 본 예수 그리스도』에서 예수를 "세계적인 심리학의 대가"라고 칭찬함.
1920년대	유진 시어도시아 올리버가 샌프란시스코 베단타협회를 위해 "요가 수행자 예수" 그림을 그림.
1920	스와미 요가난다가 보스턴에서 열린 국제종교자유주의자회의에 파견되어 미국에 옴. 새로운 "성품의 문화"와 궤를 같이해서 랍비 하이만 에넬로의 『예수에 대한 한 유대인의 견해』가 예수를 "사상 최고로 매혹적인 인물"이라고 극찬함..
1922	업턴 싱클레어가 『그들은 나를 목수라 부른다』에서 예수를 사회주의자로 묘사함.
1923	조반니 파피니의 『그리스도의 생애』가 보수파 가톨릭 신자들에게 베스트셀러 예수 책자를 제공함. 스와미 파라마난다의 『그리스도와 동양의 이상』이 예수를 "동양인 그리스도"로 묘사함.
1924	존슨-리드법이 유대인과 아시아인의 이민을 사실상 중단시킴. 마

커스 가비의 미국 흑인지위개선협회(United Negro Improvement Association)가 예수를 "슬픔의 흑인"으로 기름부음.

1925	브루스 바튼의 『미지의 인물』이 예수를 남성다운 비즈니스맨으로 묘사함. 테네시주 데이턴에서의 스콥스 "원숭이 재판"으로 근본주의자와 현대주의자가 대립함. 랍비 스티븐 와이즈의 카네기홀에서의 크리스마스 절기 설교가 미국의 유대교 내부에 논쟁을 촉발함. "벤허"가 스크린에 데뷔함.
1927	세실 B. 드밀의 영화 "왕중왕"이 개봉됨.
1929	주식 시장 붕괴로 대공황이 일어남. 카운티 컬렌의 장편 서사시 "흑인 그리스도"가 예수의 삶과 죽음을 잔인한 사형(私刑)의 역사에 비추어 해석함.
1935	로스앤젤레스에 기반을 둔 스와미 요가난다의 자아실현협회가 창설됨.
1938	존 쿠르노스의 『유대인들과 그리스도인들에 대한 공개서한』이 예수의 지혜를 "유대교 가르침의 정점이자 절정"이라고 부르고 "유대-기독교"가 공산주의와 파시즘에 대해 유일하게 확실한 해독제임을 환기시킴.
1939	숄렘 애쉬의 "그리스도 3부작" 중 첫 번째 소설인 『그 나사렛 사람』이 출간됨.
1939-45	제2차 세계대전과 유대인 대학살
1940	워너 샐먼이 자신의 대표작인 "그리스도 두상" 그림을 그림. 이 그림은 현재 세계에서 가장 많이 복제되고 있는 종교 그림이 되어 있음.
1946	스와미 요가난다의 『어느 요가 수행자의 자서전』이 예수를 크리야 요가 수행자로 제시함.
1953	존 M. 외스터라이허가 세턴홀 대학교의 유대-기독교 연구소를 통해 「더 브리지」를 발행하기 시작함.
1955	몽고메리 버스 보이코트가 민권 운동 도화선에 불을 당김.
1959	비트 세대 작가인 잭 케루악이 『멕시코시티 블루스』에서 예수와 부처 모두에 대한 신앙을 긍정함.
1962-65	제2차 바티칸 공의회가 로마 가톨릭을 "업데이트"하고 유대교-가톨릭의 관계에 새로운 방향을 설정함.
1965	미국 의회가 아시아로부터의 이민을 개방함.

1966	존 레논이 비틀즈가 예수보다 더 인기 있다고 말함.
1967	엘리자베스 와이즈와 테드 와이즈가 샌프란시스코의 하이트 애쉬버리 지구에 더 리빙 룸이라는 커피점을 열어 예수 운동에 뛰어듦.
1968	마틴 루터 킹 주니어 목사가 암살되자 그를 새로운 모세로 이해하는 사람과 십자가에 못 박힌 예수로 이해하는 사람들이 생겨남. 알버트 클레이지의 "흑인 메시아"가 예수를 흑인으로 채색함.
1969	「에보니」가 "흑인 그리스도 탐구"라는 커버 스토리를 게재함. 『흑인 신학과 블랙 파워』에서 제임스 콘이 예수가 흑인임을 확인함.
1970	래리 노만의 "이 반석 위에"가 예수 록음악 장르의 도래를 선언함.
1971	환각적인 히피 예수가 「타임」 커버에 등장함; 2곡의 록 뮤지컬 "지저스 크라이스트 슈퍼스타"와 "갓스펠"이 개봉됨; 「크리스천 센추리」가 1971년을 예수의 해로 선포함; 레너드 스위들러가 「가톨릭 월드」에서 "예수는 여성주의자였다"라고 씀.
1973	"지저스 크라이스트 슈퍼스타"와 "갓스펠"이 영화로 발표됨. 게자 버미스가 『유대인 예수』에서 예수가 유대인임을 강조함.
1975	에드위나 샌디스가 UN 여성 10년(Decade of Women)을 기념하기 위해 유방을 드러내고 십자가에 달린 (여성) 예수상을 만듦.
1976	「타임」과 「뉴스위크」가 1976년을 "복음 전도의 해"로 선정함.
1978	「CCM 매거진」이 현대 기독교 음악(CCM) 계를 커버하기 시작함.
1979	몬티 파이튼의 『브라이언의 생애』(Life of Brian)가 성경의 서사를 놀림.
1981	브리검영 대학교 조지 W. 페이스의 『그리스도를 안다는 것은 무엇을 의미하는가』가 모르몬교도들에게 "그리스도와의 역동적인 개인적 관계"를 배양하라고 촉구함.
1982	모르몬 경전이 "예수 그리스도의 또 다른 성서"라는 새 부제를 획득함.
1984	델 파슨이 "주 예수 그리스도"를 그림. 후기성도 당국의 위임을 받아 그려진 이 그림은 현재 정경에 준하는 "모르몬 예수"임.
1985	예수 세미나가 열림.
1987	웃는 예수가 가톨릭 잡지 「리구리안」 표지에 등장함.

1988	예수를 성적인 존재로 묘사한 영화인 "그리스도 최후의 유혹"이 전국적인 항의를 촉발함.
1993	예수 세미나가 『다섯 권의 복음서들: 예수의 진정한 말씀들을 찾아서』를 출간해서 예수가 한 말의 대부분에 대해 의문을 제기함. 『원래의 아프리카 유산 연구 성경』(*The Original African Heritage Study Bible*)이 흑인 예수 사진들을 수록함.
1995	후기성도교회 책임자들이 자신들의 공식 로고에서 예수 그리스도라는 말의 크기를 다른 글자들보다 2배 넘게 키움. 틱낫한이 『살아 계신 붓다, 살아 계신 그리스도』에서 "예수의 디르마"에 대해 상세히 해설함.
1996	달라이 라마가 『착한 마음: 예수의 가르침에 대한 한 불교 신자의 관점』에서 산상수훈을 해석함.
1998	기독교 음악가인 스티브 캠프가 107개 주제를 온라인에 게시해서 CCM 업계에 인간중심주의를 회개하고 "그리스도 중심 음악"으로 돌아오라고 촉구함.
1999	양성의 특징을 지닌 아프리카계 미국인 예수 그림인 자넷 맥켄지의 "인민의 예수"가 「내셔널 가톨릭 리포터」가 후원한 "예수 2000" 경연대회에서 우승. 영화 "도그마"가 유별나게 유쾌한 "친구 그리스도"를 통해 지나치게 낙천적인 기독교를 풍자함.
2000	예수 그리스도 후기성도교회가 "살아계신 그리스도"라는 새 성명을 발표해서, 고(高)기독론에 대한 그들의 헌신을 확인함.
2001	솔트레이크시티에서 개최될 동계 올림픽 게임을 앞두고 후기성도 책임자들이 미디어에게 자기 조직을 "모르몬 교회"라 부르지 말고 "예수 그리스도 교회" 또는 "그 교회"라 부르도록 요청함. 브루클린 미술관에 전시된 르네 콕스의 "요 마마의 최후의 만찬"이 최후의 만찬석상의 예수를 나체 흑인 여성으로 그려서 논쟁을 촉발함.
2002	"요셉의 아들, 예수의 형제 야고보"라고 새겨진 고대의 관이 발견되어 역사적 예수에 관한 논쟁을 새로 일으킴.
2003	멜 깁슨이 예수 생애의 마지막 날에 관한 새 영화를 내자 유대교와 가톨릭 비판자들은 영화 "그리스도의 수난"을 반유대적이라고 비난함.

예수에 관한 제 1차 연구

Abhedananda, Swami. *Why a Hindu Accepts Christ and Rejects Churchianity*. New York: Vedanta Society, 1901.

Akhilananda, Swami. *Hindu View of Christ*. Boston: Branden Press, 1949.

Ali, Drew. *Holy Koran of the Moorish Science Temple of America*. n.p.: n.p., 1978.

Asch, Sholem. *The Nazarene*. Maurice Samuel, trans. New York: G. P. Putnam's Sons, 1939.

Austin, Mary. *A Small Town Man*. New York: Harper and Brothers, 1925.

Barton, Bruce. *The Man Nobody Knows: A Discovery of the Real Jesus*. Indianapolis, Ind.: Bobbs-Merrill, 1925.

_____. *A Young Man's Jesus*. Boston: Pilgrim Press, 1914.

Barton, William E. *Jesus of Nazareth*. Boston: Pilgrim Press, 1903.

Beecher, Henry Ward. *The Life of Jesus, the Christ*. New York: J. B. Ford, 1871.

Begbie, Harold. *The Happy Christ*. New York: Dodd, Mead, 1906.

Black, Susan Easton. *Finding Christ through the Book of Mormon*. Salt Lake City: Deseret Book Co., 1987.

Bruteau, Beatrice 편, *Jesus through Jewish Eyes: Rabbis and Scholars Engage an Ancient Brother in a New Conversation*. Maryknoll, N.Y.: Orbis, 2001.

Bushnell, Horace. *The Character of Jesus*. New York: Chautauqua Press, 1888.

Carus, Paul. *The Crown of Thorns: A Story of the Time of Christ*. Chicago: Open Court, 1901.

Cleage, Albert B., Jr. *The Black Messiah*. New York: Sheed and Ward, 1968.

Conant, R. Warren. *The Virility of Christ: A New View.* Chicago: The Author,1915.

Cone, James. *Black Theology and Black Power.* New York: Seabury Press, 1969.

Cullen, Countee. *The Black Christ and Other Poems.* New York: Harper and Brothers, 1929.

Dalai Lama. *The Good Heart: A Buddhist Perspective on the Teachings of Jesus.* Boston: Wisdom Publications, 1996.

Dowling, Levi. *The Aquarian Gospel of Jesus the Christ.* Los Angeles: Royal Publishing Company, 1908.

Enelow, H. G. *A Jewish View of Jesus.* New York: Bloch, 1931.

Fosdick, Harry Emerson. *The Manhood of the Master.* New York: Abingdon Press, 1913.

Funk, Robert W. *Honest to Jesus: Jesus for a New Millennium.* San Francisco: HarperSanFrancisco, 1996.

Funk, Robert W., Roy W. Hoover, and the Jesus Seminar. *The Five Gospels: The Search for the Authentic Words of Jesus.* New York: Macmillan, 1993.

Goss, Robert. *Jesus Acted Up: A Gay and Lesbian Manifesto.* San Francisco: HarperSanFrancisco, 1993.

Grant, Jacquelyn. *White Women's Christ and Black Women's Jesus: Feminist Christology and Womanist Response.* Atlanta: Scholars Press, 1989.

Hall, G. Stanley. *Jesus, the Christ, in the Light of Psychology.* 2 vols. Garden City, N.Y.: Doubleday, Page, 1917.

Heyward, Carter. *Speaking of Christ: A Lesbian Feminist Voice.* Ellen C. Davis 편. New York: Pilgrim Press, 1989.

Hirsch, Emil G. *My Religion.* New York: Macmillan, 1925.

Hunter, W. L. *Jesus Christ Had Negro Blood in His Veins.* Brooklyn, N.Y.: Nolan Brothers, 1901.

Jefferson, Thomas. *Life and Morals of Jesus of Nazareth.* Chicago: Manz Engraving, 1904.

Jones, Laurie Beth. *Jesus, CEO: Using Ancient Wisdom for Visionary Leadership.* New York: Hyperion, 1996.

Klausner, Joseph. *Jesus of Nazareth: His Life, Times, and Teaching.* Herbert Danby 역. New York: Macmillan, 1925.

Krauskopf, Joseph. *A Rabbi's Impressions of the Oberammergau Passion Play.*

Philadelphia: Edward Stem, 1901.

Langguth, A. J. *Jesus Christs*. New York: Harper and Row, 1968.

Mathews, Shailer. *The Message of Jesus to Our Modern Life*. Chicago: University of Chicago Press, 1915.

Muhammad, Elijah. *The True History of Jesus*. Chicago: Coalition for the Remembrance of Elijah, 1992.

Nhat Hanh, Thich. *Going Home: Jesus and Buddha as Brothers*. New York: Riverhead, 1999.

_____. *Living Buddha, Living Christ*. New York: Riverhead, 1995.

Notovitch, Nicolas. *The Unknown Life of Christ*. F. Marion Crawford 역. New York: Macmillan, 1894.

Oursler, Fulton. *The Greatest Story Ever Told: A Tale of the Greatest Life Ever Lived*. Garden City, N.Y.: Doubleday, 1949.

Papini, Giovanni. *Life of Christ*. Dorothy Canfield Fisher, trans. New York: Harcourt, Brace, 1923.

Paramananda, Swami. *Christ and Oriental Ideals*. 3판. Boston: Vedanta Centre, 1923.

Peelman, Achiel. *Christ Is a Native American*. Maryknoll, N.Y.: Orbis, 1995.

Phelps, Elizabeth Stuart. *The Story of Jesus Christ: An Interpretation*. Boston: Houghton Mifflin and Co., 1897.

Prabhavananda, Swami. *The Sermon on the Mount According to Vedanta*. Hollywood: Vedanta Press, 1963.

Sandmel, Samuel. *We Jews and Jesus*. New York: Oxford University Press, 1965.

Sankey, Ira D. *Sacred Songs and Solos: With Standard Hymns, Combined. 750 Pieces*. London: Morgan and Scott, n.d.

Satprakashananda, Swami. *Hinduism and Christianity: Jesus Christ and His Teachings in the Light of Vedanta*. St. Louis: Vedanta Society of St. Louis, 1975.

Sheen, Fulton John. *Life of Christ*. New York: McGraw-Hill, 1958.

Sheldon, Charles Monroe. *In His Steps: "What Would Jesus Do?"* Chicago: Advance Publishing, 1897.

Sinclair, Upton. *They Call Me Carpenter: A Tale of the Second Coming*. New York: Boni and Liveright, 1922.

Smith, Emma. *Collection of Sacred Hymns, for the Church of the Latter Day Saints.* Kirtland, Ohio: F. G. Williams and Co., 1835.

Smith, Joseph, Jr. *The Book of Mormon.* Salt Lake City: Church of Jesus Christ of Latter-day Saints, 1998.

Stead, William T. *If Christ Came to Chicago!* Chicago: Laird and Lee, 1894.

Talmage, James E. *Jesus the Christ.* Salt Lake City: Deseret Book Co., 1976.

Tapp, Sidney C. *Why Jesus Was a Man and Not a Woman.* Kansas City: The Author, 1914.

Tissot, James Jacques Joseph. *The Life of Our Saviour Jesus Christ.* New York: McClure-Tissot Company, 1899.

Wallace, Lew. *Ben-Hur, a Tale of the Christ.* New York: Harper and Brothers, 1880.

Weinstock, Harris. *Jesus the Jew and Other Addresses.* New York: Funk and Wagnails Co., 1902.

Wise, Isaac Mayer. *The Martyrdom of Jesus: A Historic -Critical Treatise on the Last Chapters of the Gospel.* Cincinnati: American Israelite, 1874.

Yogananda, Paramhansa. *Autobiography of a Yogi.* 4판. New York: Philosophical Library, 1952.

예수에 관한 2차 연구

Adams, Dickinson W. 편. *Jefferson's Extracts from the Gospels.* Princeton, N. J.: Princeton University Press, 1983.

Ayres, Samuel Gardiner. *Jesus Christ Our Lord: An English Bibliography of Christology Comprising over Five Thousand Titles Annotated and Classified.* New York: A. C. Armstrong and Son, 1906.

Baldwin, Lewis V. "'Deliverance to the Captives': Images of Jesus Christ in the Minds of Afro-American Slaves." *Journal of Religious Studies* 12.2, 1986.

Ben-Chorin, Schalom. *Brother Jesus: The Nazarene through Jewish Eyes.* Jared S. Klein and Max Reinhart 편역. Athens: University of Georgia Press, 2001.

_____. "The Image of Jesus in Modern Judaism." *Journal of Ecumenical Studies* 11.3, Summer 1974.

Berlin, George L. *Defending the Faith: Nineteenth-Century American Jewish Writings on Christianity and Jesus.* Albany: State University of New York Press, 1989.

Birney, Alice L. *The Literary Lives of Jesus: An International Bibliography of Poetry, Drama, Fiction, and Criticism.* New York: Garland, 1989.

Cadbury, Henry J. *The Peril of Modernizing Jesus.* New York: Macmillan, 1937.

Carmack, Noel A. "Images of Christ in Latter-day Saint Visual Culture, 1900-1999." *BYU Studies* 39.3, 2000.

Case, Shirley Jackson. *Jesus through the Centuries.* Chicago: University of Chicago Press, 1932.

Douglas, Kelly Brown. *The Black Christ.* Maryknoll, N.Y.: Orbis, 1994.

Fischthal, Hannah Berliner. "Scholem Asch and the Shift in his Reputation: The Nazarene as Culprit or Victim." Ph.D. diss., City University of New York, 1994.

Fox, Richard Wightman. "Jefferson, Emerson, and Jesus." *Raritan* 22.2, Fall 2002.

Hagner, Donald A. *The Jewish Reclamation of Jesus: An Analysis and Critique of Modern Jewish Study of Jesus* . Grand Rapids, Mich.: Zondervan, 1984.

Heschel, Susannah. *Abraham Geiger and the Jewish Jesus.* Chicago: University of Chicago Press, 1998.

Kissinger, Warren S. *The Lives of Jesus: A History and Bibliography.* New York: Garland, 1985.

Luccock, Halford E. *Jesus and the American Mind.* New York: Abingdon, 1930.

Metzger, Bruce M., ed. *Index to Periodical Literature on Christ and the Gospels.* Leiden, Netherlands: E. J. Brill, 1962.

Murphy, Cullen. "Who Do Men Say That I Am?" *Atlantic Monthly* 258.6, December 1986.

Pals, Daniel L. *The Victorian "Lives" of Jesus.* San Antonio, Tex.: Trinity University Press, 1982.

Pelikan, Jaroslav. *Jesus through the Centuries: His Place in the History of Culture.* New Haven: Yale University Press, 1985.

Phy, Allene Stuart. "Retelling the Greatest Story Ever Told: Jesus in Popular Fiction." Allene Stuart Phy 편. *The Bible and Popular Culture in America.* Philadelphia: Fortress Press, 1985.

Pinder, Kymberly N. "'Our Father, God; Our Brother, Christ; or Are We Bastard Kin?': Images of Christ in African American Painting." *African American Review* 31.2, Summer 1997.

Singer, Isidor. "The Attitude of the Jews Toward Jesus." *North American Review* 191.650, January 1910.

Stephens, Bruce M. *The Prism of Time and Eternity: Images of Christ in American Protestant Thought from Jonathan Edwards to Horace Bushnell.* Lanham, Md.: Scarecrow Press, 1996.

Tatum, W. Barnes. *Jesus at the Movies: A Guide to the First Hundred Years.* Santa Rosa, Calif.: Polebridge Press, 1997.

Terrell, Jo Anne Marie. *Power in the Blood?: The Cross in the African American Experience.* Maryknoll, N. Y.: Orbis, 1998.

Urofsky, Melvin I. *A Voice that Spoke for Justice: The Life and Times of Stephen S. Wise.* Albany: State University of New York Press, 1982.

Walker, Thomas. *Jewish Views of Jesus: An Introduction and an Appreciation.* New York: Macmillan, 1931.

Weaver, Walter P. *The Historical Jesus in the Twentieth Century, 1900-1950.* Harrisburg, Penn: Trinity Press International, 1999.

Whitmore, James Herman. *Testimony of Nineteen Centuries to Jesus of Nazareth.* Norwich, Conn.: Henry Bill Publishing Company, 1892.

Wise, Stephen. *Challenging Years: The Autobiography of Stephen Wise.* New York: G.P. Putnam's Sons, 1949.

Witherington, Ben. *The Jesus Quest: The Third Search for the Jew of Nazareth.* 2판. Downers Grove, Ill.: Intervarsity Press, 1997.

미국의 종교와 문화 분야의 일반 연구

Ahlstrom, Sydney E. *A Religious History of the American People.* New Haven: Yale University Press, 1972.

Balmer, Randall. *Mine Eyes Have Seen the Glory: A Journey into the Evangelical Subculture in America.* New York: Oxford University Press, 1989.

Barlow, Philip L. *Mormons and the Bible: The Place of the Latter-day Saints in American Religion.* New York: Oxford University Press, 1991.

Bederman, Gail. *Manliness and Civilization: A Cultural History of Gender and Race in the United States, 1880-1917.* Chicago: University of Chicago Press, 1995.

Bloom, Harold. *American Religion: The Emergence of the Post-Christian Nation.* New York: Simon & Schuster, 1992.

Brooke, John L. *The Refiner's Fire: The Making of Mormon Cosmology, 1644-1844.* New York: Cambridge University Press, 1994.

Bushman, Richard L. *Joseph Smith and the Beginnings of Mormonism.* Urbana: University of Illinois Press, 1984.

Butler, Jon. *Awash in a Sea of Faith: Christianizing the American People.* Cambridge: Harvard University Press, 1990.

Carpenter Joel A. *Revive Us Again: The Reawakening of American Fundamentalism.* New York: Oxford University Press, 1997.

Curtis, Susan. *A Consuming Faith: The Social Gospel and Modern American Culture.* Baltimore: Johns Hopkins University Press, 1991.

DeBerg, Betty A. *Ungodly Women: Gender and the First Wave of American Fundamentalism.* Minneapolis, Minn.: Fortress Press, 1990.

Dorrien, Gary. *The Making of American Liberal Theology: Imagining Progressive Religion, 1805-1900.* Louisville, Ky.: Westminster John Knox Press, 2001. Douglas, Ann. *The Feminization of American Culture.* New York: Alfred A. Knopf, 1977.

Ellwood, Robert S. *The Sixties Spiritual Awakening: American Religion Moving from Modern to Postmodern.* New Brunswick, N.J.: Rutgers University Press, 1994.

Enroth, Ronald M., Edward E. Ericson, Jr., and C. Breckenridge Peters. *The Jesus People: Old-Time Religion in the Age of Aquarius.* Grand Rapids, Mich.: Eerdmans, 1972.

Finke, Roger, and Rodney Stark. *The Churching of America, 1776-1990: Winners and Losers in Our Religious Economy.* New Brunswick, N.J.: Rutgers University Press, 1992.

Fishburn, Janet Forsythe. *The Fatherhood of God and the Victorian Family: The Social Gospel in America.* Philadelphia: Fortress Press, 1981.

Fox, Richard Wightman, and T. J. Jackson Lears 편. *The Culture of Consumption: Critical Essays in American History, 1880-1980*. New York: Pantheon Books, 1983.

Gaustad, Edwin S. *Sworn on the Altar of God: A Religious Biography of Thomas Jefferson*. Grand Rapids, Mich.: Eerdmans, 1996.

Givens, Terryl L. *By the Hand of Mormon: The American Scripture that Launched a New World Religion*. New York: Oxford University Press, 2002.

Gutjahr, Paul C. *An American Bible: A History of the Good Book in the United States, 1777-1880*. Stanford: Stanford University Press, 1999.

Hatch, Nathan O. *Democratization of American Christianity*. New Haven: Yale University Press, 1989.

Hatch, Nathan O. and Mark A. Noll 편. *The Bible in America: Essays in Cultural History*. New York: Oxford University Press, 1982.

Hicks, Michael. *Mormonism and Music: A History*. Urbana: University of Illinois Press, 1989.

Howe, Daniel Walker. *Making the American Self: Jonathan Edwards to Abraham Lincoln*. Cambridge: Harvard University Press, 1997.

Hutchison, William R. *The Modernist Impulse in American Protestantism*. New York: Oxford University Press, 1982.

Jackson, Carl T. *Vedanta for the West: The Ramakrishna Movement in the United States*. Bloomington: Indiana University Press, 1994. ·

Mauss, Armand L. *The Angel and the Beehive: The Mormon Struggle with Assimilation*. Urbana: University of Illinois Press, 1994.

McDannell, Colleen. *Material Christianity: Religion and Popular Culture in America*. New Haven: Yale University Press, 1995.

McKanan, Dan. *Identifying the Image of God: Radical Chritians and Nonviolent Power in the Antebellum United States*. New York: Oxford University Press, 2002.

Moore, R. Laurence. *Religious Outsiders and the Making of Americans*. New York: Oxford University Press, 1986.

Morgan, David 편. *Icons of American Protestantism: The Art of Warner Salllnan*. New Haven: Yale University Press, 1996.

_____. *Protestants and Pictures: Religion, Visual Culture, and the Age of American Mass Production.* New York: Oxford University Press, 1999.

_____. *Visual Piety: A History and Theory of Popular Religious Images.* Berkeley: University of California Press, 1998.

Niebuhr, H. Richard. *Christ and Culture.* New York: Harper, 1951

Noll, Mark. *America's God: From Jonathan Edwards to Abraham Lincoln.* New York: Oxford University Press, 2002.

Quinn, D. Michael. *Early Mormonism and the Magic World View.* 2판. Salt Lake City: Signature Books, 1998.

Raboteau, Albert J. *Slave Religion: The "Invisible Institution" in the Antebellum South.* New York: Oxford University Press, 1978.

Reynolds, David S. "From Doctrine to Narrative: The Rise of Pulpit Storytelling in America." *American Quarterly* 32.5, Winter 1980.

Shipps, Jan. *Mormonism: The Story of a New Religious Tradition.* Urbana: University of Illinois Press, 1985.

_____. *Sojourner in the Promised Land: Forty Years among the Mormons.* Urbana: University of Illinois Press, 2000.

Shipps, Jan, and John W. Welch 편. *The Journals of William E. McLellin, 1831-1836.* Urbana and Provo, Utah: University of Illinois Press and *BYU Studies,* 1994.

Sizer, Sandra S. *Gospel Hymns and Social Religion: The Rhetoric of Nineteenth-Century Revivalism.* Philadelphia: Temple University Press, 1978.

Susman, Warren I. *Culture as History: The Transformation of American Society in the Twentieth Century.* New York: Pantheon, 1984.

Thorp, Malcolm R. "James E. Talmage and the Tradition of the Victorian Lives of Jesus." *Sunstone* 12.1, January 1988.

Tweed, Thomas A. 편. *Retelling U.S. Religious History.* Berkeley: University of California Press, 1997.

Tweed, Thomas A., and Stephen Prothero편. *Asian Religions in America: A Documentary History.* New York: Oxford University Press, 1999.

Underwood, Grant. *The Millenarian World of Early Mormonism.* Urbana: University of

Illinois Press, 1993.

Wigger, John H. *Taking Heaven by Storm: Methodism and the Rise of Popular Christianity in America.* New York: Oxford University Press, 1998.

감사의 글

나는 이 책을 위해 조사하고 이 책을 집필하는 동안 많은 관대한 친구들과 동료들의 도움을 받았다. 데이비드 모건과 필 발로우는 나와 수많은 이메일과 전화로 우리의 공통 관심사에 대해 토의하는 한편 그 과정에서 내 실수를 바로잡아 주었다. 존 클레이튼, 하비 콕스, 로버트 엘우드, 아론 가레트, 필립 고프, 매트 호프만, 케이트 홀브룩, 조나단 클래윈스, 마이클 맥클리먼드, 콜린 맥다넬, 댄 맥카난, 페트릭 퀸 메이슨, 마크 놀, 조나단 사르나, 리처드 시거, 얀 쉽스, 스와미 트야가난다, 주디스 와이젠펠드와 웨슬리 와일드먼은 모두 한 장 이상의 초고를 읽고 유용한 논평과 비평을 제공했다. 나는 또한 랜달 바머, 데이비드 L. 차펠, 이본느 치로, 베티 베버그, 한나 베를리너 피쉬탈, 조지아 프랭크, 파울라 프레드릭슨, 에드윈 가우스타드, 마리 그리피스, 윌리엄 허치슨, 제럴드 맥더모트, 스티브 마리니, 로버트 오르시, 앤서니 핀, 존 로버츠, 리 슈미트, 아담 셀리그먼, 마크 실크, 존 스택하우스 주니어, 해리 스타우트, 제시 토드와 그랜트 웨커와의 토론(및 때로는 논쟁)으로부터 유익을 얻었다. 『미국에서의 예수』(Jesus in America)라는 책을 집필 중인 전직 교사이자 동료인 리차드 와이트맨 폭스는 귀중한 대화 상대였다. 미국유대역사협회의 줄리 코븐, 제퍼슨 도서관의 브라이언 크레이그 그리고 빌리 그레이엄 센터 박물관의 도린 패스트와 제임스 스탬버는 모두 내게 전문적인 리서치 도움을 제공해 주었다. 나는 또한 보스턴 대학교의 도서관 간 대여 사무소 직원들과 나 자신이 속한 종교부와 종교 및 신학 연구 부문 직원들로부터 도움을 받았다.

보스턴 대학교는 내게 "미국의 예수"에 관해 두 과목을 가르치도록 허락했으며 나는 매우 뛰어난 학생들, 특히 레슬리 쿠싱, 패튼 도드, 아베 프리드만, 크리시 허치슨, 섀니 루프트, 마크 만, 마틴 올리버, 노라 루벨, 미셸 스미스, 에밀리 우와의 교류에서 유익을 얻었다. 또한 산타 바바라 소재 캘리포니아 대학교의 학생들 및 동료들과 내 리서치를 놓고 토론할 기회가 있었음에 대해 감사드린다. 나는 그곳에서 월터 H. 캡스 공적 생활에서의 종교 연구 센터에서 캡스 저명 초빙 교수로 일하면서 이 프로젝트를 완료했다.

내 에이전트인 산드라 다익스트라와 그녀의 직원들은 이 책이 나오도록 도움을 주었다. 내 편집인인 폴 엘리는 이 책이 틀을 잡도록 채찍질했다. 폴은 내가 알기로 미국 종교에 대한 가장 예리한 관찰자이며 나에 대한 가장 신랄한 비판자였다.

또한 내 모교에서 받은 재정 지원에 감사드린다. 캐서린 오코너가 이끄는 B.U.의 인문학 재단은 내가 최초로 이 책을 고려하고 있을 때 한 학기 휴가를 주었으며 적시의 안식년을 제공해 줌으로써 내가 이 리서치를 마칠 수 있었다.

내 막내딸은 '아빠가 뭐하시느냐'는 질문에 이렇게 대답한 적이 있다. "아빠는 서재에 내려가 아빠의 이야기를 쓰고 있어요." 내 부재를 참고 나를 지원해 준 딸들 몰리와 루시, 그리고 아내 에다이 네스미스에게 감사한다.

마지막으로 부모님인 리처드 프로테로와 헬렌 프로테로에게 감사할 필요가 있다. 내가 어릴 때부터 내 부모님께서는 내게 배움에 대한 사랑과 "그리스도의 자녀"에 관한 호기심을 심어주셨는데, 이들은 이 프로젝트의 쌍발 엔진이었다. 이 책을 부모님께 바친다.

아메리칸 지저스

하나님의 아들이 어떻게 미국의 아이콘이 되었는가

Copyright ⓒ 새물결플러스 2020

1쇄 발행 2020년 4월 24일

지은이	스티븐 프로테로
옮긴이	노동래
펴낸이	김요한
펴낸곳	새물결플러스

편 집	왕희광 정인철 노재현 한바울 정혜인 이형일 서종원 나유영 노동래 최호연
디자인	윤민주 황진주 박인미 이지윤
마케팅	박성민 이원혁
총 무	김명화 이성순
영 상	최정호 조용석 곽상원
아카데미	차상희

홈페이지	www.holywaveplus.com
이메일	hwpbooks@hwpbooks.com
출판등록	2008년 8월 21일 제2008-24호
주 소	(우) 04118 서울시 마포구 마포대로19길 33
전 화	02) 2652-3161
팩 스	02) 2652-3191

ISBN 979-11-6129-152-9 03230

책값은 뒤표지에 있습니다.

이 도서의 국립중앙도서관 출판예정도서목록(CIP)은 서지정보유통지원시스
템 홈페이지(seoji.nl.go.kr)와 국가자료공동목록시스템(nl.go.kr/kolisnet)
에서 이용하실 수 있습니다. CIP2020015525